大禹与中国传统文化研究

（第二辑）

刘家思◎主编

时代出版传媒股份有限公司
安徽文艺出版社

图书在版编目（CIP）数据

大禹与中国传统文化研究. 第二辑/刘家思主编. —合肥：安徽文艺出版社，2018.12（2023.4 重印）
ISBN 978-7-5396-5453-9

Ⅰ. ①大… Ⅱ. ①刘… Ⅲ. ①禹—文化—中国—文集
Ⅳ. ①K827=1

中国版本图书馆 CIP 数据核字(2018)第 292810 号

出 版 人：姚　巍
责任编辑：秦　雯　　　　　装帧设计：张诚鑫

出版发行：安徽文艺出版社　www.awpub.com
地　　址：合肥市翡翠路 1118 号　邮政编码：230071
营 销 部：(0551)63533889
印　　制：阳谷毕升印务有限公司　(0635)6173567

开本：710×1010　1/16　印张：21　字数：300 千字
版次：2018 年 12 月第 1 版
印次：2023 年 4 月第 2 次印刷
定价：48.00 元

《大禹与中国传统文化研究》（第二辑）编委会

大禹文化研究开发与美丽绍兴建设高峰论坛合影
2017.12.23

018年中日大禹文化国际学术研讨

前言：夏文化与大禹精神崇拜①

李伯谦

一、大禹纯系传说，还是有史实素地

关于大禹，过去一直认为，他是一个传说中的人物，大禹创立的夏王朝，可能是靠不住的。那么，大禹的记载是信史还是纯属杜撰，这是今天我们要讨论的第一个问题。

过去对传说时代的看法，是传说归传说，见于文献记载的历史归历史，考古归考古，研究文化人类学、社会学的那又是另一种方式。对大禹以及夏王朝的研究，我有个新的看法，那就是，必须把以下三个系统结合起来：第一个，从口耳相传到文字记载的文献史学；第二个，考古学兴起以后，从考古发掘的遗迹遗物来进行研究的考古学系统；第三个系统，从摩尔根《古代社会》阐明的从蒙昧、野蛮、文明，到马克思讲的原始社会、奴隶社会、封建社会等等，也就是人类学、社会学的系统。必须把三者结合起来，我们才能做出一个比较中肯的结论。

几乎所有的先秦古籍，对大禹都有一些记载，彼此之间也不完全一样。到了西

① 此文是李伯谦教授在2017年12月23日"大禹文化研究开发与美丽绍兴建设高峰论坛"上所做的主旨报告。后李教授还在河南省博物馆等地做学术报告。报告文本发表于《光明日报》，题为《在考古发现中寻找大禹》。本辑大部分论文都选自"大禹文化研究开发与美丽绍兴建设高峰论坛"上的报告，为了维护该论坛学术现场的真实性，还是用李教授当初的题目《夏文化与大禹精神崇拜》。特此说明。

汉司马迁作《史记》,其中《五帝本纪》后的一篇就是《夏本纪》,司马迁根据他看到的文献记载,结合他听到的传说,完成了《夏本纪》。我认为,从口耳相传的传说,到《五帝本纪》之后的《夏本纪》,究竟可靠不可靠,需要通过与考古学发现、研究成果互相比对、校正,还要参考社会学、人类学研究的成果,最终做出判定。

这些文献记载,看过古书的人想必都很熟悉。根据先秦古籍的记载和《夏本纪》,夏王朝从大禹开始有14代17个王,这里的14代就是指14辈,因为有的王是兄终弟及,所以王有17个。大禹创立夏朝,儿子是启,孙子是太康。太康当王以后管理不善,被东方来的后羿赶跑了。此后又经过了韩浞和浇、豷大概七八十年的时间,到少康的时候,才又恢复了夏朝原来的王统,最后一直到夏桀被商汤灭掉。这是大体的历史过程。

关于夏王朝的记载,还见于青铜器。有名的有宋代出土的齐国青铜器叔夷钟,铭文中就说到"处禹之都"。另一件春秋时期的青铜器秦公簋,讲到禹的时候它提到"鼏宅禹迹","鼏"就是一个鼎上面盖了一个丝织品,"宅"就是居住,"禹迹"是大禹走的那些地方。可见在古代青铜器当中,对夏代的历史也有所记述。

二、大禹五事的考古与文献印证

我把先秦文献记载的和司马迁《夏本纪》记载的关于大禹的事迹,初步归纳为五个方面:一是治水,二是会诸侯于涂山,三是定都阳城,四是划分九州,五是禹征三苗。我把这又称为"大禹五事"。

下面我们就依次来讲述这五个方面的事情。

第一,大禹治水。在《尚书》中,就记载了当时河水江水泛滥的状况,以及从尧到舜都是怎样去治理洪水的。先是舜派大禹的父亲鲧治洪水,鲧采取了堵的办法,洪水来了以后就筑堤筑坝,结果洪水太大,堤坝挡不住,水一冲就垮。于是又让他的儿子禹来继承其父继续治水,大禹就采取了疏导的办法,挖沟挖河,这样就把洪水逐步引跑了,治水也就成功了。有意思的是,这些文献记载,特别是《尧典》当中,还记载了当时其他参加治水的人,除了大禹,还提到了后稷和契,后稷是周人的老祖宗,契则是商的老祖宗,还有东方夷人的祖先皋陶等人。

关于大禹治水比较有名的,是现在收藏在保利博物馆的豳公盨的记述,它上面的内容,和文献记载的内容是完全一样的,因为它属于西周中晚期的青铜器,所以可以说,至少从那时开始,大禹治水的传说就已经在民间流传了。

这个记载流传很广,我们上小学的时候就知道大禹治水、三过家门不入等故事。大禹治水牵涉了很多省，包括山西、河南、安徽，至少这些地区当时都有洪水发生。从考古学上来看，我们曾经请环境学、地理学的学者做研究，看传说中的距今4000年前后，上述这些地区有没有洪水的迹象。最后研究结果是4000年前后确实有一场大范围的洪水泛滥，现在留下了一些遗迹。这些地理学研究的结论，和文献记载的内容是对应的。

第二，“涂山之会”。根据记载，在涂山之会之前，大禹奉舜的命令去治理洪水，经过多年的努力，洪水基本上治理好了，于是就在涂山这个地方召开了一次庆功的大会。

涂山在现在的什么地方，说法很多，前几年社科院考古所的山东队在安徽蚌埠市叫作禹会村的那个地方发现了一个面积挺大的龙山文化的遗址，它出土的遗迹和遗物非常有意思。

比如说，考古工作者在这里发现了一个长方形的用土堆起来的台基，最上面用一层白土覆盖，台基面偏北处发现了一个烧祭面，在南面的台基中央可以看到有密密麻麻的长方形柱坑，一共有35个坑，大小相近，距离相等。这样的台基在以前考古中从没见过，到底是干什么用的，有很多不同的解读。

考古队有一个想法，他们认为这三十几个长方形小坑，可能当年是用来插旗杆用的，也就是参加涂山大会时各方面的部落代表到来以后，都要举出自己部族的标志，表示他来参会了。我认为这个解释很有道理，所以我支持这个意见。与这个遗迹相关的，在它的左侧发现有灰坑、灰沟等等，里面出土了很多陶器，这些陶器也很有意思。比如说这个地方应该是山东龙山文化分布的地区，但是除了山东的龙山文化，还看到有河南龙山文化以及南方来的陶器等等，总而言之它比较杂，是有多种不同样子的陶器，并不是一个单纯的考古学文化遗物。它附近还发现一些房子，说是房子吧，但是也没有很坚固，基本上属于工棚性质的，使用时间很短。所以考古人员分析推测，这些“工棚”，很可能是当年来参加涂山大会的来自不同部落、不同地方的人，在这里举行祭祀活动时临时居住的地方，祭祀完成以后，这些东西就掩埋掉了。我觉得这个解释也合理。

所以，关于涂山大会的历史记载，我认为是可靠的，而且地点就在这个涂山。现在叫涂山的地方很多，安徽就有两个。我上次到安徽的巢湖，他们说涂山应该在他们这里。我说你这里没挖出人家那个东西，等你这里挖出来相应的东西咱们再讨论吧。总而言之，涂山大会影响很大。涂山大会的重要性，一个是庆祝治水的成功，但是我觉得它还有更重要的意义，就是因为大禹治水成功了，有这么多诸侯都拥戴他，所以说后来舜把位子禅让给他是顺理成章的。如果没有这些功绩，没有这么多部落的拥戴,我想大禹要继承舜的位子,可能还没那么容易。

第三,建都阳城。阳城在什么地方,文献记载有说河南,也有说山西。河南也不只登封有阳城,还有开封附近的阳城。现在从考古学的印证来看,可能应该是登封的王城岗遗址。这个文献记载也是很有意思的,不论是古本《竹书纪年》,还是《史记·封禅书·正义》记载,都说是舜把位子传给了禹,而禹觉得应该传给舜的儿子,他不应该继承这个位子。有的记载就说,禹为了躲这个事,就跑到阳城去隐居了。但是最后老百姓还是拥戴大禹,所以大禹就在阳城这个地方建立了自己的都城。

20世纪70年代,河南省考古研究所的安金槐先生,带人在王城岗遗址,发现了规模比较大的河南龙山文化遗址,而且在这个城址中还发现了一个小城,这个小城100米长、100米宽,有两道墙。安金槐先生根据文献记载,同时参考在它的东北方向发现的战国时期的阳城,认为王城岗这个遗址,应该就是历史记录中的禹都阳城的所在地。在离王城岗遗址东北方向大约十五华里的地方,发现了战国时期韩国的阳城,里面出土的陶文显示,战国时期的人是把这里叫作阳城的,所以安金槐先生认为这里就是禹都阳城。不过因为这个小城面积太小,在当时学术界没有得到公认,这就搁置了下来,没有定论。

后来,我们认为王城岗遗址确实重要,就提出来重新进行发掘。考古发掘的结果令人兴奋不已,在这个小城的外面居然又发现了一个大城,这个大城的年代和小城测定的年代,以及它们所属的文化期有别。按照考古学的分析,小城是建在王城岗的河南龙山文化考古分期的第二期,大城是建在分期的第三期。根据碳十四测定,小城的年代是公元前2100多年之前;而大城正好是河南龙山文化分期的第三期,这个年代正好是公元前2000年前后。这与根据文献推定的夏代在4000年前是正好符合的。所以最后我们认为,王城岗后来发现的这个大城,应该就是禹都阳城的那个阳城,也就是夏朝最早的都城所在地。

第四,划分九州。禹受舜禅做王以后,就在他的版图之内,根据山川形势、物产状况、风俗习惯等等,把当时夏统治的区域分成了九个小区。为什么要分这九个地方?一来是因为好管理,二来是为了征税。其实那时候所谓税就是进贡,划分九州,从而可以区别出各地出产哪些物品,进而要求当地向他贡献这些东西,大概是这么个意思。九州就包括冀州、兖州、青州、徐州、扬州、荆州、豳州、豫州、雍州。过去,大家都不太相信大禹时代就能够划分九州,认为当时国家还没有那么大的地盘,分成九州更不用说了。

后来,社科院考古所的邵望平研究员写了一篇文章,把文献记载的九州和考古发现的考古学文化对应，根据文化因素分析的方法把它分为了几大块。她认为，考古学上的这种不同的现象，就是禹划分九州的根据。我觉得这是非常有道理的。这个研究就把文献记载和考古发现结合起来了，判定禹分九州基本是可靠的。具体到当时是不是能够划分得那么细，当然也不一定。但至少在那个时期，大禹曾经划分若干不同区块，这应该是可靠的。

第五，征伐三苗。禹征三苗见于先秦文献的记载和司马迁的《夏本纪》，而且根据记载，尧、舜、禹这三代都征伐三苗。三苗在哪里？文献上有一个界定。《战国策·魏策》说："昔者三苗之居，左彭蠡之波，右有洞庭之水，文山在其南，而衡山在其北。"基本上分布在长江中游这一块，这里就是三苗活动的地域。当时，三苗经常和中原地区对立，所以尧、舜、禹几代都去征伐它，最后到夏禹时期把它彻底解决了，三苗一部分被迁到了甘肃，一部分就被融合到了中原文化、当时的龙山文化当中。

关于禹征三苗，过去只是停留在文献记载，后来湖北省考古工作者在那一带做考古发掘，就发现距今4000多年的时候，石家河文化晚期，有些遗址的面貌发生了很大的改变。什么改变呢？就是在石家河文化晚期，那个地方出现了不少河南龙山文化的因素。后来湖北省的一些考古工作者写文章，认为这个时期的确变化较大，可统一称为"后石家河文化"，认定它们比标准的石家河文化要晚。这个时期测定的年代，跟中原地区王城岗这个时期的测年基本是一致的，文化面貌也是和河南龙山文化类似；而且它流行的风俗，比如瓮棺葬之类，当地原来是没有这个传统的，但是在河南龙山文化中就有这个传统；过去在比较标准的石家河文化中，考古工作者很少发现玉器，而在后石家河文化阶段发现很多玉器，但这些玉器也不像是河南文化的，很多学者写文章认为，它可能和山东龙山文化有关。我觉得这是需要继续探讨的问题。总而言之，这些考古发现也能够说明，文献记载的禹征三苗确有其事。

三、与大禹可能相关的考古发现

以上我讲的大禹时期的五件事情，应该说基本上都有考古学方面的证据。

从大禹建立夏朝，定都阳城，一直到夏桀灭亡，把整个的夏文化梳理一下，我在这里再讲三个与大禹有关的考古发现，也包括夏都问题。

第一个，是河南登封的王城岗遗址，也就是前面提到的阳城。这个城很小，所以安金槐先生认为它是禹都阳城时，别人不太认可。后来，我们又发现了它附近的大城,34.8 万平方米,而且大城的北城墙还突破了小城的北护城河。这就提供了一个确凿无疑的考古上讲的地层关系,也就是小城要早于大城,而年代测试显示小城是公元前2100 多年,大城是公元前2000 年前后,而我们根据文献推定夏代开始于公元前2070 年,这与我们在王城岗的考古发现结果,比较接近。

第二个,根据文献记载,夏朝到了太康统治时期发生了“太康失国”事件。为什么失国了呢? 就是东方来的夷人后羿,把太康的政权推翻,取代了他的位子。过去,我们只是从河南龙山文化的文化因素分析尤其是二里头文化因素分析中,看到确实有一些来自东方的因素。1986 年我写过一篇文章讲二里头遗址的文化性质,我提出来说,二里头文化不包含最早的夏文化,它是“少康中兴”以后的文化,从它的文化遗存看到有来自东方的因素,不过那个时候我们没有太多的证据,只是有相关的迹象和线索。后来,考古人员在新密的新砦遗址发现了比二里头遗迹要早、又比传统认识的河南龙山文化要晚的一些遗存,当时称之为“早于二里头一期的文化遗存”,或者叫“新砦期二里头文化”。后来,我们想确认夏代的这些考古遗迹,就提出来对新砦遗址进行重新发掘。刚开始我们还担心能不能挖到这个时期的遗存,我们只是请北京大学方面先挖挖看看。挖的结果是,确实找到了新砦期遗存和河南龙山文化,以及二里头文化的地层叠压关系,也就是在我们称之为新砦期遗存的地层下面,叠压着河南龙山文化的地层,在新砦期之上叠压着二里头文化底层,这就提供了一个确凿无疑的证据,新砦期遗存是存在的。为什么说它存在? 因为它出土了很多具有山东龙山文化和豫东这个地方的龙山文化遗存特征的器物。

我们把这些考古发现和文献记载中的后羿代夏这件事联系起来,认为它可能就是后羿代夏这个阶段留下来的遗存。因为后羿带着东方来的夷人,把夏代推翻了,差不多经过了七八十年,到少康时期夏人的力量又起来了,再次恢复了夏代政权。那么我们说,新砦期的遗存就应该是后羿以及后续的寒浞等人他们这个系统留下来的遗存。新砦期遗存被发现以后,郑州市考古研究院在巩义的花地嘴遗址也发现了一个比较大的新砦期的遗存,出土了更丰富的新砦期遗存。现在来看,所谓新砦期遗存不仅在花地嘴有,在别的地方,例如郑州高新区的东赵也有。这就可以证明,后羿代夏确有其事。

这里需要说明一下,新砦期的有无问题一直有争论,实际情况如何,我觉得这确实值得我们好好分析一下。后羿代夏是后羿把夏王朝原来的正统推翻了,后羿系统统治了几十年。但是我们推测,这种统治更迭,可能并不像发洪水那样,后羿一来就把原来河南龙山文化为代表的这些遗存都彻底推翻掉了。我们通过考古也可以看出来,有一些遗址的东方因素比较多,像新砦,像花地嘴。根据这种情况,我们推想，后羿推翻了夏代正统，就把东边的这些因素带到了中原地区来，但在它的势力影响小的地方，东方因素可能并不明显。

少康中兴以后又经过了好多代，到了夏桀的时候被商汤推翻了，在这段时间里，夏代的都城迁过好几次，不过现在比较确切可靠的，能被考古证实的，就是王城岗阳城和二里头遗址，文献上讲的叫斟鄩的这个地方。二里头遗址我们可以看到，它现在是在洛河的南边，而当时洛河是改过道的，实际上在二里头时期它是在洛河之南的，正好是在洛河和伊河之间，即离洛阳的隋唐城、汉魏城的东边不是太远的一个地方。1963年，我曾经带学生实习，参加了这个考古发掘。这里的地层叠压关系、遗存的打破关系，都证明它是晚于河南龙山文化、早于郑州二里岗商文化的一种遗存。结合文献记载推测，有可能就是夏代都城斟鄩的遗址。

二里头遗址的分布范围，按照我的说法包括了豫西地区、晋南地区，还有河北省南部的部分地区，以及陕西东部的一部分地区。它出土了很多有特征的陶器，和河南龙山文化有继承关系，但是区别也是一望而知的。

关于夏代的具体年代，我们认为是公元前2070年—公元前1600年。其中公元前2070年，是大禹建阳城的时间，公元前1600年，是夏商分界，也就是商汤灭夏的时间。关于王城岗二期、三期测年的数据，二期大概是公元前2132年，三期大概是公元前2030年。王城岗三期这个数据——公元前2030年，正好在二里头文化之前。它是公元前2070年到公元前2030年，再往后是王城岗第三期，到二里头的最晚期是公元前1600年。这就说明，二里头文化不是整个的夏文化。1986年我就写了这个文章，我觉得二里头文化是夏的遗存，但它不是从夏开始一直到夏灭亡整个夏代的遗存。根据文献记载推定，夏朝共14代17个王，统治时间471年。而测年的结果是二里头文化只有300多年，但是如果加上后羿代夏的七八十年，毕竟从年代发展来讲，不管是夏统治还是后羿统治，年代是不会变的，就进入了夏朝471年这个范围之内。所以我们联系起来看，王城岗的大城作为最早的夏都，二里头遗址作为最晚的都城，这两个可以说是得到了考古学的证明。文献记载还有几个王搬了家，但现在我们没有找到，这个是今后我们要做的工作。比如河南省文物考古研究所在济源曾经发掘过一个二里头文化遗址，又比如郑州大学考古系在豫东发现了一个遗址，怀疑是否与老丘有关，我们也希望能继续再做一点工作。

说起夏代，大家可能会关注二里头遗址是不是夏的问题讨论，以及有没有夏存在的问题讨论。有学者提出二里头遗址有可能是夏也可能是商，没有发现当时的文字，都只能是猜想。我觉得这个问题是值得讨论的。

不过从倾向性的意见来看，认为二里头文化是夏文化，没有问题，二里头文化只是少康中兴以后的夏文化也应该没问题，但应该再加上河南龙山文化。这大概就是现在倾向性的意见。通过重新考察二里头、王城岗、新砦等遗址，我们在王城岗发现了大城，在新砦发现了新砦期遗存等等。总而言之，正是因为考古工作的成果，才使我们看到夏代人确实有遗迹和遗物。

所以从口耳相传到文献记载的文献史学系统，以及考古学在登封王城岗、新密新砦和二里头等地的考古发现，再加之文化人类学和社会学等的研究成果，我们认为，这个阶段已经进入了阶级社会，结合三种不同途径的研究成果来看，夏代是存在的，包括第一阶段河南龙山文化的王城岗遗址，第二阶段的新砦遗址，然后到二里头遗址，就串起来了。

目　　录

治水遗迹与产业开发

域外禹学与大禹广场

中国文学与中华艺术

研究动态与会议信息

成果信息与专家推介

大禹书写与历史流变

大禹神格先秦初定论

刘丽萍

大禹在人们的印象中首先是神话人物,大禹治水神话又是中国神话史上具有典型意义的神话之一。那么大禹作为中心人物自然是有神格的,鲁迅先生也认为神话"以一神格为中枢"①。鲁迅先生的话说明神话中的神应该有诸多神格,其次只有一个神格是中枢,中枢就是主导神的主要性质和品格。

德国慕尼黑大学的鲍曼教授给出我们考察神格的思路:"神话中登场人物都是超越于人类社会的存在,他们这些登场人物确立了远古时代的基础。亦即,神祇、部族祖先、上古英雄、文化英雄(在远古时代给人类带来文化的英雄),创造了人的原型,人间万物和人类的环境。而这些能行动的存在和植物、动物等等,至少在其行为和意念上完全人格化了。"②可以从其奠定远古时代基础,创造人的原型、人间万物和人类的环境寻找线索。先秦时期是中国保留远古神话最原始,也最丰富的时期,本文在继承前辈研究基础上着重从先秦典籍中考察大禹的神格。

一

2002年保利艺术博物馆在香港古董市场上发现了一件青铜器——豳公盨。

① 马昌仪:《中国神话学百年文论选》,西安:陕西师范大学出版总社有限公司2013年版,第27页。

② (日)大林太良著,林相泰、贾福水译:《神话学入门》,北京:中国民间文艺出版社1988年版,第34页。

据专家学者们考证，这件豳公盨是西周中期豳国的某一代豳公所做的，距今已有2900年的历史。豳国是舜的后人建立的国家。据史书记载，遂国世代恪守舜的明德，也因其德行美好，周武王将其长女太姬下嫁给遂国的胡公满，并赐之于陈，建立了陈国。这篇铭文的原文是：

天命禹敷土，随山浚川，乃差地设征，降民监德，乃自作配乡民，成父母。生我王、作臣，阙贵唯德，民好明德，顾在天下。用厥绍好，益干懿德，康亡不懋。孝友，訏明经齐，好祀天废。心好德，婚媾亦唯协，天釐用考，审复用祓禄，永御于诋。

遂公曰：民唯克用兹德，亡诲。

余世诚先生将这段铭文译成今文，大意为："上天命大禹布治下土，随山刊木，疏浚河川，以平定水患。随之各地以水土条件为据交纳贡赋，百姓安居乐业。大禹恩德于民，百姓爱他如父母。而今上天生我为王，我的子臣们都要像大禹那样，有德于民，并使之愈加完善。对父母要孝顺，兄弟间要和睦，祭祀要隆重，夫妻要和谐。这样天必赐以寿，神必降以福禄，国家长治久安。作为遂国的国公，我号召：大家都要按德行事，切不可轻慢。"①这段文字表明早在西周中期，大禹就已经是人们心目中的神，而且是被上天所任命的神。其主要任务是："敷土，随山浚川，乃差地设征。"人们为了能将这位奠定山川、设计贡服的建立社会基础的神靠近自己，不自觉地将其人格化了，对其精神"为政以德"进行了人格化提炼。这种精神的提炼是一种毋庸置疑的信仰。大禹的行为和意念是一种"真的神话"的体现。大林太良曾经认为"'真的神话'以对人类具有本质性、决定性意义的事物为对象，所以它的真实性并不那么重要。"远古时代的特定事件，如布治下土，随山刊木，疏浚河川，平定水患以及差地设征，这些都是具有一定的宗教基础和真实性的。所以西周中期豳国的青铜器——作为祭祀的最高礼器、代表当时人们坚定信仰的豳公盨，才会记录大禹神的事件。

既然人们历史性地对大禹神话的高度认同和考古文献的确凿证明大禹是远古神话中的神，那么这就存在大禹在神话、历史和传说之间的神格差异。他不完全属于历史，他是真实的；他不完全属于神话，在开天辟地之后的某些或者某几个地区的众所周知的固定场所，都发生了和大禹有关的事件。鲍曼认为传说的产生是因

① 《豳公盨》（一函二册），北京：线装书局2002年版，第14页。

为“由于未开化民族对历史的记忆力薄弱，往往把发生在过去的事件一律当作远古事件，所以他们的许多传说和神话之间的界限是不清楚的。”①

那么，本文的着重考察点是：大禹的神格有哪些，大禹的神格是如何在神话、传说和历史之间流传和变化的。通过考察先秦典籍，再结合现代民间口传神话的材料，我们发现大禹的神格主要集中在平定水土的水土神神格、治水英雄神神格、农业神神格、祖先神神格。

二

平定水土的水土神神格，指的是大禹平定水患，奠定山脉，建制贡服，给山川命名，所以才成为后世的土地神、水神。先秦典籍中涉及大禹水土神神格的主要见于《尚书》《诗经》《国语》《吴越春秋》《列子》《山海经》。神格在其中的表现形式为：

(一)平治水土

《尚书·舜典》明确是帝命禹平治水土的。在大禹之前上天之帝乃是舜。这一点在“豳公盨”中并没有明确过。如“伯禹作司空。帝曰：‘俞！咨禹。汝平水土，惟时懋哉。禹拜稽首。让于稷、契、暨皋陶。”《尚书·禹贡》与“豳公盨”所记一致，大禹神的主要任务是“禹别九州。随山浚川。任土作贡”“禹敷土。随山刊木。奠高山大川”。

《诗经》主要是歌颂禹功、禹绩、禹绪的，进而肯定大禹在“禹敷下土方，外大国是疆”方面的贡献。《诗经》作为儒家思想的六经之首，和大禹有关的内容主要见于《小雅》《大雅》《鲁颂》《商颂》。“禹功”主要指平治水土的功劳，如《诗经·小雅》“疆理天下，以奉禹功”；“禹绩”主要指夏禹治水的业绩，如《大雅·韩奕》“丰水东注，维禹之绩”；“禹绪”主要指大禹教导人民进行农业种植的传统，如《鲁颂》“俾民稼穑。有稷有黍。有稻有秬。奄有下土。缵禹之绪”。又另一篇《商颂·长发》“浚哲维商。长发其祥。洪水芒芒。禹敷下土方，外大国是疆。幅陨既长。有娀方将。帝立子生商”。殷商后王祭祀成汤及其列祖追述先王功业，也是把大禹放在前面，以“禹功”为主颂对象。

若以此标准看待先秦典籍的话，《吴越春秋·越王无余外传第六》倾向于“禹功”。在追述大禹生平时提到大禹遍行宇内，“平易相土，观地分州。殊方各进，有

① [日]大林太良著，林相泰、贾福水译：《神话学入门》，北京：中国民间文艺出版社1988年版，第38页。

所纳贡;民去崎岖,归于中国”。也强调了大禹在奠定水土制度方面的功绩。《国语·周语上》也倾向于“禹功”,强调大禹首先创设了这样的土地纳贡制:“武王克殷,周公致太平,因禹所弼除畿内,更制天下为九服。”这段话认为大禹是对天下五服进行设计的第一位设计师,之后到了周公又将天下国土设置为“九服”。邦国畿服制度本是周朝的一种政治制度,并且是根据距离王畿的远近确定贡服形式和数量的纳贡制度。这里认为《尚书·禹贡》说明了是大禹首先创设了这样的土地纳贡制。《列子集释·卷七》也倾向于“禹功”。在对“禹纂业事雠”,做解释时认为“惟荒土功,子产不字,过门不入”,写到大禹因为担心平治土地的事功,所以孩子出生,经过家门都没有进去。

(二)命名山川

郝懿行之《山海经叙录》“禹别九州,任土作贡;而益等类物善恶,著山海经”,肯定了大禹分疆定土别贡的功绩。《山海经校著·海经新释卷一》认为《山海经》的“经”是“经历”的意思,并非“经典”之意。南朝宋人刘昭注《后汉书·郡国志》引此经:

> “经”为“经历”之“经”,其义尚显,迨移上成为“名山经”,“经典”之义遂著而“经历”之义则晦矣。清郝懿行著山海经笺疏,于“名山经”下特加注云:“经,言禹所经过也”,以其卓识,犹知此“经”之义为“经历”,恐人误解为“经典”,故注以阐明之,可知以此为“经历”而不以为“经典”者盖鲜矣。

由此,该书《山经》末有“禹曰:天下名山经,五千三百七十山,六万四千零五十六里,居地也”。刘昭注《后汉书·郡国志》作“名山五千三百五十,经六万四千五十六里”。表明大禹是对五千三百五十座山做了命名,经历的路程有六万四千零五十六里。

三、山川祭祀之神灵

《左传》中有一篇《春秋左氏传·昭公》针对“美哉禹功,明德远矣。微禹。吾其鱼乎。吾与子弁冕端委,以治民临诸侯,禹之力也。子盍亦远绩禹功?而大庇民乎”的注中,在肯定大禹“禹功”的前提下,认定禹为山川之主的神灵的祭祀对象。参看以下周景王派大臣刘定公慰劳赵孟的记录。

赵武即赵孟被要求住在洛水边上,为什么会有这样的安排呢?春秋时,大禹是被视为山川之主的神灵，需要一地之正主来拜祭的；且刘定公与赵孟都是穿着“弁冕端委”的古代礼服以示郑重。在斯地斯水边，刘定公用“美哉禹功，明德远矣。微禹。吾其鱼乎。吾与子弁冕端委，以治民临诸侯，禹之力也。子盍亦远绩禹功？而大庇民乎”来勉励晋国正卿赵孟。此情此景此言都是非常符合祭祀神灵，勉励赵孟的实际情况的。但是在这种背景下，赵孟却说：“老夫罪戾是惧，焉能恤远？吾侪偷食，朝不谋夕，何其长也？”所以刘定公回去后告诉周天子：“赵武身为晋国正卿，主持诸侯各国大事，却把自己等同一般人，早晨不考虑晚上，这是丢弃神灵和百姓啊。如果神灵发怒，百姓反叛，他还怎么能长久下去？赵武活不过今年了。神灵发怒，不享用他的祭祀；百姓背叛，不替他做事情。祭祀和国事不能办理，又怎么能过得了今年？”此处神灵明显是指大禹，可见在当时人们是把大禹看作主宰山川的神主的，而且对祭祀山川之主十分看重。国之大事，在祀与戎，在这里体现得很明显。

综上所述，自从《尚书》以“史”之面孔问世，就奠定了大禹的神格是和其“平治水土”的“禹功”结合在一起的。这里强调的是划分土地，命名山川，建立贡服制度。所以在《诗经》为首的“经”书中呈现出重“禹功”，轻“禹绩”和“禹绪”的表意倾向。但是这只是程度之别，并没有偏废之意，只是不在“经史”中发挥，要到“诗文”或地方志的次生神话中发挥了。

三

事实上，很多时候我们是将大禹定位为治水英雄的，然而治理水患的英雄神神格和平定水土的神格不完全一样，前者重在强调水灾的治法，而后者重在设定人类早先的水土格局。这个格局里是包括水土制度的，同样是具有开天辟地意义的。所以就前者而言具有史实性质，就后者而言具有神话色彩性质，成为后世人们尊奉的一种水土信仰一直保持到今天。但是人们在信仰的过程中，在先秦典籍里有明显的将神话历史化、历史神话化以及神话历史杂糅的倾向，以至于今天我们很难分清楚大禹是神还是人。

治水英雄神格主要见于先秦典籍之《吴越春秋》《吕氏春秋》《孟子》《墨子》《天问》。

东汉赵晔撰的《吴越春秋》虽然不是先秦典籍，但是参考了很多先秦典籍，所写内容也是以记述春秋战国时期吴、越两国史事为主的史学著作，完整地呈现了大禹神话，首次将大禹治水神话作为事件中心统领全文。

其中《越王无余外传第六》详细记述了关于大禹治水的事迹，完整且具有神话色彩。其中既有大禹的神奇出身,鲧父殛于羽山化为羽渊之神,也有大禹是如何在鲧父死的背景下,受舜命治水的;禹治水七年过门不入,于宛委山得金简玉书;禹东巡,梦玄夷苍水使者告斋三月,于金简玉书得通水之理;与益、夔共谋而撰《山海经》;禹娶涂山女娇;禹使大章、竖亥丈量土地;禹南省水理遭遇黄龙负舟,终化险为夷;禹因民罪己,平易相土,观地分州;大禹因地平天成之功,被尧帝赐姓姒氏。这是目前看到的对大禹神话最完整的记录。作者结合江南一带的山水,结合当时百越部落的各种生葬、祭祀习俗,图腾崇拜,将大禹的神话故事以富有典型神话色彩的方式描述了出来。该文中涉及的参考古籍有《山海经》《诗经》以及东汉特有的谶纬思想。如娶九尾狐是"王之证也","黄龙负舟,受命于天",明显赵晔对《山海经》和《尚书·禹贡》十分熟悉,具有较丰富的地理知识。

这段记录将大禹的生平经历、神奇异能,以及和周围自然、人文的关系以人格化的、合理化的方式统接起来。这说明东汉时期赵晔已经将东汉以前古籍中涉及大禹的资料进行了搜集,并且对其进行符合地方特色,或者说是结合了自己的地方信仰、时代思潮,进行了熔铸和整合。当代神话学大家袁珂先生做了一件十分相似的事情:将大禹神话零散的资料进行富有个性化、地方化的统合。

事实上,这样做的原因,顾颉刚先生在《禹是南方民族的神话人物》一文中是阐述过的,不过他研究的依据不是《吴越春秋》。顾颉刚先生主要依据的是《尚书》和《诗经》。这和《吴越春秋》中反映出来的赵晔参考的书目《尚书》《诗经》《山海经》是一致的。顾先生言论如下:

> 《诗经·周颂》三十一篇没有"禹"的一个字,那时人竟没有大禹伟大功绩的概念;一道穆王末年的《尚书·吕刑》,禹就出现了;到西周后期,社祀也举行了,大小雅及商鲁颂屡屡把禹提起,看得他在古史中的地位是最重要的了。(编者注:因此顾颉刚先生假定——禹是南方民族的神话中的人物。)商周间,南方的新民族有平水土的需要,酝酿为禹的神话。这个神话的中心点就在会稽,越人奉禹为祖先。自此传播开来,流播的地域既广,遂看得禹的平水土是极普遍的;进而至于说土地是禹铺填的,山川是禹陈列的,对于禹有了一个"地王"的概念。[1]

---

① 马昌仪:《中国神话学百年文论选》,西安:陕西师范大学出版总社有限公司2013年版,第42页。

《吕氏春秋》在《音初》《知分》《行论》篇中分别涉及了大禹神话传说的部分：

禹行功，见涂山之女，禹未之遇而巡省南土。涂山氏之女乃令其妾待禹于涂山之阳，女乃作歌，歌曰“候人兮猗”，实始作为南音。周公及召公取风焉，以为周南、召南。

——《音初》

禹南省，方济乎江，黄龙负舟。舟中之人，五色无主。禹仰视天而叹曰：“吾受命于天，竭力以养人。生，性也；死，命也。余何忧于龙焉？”龙俛耳低尾而逝。则禹达乎死生之分、利害之经也。

——《知分》

尧以天下让舜。鲧为诸侯，怒于尧曰：“得天之道者为帝，得地之道者为三公。今我得地之道，而不以我为三公。”以尧为失论。欲得三公。怒甚猛兽，欲以为乱。比兽之角，能以为城；举其尾，能以为旌。召之不来，仿佯于野以患帝。舜于是殛之于羽山，副之以吴刀。禹不敢怨，而反事之，官为司空，以通水潦，颜色黎黑，步不相过，窍气不通，以中帝心。

——《行论》

除了这3篇与大禹神话传说的禹娶涂山女、禹南省黄龙负舟、尧鲧比兽而斗有关外，其他涉及禹的24篇，基本上都是关于大禹的历史信息，儒家色彩、政治色彩明显，神话色彩褪去。

《孟子·滕文公章句上》：“禹疏九河，瀹济漯，而注诸海；决汝汉，排淮泗，而注之江，然后中国可得而食也。当是时也，禹八年于外，三过其门而不入，虽欲耕，得乎？”具体涉及了治水的方法是以疏导为主，如疏、瀹、决、排、注。《孟子·滕文公章句下》则是对大禹治水的概括性叙述：对大洪水，大禹采取的方式是掘地注海，水由地中行，形成了今天的江、淮、河、汉是也。如下文：

孟子曰：“当尧之时，水逆行泛滥于中国，蛇龙居之，民无所定，下者为巢，上者为营窟。书曰：‘洚水警余。’洚水者，洪水也。使禹治之。禹掘地而注之海，驱蛇龙而放之菹，水由地中行，江、淮、河、汉是也。险阻既远，鸟兽之害人者消，然后人得平土而居之。”

四

农业神神格主见于先秦典籍之《论语》《越绝书》《荀子》。大禹参与了农业耕作制度及其方法的设计。

《论语·宪问》中“禹稷躬稼,而有天下”,强调大禹和后稷一样,亲自躬耕稼穑才有天下。

《越绝书·越绝外传记地传第十》“尚以为居之者乐,为之者苦,无以报民功,教民鸟田,一盛一衰”,表明大禹继天子位之后,会诸侯于会稽山。大禹把忧民的重点从治理水灾使民安居,转移到开发农业,解决人民吃饭的大事上来,把务农作为根本。据《史记·夏本纪》,禹在替他地方曾“令益予众庶稻,可种卑湿”,大禹在会稽山地区“美而告至”,就是“教民鸟田”,实行“轮荒制”的结果。曾有虞文明撰文认为,鸟田就是“岛田”,古代“岛”携程“鸟”。现在《尚书》中所写的岛夷,在《古文尚书》《今文尚书》和《史记》中都写作“鸟夷”。《辞源》“鸟夷”条“古岛字写‘鸟’读作岛”。大禹亲自率领古越先民进入水中孤丘,对大小不等的孤丘进行平整,开垦种稻。又根据水中孤丘不断变迁的规律,从一块孤丘上开垦种稻转移到另一块孤丘上开垦种稻。由于这些都是生荒地,还没有通过不断施肥变成熟土,就采取古代沿用的种一年养一年,种一丘荒一丘的办法,实行轮荒制的耕作方法。这就是《越绝书》所说的“小大有差,进退有行”。[①]

这种大禹发明的“鸟田”耕作法,今天在绍兴寺桥村马鞍遗址发掘中得到了证明。早在4000多年前,这里已从事农耕活动,大禹兴岛田之利,是最早进行海涂开发的典范,也说明大禹身上农业神神格明显。

《荀子·富国篇第十》中“故禹十年水,汤七年旱,而天下无菜色者,十年之后,年谷复熟,而陈积有余。是无它故焉,知本末源流之谓也”,虽没有直接说明大禹在农业方面的贡献,但是也说明大禹在治国大计中对国本——农业的重视。类此,《管子·轻重下》和贾谊《新书·无蓄篇》中“禹有十年之蓄,故免九年之水;汤有十年之蓄,故胜七年之旱。夫蓄积者,天下之大命也。苟粟多而财有余,何为而不济?”也同样表明大禹对国本农业的重视,表明大禹农业神的品格在古代其实是被暗自承认的。

---

① 陈瑞苗、周幼涛编:《大禹研究》,杭州:浙江人民出版社1995年版,第37—38页。

四

祖先神神格主见于先秦典籍之《礼记》《左传》《逸周书》《国语》《越绝书》。从一般神话学现象看，文化英雄大多源于氏族或者部落的始祖。日本学者大林太良曾经认为文化英雄和至高神是派生关系。如下文：

> 曾经有研究者认为，文化英雄是实在的古代英雄，它的产生比神的观念形成时期要早。对此，德国学者埃伦赖希在他的《神和文化英雄》一文中进行了反驳。他认为：文化英雄的形象并非产生于神的前期阶段，而是至高神在向人格化发展过程中出现的变形，是派生神。它可以再一次成为神，但一般来说，它是沿着人格化的道路继续向前发展，与真正的地上英雄同化了。

《礼记·祭法》中“夏后氏亦禘黄帝而郊鲧，祖颛顼而宗禹”，表明大禹已经成为祖先神接受后代的祭拜，而鲧，涉及了夏朝的郊祭。郊祭指郊天之礼，是周代最为隆重的祭典，它原属于自然崇拜的一种，但至夏殷时，“天”已由自然属性的天，转变为自然属性与社会属性合一的“天”，天既是社会的“至上神”，又是周人王权的合法性的来源。郊天之祭既反映了人们对上天的敬畏，又反映了人们对自己来自何处的根源性追溯。天既指代高人云端的昊上帝，又包含“地以上皆天也”的崇山信仰。这里的大禹已经人格化为祖先神了，所以才有祖颛顼而宗禹之说。《左传·文公》中“君子以为失礼。礼无不顺。祀，国之大事也，而逆之，可谓礼乎？子虽齐圣，不先父食久矣。故禹不先鲧，汤不先契，文、武不先不窋”，表明鲧、大禹和商汤、契都是古代祭祀的对象，对于祭祀这样的国家大事也要有顺序。即便儿子禹和汤聪明圣哲，也不能在父亲鲧和契之前享受祭品。这段话是对祖先的肯定，也是对祖先祭祀先后的正序。《左传·哀公》借吴国伍子胥之口讲述了夏后相的后代少康复国的故事，“复禹之绩，祀夏配天”复兴了禹的事业。少康奉祀夏朝的祖先同时祭祀天帝，维护了原有的天下。虽说伍子胥的话本是建议吴王夫差对越王勾践的求和严词拒绝，一网打尽越国势力，但是从另一方面也可以看出吴国当时也是将大禹放在夏朝的祖先神的位置上的。《逸周书·商誓解》中周武王追述周朝祖先后稷，“王曰：‘在昔后稷，惟上帝之言，克播百谷，登禹之绩。’”意思是周武王时，他认为周的祖先后稷就是因为谨听上帝的言语，播种百谷，才达到了大禹的功绩水平；是对大禹播百谷养民的肯定，间接说明禹绩中还包含有种植百谷、兴盛农业的一面。《国语·鲁语上》陈述了古代圣王制定祭祀制度的法则,称述了大禹因为以德修鲧之功,所以才会在“夏后氏禘黄帝而祖颛顼,郊鲧而宗禹”。“少康中兴”中季杼率领大禹的后裔恢复夏后氏的天下,依靠的也还是对共同祖先的祭祀;即“杼,能帅禹者也,夏后氏报焉”。《越绝书》是东汉袁康、吴平所著的一部以春秋末年至战国初期吴越争霸的历史事实为主干,上溯夏禹,下迄两汉,旁及诸侯列国的史书。该书主要陈述了大禹东征大越“上茅山,大会计,爵有德,封有功”“无以报民功,教民鸟田”的功绩,而后“死葬其疆”的事实;其中《越绝外传记地传第十》“越之先君无余,乃禹之世,别封于越,以守禹冢”的史实,表明越地奉大禹为祖先神。这一祖先神的祭祀及其信仰在今天的四川北川羌族自治区流行,河南登封禹裔各类姓氏常常有人前来祭祀,另浙江绍兴禹陵村仍有大量姒姓后代守陵。

绍兴姒姓族人现在已经传至145代后人。如今每年有三次祭拜先祖大禹的典礼,分为大年初一的族祭、谷雨时节的公祭、六月初六的民祭。禹陵村村支书姒茂利谈起对先祖的祭拜时说到,曾听祖辈回忆古时因为经济条件等多种原因,为了能更好地办好祭祀活动,甚至有姒姓族人不惜卖田筹措资金,可见对大禹祖先神祭祀的重视。

综上,大禹作为祖先神被确立,无论从先秦典籍,还是现实的祖先祭祀仪式,都可以看出这一神格人格化、历史化的倾向至今仍影响着华夏儿女。

五

大禹的神话遍及先秦典籍《左传》《孟子》《墨子》《国语》《战国策》《吴越春秋》《越绝书》《尹文子》《列子》《吕氏春秋》《韩非子》《山海经》《天问》等。通过对大禹四大神格,即平定水土的水土神神格、治水英雄神神格、农业神神格、祖先神神格的资料梳理和分析,可以发现以下一些特征:

(一)大禹在神话中的主神格主要是平定水土的水土神神格。

这一神格的确定受到了“史书”的巨大影响,尤其是《尚书》在确定大禹平定水土神时,通过平治水土、命名山川及成为山川祭祀的神灵三种表现,可以看出大禹的开创性功绩是在命名山川、制定水土制度方面。这是历史以及政治最关注的。《尚书》的“政治性史书”书写决定了大禹神格的主格,所以后来的一些诸子类书籍和史部书籍都是依此而进行书写的。

(二)对大禹进行富有神话色彩还原最著名的应该是东汉时的《吴越春秋》,《越王无余外传第六》中对大禹生平及其治水立国的过程记录得最详细,最富有原始性和想象性。

在大禹神话中既体现了变化性，如鲧幻化为羽渊之神；又体现了大禹神该有的神力和法术，如禹东巡，梦玄夷苍水使者告斋三月，于金简玉书得通水之理。其中“禹退又斋三月，庚子登宛委山，发金简之书。案金简玉字，得通水之理”涉及梦境、斋戒、神使、神书。又“禹济江，南省水理，黄龙负舟，舟中人怖骇，禹乃哑然而笑曰：‘我受命于天，竭力以劳万民。生，性也；死，命也。尔何为者？’颜色不变。谓舟人曰：‘此天所以为我用。’龙曳尾舍舟而去。”大禹神和黄龙之间的奇遇，“幻想性”“故事性”“原始性”俱足，反映了越地神话色彩非常明显。

（三）大禹的德行和治国理念是先秦典籍里关注和发展的重点，所以作为后代圣君贤王楷模的大禹王才成为大禹的主流形象。

《尚书》中的《舜典》《大禹谟》《皋陶谟》《益稷》四篇，大禹还是作为历史的当事人在参与历史的创造。大禹是如何被舜帝授命平治水土的；地平天成后，舜帝又是如何旌表其功的；大禹之后又是如何征伐三苗建立功业的都有描述。其中还有大禹和舜帝、皋陶谈论如何实现以德治国，如何任臣安民的内容。到了《禹贡》，主要讲大禹划定九州，对天下贡服所出地进行划分，建立五服的贡赋制度。到了《五子之歌》，启的后人太康失德以至于失天下。太康贪图享乐，在外打猎长期不归，国都被后羿侵占。太康的五个弟弟和母亲被赶到洛河边，追述大禹的告诫而作《五子之歌》，表达了五个人的悔意。

从《仲虺之诰》开始涉及商周的问题。《洪范》中有“箕子乃言曰：我闻在昔，鲧堙洪水，汩陈其五行。帝乃震怒，不畀洪范九畴。彝伦攸斁，鲧则殛死，禹乃嗣兴。天乃锡禹洪范九畴”。《洪范》原是记录商代贵族政权总结出来的统治经验。“洪”的意思是“大”，“范”的意思是“法”，“洪范”即统治大法。今人或认为系战国后期儒者所作，或认为作于春秋。《汉书·五行志》曰：“禹治洪水，赐《洛书》，法而陈之，《洪范》是也。”故亦称“洛书”。托武王与箕子对话，言禹治水有功，上帝锡予其“洪范九畴”（大法九种）。其中提出水、火、木、金、土“五行”及其性能作用，主张天子建立“皇极”，实行赏罚，使臣民顺服，又提出“正直”“刚克”“柔克”三种治民方法。关于周朝的治国理念和治国思想从《立政》开始。它是周公还政成王时，为告诫周成王如何治理国家而做的。其中就是以夏朝的君臣为模范。西周中期，阶级矛盾尖锐，周穆王命吕侯（亦称甫侯）制定《吕刑》，其中提到大禹“禹平水土，主名山川”一事，可见是把主名山川当作一种制度来肯定了。

《左传》之《宣公》：“羊舌职曰：吾闻之，禹称善人，不善人远。”即秦国的羊舌职说：“禹提拔好人，不好的人就因此远离。”有好人在上面执政，国家中就没有心存侥幸的百姓。再者《宣公三年》曰:“昔夏之方有德也,远方图物,贡金九牧,铸鼎象物,百物而为之备,使民知神奸。故民入川泽山林,不逢不若。螭魅罔两,莫能逢之。用能协于上下,以承天休。桀有昏德,鼎迁于商,载祀六百。商纣暴虐,鼎迁于周。德之休明,虽小,重也。其奸回昏乱,虽大,轻也。天祚明德,有所厎止。”通过铸鼎象物,助民辨识神奸,进而上升到对禹为政以德的称赏。德行如果美好光明,鼎虽小,分量却很重;如果奸邪昏乱,鼎虽大,分量也是轻的。上天赐福给有美德的人,总有终止的日子。

《战国策》也基本上是继承历史的真实,以古大禹之时为模范时代而进行记述的。记录了大禹讨伐共工,禹有五丞,尧、舜、禹、汤、周文王并列都是成其道德而扬功名于后世者。其中《卷十一》有:“斶对曰:‘不然。斶闻古大禹之时,诸侯万国。何则?德厚之道,得贵士之力也’。”《卷十九》有:“臣闻,尧无三夫之分,舜无咫尺之地,以有天下。禹无百人之聚,以王诸侯。……诚得其道也。是故明主外料其敌国之强弱,内度其士卒之众寡、贤与不肖,不待两军相当,而胜败存亡之机节,固已见于胸中矣,岂掩于众人之言,而以冥冥决事哉!”

《列子·杨朱篇》有:“杨朱曰:‘伯成子高不以一毫利物,舍国而隐耕。大禹不以一身自利,一体偏枯。古之人损一毫利天下不与也,悉天下奉一身不取也。人人不损一毫,人人不利天下,天下治矣。’”也主要肯定一心为公的大禹的德行。

后代尧、舜、禹、汤,尧、舜、禹、文武、周公等的并称,正是先秦典籍对大禹种种善德善政的补充完善和弘扬,大禹神话中应该有的神格被政治化、历史化冲淡,先秦典籍将大禹塑造成美政善政的圣君典范由此确立了起来。

参考文献:

1.[西汉]司马迁.史记[M].郑州:中州古籍出版社,1994.
2.[东汉]赵晔.吴越春秋[M].江苏古籍出版社,1986.
3.[宋0]李昉.太平广记[M].北京:中国文史出版社,2003.
4.[宋]李昉.太平御览[M].上海:上海古籍出版社,1987.
5.[宋]朱熹.楚辞集注[M].上海:上海古籍出版社,2015.
6.[战国]左丘明.左传[M].上海:上海古籍出版社,2015.
7.杨树达.论语疏证[M].上海:上海古籍出版社,2013.
8.杨伯峻.论语译注[M].北京:中华书局,2016.
9.刘起釪.尚书校释译论[M].北京:中华书局,2005.
10 林庚.天问论笺[M].北京:人民文学出版社,1983.

11.《夒公盨》(一函二册)[M]. 北京:线装书局,2002.

12. 陈瑞苗、周幼涛. 大禹研究[M]. 杭州:浙江人民出版社,1995.

13. 马昌仪. 中国神话学百年文论选[M]. 西安:陕西师范大学出版总社有限公司,2013.

14. [日]大林太良. 神话学入门[M]. 林相泰、贾福水译. 北京:中国民间文艺出版社,1988.

大禹与洛书

常松木

大禹是中华民族的治水英雄、立国始祖,其一生主要功绩是治水和立国,而史载大禹治水时得到了一部洛书,并根据其治理国家。洛书与河图并称为中华文明的元典、根源,甘肃渭源祭祀大禹时则称大禹为文明始祖。大禹和洛书的真实关系如何?本文试作探讨。

一、洛书的来源及出现地点

"河出图,洛出书,圣人则之。"①学术界公认中国古籍第一次记载河图洛书的是《尚书·顾命》篇,周武王之子周成王执政十九年后病逝,西周史官在周成王之子周康王于洛邑文王太庙大室中举行的继位典礼上看到:"越玉、五重、陈宝、赤刀、大训、弘璧、琬琰在西序;大玉、夷玉、天球、河图在东序。"②但洛书究竟来自于哪里,史载有以下三种说法。

伏羲说。《辞海》在解释"河图洛书"时说:"传说伏羲氏时有龙马从黄河出现,背负'河图';有神龟从洛水出现,背负'洛书'。伏羲根据这种'图''书'画成八卦,就是后来《周易》的来源。"③

黄帝、仓颉说。《史记音义》云:"黄帝东巡河过洛,修坛沉璧,受龙图于河,龟

① 汪忠长:《周易六十四卦浅解》,北京:当代世界出版社2005年版,第89页。
② 《书经》,上海:上海古籍出版社1987年版,第125页。
③ 《辞海》(缩印本),上海:上海辞书出版社1979年版。

书于洛。”罗苹注《河图玉版》云：“仓颉为帝南巡，登阳虚之山，临于玄沪洛汭之水，灵龟负书，丹甲青文以授之。”

大禹说。相传大禹治水时，洛河中浮出神龟，背驮洛书，献给大禹。《汉书·孔安国传》载：“天与禹洛出书。神龟负文而出，列于背，有数至于九。禹遂因而第之，以成九类常道。”《汉书·五行志》：“禹治洪水，赐洛书，法而陈之，九畴是也。”《竹书纪年》：“当尧之时，舜举之。禹观于河，有长人，白面鱼身，出曰：吾河精也。呼禹曰：文命治水。言讫授禹河图，言治水之事……洛出龟书，是为洪范。”《辞海》在解释“河图洛书”一词时又说：“一说禹治洪水时，上帝赐给他以《洪范九畴》。刘歆认为《洪范》即洛书。”

南宋蔡元定与朱熹合著之《易学启蒙》云：“古今传记，自孔安国、刘向父子、班固皆以河图授牺、洛书锡禹。洪范又明言天乃锡禹洪范九畴。而九宫之数，戴九履一，左三右七，二四为肩，六八为足，正龟背之象也”。“洛书赐禹”是一种最普遍、最广泛的说法。

洛书到底最早出现在哪里，亦即洛出书处在哪里，也有洛河上游、中游、下游三种说法。上游说即陕西洛南，洛南有玄扈山、玄扈水，《竹书纪年》：“黄帝服斋于中宫，坐于玄扈洛水之上。”《水经注》《太平寰宇记》《辞海》等皆载玄扈山在洛南，洛南境内自古以来还有“十里一洛王（禹庙）”的传说，白昶河洛王庙和尖角禹王阁，正好相距十里。洛南的禹王阁（禹王庙），多建于洛河沿岸，为数较多，但迄今幸存者仅有尖角境内禹王阁一座，另外洛南县城还有“禹门巷”。中游说即河南洛宁长水乡，《水经注》引用《竹书纪年》等资料记黄帝得洛书处为“玄扈洛汭”，洛宁县的传说认为玄扈河流入洛河的地方为洛汭。洛宁县长水乡存有汉魏时期和清雍正二年的两座“洛出书处”碑，后者系河南尹张汉所书，永宁县令沈育所立。这两座古碑是“洛出书处在洛宁”的有力证据。长水乡龙头山顶有“禹王庙”“洛书赐禹之地碑”“灵龟负书处”之玄扈水、龟窝等古遗迹。元代杜仁杰《题长水西洛书赐禹之地罗正之石刻》：“洛书先时堕禹腹，谓是天赐何其漓。”另外，洛宁县城自宋代以来就有“书城”的雅号。下游说即河南巩义洛汭，即黄河和洛河交汇一带。《水经注》卷十五载：“黄帝东巡河过洛，修坛沉璧，受龙图于河，龟书与洛，赤文篆字。”唐诗中写到洛阳一带的景物时，常见提起洛出书的典故，如郭邕的《洛出书》：“光宅被寰区，图书荐河洛。”叔孙玄观的《洛出书》：“清洛含温溜，玄龟荐宝书。”从文物遗存角度看，洛出书处应在洛宁县。

二、洛书的真伪与祥瑞

(一)洛书的考古学证据

洛书的真实性有不少学者怀疑,但1977年安徽阜阳双古堆西汉汝阴侯墓出土了一件太乙九宫占盘,其正面按八卦位置和五行属性(水、火、木、金、土)排列,九宫的名称和各宫节气的日数与《灵枢·九宫八风》首图完全一致。小圆盘过圆心画四条等分线,在每条等分线两端分别刻"一君"对"九百姓"、"二"对"八"、"三相"对"七将"、"四"对"六",与洛书布局完全符合。1978年《阜阳双古堆发掘了西汉汝阴侯发掘简报》说:"太乙九宫占盘的正面是按照八卦和五行属性排列的,小图盘的刻画则与《河图洛书》完全符合(按:实与《周易本义》之洛书相符")。[①] 孙国中先生指出:"太乙九宫占盘(即太一行九宫占盘)的出现,使河洛之争被历史铁证所兑现,从而结束了无数《易》学家为辨河许之真伪而持续九百年的争论,否定了历代疑古派对河图、洛书的种种见解,确立了河图、洛书为中国文化之源的理论。"[②]

1986年,安徽巢湖凌家滩出土了5300多年前新石器时代的玉龟,玉龟由玉龟壳和长方形玉片组成,玉龟壳由玉背甲和玉腹甲两件组成,出土时长方形玉片夹在玉龟腹、玉背甲之间。玉龟背甲及玉腹甲两侧,各钻2个圆孔,玉龟背甲钻有4个圆孔,玉腹甲的圆边钻1个孔。长方形玉片周边各钻数量不等的圆孔,其中一长边钻9个圆孔(称为玉片上方),另一长边钻4个圆孔(称为玉片下方),两短边各钻5个圆孔(称为玉片左右方)。据专家考证,这是无文字时代原始先民把天地、北辰、四维、四时、八方、八节、八卦和洛书之数融为一体的宇宙图式,是原始的洛书和八卦图。"凌家滩出土的玉器,玉龟和玉版,玉版的八方图形与中心象征太阳的图形相配,符合我国古代的原始八卦理论,玉版四周的四、五、九、五之数,与洛书'太一下行八卦之宫每四乃还中央'相合。故推测凌家滩出土的玉龟和玉版,有可能就是远古洛书和八卦。这可以证实早在5300年前,我们的祖先就有了河图和洛书的观念。凌家滩出土的玉龟和玉版的图形,证实5300年前就有这种历法存在。而此前

① 《文物》1978年第8期。
② 孙国中主编:《河图洛书解析》,北京:学苑出版社1990年版,第227页。

的考古证明，律历最早只在夏朝出现。”①

另据赵国华《八卦符号与半坡鱼纹》一文介绍，西安半坡遗址发掘出的新石器晚期彩陶上的鱼纹亦具有分别表示从一至九条鱼的数的神秘意蕴，这种鱼纹彩陶是祭器，设于祭场，其数据排列也是南九北一，东三西七，东南四西北六，西南二东北八，与洛书相同。

洛书与河图一直被认为是假托的神话，而这些早于大禹时期的鱼纹彩陶和玉龟以及至迟西汉时期的太乙九宫占盘，都表明洛书并非空穴来风，应可为宋代以来自欧阳修至顾颉刚持续九百年的河图洛书真伪之争画上句号。

（二）洛书与祥瑞

古代，洛书与河图的出现往往是祥瑞的象征，而洛水注入黄河的洛汭则被人们视为祈盼天降祥瑞、河清海晏的朝圣之地。“河图洛书”则代表神意，是“圣人”得到“天命”的征兆，《论语·子罕》：“子曰：凤鸟不至，河不出图，吾已矣夫！”《管子·小臣》曰：“昔人之受命者，龙龟假，河出图，洛出书，地出乘黄，今三祥未见有者。”“洛汭”之名最早见于先秦文献，是传说中黄帝“修坛沉璧”的地方。尧、舜、禹、汤等也都在此举行祭天仪式，并接受《河图洛书》。

《尚书·顾命》孔安国传：“伏羲王天下，龙马出河，遂则其以画八卦，谓之河图。”《礼含文嘉》：“伏羲德合天下，天应以鸟兽文章，地应以河图洛书，乃则之以作《易》。”《汉书·五行志》：“刘歆以为伏羲氏继天而王，受河图，则而图之，八卦是也。”

《竹书纪年》：“黄帝五十年秋七月，庚申，凤鸟至，帝祭于洛水。”注：“龙图出河，龟书出洛，赤文篆字，以授轩辕。”《路史·黄帝纪》：“黄帝有熊氏，河龙图发，洛龟书成……乃重坤以为首，所谓《归藏易》也。故曰归藏氏。”《水经注·异闻录》载：“黄帝东巡过洛，修坛沉璧，受龙图于河，龟书于洛，赤文绿字。”

《宋书·符瑞志》：“帝在位七十年，修坛于河、洛，新闻社舜等升首山遵河渚，乃省龙马衔甲赤文，绿龟临坛而止，吐甲图而去。甲似龟，背广九尺，其图以白玉为检，赤玉为字，泥以黄金，约以专绳。”

《竹书纪年》载：“舜乃设坛于河，依尧故事。至于下昃，荣光休气至，黄龙负图，长三十二尺，广九尺，出于坛畔，赤文绿错。其文言：当禅禹。”《宋书·符瑞志》也有相同的记载。这是说禹执掌天下，是在舜设坛沉璧祭天之后，河图传达的

① 安徽省文物考古研究所：《凌家滩——田野考古发掘报告之一》，北京：文物出版社 2006 年版。

天命。

《竹书纪年》:“帝禹夏后氏。”陈注:“当尧之时,禹观于河,有长人,白面鱼身,出曰:吾河精也。呼禹曰:文命治水。言讫,授禹河图,言治水事……洛书龟书是为洪范。”《汉书·五行志》:“刘歆以为,禹治洪水,赐洛书,法而陈之,九畴是也。”

《宋书·符瑞志》:“汤东至洛,观尧坛,有黑龟,并赤文成字。”

另外,还有周文王受洛书、应河图,周成王观河、洛,得龙图、龟书的记载。

伏羲、黄帝、尧、舜、禹、商汤等或受河图,或受洛书,这些祥瑞的出现,且不论其真实性如何,但至少说明中国远古文化一脉相承,从一个侧面佐证河图洛书是中国传统文化的源头之一。

三、洛书与大禹治水

春秋政治家管仲认为:“故善为国者,必先除其五害……五害之属,水最为大。五害已除,人乃可治。”[①]“五害”即水、旱、风雾雹霜、疠和虫灾。他第一次把治水列为治国安邦的头等大事。

有专家认为,在中国文化的发展中,大禹的功劳最大,因他治水以后,中国九州才开始可以农业立国,并赓续几千年。治水是大禹一生最重要的业绩,而他治水的智慧,则受到洛书的启示。相传大禹治水时,有一只乌龟从洛水里浮出来,背上有个图案,史称洛书,这启发了他的灵感,所以把中国的水患平定下来了。这个洛书的图案,正好是一个乌龟壳的形状,图中的点点,古代有一首歌来叙述它:“戴九履一,左三右七,二、四为肩,六、八为足,五居中央。”[②]头上是九,下面是一,左边是三,右边是七,这些都是阳数,白点子,占了四方。另外四个角,右上角是两点,左上角是四点,如同在肩膀上,右下角是六点,左下角是八点,像两只足,为阴数,是黑点,五则居中。巧合的是,洛书九宫图中,无论横线、竖线、斜线上的三个数加起来都等于十五。洛书奇妙地组合排列了九个基本数字,涵盖了自然界周期性和对称性的特征,体现出了和谐与平衡之美,反映出东方哲学思想的精髓,闪烁着中华古文明的光辉。

文献记载大禹据洛书治水。《拾遗记》卷二:“禹尽力沟洫,导川夷岳。黄龙曳尾于前,玄龟负青泥于后。玄龟,河精之使者也。龟颔下有印,文皆古篆字,作九州

① 《管子》,上海:上海古籍出版社 1989 年版,第 169 页。

② (宋)陈抟、(宋)邵康节述:《河洛理数》,沈阳:沈阳出版社 1994 年版,第 3—7 页。

山川之字。禹所穿凿之处,皆以青泥封记其所,使玄龟印其上。今人聚土为界,此之遗象也。"《尸子》卷下:"禹理洪水,观于河,见白面长人,鱼身,出曰'吾河精也'。授禹河图,还于渊中。"可见古人认为大禹就是根据"玄龟"背负的"洛书"或"玄鱼"授予的"河图",治理水土的。笔者认为,大禹治水时主要从洛书得到了两点启发。

(一)大禹据洛书而悟出治水的方法

大禹得到洛书后,应仔细进行了研究,发现了洛书的奥妙和数字排列的规律,因而治水时重视测量、注重疏导。大禹治水时"左准绳,右规矩,载四时"①,准绳和规矩就是当时所用的测量工具,准是可揆平的水准器,绳是丈量距离的工具,规是画圆的器具,矩则是一种可定平,测长度、高度、深度和画圆画矩形的通用测量仪器。《国语・周语下》:"(禹治水)共(共工)之从孙四岳佐之,高高下下,疏川导滞,钟水丰物,封崇九山,决汩九川。"韦昭注:"封,大也;崇,高也。除其壅塞之害,通其水泉,使不堕坏,是谓封崇。"《尚书・禹贡》:"禹别九州,随山浚川,任土作贡。禹敷土,随山刊木,奠高山大川。"正义曰:"言禹分布治此九州之土,其治之也,随行所至之山,除木通道,决流其水,水土既平,乃定其高山大川。"

柏峻峭在其《河图洛水与治水》一文说:"大禹是如何应用河洛来治水的……依洛书数一在北方,二在西南方,三在东方,四在东南方,五为中宫,六在西北方,七在西方,八在东北方,九在南方。套上河图口诀:一六共宗水(北方)、二七同道火(南方)、三八为朋木(东方)、四九为友金(西方)、五十共途土(居中宫)。运用在洛书方位上:一、河图一六共宗水,一为洛书北方、六为西北方,二股水可会合为一股引流出去;二、河图二七同道火,二为洛书西南方、七为西方,二水合一引流;三、河图三八为朋木,三为洛书东方、八为东北方,二方向水可会合引流;四、河图四九为友金,四为洛书东南方、九为南方,二方向水可会合成一股引流。治水之要在于疏通,使大地的水资源产生一个正的循环,更何况这与天体运行有着密不可分的关联存在。地球上的河海就像人体的血管一般纵横交错,河水的整治如同中医所说的'痛则不通,通则不痛',疏通才是根本之道,而堵只会使情况恶化。"

(二)据洛书而划分九州

大禹在治水时,为便于动员各地的力量和调动积极性,将天下划分为九州,而这一决策亦来源于洛书。相传大禹认真研究洛书,发现龟背洛书纵横六线及两条对角线上的三个数之和都是十五,均衡对称,奇巧有趣,在奇偶数的交替变化中似

---

① (汉)司马迁:《史记》,北京:中华书局2006年版,第7页。

有一种旋转运动之妙。大禹很受启发,他参照九宫玄数划分天下为九州,并把一般政事也分为九类。《史记·夏本纪》载,夏禹治水时,“开九州,通九道,陂九泽,度九山”。“《河图》者,伏羲氏王天下,龙马出河,遂则其文以画八卦。《洛书》者,禹治水时,神龟负文而列于背,有数至九,禹遂因而第之以成《九类》。”①洛书周围“八方”,加上“中央”,即为“九方”,大禹治水时便以九宫为据,劈九山,疏九河,通九道,披九泽,划九州,大获成功。因为大禹治水划分九州,故古人又常把中国称为禹域、禹甸。

《尚书·禹贡》记载,大禹的时候,天下分为九州,分别为豫州、青州、徐州、扬州、荆州、梁州、雍州、冀州、兖州,并详细叙述了九州的地理位置、地形地貌、物产贡赋等。《左传》《国语》《山海经》《淮南子》《史记》及传世齐侯钟、秦公簋等青铜器铭文,刚出土的遂公盨、《容成氏》也有禹划九州的记载。《左传·襄公四年》:“芒芒禹迹,划为九州,经启九道,民有寝庙,兽有茂草,各有攸处,德用不扰。”《国语·周语下》记太子晋言伯禹“高高下下,疏川道滞,钟水丰物,封崇九山,决汩九川,陂鄣九泽,丰殖九薮,汩越九原,宅居九隩,合通四海”。《山海经·海内经》:“帝乃命禹卒布土以定九州。”齐侯钟铭曰:“成汤受天命,咸有九州,处禹之堵。”

另外,相传洛书是黄河水情图,大禹就是根据洛书而治理了天下洪水。无独有偶,南宋人薛季宣的《河图洛书辨》中推测“洛书”是古地图,“图载江河山川州界之分野”②。大禹正是根据此图,了解了山川、河流的地貌特征,才因地制宜,疏通河道,使洪水入海。

总之,洛书是大禹治水时天赐的恩物,大禹得到了洛书,治水成功,“彝伦攸叙”。而鲧之所以治水失败,是因为他得到洛书而湮堵洪水,逆了水性,乱了五行,致使“彝伦攸斁”。

四、洛书与大禹治国

大禹的治国理念集中体现在《尚书·洪范》中。《洪范》本意为治理洪水的规范,大禹得之而反复琢磨,最后依此划天下为九州,又依此制定出治理天下的九章大法,即如何平治天下的规范法则。洪者,大也;范者,法也;洪范者,大法也。“洪

① (宋)朱熹:《朱子全书》(第一册),上海:上海古籍出版社,合肥:安徽教育出版社2002年版,第197页。

② 《水经注·河水》。

范”就是治国的基本原理、根本规则。“宓羲氏继天而王，受《河图》，则而画之，八卦是也。禹治洪水，赐《洛书》，法而陈之，《洪范》是也。……此武王问《洛书》于箕子，箕子对禹得《洛书》之意也。”①“以为《河图》《洛书》相为经纬，八卦、九章相为表里。”②据传伏羲取“龟甲象天”画成《九宫纳八卦图》；大禹取“龟甲象地”，画成“洪范九畴图”，即《洛书九宫图》，正如孔安国注《系辞》所言：“河图，则八卦也；洛书，则九畴也。”元吴澄《易纂言》认为：“洛书者，禹治水时，洛出神龟，背之拆文，前九，后一，左三，右七，中五，前之右二，前之左四，后之右六，后之左八。以其拆文如字画，画谓之书。禹则自其一至九之数，以叙洪范九畴。”所以，“龟背洛书”实际为“洪范九畴”也。

《尚书·洪范》载，周武王在灭商后，前去拜访商朝的遗贤箕子，向他请教前朝治理天下的经验，箕子把答案推到更早的夏朝，当大禹治水成功后，上天赐给他“洪范九畴”由此可以治国安民：“惟十有三祀，王访于箕子。王乃言曰：‘呜呼！箕子，惟天阴骘下民，相协厥居，我不知其彝伦攸叙。’箕子乃言曰：‘我闻在昔，鲧堙洪水，汩陈其五行。帝乃震怒，不畀洪范九畴，彝伦攸斁，鲧则殛死，禹乃嗣兴，天乃锡禹洪范九畴，彝伦攸叙。初一曰五行，次二曰敬用五事，次三曰农用八政，次四曰协用五纪，次五曰建用皇极，次六曰乂用三德，次七曰明用稽疑，次八曰念用庶征，次九曰向用五福，威用六极。’”③

这段话就是箕子所谓的上天赐给大禹的洪范九畴，也是后人所谓的六十五字“洛书”。“洪范九畴”乃禹治国之大政方略，所谓“畴”，就是“基本原则”。用王夫之的话说，即“夫畴者何为也？天赐禹而俾叙乎人事者也”。意思就是代天行事、管理众人的方式。

箕子解释九畴的第一畴，即“五行”说：“五行：一曰水，二曰火，三曰木，四曰金，五曰土。水曰润下，火曰炎上，木曰曲直，金曰从革，土爰稼穑。润下作咸，炎上作苦，曲直作酸，从革作辛，稼穑作甘。”重点阐述宇宙间客观物质的五个类别及对应的五种基本性状，旨在告诫君主要尊重自然法则、客观规律。

第二畴是“五事”：“五事，一曰貌，二曰言，三曰视，四曰听，五曰思。貌曰恭，言曰从，视曰明，听曰聪，思曰睿。恭作肃，从作乂，明作哲，聪作谋，睿作圣。”重点强调君主要想树立威严、让臣民敬仰应当恪守五个方面的操行。

---

① (汉)班固：《汉书》卷三十，北京：中华书局1999年版，第1091页。
② (清)江慎修著，郭彧注引：《河洛精蕴注引》，北京：华夏出版社2006年版，第13页。
③《书经》，上海：上海古籍出版社1987年版，第74页。

第三畴是八政。“一曰食,二曰货,三曰祀,四曰司空,五曰司徒,六曰司寇,七曰宾,八曰师。”君王设官分职,要管理好八大政务,即农业、财贸、祭祀、工程、教育、司法、礼宾、军事,也就是当时的社会生产要采取八个方面的施政举措。

第四畴是五纪,“一曰岁,二曰月,三曰日,四曰星辰,五曰历数。”即协调社会生产和生活秩序,要综合运用五种纪年记时方法,强调国君要重视天象观测,按时颁布历法,保证老百姓正常从事农业生产。

第五畴是皇极,“皇建其有极,敛时五福,用敷锡厥庶民……”即树立皇极的威信,并建立遴选官员和赏罚的标准。“皇极”为“大中”,谓君王处大中之位,行大中之道,阐明皇权法统的构建要着眼于确立君主大中至正、至尊无比的地位,而大中至正之道是治国的最高准则。

第六畴是三德,“一曰正直,二曰刚克,三曰柔克……”即治理众民要以“正直”为本,同时在必要时又要刚柔并用,或者以刚制胜,或者以柔制胜。

第七畴是稽疑,“择建立卜筮人,乃命卜筮,曰雨,曰霁,曰蒙,曰克,曰贞,曰悔……”即阐述决策行动之前要解决困惑,排除疑虑,澄清模糊认识,最大限度地达成思想共识。

第八畴是庶征。“曰雨,曰旸,曰燠,曰寒,曰风,曰时……”强调君主要通过各种天气征象进行省察反思,通过雨、旸(晴)、燠(暖)、寒、风等气候变化以判断年景和收成,这是国君政治得失的征兆。

第九畴是五福、六极。“五福,一曰寿,二曰富,三曰康宁,四曰攸好德,五曰考终命。六极,一曰凶短折,二曰疾,三曰忧,四曰贫,五曰恶,六曰弱。”以五福劝导人们向善,以六极警戒和阻止人们从恶,阐明国君掌控五福、六极,用于赏罚,引导人民趋利避害。

《尚书·洪范》以五行和皇极二畴为核心,“五行”位列第一,“皇极”是整篇《洪范》精神所在。五行为初始畴,说明五行是实行王道政治的基础,“五行”思想是夏、商、周三代治国理政的重要理论依据。洪范用第一畴五行、第二畴五事、第四畴五纪、第八畴庶征等四畴的篇幅来构建天人合一的立国理念。五行、五纪、庶征三畴讲天,五事讲君,即人,表明国君的行为与天行规律紧密相关。国君行为好,雨、晴、暖、寒、风的气象表现为休征;国君有过失,气象表现为咎征。因此,可以说洪范九畴是王权和天命的象征。

《尚书·洪范》系统地阐述了古代中国的治国之道,而且对中国传统文化的走向产生了十分深远的影响。不过,需要说明的是,有人认为洪范九畴是箕子假借大禹的名义而阐明的治国理念,是殷商经验教训的概括,之所以假借大禹,是为了强化其合理性和神圣性。但不可否认的是，这一定也借鉴、汲取了大禹治国理政的经验，如允执厥中、实行中道等。

五、洛书与大禹部族图腾

龟是大禹部族的图腾之一。“有神龟负八卦出河，进于伏牺、禹治水。”“神龟”出洛水，向大禹献洛书，因此洛书也称为“龟书”。古人描述洛书图式为“戴九履一，左三右七，二四为肩，六八为足，五居中央”，完全一副龟形模样。《朱子图说》载：“《洛书》盖取龟象，故其数戴九履一，左三右七，二四为肩，六八为足，五居中央。”洛书由神龟负出，是因为龟在古代中国人心目中占有非常尊贵的地位，能够担当这个重任，也应是人们对龟的图腾崇拜意识使然。

大禹的父亲鲧死后化为三足龟，大禹故里河南登封太室阙上有三足龟的画像，文物专家吕品将其释为“鲧画像”①。《天问》载：“鸱龟曳衔，鲧何听焉？顺欲成功，帝何刑焉？永遏在羽山，夫何三年不施？伯禹愎鲧，夫何以变化？”《山海经·中次七经》记载大禹故里河南登封西部也出产三足龟：“大苦之山……其阳狂水出焉，西南流注于伊水，其中多三足龟，食者无大疾，可以已肿。”河南登封还流传有鲧治水时，神龟告诉鲧息壤可用以治水的神话。这些都说明，大禹部族，尤其是大禹的父亲鲧，和龟有一种天然的、神秘的联系。

总之，洛书出现于以大禹故里河南登封为核心的河洛地区，河南洛宁长水镇现存的两座古碑是佐证。洛书的出现是古代祥瑞的象征，河南巩义河洛汇流处的洛汭，是远古帝王修坛沉璧之地。大禹根据洛书悟出治水的方法，划分九州，从而治平洪水。大禹据洛书而制订的洪范九畴，是夏商周三代治国理政的根本法则。背负洛书的神龟和大禹部族的龟图腾崇拜紧密相连。可以说，洛书出现于大禹故里周边，为大禹治水和治国理政提供了极大的启发，是河洛文化乃至中华文明的源头之一，和中华民族立国始祖大禹有密切关联。

① 吕品：《中岳汉三阙》，北京：文物出版社 1990 年版。

论《汉书》中的大禹文化

江远胜

一、引言

东汉班固撰写的《汉书》是我国第一部纪传体断代史，是继《史记》之后的又一部重要史书。全书由12纪、8表、10志、70传组成，共100卷，120篇，记载了从汉高祖元年（前206年）到王莽地皇四年（23年）230年间的历史。

《汉书》虽是一部断代史，但其内容包罗万象，我们可以从中窥见先秦至西汉社会的方方面面。《汉书·叙传第七十下》云："凡《汉书》，叙帝皇，列官司，建侯王。准天地，统阴阳，阐元极，步三光。分州域，物土疆，穷人理，该万方。纬《六经》，缀道纲，总百氏，赞篇章。函雅故，通古今，正文字，惟学林。"①

《汉书》包含着丰富的历史文化内容，大禹文化即是其中一类。本文旨在全面揭示《汉书》中的大禹文化，以期能为大禹文化研究提供参考。

二、《汉书》中涉及大禹文化的篇目与内容统计

《汉书》中涉及大禹文化的篇目以及其中包含的大禹文化内容如下表：

---

① （汉）班固：《汉书》，北京：中华书局2007年版，第1082页。

序号	篇目	大禹文化内容
1	《武帝纪第六》	咎繇对禹，曰在知人，知人则哲，惟帝难之
2	《异姓诸侯王表第一》	舜禹受禮
3	《百官公卿表第七上》	禹作司空，平水土
4	《古今人表第八》	禹、稷、卨与舜为善
5	《律历志第一上》	舜禹相传
6	《律历志第一下》	舜让天下于禹；鲧生禹
7	《礼乐志第二》	禹作《夏》乐
8	《刑法志第三》	夏作禹刑；禹制肉刑
9	《食货志第四上》	禹平洪水，定九州，制土田
10	《郊祀志第五上》	禹封泰山，禅会稽；禹疏九河，决四渎；禹收九牧之金，铸九鼎
11	《郊祀志第五下》	以夏禹配食官社
12	《五行志第七上》	禹得《雒书》；鲧则殛死，禹乃嗣兴；禹卑宫室
13	《五行志第七中之上》	禹功
14	《地理志第八上》	禹敷土，随山刊木，奠高山大川；禹锡玄圭；《禹贡》；阳翟，夏禹国；禹冢、禹井
15	《地理志第八下》	《禹贡》；夏禹之国；大禹后裔
16	《沟洫志第九》	禹堙洪水，过家不入门；《禹贡》；禹功
17	《艺文志第十》	《大禹》三十七篇
18	《楚元王传第六》	大禹品德；禹葬会稽；帝舜戒伯禹
19	《贾谊传第十八》	使禹舜复生
20	《爰盎晁错传第十九》	大禹求贤
21	《贾邹枚路传第二十一》	大禹品德；禹王诸侯
22	《董仲舒传第二十六》	尧得舜、禹、稷、卨、咎繇；舜以禹为相
23	《司马相如传第二十七上》	禹不能名，禼不能计
24	《公孙弘卜式儿宽传第二十八》	大禹治水；禹汤积德，以王天下
25	《张骞李广利传第三十一》	《禹本纪》
26	《司马迁传第三十二》	司马迁上会稽，探禹穴
27	《严朱吾丘主父徐严终王贾传第三十四上》	禹、汤之名

序号	篇目	大禹文化内容
28	《严朱吾丘主父徐严终王贾传第三十四下》	孔子称禹曰“无间”;《禹贡》
29	《东方朔传第三十五》	大禹之事
30	《公孙刘田王杨蔡陈郑传第三十六》	尧舜禹汤
31	《隽疏于薛平彭传第四十一》	《禹贡》
32	《韦贤传第四十三》	夏禹受命而王
33	《宣元六王传第五十》	大禹治水;禹功
34	《扬雄传第五十七上》	勤大禹于龙门;禹任益虞
35	《儒林传第五十八》	《禹贡》
36	《西域传第六十六下》	大禹序西戎
37	《王莽传第六十九上》	舜禹之有天下而不与焉;伯禹锡玄圭
38	《王莽传第六十九中》	夏禹有圣德;《禹贡》之九州
39	《叙传第七十上》	舜命禹
40	《叙传第七十下》	《洛书》赐禹

从上表可以看出,《汉书》中涉及大禹文化的篇目共有40篇,占所有篇目的三分之一,而其中包含的大禹文化内容也是十分丰富的。后人研究大禹文化,应该重视《汉书》中记载的大禹文化的内容。

三、《汉书》中大禹文化史料的来源

《汉书》中的大禹文化史料,主要有两个来源,一是源自先秦典籍,二是源自司马迁的《史记》。

(一)源自先秦典籍

“关于大禹,先秦典籍如《诗经》《尚书》《左传》《论语》《孟子》《墨子》等均有记载。在这些典籍中,对大禹的言行事迹记载最为详实可信的当数《尚书》。”[①]《汉书》中的大禹文化内容,很多采自《尚书》。例如《五行志第七上》:

故经曰:“惟十有三祀,王访于箕子。王乃言曰:‘呜呼,箕子!惟天阴骘

① 江远胜:《论〈尚书〉中的大禹文化》,《天水师范学院学报》2015年第4期,第89页。

下民，相协厥居，我不知其彝伦攸叙。'箕子乃言曰：'我闻在昔，鲧堙洪水，汩陈其五行，帝乃震怒，不畀洪范九畴，彝伦攸斁。鲧则殛死，禹乃嗣兴，天乃锡禹洪范九畴，彝伦攸叙。'"

上面一段文字引用的是《尚书·洪范》开头两段。

《禹贡》是《尚书》中记载大禹文化最翔实的一篇，主要叙述大禹划定九州、凿山导水以及建立五服制度的具体内容，具有极其重要的文献价值。《汉书》多处引用、提及《禹贡》的内容。

《汉书》中的大禹文化内容，有的采自《论语》。例如，《五行志第七上》："故禹卑宫室。"《严朱吾丘主父徐严终王贾传第三十四下》："故孔子称尧曰'大哉'，《韶》曰'尽善'，禹曰'无间'。"《王莽传第六十九上》："孔子曰：'巍巍乎，舜禹之有天下而不与焉！'"这些有关大禹的文字皆出自《论语·泰伯》："子曰：'巍巍乎，舜禹之有天下也而不与焉！'……子曰：'禹，吾无间然矣。菲饮食而致孝乎鬼神，恶衣服而致美乎黻冕，卑宫室而尽力乎沟洫。禹，吾无间然矣。'"

还有的采自《左传》。例如，《沟洫志第九》："古人有言：'微禹之功，吾其鱼乎！'"这一句话出自《左传·昭公元年》："美哉禹功，明德远矣。微禹，吾其鱼乎！"

（二）源自《史记》

《史记》也记载了丰富的大禹文化内容，尤其是《夏本纪》一篇，几乎都是叙述大禹的言行事迹。《汉书》中的大禹文化内容，很多采自《史记》。例如，《地理志第八上》"冀州既载"至"禹锡玄圭，告厥成功"这十四段文字几乎是直接采用《夏本纪》的内容。《沟洫志第九》："《夏书》：禹堙洪水十三年，过家不入门。陆行载车，水行乘舟，泥行乘橇，山行则桐，以别九州；随山浚川，任土作贡；通九道，陂九泽，度九山。"这些话也是引自《夏本纪》。又如，《司马迁传第三十二》说司马迁"二十而南游江淮，上会稽，探禹穴"，这是引用《史记·太史公自序》中的话。

司马迁对历史的评论，有的也被班固采纳。例如，《汉书·张骞李广利传第三十一》：

赞曰："《禹本纪》言河出昆仑，昆仑高二千五百里余，日月所相避隐为光明也。自张骞使大夏之后，穷河原，恶睹所谓昆仑者乎？故言九州山川，《尚书》近之矣。至《禹本纪》《山经》所有，放哉！"

下面一段文字出自《史记·大宛列传》：

> 太史公曰:《禹本纪》言"河出昆仑。昆仑其高二千五百余里,日月所相避隐为光明也。其上有醴泉、(瑶)[华]池"。今自张骞使大夏之后也,穷河源,恶睹本纪所谓昆仑者乎?故言九州山川,《尚书》近之矣。至《禹本纪》《山海经》所有怪物,余不敢言之也。

《史记》中记载的大禹文化内容,很多也是出自先秦典籍。有时《汉书》引用《史记》中的大禹文化,也可以说是间接引用先秦典籍中的大禹文化。

四、《汉书》中大禹文化的作用与价值

《汉书》中记载的大禹文化内容具有重要的作用与价值,主要表现为:

(一)能为《汉书》编纂服务

《汉书》虽然重在叙述西汉历史,但在叙述历史的过程中,很多时候需要追溯历史,上溯至尧、舜、禹时代,这样可以从整体上来观照历史。作为华夏始祖之一的大禹处于历史发展的关键点与转折点上,"是中国'三皇五帝'时期终结后的第一人,是由神话走向历史的第一人"①。后人追溯历史,追思圣贤,几乎都会提及大禹。

班固大量引用大禹文化的内容,是为撰写《汉书》服务的。例如,《地理志第八上》大量采用《史记》对禹定九州、平水土的叙述,并说明周代"改禹徐、梁二州合之于雍、青,分冀州之地以为幽、并",秦朝"分天下为郡县",这就梳理了自禹至秦中国土地的划分,为后文叙述汉代郡县的划分交代了历史背景。这些史实不仅充实了《汉书》的内容,也使读者对汉代郡县制的发展有一个清晰、完整的认识。又如,《五行志第七上》开头言及"河出图,雒出书","《河图》《雒书》相为经纬",而《雒书》正为禹所得。这些内容为后文论述五行思想做了铺垫。《沟洫志第九》开头就写大禹治水,"禹以为河所从来者高,水湍悍,难以行平地,数为败,乃酾二渠以引其河,北载之高地,过洚水,至于大陆,播为九河,同为迎河,入于勃海"。这些内容也为下文叙写汉代河渠治理做了铺垫。

(二)能进一步丰富大禹文化学的内容,巩固大禹文化学的地位

"大禹文化学是今天提出的概念,但是对于大禹文化的研究,早在4000多年前

---

① 刘训华主编:《大禹文化学概论》,武汉:武汉大学出版社2012年版,第1页。

就已经开始了。……早在大禹禅位之际，对于禹的研究和评价就已经发生。”[①]不管是出土器物（如西周中期的青铜器遂公盨）还是传世文献，都存在大量的对禹的评价。在先秦两汉典籍中，《汉书》是记载大禹文化内容较多的一种。《汉书》中的大禹文化内容，既包括大禹治水、禹定九州、大禹精神与品德、大禹死葬、大禹遗迹等常见的为人熟知的文化现象，也包括大禹作《夏》乐、大禹制肉刑、古夏国、《大禹》三十七篇与《禹本纪》等难以考证的文化现象。有些大禹文化内容首见于《汉书》，如《大禹》三十七篇。总之，《汉书》所记载的大禹文化，丰富了大禹文化学的内容。

《史记》中的大禹文化内容很多采自《尚书》，而《汉书》又大量引用《史记》中的大禹文化内容，这就进一步肯定了大禹文化的重要性，也巩固了大禹文化学的地位。在《汉书》之后，少有文献典籍记载了如此丰富的大禹文化内容。可以说，至《汉书》时，大禹文化已成为华夏文化的重要组成部分，其历史地位坚如磐石。

（三）能为大禹文化考证提供文献依据

《汉书》作为一部较早的正史，其中记载、引用的大禹文化内容，能为大禹文化考证提供文献依据。后人如果要考证记载大禹的文献典籍，以及有关夏代的刑法、音乐、都城变迁等，都可以从《汉书》中找到依据。例如，《艺文志第十》载：“《大禹》三十七篇。”班固进一步说：“传言禹所作，其文似后世语。”《大禹》一书今不传，我们从《汉书》的记载可以推知，该书内容大概是后人追述禹的功绩。班固当见过此书，故能判断“其文似后世语”。有人推断，“《禹本纪》疑《汉书·艺文志》所录《大禹》书三十七篇之一”[②]，不无可能。

又如，《礼乐志第二》：“王者未作乐之时，因先王之乐以教化百姓，说乐其俗，然后改作，以章功德。……昔黄帝作《咸池》，颛顼作《六茎》，帝喾作《五英》，尧作《大章》，舜作《招》，禹作《夏》，汤作《濩》，武王作《武》，周公作《勺》。……《夏》，大承二帝也。”此处言及禹作《夏》乐，目的是继承尧、舜的功德，教化百姓。《吕氏春秋·仲夏纪第五·古乐》：“（禹）于是命皋陶作为夏籥九成，以昭其功。”此处的“夏籥”当即《夏》。《汉书》的记载亦表明禹时已有音乐，即《夏》。

又如，《地理志第八上》：“阳翟，夏禹国。”颜师古注：“阳翟本禹所受封耳。”《地理志第八下》：“颍川、南阳，本夏禹之国。夏人上忠，其敝鄙朴。”这些记载都为考证夏代都城和大禹封地提供了文献依据。

---

① 刘训华主编：《大禹文化学概论》，武汉：武汉大学出版社2012年版，第1—2页。

② 许亮：《〈禹本纪〉考索》，《西安文理学院学报》（社会科学版）2014年第1期，第27页。

五、结语

班固撰写的《汉书》是一部较早的、重要的史书,书中包含着丰富的历史文化内容。经统计,《汉书》有120篇,其中有40篇涉及大禹文化,占所有篇目的三分之一。《汉书》中的大禹文化史料,主要有两个来源,一是源自先秦典籍,二是源自《史记》。《汉书》所记载的大禹文化内容具有重要的作用与价值,主要表现为:能为《汉书》编纂服务;能进一步丰富大禹文化学的内容,巩固大禹文化学的地位;能为大禹文化考证提供文献依据。后人研究大禹文化,考证夏代历史,应该重视《汉书》中记载的大禹文化内容。

(作者单位:浙江越秀外国语学院)

《山海经》里的大禹传说

邢 艳

《山海经》记载了许多诡异的怪兽以及光怪陆离的神话，长期被认为是一部荒诞不经的书。有些学者则认为《山海经》不单是神话，而且是远古地理的描述，其中包括了一些海外的远古山川鸟兽，是一部具有历史价值的著作。《吴越春秋》记述："禹巡行四渎，与益夔共谋，行列名山大泽，召其神而问之山川脉理，名曰《山海经》。"大禹的名字与会稽山是密不可分的。《墨子》中说："禹，东教乎九夷，道死，葬会稽之山。"所谓"海岳精液，善生俊异"，这八个字是对越文化的特征表述，正是对《山海经》全部内涵做了一个精辟的概括。

一、洪水

《海内经》云："洪水滔天，鲧窃帝之息壤，以堙洪水，不待帝命。帝令祝融杀鲧于羽郊。鲧，复生禹，帝乃命禹卒布土宜定九州。"鲧当时所谓堙，就是拿泥土来填塞洪水。拿泥土填塞洪水，不但填塞不了，洪水反而愈涨愈高，所以终于失败，被尧杀死在羽山。传说中，鲧死后尸体三年不腐烂，后来说是祝融用吴刀剖开了他的尸体，这时禹就出来了，而鲧的尸体则化为黄龙飞走了。大禹继承父亲的遗志，舜当国君时，舜任命鲧的儿子禹去治理洪水。大禹吸取了他父亲的经验教训，采取了疏导的办法，带领百姓开渠排水，疏通江河，兴修水利，灌溉农田。他的治水非常成功，天帝不仅没有从中捣乱，还派了大神应龙襄助。这位应龙也是非常著名的龙神，在《山海经》中也有记载，代表了雨神的意思。传说只要在地上画出应龙的样子，就可以招来雨水。在帮助大禹挖河开山的治理过程中，伏羲、河伯也纷纷襄助大禹,后来在东汉几乎成为国学的谶纬学鼻祖的河图洛书,传说也是在这个时候由神龟所献的。大禹根据山川地理情况,将中国分为九个州:冀州、青州、徐州、兖州、扬州、梁州、豫州、雍州、荆州。他的治水方法是把整个中国的山山水水当作一个整体来治理,他先治理九州的土地,该疏通的疏通,该平整的平整,使得大量的地方变成肥沃的土地。大禹最终依靠疏导和围堵两个方法的结合,制伏了洪水,人们拥戴治水有功的大禹做了他们的王。在舜死后,大禹便继任了部落联盟的首领。在他的治理下,部落和平,九州安定。大禹是治理洪水的最高领导人,他为天下万民兴利除害,躬亲劳苦,手执工具,与下民一起栉风沐雨,同洪水搏斗。大禹治水在中华文明发展史上有重要作用。在治水过程中,大禹依靠艰苦奋斗、因势利导、科学治水、以人为本的理念,克服重重困难,终于取得了治水的成功。由此形成以公而忘私、民族至上、民为邦本、科学创新等为内涵的大禹治水精神。大禹治水精神是中华民族精神的源头和象征。

二、黑熊

《中山经》云:“又东一百五十里,曰熊山。有穴焉,熊之穴,恒出人神人,夏启而冬闭……熊山,帝也。”这是《淮南子》里的传说:“禹治鸿水,通轘辕山,化为熊,谓涂山氏曰:‘欲饷,闻鼓声乃来。’禹跳石,误中鼓。涂山氏往,见禹方作熊,惭而去。至嵩高山下,化为石,方生启。禹曰:‘归我子!’石破北方而启生。”禹,姓姒,名文命。禹的父亲是鲧,鲧的父亲是颛顼帝,颛顼的父亲是昌意,昌意的父亲是黄帝,故禹是黄帝的玄孙、颛顼帝的孙子。禹初为夏族领袖,又称夏禹。禹在位时,洪水滔天。史料记载,大禹婚后第四天就上了治水一线,在外奔波十三年,曾有三次路过家门,也没有顾得上进屋看一看,就连他的儿子启降生也未能去照料。大禹运用引水入泽、导河入海的治水方略,使得几百平方公里的土地上,井然有序、国泰民安。“大禹治水,三过家门而不入”的故事家喻户晓。所谓“黑熊”的象征意义,是表现坚毅、刚正,以及大公无私、甘愿牺牲的可贵品格。同时,又暗示着庄严与悲哀,能给人以肃穆、神秘、恐怖、死亡等等联想。黑色具有特殊的象征意义,自古人们常用来表现坚毅、刚正,以及大公无私、甘愿牺牲的可贵品格。同时,审美的黑色属于极致,象征着庄严与悲哀,能给人以肃穆、神秘、恐怖、死亡等等联想。玄,象征着“义”的精神。又黑又瘦的大禹是天下行义的第一人,传说中的禹化为黑熊,与水怪进行搏斗,终于制伏了滔天洪水。他胼手胝足,栉风沐雨,卓苦勤劳,坚确慷慨,史称“禹墨精神”,百家中居儒家之后的墨家,其源头就在大禹的义道。中国传统的“五行”观念中，居于最高地位的即是黑色。黑色纳“五色”于一体，是“五色”的还原与复归，可以此界定黑色在“五色”观念中的永恒本质。《史记·夏本纪》说：“帝锡禹玄圭，以告功于天下之。”玄圭，即黑色的玉圭。帝舜为表彰禹治理水土的功绩，赐其黑色的玉圭，将黑色的特定意义与水之玄色联系在一起。按五行黑色从水，越人生活在山海环境中，水是他们最为亲近的对象，加上祖先大禹崇拜，这些独特的信仰又使尚黑之风世代不衰。

三、白狐

《南山经》云：“有兽焉，其状如狐而九尾，其音如婴儿，能食人，食者不蛊。”请看《吴越春秋·越王无余外传》中的记述：“禹三十未娶，行到涂山，恐时之暮，失其度制，乃辞云：‘吾娶也，必有应矣。’乃有白狐九尾造于禹。禹曰：‘白者，吾之服也。其九尾者，王之证也。涂山之歌曰：绥绥白狐，九尾痝痝。我家嘉夷，来宾为王。成家成室，我造彼昌。天人之际，于兹则行。明矣哉！’禹因娶涂山，谓之女娇。取辛壬癸甲，禹行。十月，女娇生子启。启生不见父，昼夕呱呱啼泣。”又据《吕氏春秋》载：“禹行水，窃见涂山之女，禹未之遇而巡省南土。涂山之女乃令其妾候禹于涂山之阳。女乃作歌，歌曰‘候人兮猗’，实始作为南音。”“兮”“猗”是虚词，相当于“啊啊”，充分表达了女娇盼丈夫早日归来的迫切心情。相传狐狸的尾巴是用来储存灵气的地方，当狐狸吸收了足够的灵气，整个尾巴最终裂变九条尾巴，就会有不死之身。《史记·夏本纪·正义》引《帝系》：“禹娶涂山氏之子，谓之女娲，是生启。”司马迁的考证不知有什么依据，却说禹娶涂山氏之女为妻，名叫女娇，就是那个女娲，是补天救世的英雄和抟土造人的女神，即华夏民族的人文先始。另外《国语·鲁语下》中有：“昔禹致群神于会稽之山，防风氏后至，禹杀而戮之。”这里的“会稽山”即涂山。《水经注·淮水》说：“涂山有会稽之名。”杨守敬疏：“《述异记》上：‘禹会涂山，防风氏后至，禹诛之’。足证《国语》之‘会稽’即涂山。”

四、嘉荣

《南山经》中出现了“茶”字，这就是最早的茶，郭璞《山海经图赞》中有《祝茶草》云：“祝茶嘉草，食之不饥。”还有《嘉荣》云：“霆维天精，动心骇日。曷以御之，嘉荣是服。所正者神，用口肠腹。”这个“嘉荣”也是茶的别名，为后人沿用。《山海经·海内经》记载了这样一个神话故事：“洪水滔天，鲧窃帝之息壤以堙洪水，不待帝命。帝令祝融杀鲧于羽郊。鲧复生禹。帝乃命禹卒布土，以定九州岛。”鲧一定是得罪帝了，虽然鲧的行为是对治水有利的，愤怒的帝还是把鲧杀了。中国传说中，一般解释说鲧用壅堵法失败了，而大禹用疏导法成功了。从常识来考虑，这是不可能的。鲧的治水能力受到群臣力荐，显然不是一个傻瓜。至于疏导法，但凡是具备治水常识的人，都不会不懂得。而壅堵法，大禹也不可能不用。壅堵和疏导是治水的两种必备手段，不可能鲧和大禹各选择一种，结果一个成功了一个失败了。这不过是事后掩盖鲧被处死的真相而给出的简单化、模式化的官方饰词罢了。相传大禹率领民众治水之时，正值四处开河的关键时刻，民工忽然遭到“大肚病”侵袭。即使五大三粗的壮汉，也会突然染病，且病势异常凶猛，一个壮实的汉子没几天就会变得面黄肌瘦，四肢无力，能吃饭却不能干活。大禹心急如焚，不仅治水搁浅，而且谣传不可轻易动土，说大禹治水触犯了龙王太岁，上天来追命了！百姓人心惶惶，大禹派人四处寻医，可是终无良方。后来听闻太湖有名医可治，可等大禹来到太湖之时，却不料自己也染上了病。湖上起了大风暴，八百里湖面波涛汹涌，湖边百姓声嘶力竭喊着出船打鱼的亲人的名字。大禹目睹凄惨场景，心如刀绞。他急中生智，在湖边生起一堆篝火，风大火旺，湖中九艘船儿迎着火光破浪前进，终于平安靠岸。可大禹却因劳累过度，昏倒在地。醒来时，有位老汉正为他救护治病。大禹服用了老汉煨的药汤后，肚子渐渐小了，身体也有劲了，连忙请教用的是何种方子，老汉告诉他是“茶叶煎黑鱼汤”。大禹遂发动周围居民采制茶叶，捕捉黑鱼。经协力医治，无数人恢复了健康，治水工程也因此得以继续。为了纪念大禹治水和救渔民、抗病魔的功绩，太湖边造了大禹庙，而那因大禹而出名的“茶叶煨黑鱼”的秘方，至今流传民间。

五、羽民

《山海经·海外南经》：“羽民国在其东南，其为人长头，身生羽。一曰在比翼鸟东南，其为人长颊。” 又据《博物记》载：“越地深山中有鸟，如鸠，青色，名冶鸟……越人谓此鸟为越祝之祖。”“于越”是越族先民的另一种写法。公元前 333 年，楚灭越后，越由此散，越国王室的一些成员及部落首领，各自率部散居东南沿海、西南山区，于是形成“扬汉之南，百越之际”的局面，常见的有：于越、骆越、扬越、濮越、荆越、瓯越、吴越、闽越、赣越、滇越、南越、东越、巴越、夔越等。这个“于”的同音字，有羽、夷、禹三类。“于”与“羽”同声，读如“羽越”，即“羽民国的越人”。越人是东夷的一个部落，鸟为越族部落的原始图腾，即护身符，越人自称“羽民”。越族中早已流行鸟书与鸟语、鸟纹服与鸟形器，还有鸟居、鸟田……关于“鸟田”，这个“田”即“佃”（耕作之意），实际上是巫者模仿鸟类动作的一种祭祀舞蹈。“于”与“夷”同声，读如“夷越”，即“越人为东夷族”的意思。按照古代习俗，称中原汉族以外的都是少数民族：东方曰“夷”，南方曰“蛮”，西方曰“戎”，北方曰“狄”。越人在东方，故称为东夷族。《说文解字》中说“夷”字，乃是“从大、从弓”，据说东夷人最早发明弓箭，擅长射箭。词典中关于“夷越”的解释是：“古代对长江中下游以南各族聚居地区之称谓。”诸葛亮在《隆中对》中，建议刘备“跨有荆益，保其岩阻，西和诸戎，南抚夷越，外结好孙权，内修政理”。“于”与“禹”同声，读如“禹越”，即“越人为禹后族”的意思。远古以来，大禹与越人有着极深的渊源，“越人为禹后族”的观点一直非常流行。大禹，姓姒，名文命，字高密，初为部落首领。因尧美其绩，乃封夏伯，故称伯禹。《史记·夏本纪》集解引《谥法》曰：“受禅成功曰禹。”史载，夏后帝少康之庶子无余，被封于会稽，自号于越。所以有人以为，“于越”即是“无余”也。

六、会稽山

《山海经》中的“会稽山”之名分别出现了两次：一是《山海经·南山经·南次三经》中“会稽之山，四方，其上多金玉，其下多砆石，勺水出焉，而南流注于湨。”二是《海经·海内东经》中“会稽山在大（楚）越南。”绍兴的会稽山，亦称宛委洞天或阳明洞天，其实就是“禹穴”，被列入道教“三十六小洞天”之第十位。其旁有若耶溪，在道教“七十二福地”中排名第十七位。可见绍兴真是得天独厚的“洞天福地”。所谓“海岳精液，善生俊异”，这八个字正是对《山海经》的全部内涵做了一个精辟的概括。古越文化源远流长，绍兴的“地灵人杰”与“物华天宝”，一直被故乡人自豪地传诵着。会稽山之名源于“会计诸侯”，传说中大禹在此所行有会盟、祭祀、婚姻、丧葬以及诛防风这五件大事。4000多年以来，大禹不仅以中华民族立国之祖的身份而受到历代统治者的供奉祭祀，而且尤其以一个“三过家门而不入”的治水英雄形象而受到广大民众的敬仰和爱戴。大禹陵是绍兴会稽山景区内的重要名胜古迹之一，为国家级文物保护单位。会稽山飞来石南下，有“禹穴”，道家尊之为“阳明洞”或“阳明洞天”。洞系一巨石，中裂为碑，阔不盈尺，深不知底。里人呼作“和合石”，尚不失本义。“去禹穴二十五步”，又有“禹井”，“谓禹穿凿，故因名之”。此井后来也为道教文化所覆盖，称“葛仙翁炼丹井”，“大如盆盂，其今深尺许，清泉湛然”。关于“禹穴”的奥秘，尚有待探索与考证。《史记》中关于会稽山内容的科学性以及与事实的严密度,对会稽山探源研究起到极为重要的影响。禹登临会稽山顶,眺望浩浩东流的江水,郁郁苍苍的原野,追忆当年与洪水搏斗的漫长而艰苦卓绝的岁月,忽觉老之将至,于是不无感慨地对左右说:“吾闻食其实者,不伤其枝;饮其水者,不浊其流。吾获覆釜之书,得以可忘乎?”“我百年之后,把我葬在会稽山上,苇椁桐棺,穿圹七尺,下无及泉,坟高三尺,土阶三等。葬之后日,无改亩以为居之者乐,为之者苦。”大禹仙逝后,群臣遵其生前所嘱,将其葬于会稽山上,即今会稽大禹陵之由来。

《山海经》中的夸父形象,演化成《神异经》里那位在东南大荒的巨人朴父。愚公移山的故事,由夸父逐日神话演变而成。《中山经》姑媱之山的瑶草,是未出嫁而早死的帝女精魂化成的,演化为《庄子》寓言里藐姑射山的绰约神女。其后再化为宋玉《高唐赋》的巫山神女朝云,再化为杜光庭《仙录书》中的西王母第二十三女瑶姬,终化为曹雪芹《红楼梦》里的绛珠仙草林黛玉。干宝的《搜神记》所志之怪,几乎是《山海经》神话的脱胎。吴承恩《西游记》中的孙悟空、猪八戒等人、神、兽杂糅的形象,是《山海经》神话的运用。李汝珍《镜花缘》中的四十一个神话国,则是《海内外经》远人异国的改写。戏剧《牛郎织女》《白蛇传》《嫦娥奔月》等取材莫不脱胎于《山海经》神话。

(作者单位:绍兴市艺术学校)

论当代舞台戏剧中的大禹形象

王慧开

引　　言

大禹治水的故事家喻户晓，不仅是神话传说，更是历史史实，由此延伸出的三过家门而不入、涂山娶妻、涂山之会、定九州等话题，也是深入人心。这些故事表现出大禹艰苦奋斗、大公无私、科学治水等多种精神文化，一直延续到今天社会生活的方方面面。关于大禹的故事在文学、影视等文化产业中被传承，也被改编和排演成舞台戏剧，成为舞台艺术，呈现出丰富的大禹塑造形式。

关于大禹治水的故事，历史上有很多记载。《山海经·海内经》："洪水滔天，鲧窃帝息壤以堙洪水，不待帝命。帝令祝融杀鲧于羽郊。鲧复生禹，帝乃命禹卒布土，以定九州。"《尚书·禹贡》里有"禹锡玄圭，告厥成功"。秉笔直书的司马迁在《史记·夏本纪》中也给予了详细记载："禹伤先人父鲧功之不成受诛，乃劳身焦思，居外十三年，过家门不敢入。薄衣食，致孝于鬼神。卑宫室，致费于沟淢。陆行乘车，水行乘船，泥行乘橇，山行乘檋。左准绳，右规矩，载四时，以开九州，通九道，陂九泽，度九山。令益予众庶稻，可种卑溼。命后稷予众庶难得之食。食少，调有余相给，以均诸侯。禹乃行相地宜所有以贡，及山川之便利。"在这些文字记载中，形成了关于大禹的各种传说故事，如鲧腹生龙为禹，大禹生于石纽、娶妻涂山、会诸侯、杀防风氏、定九州、立夏国等，历史上大禹治水行九州、疏九河，如今在四川、河南、山西、绍兴、安徽等地都有大量的大禹遗迹，有石纽、甘泉、血石、大禹陵、禹庙、岣嵝碑、大禹纪念馆等遗迹。大禹作为华夏民族的治水英雄和夏王朝的开创者，一直被视为华夏文明的祖先。大禹一生表现出的艰苦奋斗、勇于开拓、甘于奉献、以民为本、合力同心的精神上升为中华民族的精神。各地为纪念英雄大禹，传承民族文化,发扬大禹精神,展现地域文化色彩,塑造新时代的大禹形象,建立了各有特色的纪念馆,如浙江绍兴的大禹陵、四川的北川大禹故里、安徽蚌埠龙山文化遗址、河南禹州的大禹庙、山西的大禹乡等。当今国家大力建设和发展精神文明,大禹治水的故事中就传承和延伸了各种各样的文化资源和精神价值。

戏剧是一门集文学、表演、舞台美术于一体的综合艺术,包括中国传统的戏曲和西方引进的话剧、歌舞剧等,是较文学、影视更直观、更现场的综合艺术,具有更直接的观看体验和感染力,不仅具有娱乐功能,更具有宣传和教化功能,具有广泛和强大的传播效力。在中国现当代,戏剧一直是政治文化宣传的重要工具之一,尤其是地方戏曲在艺术欣赏水平不高的乡野民间发挥着重要的宣传和教育作用。如今,国家大力建设和宣传文化事业,戏剧也是重要的直接的宣传方式之一。新时代大禹精神已经成为重要的民族精神文化,以各种方式演绎和传播。全国各地,尤其是有大禹遗迹文化的地方,结合当地的艺术特点,编排出丰富的大禹戏剧。当代以大禹为主题的舞台戏剧,主要有传统地方戏曲、创新戏曲和民族舞剧。影响比较大的传统戏曲有京剧、绍剧、川剧、晋剧和淮剧的《大禹治水》,川剧《伯鲧化龙》《情系洪荒》和《大禹魂》,创新实验京剧《洪荒大裂变》,民族大型舞剧《大禹》。

戏剧是综合的舞台艺术,靠动作、语言、服装和舞美来塑造人物,靠综合的舞台表演来表达思想和传达情感。戏剧也是典型的时空艺术,在有限的舞台空间中表现无限的时间和空间,塑造丰富的人物形象。它不能像文学作品那样用语言详细叙述,不能像影视一样频繁采用蒙太奇的跨时空手法。戏剧舞台上很多内容需要演员、道具和舞台设计来呈现,尤其在塑造人物方面更是需要演员的表情神态、动作对话来直观呈现。同时戏剧也是表现人物角色关系的艺术,整个舞台表演除了简单道具外,就是演员。黑格尔曾经说过:“由于剧中人物不是以纯然的抒情的孤独的个人身份表现曾经,而是若干人在一起通过性格和目的的矛盾,彼此产生一定的关系,正是这种关系形成了他们的戏剧性存在的基础,这就使全部作品必然比较紧凑。”①因此戏剧是通过人物关系形成的情境来实现的,戏剧中的不同人物关系会形成戏剧冲突或戏剧高潮。

---

① [德]黑格尔著,朱光潜译:《美学》(第三卷下册),北京:商务印书馆 1981 年版,第 249 页。

当代在舞台上呈现的大禹戏剧根据不同的艺术表现，对于大禹形象塑造也呈现出不同的表达方式，展现出不同的大禹精神和文化。根据呈现方式以及人物形象塑造方式的不同，大致可以分为传统地方戏曲、实验京剧、新型舞剧三类。

一、传统地方戏曲中的大禹塑造

关于大禹的传统舞台戏曲有京剧、川剧、绍剧、晋剧和淮剧的《大禹治水》，川剧《情系洪荒》（后改为《大禹魂》）和蒲剧《河魂》。这些剧目大致情节都是根据早期的同名京剧改编的（陈伯元著的《大禹治水》，东北戏曲新报社 1950 年出版），主要是表现鲧治水失败后，禹承父志、求取水经图、涂山娶妻、新婚三日别家、女娇产子、禹三过家门而不入、找到疏导的治水方法、安慰想家的治水劳工、解决部落之间冲突、治水成功、疏九河、定九州，从此风调雨顺并建立夏朝的故事（不同剧种内容有删减）。这些传统戏曲依据传说和史实，重点表现了大禹坚定信念、不畏艰辛、尽心竭智、身体力行、三过家门而不入，最终治水成功，塑造出“敏给克勤、其德不违、其仁可亲、其言可信”的形象。

传统戏曲舞台上塑造大禹形象时，是通过容貌、衣着等外在直观的内容呈现，如绍剧中禹一出场是利落轻快的少年模样，川剧、晋剧中是有力的青年装扮。三过家门的时候禹表现出衣服破烂、头发散乱、面容苍老、腿脚不便的外貌和动作，这样的变化呈现出大禹治水的辛劳愁苦。但戏剧作为舞台艺术，对人物的深刻塑造更多来自和人物相关的语言、动作，以及抒情唱词等。在表现禹承父志这一情境时，绍剧中，大禹说“父亲为天下人受死，虽死犹生”，并主动向父亲求教治水方法；晋剧中，大禹对舜帝杀父亲唱“无功即过被问责，让人难服理不公”，后来唱的“我要向舜君请缨治水，为民造福”以及在与父亲的对话中和接受父亲治水的斧头等仪式中，塑造出大禹年轻勇力、公正利落、对父孝诚的形象。在求取水经图情境中，绍剧和晋剧都描述了禹到涂山面见河伯求取水经图，河伯拦阻大禹，但大禹却长跪不起，借助女娇唱词“双膝跪烂不动摇”“原来是为民救水脱水患”，通过禹与河伯的对话，最后大禹以诚感动河伯取得水经图，塑造出大禹意志坚定、真诚执着的舞台形象。在涂山娶妻场景中，绍剧用轻快的群舞衬托大禹和女娇的婚礼，晋剧用着红色服装的二人舞表现幸福婚礼。两剧都通过大禹和女娇的语言、动作、神态来表现二者关系，表现出舞台上的大禹爱意浓浓、新婚幸福，为下文的离家治水做铺垫，这也是大禹形象完美呈现的一部分。在新婚三日后别家和女娇产子情境中，传统戏曲舞台上通过大禹和女娇二人的表演和唱段，既表现出两人情意浓浓、依依不舍，又塑造出两人通情达理、舍小顾大的形象，更衬托出大禹舍私忘我的高大形象。传统戏曲舞台上表演治水过程是通过集体劳作的肢体动作和深沉的号子声来呈现的，展现治水过程的苦累和艰辛。在三过家门而不入的场景中，绍剧表现为大禹不认识长成少年在家门口玩耍的启，晋剧表现为女娇不认识在家门口的苍老衰弱的大禹。这两种情节都是通过十年后大禹与家人的陌生关系塑造了大禹为治水受苦受难、公而忘私的精神品质。传统戏曲舞台上还表演了大禹安慰和鼓舞思家的劳工、带病给伤员疗伤的情节，表现大禹礼贤下士、以礼待人的品质。大禹在科学实践中找到了治水良方，疏导河道，引起了部落反抗，在戏曲舞台上形成了音乐节奏昂扬、舞台动作快速、人物情绪高涨的显在戏剧冲突，加上激烈的对白和唱词，表现了大禹面对部落冲突时能够晓之以理、动之以情地感化部落首领，取得团队的信任和理解，表现出英雄和领袖风范。治水成功后，戏曲舞台以舞蹈配合现代屏幕画面，呈现出风调雨顺、五谷丰登的丰收场景，表现出大禹为天下所做的巨大贡献，深化了大禹形象的塑造。

传统戏曲舞台表演的虽是同名戏曲《大禹治水》，整体上都塑造了大禹艰苦奋斗、团结众人、公而忘私、为民造福的英雄形象，但根据改编的时代和地域特色不同，各剧对一些细节或主题都做了或多或少的修改。如20世纪50年代后期改编的川剧和淮剧《大禹治水》加入了适应当时时代的“大跃进”内容，突出治水工程中的战斗状态。“据《北川县志》记载：绵阳专区的《大禹治水》剧组巡回演出结束后，北川县川剧团排演该剧，继续到农村、治水工地演出，并成为常演的保留节目，到各地巡回演出，让当地人民受‘大跃进’教育。”[①]90年代上演的影响广泛的绍剧以及新世纪排演的晋剧《大禹治水》更多地表现出大禹的人性、人情，如过家门看到妻子女娇的辛苦与思念却不能帮助的心酸，面对儿子启却互相不认识的苍凉，想陪儿子但却不能久留的挣扎与无奈等。

另外由于传统戏曲种类不同、接受区域不同，在舞台上塑造大禹形象、传播大禹文化同时也需要契合戏曲的地域特色。不同的剧种采用不同方言的唱腔，包括人物服饰和舞台布景都采用适合当地观众接受的类型，次要人物和地点采用当地人了解的名称。这从侧面增强了地域文化传播的广度，更强化了舞台上大禹形象的接受度，深化了观众心中的大禹形象。

总之，传统地方戏曲中的大禹形象塑造除了带有时代和地域特点外，基本是依据史料编排表演的，没有过多地神化大禹，而是让大禹更多地呈现出“人”样。在

① 李德书、唐永啸：《论戏曲舞台上的大禹形象》，《四川戏剧》2000年第4期，第25页。

与多种人物关系中，大禹靠平凡的人力和精神获得成功，成为英雄和领袖，表现平凡人的无奈、困境、幸福与成功。

二、实验京剧中的大禹塑造

20世纪80年代出现的京剧《洪荒大裂变》，是由武汉京剧团一批年轻人组成的“青年实验团”搞的一个开创性实验剧目。1990年在纪念“徽班进京200周年”的盛大演出活动中，该戏引起强烈反响，成为最受欢迎的剧目之一，并荣获文化部颁发的“文华新剧目”奖。这是一部既“新”又“怪”的戏，不仅是大禹治水主题的“新”与“怪”，也是表现形式的“新”与“怪”。

本戏的第一个场景是鲧盗息壤治水，触犯天规而被杀于羽山，尸体三年不腐，腹中孕育出儿子大禹。《山海经·内经》中有记载：“洪水滔天，鲧窃帝之息壤以堙洪水，不待帝命，帝令祝融杀鲧于羽郊。鲧腹生禹，帝乃命禹率布土以定九州。”这样的开篇在处理大禹和父亲鲧的关系中，使大禹具有浓厚的神话传说色彩，将其神化，具有传奇性，也表现出鲧的不服和反抗。第二个场景中大禹继承父愿继续治水，他在轩辕山召集各氏族部落歃血盟誓，想继续用息壤堵水，防风氏部落不加入，被大禹杀死。关于防风氏，《国语·鲁语下》中记载：“昔禹会诸侯，防风氏后至，禹杀而戮之。”在《韩非子》《史记》等书中也有类似记载。《洪荒大裂变》改编了杀防风氏的原因，塑造出大禹在大难面前刚愎自用、独裁专制的性格。但是水神共工和巫龙再次席卷而来，息壤依然无能为力。危急中神女瑶姬前来帮助，杀死巫龙，自己化为巫山，拦住了洪水。然而，高山也无法阻止洪水，尸横遍野，死伤无数。大禹从尸骨堆中爬出来，失魂落魄地回到了涂山，无助而绝望地投入妻子女娇的怀抱，忘记了自己曾经立下的“大水不平，不进家门”的誓言。在大禹和水神共工、女神瑶姬的舞台人物关系中呈现出天神的道德理论与神力的较量；在与妻子女娇的舞台人物关系中，表现出亦神亦人的大禹也有无奈、绝望的一面，也需要在家庭和人伦情感中获得力量。但是大禹仍然没有忘记治水的誓言，他从陶罐被打破水流出的现象中领悟到了水往低处流的道理，悟出了疏导的治水方法，表现出大禹善观察、善思考的性格。

大禹要劈开巫山改堵为疏治水，但是这个抗拒天命、不合常理的方法遭到了大家的强烈反对，化作玄鱼的父亲鲧阻止他，部落首领要杀他，连他的妻子女娇也反对他。这一场景形成了集中的舞台冲突，在紧张的节奏、动作和唱词中展现人物性格，在舞台上激烈的人物关系冲突中塑造出大禹叛逆、执着、勇敢、坚定、不忘初心的形象。但众叛亲离的大禹对如何劈开高大的巫山却一筹莫展。这一次神女瑶姬又帮了他的忙,从天上盗来神斧,把大禹化作黄熊。要劈巫山时,妻子女娇却赶来,以死反对,大禹不理,最终女娇化作一块巨石,巨石裂开出现一个男孩,也就是大禹的儿子启。大禹看到女娇化石,生出儿子,丢弃神斧下山,神斧飞回天庭,劈山疏导治水的设想功亏一篑。这也是一出戏剧节奏快、情节突转的舞台表演,在人力无法扭转的困境中,再一次显示神的力量。神女瑶姬成为大禹陷入重大困境时的突破口,也是剧情重要的施动者,时时参与戏剧,推动故事情节发展。女娇表现出了对大禹深深的爱,不惜以生命为代价,但却完全不理解大禹。大禹的行为动作和语言表现出了他对女娇和儿子的爱,凸显了人间的伦理亲情,但也造成戏剧情节的转化,神女瑶姬受到惩罚化作神女峰。治水无果更使饿尸遍布,人吃人,神的预言和鲧的祖训应验了。大禹再次陷入绝境,但这次没有出现神力相助,大禹悲痛地向天而问:“祖先祖先,生下我,困死我,为何为何?”舞台表演中用雄浑的音乐衬托大禹的困惑、悲愤、无力,他又高昂地回答“民以活为天,民心就是天”“我反祖叛天,一代就是一重天”,将大禹敢于叛逆、挑战祖训和权威的性格特点明显而深刻地呈现出来。后来大禹重新聚集绝望的人们,再次发力劈山导水,合心一力,终于结束了这场洪荒水患。这是人力的胜利,也是群体的胜利,壮烈雄浑的场面,表现出大禹英勇不屈、坚持到底的性格。

戏曲并没有到此结束,戏的尾声是大禹老了,他的儿子启长大了,父子都高高地坐在王座之上,身后有象征权力的巍巍大鼎,但他们的前面却是一群被绳索捆绑的人——奴隶,禹成为中国历史上第一个奴隶制国家的王。大禹年轻时代的离祖叛命、悲愤的天问化作了对别人的压制和奴役。

本戏借助大禹治水的故事,设计中采用荒远古朴的舞台风格,展现古远蛮荒的时代背景,戏曲故事更多展现的是神力,带有很强的离奇性,借助于鲧、瑶姬、女娇的裂变展现人物和情感的抽象裂变。大禹由继承父志裂变为反叛父亲,由勇敢反抗天命裂变为悲愤绝望地天问,由团结民众制伏水患裂变为奴役民众,由反叛权威专制裂变为实施专制王权。《洪荒大裂变》展现的是真正的“洪荒”之变,既大又深。这正是这部戏的探索实验性之所在,对观众也是极大的挑战。

这部戏的主创是武汉市京剧团戏校毕业的青年团体,他们有感于戏曲界的萧条,大胆推出一台与以往京剧的演出形式不同的上古神话剧《洪荒大裂变》,力图进行全方位的艺术探索和实验。此戏曲将当代青年意识融入上古的英雄神话故事中,减弱了以往戏剧中大禹的伦理和道德色彩,突出了神话性和传说性,强化了他在与父亲、天帝、女娇等人的关系中表现出来的叛逆精神和个性色彩。

《洪荒大裂变》的舞台艺术也具有实验探索特色，运用一些现代的舞美设计，淡化了传统京剧的程式化和写意性，融入各种艺术表演形式，整体上体现了传统戏曲、民间舞蹈、芭蕾舞等表演元素。人物造型中也有古代壁画、岩画元素，演员服饰以肉色紧身衣裤打底、外披网状衣片显示洪荒远古时代人类的衣着状态。唱腔和音乐上也超越传统京剧的固定形式，融入了大量的民歌、号子、流行音乐等素材，更完美地衬托了人物表演，既浑厚有力，又舒缓轻快。《洪荒大裂变》这部突破京剧传统、带有歌舞化倾向的京剧，被称为“京剧大裂变”和“中国式的音乐剧”。[①] 该剧布景也以象征性为主，变幻无穷的灯光设计更增强了大自然的神秘性和天命的荒诞性，形成了雄浑、粗犷、原始、古朴、荒远、悲壮的风格，完美地展现了剧中人物发生关系的背景和场景，使得全剧表现出思想主题和艺术风格的和谐一致。

三、新型民族舞剧中的大禹塑造

2017 年 6 月 21 日，最新舞剧作品《大禹》在北京国家大剧院正式上演。该剧由安徽省（蚌埠市）花鼓灯歌舞剧院精心创排，中国舞蹈家协会主席冯双白担任总编剧，著名舞蹈艺术家王舸担任总导演，以安徽省蚌埠市禹会村遗址考古挖掘的史实为背景。该剧 2016 年 9 月在第十一届安徽省艺术节上首演，共有五幕，分别是《洪水》《祭祀》《平患》《离殇》和《火攻》，剧情跌宕起伏。舞剧以其宏阔的文化背景、感人的故事、立体的艺术视觉、纯粹的美学品质，从当前众多的大禹题材文艺作品中脱颖而出，深受广大观众喜爱，也得到业界专家好评。

舞剧是以舞台背景、人物动作和时空关系来讲述故事、塑造人物和展现思想的独特艺术形式，是没有人物对白的。整部《大禹》舞剧以大禹之子启简明的旁白为叙事框架，勾勒出大禹的一生。第一幕中大禹之父鲧率领众人治水，以堵为主，反被水害。大禹承父业，毅然投身治水战场，完成父亲未竟的事业。借助现代多媒体技术，舞剧的背景为围绕整个舞台的半环形天幕，舞台上则是“两两舞者”时而合聚、时而断续的动作表演。那两两舞者撑起的饰物仿佛一块块“息壤”，被禹父鲧用来围堵洪泛，但终将难敌“洪水之力”而决堤岸断。禹在这时继承父业，表现其勇敢坚定。第二幕《祭祀》是敬畏天神，将怀孕和初为人母的女性作为祭品献祭，大禹的妻子女娇身怀六甲也被选择成为献祭对象。这一段中，舞台上采用女子群

① 柴俊为、张鸣：《模式化 · 兼容模式 · 超越模式——京剧新剧目会演漫评》，《上海戏剧》1989 年第 3 期，第 28 页。

舞的形式来展现献祭的悲壮,也用女子独舞的快节奏、大幅度的动作来加强献祭者的不安感,更加激发出大禹的悲痛和治水决心。通过大禹和献祭者尤其是女娇的舞台表演关系,塑造大禹对女娇的深情和治水决心。第三幕是《平患》,舞台上以激动人心的治水群舞展现治水的艰辛,而后灯光渐灭场景转换,舞台上的演员皆隐去,即将分娩的女娇和身边的侍从上场,繁杂的舞蹈动作渲染出当时忙碌和紧张的气氛,表现女娇分娩时的痛苦。大禹渴望回家,但天象骤变,洪水袭来,大禹面临痛苦的抉择。舞台上大禹突然转身一个大跳,表现出坚毅的动作和坚定的眼神,他过家门而不入,毅然决然地返身继续与水搏斗,呈现大禹"为大家、舍小家"的英雄情怀。最后两幕进入戏剧高潮,历数十年寒暑,女娇在思念和等待中身患重病,舞台上借舞蹈进入回忆,大禹和女娇用轻盈的舞步和优美矫健的身姿展现了他们从相遇、相识到相知的美好。治水前线的大禹蹒跚的步履、缓慢的动作诠释着落下腿疾、留下"禹步"的形象。大禹从自然现象中悟得治水良方,劈山导淮,治水成功。最后的舞台场面是壮烈的群舞涂山会盟。尾声中舞台表演和音乐都变得低回和平缓,大禹带着启回到涂山,到处都洋溢着大禹满满的爱和沉沉的痛。

整部舞剧用新颖丰富的舞台动作、灵活互动的舞台人物关系、现代化的多媒体舞台设计、恰当完美的配乐,尤其是祭祀河神、离别治水、女娇临盆、静心顿悟、寻夫遇险、伤重回忆、归家离去、劈山导淮、涂山会盟等戏剧情节,震撼人心的治水群舞、活泼欢快的采摘群舞、热情红火的送饭群舞、美妙动人的寻夫双人舞、雄伟壮观的会盟群舞,并综合运用多种叙事手法将这些舞段自然流畅地连接起来,塑造了大禹这一为民担当、无私奉献、恪尽职守、心怀天下,但也有思乡愁、离别恨的英雄人物,展现出巍巍大禹的济世情怀。同时,舞剧《大禹》将淮河流域最具代表性的民间舞蹈——花鼓灯融入其中,在多个舞段中加入花鼓灯舞蹈的动作元素和音乐元素,表现出刚健朴实、欢快热烈、动作洒脱的艺术特色,其浓郁的地域风格使整部舞剧更真实、更灵动,为塑造大禹增添了厚重的写实色彩。舞剧《大禹》演出后受到非常好的评价,如总政宣传部艺术局局长、著名舞蹈家、国家一级编导左青看完这部舞剧表示:"选题很好,现在关于历史人物的舞剧有些蔚然成风,不过这是一部质量非常高的舞剧!花鼓灯的风格用得很有味道,音乐录制得大气磅礴。演员的舞蹈非常有激情,人物塑造很丰满。这个题材虽然做舞剧有点难度,但人物关系、情感关系、家庭情感关系处理和把握得很好。"①

---

① 左青:《花鼓灯调助舞剧写实 治水群舞将生活写意》,中国青年网 http://fun.youth.cn/ylsd/201706/t20170615_10081280.htm,2017-06-15。

结 语

大禹作为中华历史上的治水英雄,各地传说和史料记载有很多故事,大禹身上兼有神性、人性和王性,呈现出丰富多元的大禹形象和大禹文化。戏剧作为直观的艺术表现形式,在传播精神文化方面独有优势。综观以大禹为主题的戏剧,在传统戏曲方面,京剧、绍剧、川剧、晋剧的《大禹治水》情节具有相似性,主要凸显大禹的人性,在舞台特定的时空中,在独特的音乐动作、人物关系、外部戏剧冲突中,将大禹塑造成坚定、深爱、无私、奋斗的英雄人物,大禹的形象在不断的舞台表演推进中越来越丰满和立体,呈现出真实性。这些传统的舞台戏曲都呈现出一致的现实主义风格,并且从语言、地名到舞台设计、演员表演等都表现出浓厚的地域文化特色,为传播和促进地方剧种,为传播地域文化和大禹文化精神起到了重要的积极作用,因此这些舞台戏曲都产生了很大影响。

由于主创人员和创作时代的原因,武汉京剧团表演的实验京剧《洪荒大裂变》在塑造大禹人物方面具有很大的探索性和先锋性。这部戏曲的舞台表演表达裂变的思想和主题,而不是传统中的以塑造人物和传播大禹文化为主。大禹被塑造成为亦神亦人的形象,剧情也在天神和人力中展开,常常在突转中形成戏剧冲突。人物内心冲突较传统戏曲更强,整个舞台表演中大禹表现出强烈的矛盾性、分裂性。整个戏剧呈现出表现主义的探索风格,因此在戏剧的传播和接受效果方面受到一定的局限,影响较有限。

新世纪国家大力发展文化宣传事业,最新出现的大型舞剧《大禹》就是国家艺术基金2016年度资助项目和2016年安徽省文化强省建设专项资金扶持项目,是传播时代文化的载体。正如该剧的总编剧、中国舞蹈家协会主席冯双白表示:“习总书记曾多次提到大禹的精神,我将全剧主题再次高度凝练为八个字:‘苟利家国、死生以之’。我们的作品更多要考虑的是如何让现在的80、90、00后认同我们的民族英雄形象,这同时也是这个剧目能够长久演出的根本。”①独特的表演方式,著名的导演、演员等创作团队,多次的研讨修改使得舞剧《大禹》呈现出精彩的表演,产生广泛影响,并得到大众的接受。整部作品以独特的融入了地域花鼓灯舞元素的大型舞蹈形式,在特别的舞台布置、人物动作、时空关系中塑造大禹形象,“将大情

① 冯双白:《舞剧〈大禹〉亮相过年大剧院》,中国青年网 http://fun. youth. cn/ylsd/201706/t20170620_10129158. htm,2017 - 06 - 20。

怀、大奉献、大智慧、大一统、大和谐成就了'大禹精神',从中汲取前行的力量"[1]。

(作者单位:浙江越秀外国语学院。本文是绍兴市哲学社会科学"十三五"规划2018年度重点课题的研究成果。)

---

① 《真英雄永不落后于时代》,舞蹈中国 http://www.sohu.com/a/149752066_482903,2017-06-17。

浅析儿童读物中的大禹形象

朱　娇

近年来,神话与神话人物研究已成为国内外文学研究中的热门,而大禹作为一位人神叠合的传说人物,与之相关的神话传说极具深厚的文化内涵与强大的文教功能。因此,迄今大禹研究的成果相当丰硕。国外在研究图腾与洪水神话方面就涉及大禹传说,如俄国 N. P. Macokin 的《中国神话中帝王与图腾崇拜》及日本学者小川琢治的《中国上古的天地开辟及洪水》。新文化运动后,国内有些学者开始关注和讨论大禹传说,留下了很多表述大禹形象和大禹精神为现代人类带来积极影响的论著,如张光义的《大禹治水与中华民族优秀文化》、谢兴鹏的《大禹精神的内涵及其现实意义》等。

截至目前,研究者们已经关注到大禹形象所包含的需要阐释的价值与意义,但这些研究都较为宽泛,从教育学角度来解读大禹传说的重要性更少之又少了。另外对当今社会中大禹形象的研究也少见,真正将大禹神话传说与儿童教育联系起来的并不多也不够深入,提出解决措施的就更寥寥无几了。

作为著名的中国神话传说之一,大禹传说在现今时代更应该得到重视,进行深入研究。一方面,大禹治水的故事在中国家喻户晓,大禹的形象对儿童富有吸引力,治水的精神又有鼓舞、启迪之用。另一方面,20 世纪 90 年代以来,我国对儿童教育的重视程度不断提高,各种儿童读物纷纷涌现;以大禹治水为题材的儿童读物也是推陈出新,极大地丰富了"国学热"的童蒙读物。可惜的是,学术界对关涉大禹形象的儿童读物之研究却付诸阙如,于是我们以此为题来加以探讨。

一、大禹神话传说与传播媒介

(一)大禹传说述略

关于大禹传说的故事,究其内容而言,可归为“人话”和“神话”两大类。历史上的“人话”内容,即从尧舜禹展开。尧居帝位期间,大旱之后又有大洪水。人们东漂西流,田地淹没,草木茂盛,禽兽加多,残害人民。尧派鲧治理洪水却不见成效。舜做国君时,任命鲧的儿子禹去治理洪水。禹将鲧堙障的方法改为疏导。平息洪水后,舜便将帝位禅让给禹。其主要传达的是古代劳动人民同自然界做斗争,赞扬大禹机智勇敢、大公无私和艰苦奋斗的精神。

而“神话”则是从神、人、妖展开的,在“人话”的基础上进行改编。世人作恶,神降洪水。大神鲧内心哀怜人民却无措,在猫头鹰和乌龟的告知下,偷天庭宝物——息壤来堙塞洪水。天帝知晓,派火神祝融杀鲧于委羽山。息壤被夺,洪水未平,人民饱受饥寒。鲧心系人民,精魂不死,尸体不腐,天帝派神用“吴刀”剖开尸体,跳出一条虬龙,禹生。天帝忌惮禹天生神力,赐息壤与禹并任命他治水。禹带领应龙导引水路,水神共工从中作梗,洪水肆虐。禹不得已会合天下群神于会稽山大战共工。其间防风氏不守时,禹斩之而树威信。其后河伯赠河图,伏羲赠玉简以度量天地,禹在龙门山带领人民疏导黄河,开凿三门峡,今存“马蹄窝”“禹王庙”等遗迹。途中各种除魔降妖,如将无支祁镇压于龟足山下,为民除蛇身九头相柳等。禹三十岁时于涂山见九尾白狐娶女娇,妻送饭遇熊惊吓变成化石,禹无奈破石,儿启出。铸九鼎,刻鬼神精怪,教导人民辨认奸邪。在此类“神话”中,禹天生神力,故更多的是宣扬惩恶扬善的主题,如偷息壤被杀的鲧,禹为民除贪暴无厌的无支祁与相柳等①。

传闻异辞而神其说,跟随禹历九州之人为数不多,人们神化英雄实属应当。综合各书籍,大禹故事内容主要包括:鲧窃天帝息壤而被杀,鲧尸三年不腐而生禹,禹奉父命治水,凿山疏水,禹步及磨光汗毛指甲,车船檋鞋等的发明,禹娶涂山氏女,三过家门而不入,涂山氏化石生启,会师茅山怒斩防风氏,征三苗战共工,划九州铸九鼎,成功治水,国家安定。

(二)大禹传说与传播媒介

---

① 参看袁珂:《中国古代神话》第七章《鲧和禹治理洪水》,北京:华夏出版社2013年版,第216—239页。

在原始社会时期,大禹故事的传播方式主要是人们口口相传。由于在黄帝时期已有象形文字,故流传到后世除了口口相传更是通过文字记载的。大禹的事迹西周时期已是家喻户晓,先秦时期的《诗经》、孔子所整理的《尚书》、孔子弟子整理的《论语·泰伯》中对大禹的故事都有所记录。战国时期,《左传》《国语》《山海经》《庄子》《孟子》《韩非子》等书中亦不乏大禹的史迹。西汉时期历史学家司马迁在先秦文献的基础上,将有关大禹的内容记录在《史记·夏本纪》中。不同历史时期具有各自的时代特色,之后大禹的传说故事都是在以上这些书籍的基础上结合当时的生活环境及人们的思想加以改编而成的。

就传播主体而言,大禹传说可被分成两部分:一是众所周知的大禹治水、三过家门而不入等,二是为儒家统治者所推崇的会师茅山怒斩防风氏、划分九州铸九鼎等。前一部分在民众中流传甚广,由于口头传播有其本身的局限,加之人们在生活中遭遇困难亟须精神支柱的缘故,今日传说中的大禹形象便被神化了。洪水是当时最能威胁生产、生存的自然灾害,大禹成功治水,人们对治水英雄不胜感激,因此把他当作偶像,崇拜他。在其治水过程中,为了拯救广大民众的家园而牺牲小我家庭团聚的事迹,以及无私奉献精神更能在民众中流传开来。后一部分则是由统治者们来传播的,统治阶层的官员们在先朝文献的基础上对无视规矩,随意挑战权威的百官杀一儆百,从而树立威信。《大禹史话》中多次提到大禹治水先治人,统治者则治国要先治家,就是这一传播理念与模式的典型体现。

二、儿童读物中大禹形象之类别

20 世纪 20 年代初,叶圣陶创作的童话《稻草人》,被视为我国现代最早的儿童文学作品。几年后冰心的《寄小读者》问世,这也是儿童读物发展史上不可不提的一笔。儿童读物是适合儿童阅读的知识读物以及各种文艺作品的总称,包括文学读物,美术作品,自然科学读物,社会科学读物,历史、地理知识读物等①。儿童文学里有 5 个年龄阶段,即 1—3 岁的婴儿期、3—6 岁的幼儿期、6—12 岁的童年期、12—15 岁的少年期和 15—18 岁的少年后期。本文讨论的儿童读物中重点对象是处于幼儿期与童年期 12 岁以下的儿童,即就读于幼儿园及小学的儿童。由于我国封建社会时期长,又不甚注重发展儿童教育,故儿童文学出现较晚。

本文将研究以大禹传说故事为主题或由其改编的图文结合的儿童读物,包括

① 张念宏:《中国教育百科全书》,北京:海洋出版社 1991 年版,第 13 页。

连环画、漫画、绘本以及带插图的注音版故事书等。进入21世纪以来,由大禹故事改编而成的儿童读物如雨后春笋般涌入市场。以下,我们将重点剖析大禹在3—6岁幼儿期的绘本与6—12岁童年期漫画、连环画与注音版书籍里的形象及其精神。

(一)连环画中的大禹形象

上述四类读物中最早问世的是,1979年人民美术出版社出版的杨新与高适合作的连环画《大禹治水》。现代连环画是以连续图画叙述故事来刻画人物的一种通俗读物,是以书籍形式出版发行的一种艺术形式。如前所述,1979年由杨新编著、高适绘画的《大禹治水》是今天我们所见的同类连环画中最早的读物,特别值得探究。

该册读物先用毛笔在纸上绘制为黑白色调,再以白描技法勾勒工笔画,使得这部连环画具有中国传统文化气息。至于版式,则是一页一图配一小段叙述文字。在人物绘画上,神仙的形象与现实中的宗庙塑像最为接近,人物的比例同现实人物接近。水神共工和火神祝融都是凶神恶煞般模样,让人不得不敬而畏之。各类神既能降洪水惩罚人类,又会给予息壤帮助人类。人们生存及生活既依赖于自然界的星辰轮回及风雨晴和,又受制于自然界的旱涝等灾害,故此类神亦是自然力的象征。平民百姓则穿着单薄的布衣布鞋在田间劳作,洪水袭来悲伤不已,洪水退却则欢欣鼓舞。大禹心系百姓又遵纪守法,即使连自己的父亲都未能治平水患,他却勇挑重担,引领劳动人民与大自然做斗争。他亦是制度的遵守者和执行者,他不因为鲧偷息壤被杀而记恨天帝,而又当场处死无视规则的防风氏以明肃法纪。大禹就是这么一个英勇顽强、敢于斗争的领导者形象。

(二)漫画中的大禹形象

漫画,乃绘事中运用简笔而注重意义之绘画,是一种具有强烈讽刺性或幽默性的绘画,带有鲜明的时代特征。漫画在我国尚不足百年历史,我国最早出现"漫画"二字是1925年丰子恺刊载于《文学周报》的画,被当时的编者称为漫画。依据漫画的言语和绘画的自身特点,例如语句的幽默特点需要儿童有一定的理解力去参透,因而阅读人群是7岁以上的儿童。

2001年,人民文学出版社出版发行由无花果撰绘的作品《唠叨故事·大禹治水》。其与连环画内容相似,区别在于绘画形式上。在该故事开始之前,有大半篇幅是与大禹相关的人物的简单介绍,而这种介绍一是以卡牌的形式呈现的,二是其涵盖的内容主要是战斗值方面,包括属性、体力、攻击力、防护力、魅力、IQ和综合能力。将卡牌和战斗值的特色融入书籍中,契合当下的文化品位与现代儿童的思维,与时俱进,现代感十足。在人物形象的设计上融入了很多当代的西方元素,例如鲧身着蓝色紧身连体服、红色披风，脚穿红色大头靴的超人造型；皋陶是戴红白条纹头巾、穿机车服的海盗形象；防风氏则是今日流行的潘多拉星球上的纳美人模样。当然也不乏中国传统元素，例如有扈氏的纶巾头饰。绘图者根据大禹治水的特点，直接将大禹绘成身着潜水服的蒙面侠，中国古代道义中的侠士形象。这些人物形象的设计反映出21世纪初我国的漫画受到西方文化的影响。

在中国画报出版社2013年出版的《画说中国·大禹治水》漫画书中，大禹传说的史实成分比较明显。重在阐述大禹承父遗志治水，最终完成两代人的心愿，以及启谅解父亲并希望父亲能早日治水回家的忠孝之道。大禹的孝子形象与忠孝精神是中华传统美德不可或缺的组成部分。漫画书这一特殊体裁的文字内容是借人物之间的对话整合而成的。一方面此书在故事情节上，强调实践动手能力，展现人们认识自然、运用自然规律来解决问题的发展进步过程。举例来说，大禹试验了无数种巩固堤坝的方法都没有进展，而妻子无意踢翻水缸却使他发现了疏导治水的办法；测量山体高度亟须大量人力却遇农忙时节致使人手不足，而一孩童玩耍时踩影子却让他想到借影子来衡量山高的办法。忠孝之道及治水过程中的勇于探索、求真务实的创新精神是此书欲传达的大禹精神。另一方面在绘画表达上，一页纸上可以绘制5—8幅图画，这些图画内容繁多，含义丰富。在以人物为主的画面中，除了典型人物的头像外，还有面部的细节表情，例如一双犀利的眼睛、一张沉思中的侧脸、一张呐喊时的脸庞等。绘画对象为自然景物时，则或是湍急的水流，或是山峰的一角，或是树木的一枝，景物、色彩多较纯粹。还有一种是寥寥几语的文字。这些文字会被故意拉长或是被扭曲，背景则是如同调色板般的过渡色，意在突出文字与其字体给人带来的惊恐及不可思议的想象。此书中的图画多选用近景或特写，这些局部的绘画使得人物脸部的轮廓愈加明显。在色彩搭配方面，画中色彩不但如油画般丰富，黄皮肤略带古铜色，而且更传神醒目，接近现实，是一个四处奔波、风吹日晒的大禹形象。虽然这本书属于漫画，却并未体现其讽刺性或幽默感，文本及图画倒是十分尊崇史实的。

童乐绘本《漫画中国神话传说》系列之三为《大禹治水》，2010年由海燕出版社出版。书中当神话成分居多时，便出现了协助治水的应龙、玄龟、息壤与制造困难的其他神兽，以及禹化为熊惊女娇而女娇成石像，启破石而出等故事。此书以大禹治水的神话故事为主，塑造了机智勇敢，有先见之明，能掌控大局而又幽默风趣搞怪的大智若愚和亲和力十足的大禹形象。其最大的特色就是在每篇故事的首页都会将古文作为例证，相对有难度的词语会在页末做脚注解释。幽默搞笑的词句，配之夸张的图片，吸引儿童的眼球。然而任何事物都如同一把双刃剑，趣味性的喜剧效果确实能吸引大部分的读者,然而趣味过多就缺少一定的文学性,故这类书会赢得孩子喜欢,成年人则会认为只可一赏而过没有细细品读的必要。

漫画凭借其独特的人物形象,吸引了大批读者,而书中出现的语言偏离现象比较严重,许多儿童读物的语言理应浅显明白,需要口语化而非成人化、戏谑化及超前化。无论传说故事是否注重史实成分,都不该随意迎合读者的口味改变故事情节;次品太多会迷乱真假,不及时制止,青少年将曲解大禹神话传说故事真正的模样。

(三)幼儿读物绘本中的大禹形象

幼儿读物是适合3—6岁的儿童阅读的书籍、杂志、报刊等读物。从定义可以得出它的三个特点:第一,幼儿读物的作者是成年人;第二,阅读对象是幼儿(即3—6岁的孩子);第三,幼儿读物的购买对象却是成年人,因为幼儿本身不具备购买能力。正是因为这三者,使得幼儿读物在形成至消费这个过程中具有多样性和复杂性。故幼儿读物既要适合幼儿品读,又要赢得家长的青睐,此时有关中华传统美德的绘本便易于进入家长的考虑范围。

绘本是出现于19世纪晚期,发展于20世纪的一种新型文学样式。我国的绘本则晚于西方,直到20世纪初才流行于儿童市场。图画是由画家们手绘而成,讲究绘画的技巧,存其各自的风格;言语简短而精炼,又不失故事的丰富与曲折;供孩子阅读的绘本必须要符合他们的语言习惯、阅读习惯,带有幽默趣味。3—6岁的幼儿还不识字,却已经具备了一定的认知图形能力,图画在潜移默化地影响着他们的思维,更能培养他们的观察能力及想象力。绘本是适合这些3—6岁年龄段的孩子们阅读的图书形式。

在由段立欣编写、画盟工作室绘画、学习出版社2012年出版的《好孩子·绘本馆:大禹治水(3—5岁)》一书中,大禹在应龙、玄龟及息壤的帮助下,战胜共工,带领民众开山掘土,不辞劳苦地治平洪水。主线围绕鲧和禹同自然界洪水、天界水神共工的抵抗展开,体现当时人类勇敢无畏的斗争精神;副线则是围绕大禹三过家门而不入与女娇日日等待却化成"望夫石"展开,体现当时领导者牺牲小我成就大我的奉献精神。这两点就是此书所传达的大禹精神。

故事内容是略带神话色彩的,但还是以"人话"为主。首先从封面上来看,"大禹治水"四个字是以黑色外框、蓝灰色的亮粉填充的卡通字体,而图画中,大禹在海上身骑黄龙、头戴斗笠、身披蓑衣、脸侧向远方,一副誓与洪水斗争到底的从容神情。其次从文字内容来看,每一页的文字内容都只占了图画的一小部分,文字的两端都是根据图画来调整的。该绘本借简单平白的语句讲述了大禹治水的故事。自然灾害频繁的远古时代,洪水使得人们的生活苦不堪言。经过十年的奋斗,大禹终于成功治理黄河等地的水患,使人们过上安居乐业的生活,舜因此传位与大禹,其勇敢无私的伟大精神成为中华民族宝贵的精神财富。整个绘本语句均采用每段两个比喻句的形式,而且都是在十个字以内,所选用的语句较为简洁明了。鲧和禹治水时用的语言更多的是体现他们心系百姓,实在没办法才偷息壤的,这一点就抓住了幼儿的同情心理,以及禹同共工决战时的决心。

最后从绘本中的人物形象塑造来看,人物可分为三类:治水英雄大禹和鲧、反派人物共工以及协助治水的百姓及将士。治水英雄大禹和鲧在外表形象上只是一个有胡须一个没有胡须的区别;衣着服饰也是符合远古社会人们的穿着特点,以衣蔽体,但是有一点,他们上身都是裸露的,鲧的下身穿着用兽皮制成的衣物,而禹则是和治水将士们一样身着普通的棉麻布制成的衣物。这是因为鲧在治水前已是一个英雄人物,而禹是在治水之后才被人称为英雄,以此表明平民英雄受民众爱戴程度更深。共工和其他将士们及英雄的眉毛在画法上有异同之处,他们的眉毛在眉尾处都是高扬的,这种人个性耿直,做事武断,而眉毛的粗细却不同。共工的眉毛是剑眉上扬型,眉尾细又尖,如锋利的刀剑般,这种眉毛类型的人有抱负,行事刚强,但若眼泛凶,则人生易罹险恶之地。将士、大禹和鲧的眉毛都是一字眉,当他们奋勇治水时,眉尾是上扬的,而眉毛的粗细没有很明显的区别。这种眉毛类型的人则更多是忠厚老实,脚踏实地,肯吃苦。整体来看,所有形象的外部轮廓都是用黑色线条勾勒绘成的,大禹露出的八块腹肌,手臂及腹部的肌肉线条同样清楚可见。这种画法使人和物之间更加清晰明了,填充的色彩也都尽量接近现实生活中的实物,即使同一种颜色也有深浅和阴影的体现。另外,在表现天空以及神人、神兽、妖怪时,都选择用舒卷的云朵群来增加神奇虚幻感。总之,此绘本在绘画技巧的处理上是惟妙惟肖的。

松居直先生曾说:文字 + 图画 = 带插图的书,文字 × 图画 = 图画书。“真正的图画书应该看成是一种文学与绘画艺术的综合结晶,特别是一本真正好的图画书,即便是将其中的文字完全抽离,亦可由画面的意象与连接,清楚传递出完整的故事情节及作者所要表达的中心思想。”[①]这也是幼儿不识音不识字,却也能自己看得懂绘本的原因。

(四)注音版插图故事书中的大禹形象

---

① 蔡佩如:《无字天书——浅谈纯图画书》,《“中华民国”儿童文学学会会刊》第10卷第1期,第19页。

文字注音版的书籍更适合于7—12岁的儿童,这个年龄段的孩子学习能力强。注音版的故事书既能让孩子看拼音认一些字,又能让他们在看图的过程中激发想象力,拼音文字与图画的结合,能加深他们对故事的理解。故事书中附上一张图画,家长给他们读文字,和他们一起看图讲故事,他们也能在听故事中欣赏图画,增加阅读兴趣,激发想象力与创造力。

浙江少年儿童出版社出版的《史记故事》中有两页大禹治水的内容,用简单直白的语句写出大禹治水的故事。洪水淹没丘陵后,尧命鲧治水,鲧采用的堵水方法无效;舜命禹治水,禹改用疏导与堵水相结合的方法治水,开辟九州,使得百姓生活安居乐业;禹治水十三年却始终不入家门,体现大禹忠于职守、公而忘私的精神品质。禹成功治水又无私,得到人们的爱戴,故人们尊称他为"大禹"。由于《史记故事》以记录历史故事为宗旨,介绍的大禹故事也只是将古籍中的文言文翻译成通俗的文字,优点是遵循故事的本身,未做大改动。但作为一本儿童读物则未免显得有点枯燥乏味,使人难以保持阅读的趣味。

这里有三幅插图,第一幅是帝王舜,舜内着红色长衣,身披棕黄色长衫,头戴流苏下垂的帝王帽,神气十足。第二幅是禹的妻子与儿子在家门口招手的场景,房子是蓝灰色的,而站着的母亲与儿子只是一个人物的轮廓。第三幅是禹的图像,禹着棕色束腰大衣,手拿治水工具,脸侧向远方,胡须、衣袖飘起,却依旧坚定地立在那儿。这三幅插图以白色为背景,其中人或物的轮廓线条及推崇的色彩都界限分明,无过多的过渡色。大禹在《史记》中的形象则同看到的插图是一样的,都是一种高大威猛、严于律己、忠诚可靠的硬汉形象。

长江少年儿童出版社出版的《中国神话故事》中有三页大禹治水的故事,在语言上加了对话的形式以及各种形容词和成语,故事中也侧重治水。大禹受天帝之命治水,应龙辅助之。水神共工是反派角色,降下大水危害百姓,大禹便在会稽山召集众神共同抵抗共工。治水的方法也是堵塞与疏导相结合,但是成功治水还得依赖神土息壤。大禹因为治水时间紧迫故三过家门而不入,开沟渠通湖海后,大地上生机勃勃,人民幸福安康。

因为这篇文章放在神话故事中,应龙、神龟及息壤等都具备了奇幻色彩。这篇故事只有一幅插图,是众神合力对抗共工的场面。插图中众神腾云驾雾,神情气愤威严,而共工则是身体倾斜,落荒而逃。若说史记中的大禹是现实中的人物,那神话传说中的大禹则是神一般的存在了。

浙江少年儿童出版社2009年出版的《山海经》中有六页《治理洪水的英雄大禹》的故事,文章大量使用形容词、成语以及修辞语句,出现很多的妖魔鬼怪和奇异动植物，这些才是这本书中大禹所要对抗的敌人。天帝命大禹去凡间治水，大禹召集各路诸侯及部落首领集于会稽山时，巨人防风氏故意刁难大禹违反命令，大禹才治罪于他，斩首示众。大禹破巨石，疏导长江水使之流入大海，手握巨斧怒斩猛兽相繇，又降服水怪天吴等河妖洪魔，最终平息洪水，大地恢复生机。《山海经》是一部充满奇幻色彩的、百科全书式的古代名著，包含着神话、天文地理、气象、动植物等多方面的知识，故书中的动植物都是离奇诡异的。人们往往对未知事物充满好奇心，儿童的好奇心比成人更为强烈，这本书中的奇异动植物正抓住这一点，能够增加儿童的阅读兴趣及想象力。

此书的六幅插图与之前两本书的最大不同之处在于，这些插图是整体布局的，从远到近色彩上有深浅之分。由于有山河作为背景，人物便画得小了些，看不出面部的具体表情。其中两幅图的是九头巨蛇相繇，有着九个人头和蟒蛇身子，其周围仍有山石点缀。相繇是我们在现实生活中从未见过的动物，甚至有点可怕，但这正展现了怪兽的恐怖，也突出了大禹的无畏。《山海经》赞扬大禹是治理洪水的救世英雄，情节上则描写出大禹与妖魔作战时的英勇威猛，严惩鬼怪时的果断迅速等。故这本书中的大禹是一个能降妖除魔、拯救百姓于水火的巨人英雄形象。

（五）各读物绘画技巧之异

较早出现的连环画，全借墨色线条达到以“形”传“神”的效果，从而着力描绘人物形象，与人物对话相结合。朴实的白描手法加之如实的人物比例，极具中国民族色彩。21 世纪，我国处于与国际接轨的新时期，人们热衷于接受新兴事物。色彩艳丽、形象搞怪的漫画来势汹汹，电子科技制作而成的图片更是吸引一代人的眼球。相比于连环画中的全景和远景，漫画的近景与特景别有一番风味。而这外来形式的“大禹”形象亦由原先的强健雄壮夸张变形成只能看一眼的“视觉人物”，戏谑性掩盖文学性。近年来的绘本，不再受限于页面的条条框框，而是用背景颜色撑满整个页面。其中的大禹形象，又给人感觉是漫画与连环画的结合，既有连环画中人物的比例，又有漫画中艳丽的色彩。

故事书的插图与早期连环画都是白底全景，漫画与绘本以人物的眼神眉宇、面容表情及嘴型之间的变换，渲染人物当时的内心想法。工笔画下的白描线条难以抵挡亮丽柔和的色彩感，这不仅是绘画本身的不同，更是由阅读群体决定的。信息大爆炸下，人们的思维认知随着时代嬗变，审美观念发生转换，最终亦改变了绘画技法。不可否认的是，这些读物亦是人们思想变更、时代变更的体现。

三、大禹儿童读物之与儿童教育之价值与意义

(一)从大禹形象的角度而言

不管是大禹治水的神话还是大禹三过家门而不入的传说,对现在的儿童来说都过于遥远,因为现实生活中,他们难以体会到当时大禹的经历与情感。一个看似普通的故事其实都包含着一定的哲理,每个看故事的人也是想要从中获取深刻含义,这就是具体与抽象的体现。仅让孩子懂得大禹故事的内容是浅层次的,从故事内容和情节升华到思想上的参透或某种行为的改变,这才是神话传说在今时今日的意义。那么,大禹的神话传说故事又有什么地方值得父母让孩子们从小开始学习呢?

大禹形象和大禹精神能过渡到今日儿童的思想和实践上。第一,大禹十三年风餐露宿,躬亲劳作、脚踏实地的艰苦斗争精神。现如今中国人民的生活水平在逐步提高,衣来伸手饭来张口的孩子已不知米饭的来之不易,轻易地得到与随意地浪费不该是他们的价值观。第二,三过家门而不入,腿毛磨掉、指甲脱落也无怨无悔,公而忘私的自我奉献精神。这里的奉献精神在幼儿身上可以从最简单的分享开始,从小学会分享,长大之后才会不求回报地愿意为他人付出。第三,征服自然、人定胜天、刻苦钻研、攻克难关的挑战精神。家固然是最温暖的港湾,让远行的人有坚实的后盾,没有后顾之忧,但是首先得要有走出去的勇气,从无知者无畏成长为知其不可而为之,摔倒了不是哭而是想着如何站起来继续往前,遇到困难不是退却而是想方设法地去攻克。

(二)从儿童接受的角度来看

想要跟小朋友讲述某一个道理,比如告诉孩子要学会谦虚,可是他连谦虚是什么意思都不知道,这个时候你若选择符合他年龄的接受方式将故事和道理传达给他,便会轻松很多。卡耐基说过:“想要影响他人,唯一的方法就是以对方的需求为出发点。”①“众所周知,三岁孩子的世界观,和三十岁父亲的世界观,有着天壤之别。”②父亲除了考虑自己的想法,还要顾及孩子的需要,更重要的是兼顾自己和孩子的立场。

从国家对中国传统文化的重视程度上来看,正如郑勤砚所说:“神话传说和民

---

① [美]卡耐基著,陶曚译:《人性的弱点》,天津:天津人民出版社2014年版,第33页。

② [美]卡耐基著,陶曚译:《人性的弱点》,天津:天津人民出版社2014年版,第46页。

间传说是一个国家和民族宝贵的精神财富，它的题材内容和各种神话人物，对历代文学创作及各民族史诗的形成具有多方面的影响，特别是它丰富奔放、瑰奇多彩的想象和将自然事物形象化的方法，与后代作家的艺术虚构及浪漫主义创作方法的形成都有直接的渊源关系。不仅如此，神话还具有丰富的美学价值与历史价值，与远古的生活和历史有密切联系。儿童对神话有一种天然的渴望，他们历来是神话故事最热心、最忠实的听众。在孩子幼小的心灵中，神话传说给他们最朴素的情感，给他们英雄的力量，浪漫的梦想，善恶分明的态度。”①

儿童本身是纯净的化身，如自然界的水一般，外界给什么他就成为什么，这也说明了教育的重要性。一方面，神话故事不但传授了一定的史实，还引导儿童进入幻想的世界；另一方面，因为中国神话能完整流传下来的很少，“重实际而黜幻想”的观念在中国人的脑海中已根深蒂固，而浪漫主义与创新思想是新时期发展必不可少的。神话传说中的神化色彩不仅能使人眼前一亮，还能激发想象力、创造力，为国家的未来建设出一份力，故我们新一代的少年们应该传承我国优秀的传统文化。

（三）从儿童读物创作与出版角度来看

优秀的儿童读物能推广国学经典故事，进而促进文学的有效再创造。作家在修改或增减故事内容的时候，一方面要考虑故事内容如何吸引儿童的目光，另一方面可以在书籍形式上下功夫。儿童读物再创造的过程，首先是保留。故事内容本身需保留主干部分，生僻字词可改为现代口语中常用的词语，适当保留文言字词可开拓儿童的知识面，能在无意中让他们对传统感兴趣。其次是创新，一是在故事内容上融入当代儿童所知的概念，二是在书籍形式上创新，例如对封面上的人物或标题进行特殊处理，可制成凹凸不平状，更具触觉效果；书籍内页设计成折叠状，打开后成为立体状图书，更具视觉效果等等。除了以书籍的形式呈现文学作品之外，还可以设计相应的游戏、玩具等来拓展儿童接受渠道。儿童读物的再创作中，保留是基础，创新是发展，多元化是主要方式。

在市场经济条件下，出版商更应做到经济效益与社会效益相统一，“文学出版要以孩子为基础，做到从孩子中来，到孩子中去，尽最大努力满足少年儿童成长中

① 郑勤砚：《大禹治水 绘本神话故事 神话传说》，北京：二十一世纪出版社 2011 年版，第 3 页。

的阅读需求。"①出版商严格把好这一道关口,才能杜绝部分不合格作品流入图书界,才能使得有效的作品、有利于儿童的作品得以创作与出版。只有适应儿童认知水平与审美心理,才能达到教育启蒙的最大功效。

结　语

本文从略述大禹传说的内容与其传播媒介入手,继而梳理、分析四类儿童读物中的大禹形象。由于创作时期不同、读物类型有异,各类儿童读物对大禹的故事叙述重心、形象塑造与绘画技法均有侧重。一般地说,早期连环画多运用白描手法,画面朴实,人物比例协调,极具中国民族色彩;突显出大禹是治水英雄、人民的领袖。讽刺或幽默风趣的漫画中,禹承父志治水与启谅解禹三过家门而不入,高度宣扬了禹的忠孝形象、亲民形象。新时代绘本读物,色彩明亮,图画布满整页,并配以极其精简易懂的文字,体现了大禹富有斗争精神和奉献精神的领导者形象。带有插图的拼音故事书中,大禹故事多比较简短,且按时序被置于全书的叙事架构中来讲述。比如《史记故事》注重于故事的历史性,叙述平直;《中国神话故事》中大禹善恶分明,与人协力抗敌;《山海经》侧重于描写大禹治水途中遇见的奇异动植物。

鉴于儿童是特殊的读者群体,我们分别着重从大禹形象、儿童接受与儿童读物的创作与出版三个角度探究儿童读物中大禹精神的时代内涵、表现与生命力,证实以大禹为主题的儿童书籍在今天有存在的必要性、合理性。具体而言,大禹在治理洪水中体现出的勇于探索的精神、高尚的人格魅力、牺牲小我成就大我的奉献精神、以支持鼓励为主的无畏挑战精神,都是儿童教育中应提倡的优秀道德品质。儿童阅读大禹传说的相关读物,既可拓宽知识,了解经典传说,又可激发想象力与创造力。最后,在儿童读物的大禹故事创编中,作家和出版商都应知晓,只有适应儿童的认知水平与审美心理,才能达到教育陶冶的最大功效。

参考文献:

(一)专著

1. 杨新、高适. 大禹治水[M]. 北京:人民美术出版社,1979.

2. 李茂. 大禹史话[M]. 成都:四川出版社,1998.

① 李学谦:《最重要的是"不亏心"(繁荣儿童文学大家谈)》,《人民日报》2015 年 6 月 1 日 24 版。

3. 无花果. 唠叨故事·大禹治水[M]. 北京:人民文学出版社,2001.

4. 农妇. 魔幻英雄故事[M]. 杭州:浙江少年儿童出版社,2003.

5. 平慧善、张军. 影响孩子一生的中国十大名著:史记故事[M]. 杭州:浙江少年儿童出版社,2007.

6. 陈庆惠、陈睿. 影响孩子一生的中国名著:山海经[M]. 杭州:浙江少年儿童出版社,2009.

7. 孔凡本. 漫画中国古典神话[M]. 广州:广东教育出版社,2009.

8. 童乐. 漫画中国神话传说3 :大禹治水[M]. 杭州:海燕出版社,2010.

9. 郑勤砚. 大禹治水 绘本神话故事 神话传说[M]. 北京:二十一世纪出版社,2011.

10. 程涛平. 大禹故事[M]. 武汉:武汉出版社,2012.

11. 段立欣. 好孩子·绘本馆 大禹治水 适读年龄(3—5岁)[M]. 北京:学习出版社,2012.

12.《话说中国》编委会. 话说中国·大禹治水[M]. 北京:中国画报出版社,2013.

13. 袁珂. 中国古代神话[M]. 北京:华夏出版社,2013.

14. 海豚传媒. 中国儿童共享的经典丛书:中国神话故事[M]. 武汉:湖北少儿出版社,2015.

(二)期刊

15. 赵洪玺. 大禹治水:神话故事的魅力[J]. 治淮,1997(2).

16. 王悦娟,陈宇飞. 浅谈新媒介在儿童读物设计中的运用[J]. 艺术与设计(理论),2010(9).

17. 罗成玉. 神话传说对幼儿教育的德育培养[J]. 戏剧之家,2015(11).

(三)外文文献

18. [俄]李福清. 国外研究中国各族神话概述——《中国各民族神话研究外文论著目录》序 [J]. 长江大学学报,2006(1).

19. Chen Zhiqin. *For Whom to Conserve Intangible Cultural Heritage*:*The Dislocated Agency of Folk Belief Practitioners and the Reproduction of Local Culture*, *Asian Ethnology* © *Nanzan Institute for Religion and Culture*, Volume 74, Number 2, 2015, P 307—334。

(作者单位:浙江越秀外国语学院)

大禹精神及文化传承

浅论大禹治水精神

肖冬红

大禹，名文命，字高密，生于甲子（公元前 2277 年），卒于戊辰（公元前 2213 年）。他不仅是中国古代的治水英雄，而且是中国社会由部落联盟进入国家阶段的立国始祖，是我国继炎黄之后的又一人文初祖。作为我国传统文化和民族精神的化身，大禹的业绩、精神，在中华民族创造人类文明进程中谱写了光辉的篇章，大禹精神因此而为历代传颂、万民景仰。学界对大禹精神的研究可谓成果丰硕，因笔者力有未逮，只好从大禹精神之浩瀚一角选择其治水精神作为本文的论证范畴，做些肤浅的探讨，以求抛砖引玉，倘若能为当下开展得如火如荼的“五水共治”工作提供些许参考或借鉴，则实为大幸。

一、大禹治水精神的主要内涵

从丰富的史料记载和大禹精神研究文献中，我们不难提炼出大禹治水精神至少包含以下的主要内涵。

（一）为民治水

大禹并未因其父鲧治水未果被处死而怨恨，而是以大局为重，以人民利益为先，挺身而出，临危受命，以治水救民于水火之中，以仁爱之心获得民众拥护，始终与广大民众战斗在治水第一线。“古者禹治天下，……南为江汉淮汝，流之注五湖之处，以利荆楚、于越与南夷之民”（《墨子·兼爱中》）。在紧张的治水过程中，大禹非常关心民众，积极救济灾民，曾“命益予众庶稻，可种卑湿。命后稷予众庶。食少，调有余相给，以均诸侯”（《史记·夏本纪》）。在为民治水的同时，大禹深知必须全民治水,要想战胜洪患,必须依靠和发动广大民众,尊重民众的首创精神,他说,“民可近不可下,民为邦本,本固邦宁。予视天下愚夫愚妇能胜予……予临犯民,懔乎朽索之驭六马,为人上者奈何不敬”(《墨子·兼爱》)。正是为民治水、全民治水,大禹率领民众才取得了治水的最终胜利。“美哉禹功,明德远矣。微禹,吾其鱼乎”(《左传·昭公元年》)。

(二)科学治水

尧舜之时,“汤汤洪水方割,荡荡怀山襄陵,浩浩滔天”(《尚书·尧典》)。面对深重的洪水灾害,人民苦不堪言,大禹之前已有共工、玄明、太乙、鲧等与洪水做过斗争,但收效甚微。大禹认真总结其父鲧等前辈治水的经验教训,走遍千山万水,每到一处,实地勘测,全面了解掌握山川形势。同时,虚心向当时的东夷、南蛮、西戎、北狄等各民族学习,学其技,取其长,悟其道,再加以融会贯通。在科学论证的基础上,大禹决定摒弃“湮”“障”等治水之法,采取疏导之策,制订出切合实际的具体治水方法,“决九川距四海,浚畎浍距大川”(《尚书·益稷》),“禹疏九河,瀹济漯而注诸海,决汝汉、排淮泗而注之江”(《孟子》),“九河既道,雷夏既泽,雍、沮会同,桑土既蚕,于是民得下丘居土”(《史记·夏本纪》)。正所谓“治水顺水之性,不与水争势,导之入海,高者凿而通之,卑者疏而宣之”,终于消除了洪患,使百姓安居乐业。

(三)协同治水

与单凭局部治理大范围洪水灾害的“鲧作城”式治水方略不同,大禹推行的是在九州大地上全盘规划、统一指挥的大协同治水。他首先在广泛考察的基础上制订科学详尽的“河图”,然后以开阔的胸襟、谦逊的态度,团结各民族部落的民众密切配合,协同作战,同时统筹兼顾各方面的利益,经过十三年艰苦历程,终获成功。舜评价禹“克勤于邦,克俭于家,不自满假,惟汝贤。汝惟不矜,天下莫与汝争能,汝惟不伐,天下莫与汝争功”(《尚书·大禹谟》)。禹经常与各族首领如东夷族的伯益、周族的后稷等在一起商讨、切磋,虚心听取各方意见。即便是对反对他的三苗、共工族等部落也是以德感化,以和为贵,恩威并重,使他们心悦诚服地接受其指挥。“禹知天下之叛也,乃坏城平池,散财物,焚甲兵,施之以德,海外宾伏,国夷纳职”(《淮南子·原道训》)。这种九州一家、共谋发展的协同治水,也有力地推动了“合诸侯于涂山,执玉帛者万国”的民族大团结、大融合,促进了华夏民族的形成和发展。

(四)持久治水

范文澜先生说过:“许多古老民族都说远古曾有一次洪水,是不可抵抗的大天灾,独在黄炎族神话里说是洪水被禹治得'地平天成'了。这种克服自然,人定胜天的伟大精神,是禹治洪水神话的真实意义"(《中国通史》第一册)。在治理洪水的艰苦岁月中,大禹"劳身焦思","薄衣食致孝乎鬼神;卑宫室,致费乎沟洫;陆行乘车,水行乘船,泥行乘撬,山行乘檋;左准绳,右规矩,载四时"(《史记·夏本纪》)。为了完成治理洪水的伟大事业,大禹"身执耒以为民先,股无胈,胫不生毛,虽臣虏之劳不苦于此"(《韩非子》)。他顾不上妻儿子女,"居外十三年,三过家门而不敢入"(《史记·夏本纪》)。栉风沐雨,经过十三年的努力,终使"九州攸同,四隩既宅,九山刊旅,九川涤源,九泽既陂"(《尚书·禹贡》)。

二、大禹治水精神的特征

（一）时代性

大禹治水精神的形成、发展和成熟与其所处的历史背景和其艰苦卓绝的治水经历是密切相关的。4000多年前的大禹时代,正是我国从原始社会向阶级社会转化的重要历史时期,过渡时期的政治、经济和文化特征鲜明。作为最主要的社会组织,氏族部落在政治、经济、文化中发挥广泛而深刻的作用,禅让制产生的部落首领德高望重,因各部落力量薄弱,部落联盟的意愿非常强烈。同时,神州大地洪水泛滥,"汤汤洪水滔天,浩浩怀山襄陵",共工、玄明、太乙、鲧等先后被委以治水重任,但收效甚微,如何战胜洪患成了当时社会的主旋律。大禹正是在这种力量分散、注重局部治理的治水背景下接过治水指挥棒的,他有效整合氏族部落力量,凝聚民心、民智、民力,寻找最佳科学治水路径,在漫长而艰辛的治水实践中,逐步形成了带有传奇色彩的大禹治水精神。因此,大禹治水精神具有鲜明的时代特征。

（二）深刻性

如果我们把大禹的自强不息、坚忍不拔、勇于探索、艰苦奋斗等思想定义为道德、品行等个人的素质和修养,那么他以其感人的亲和力、深刻的洞察力和超强的执行力准确地把握了时代的脉搏,集思广益,毅然摒弃"湮""障"等治水之法,创造性地提出疏导治水之策,极力倡导并贯彻落实全民参与治水、治水为了人民、各氏族部落协同治水等尊重、善待民生,民族和谐团结治水的新理念,并取得了治水的最终胜利,因治水而造福民众,因治水而团结各族,因治水而统一天下,可以说,治水成就了大禹,这些无疑体现了他忧国忧民的高尚情怀、敢为人先的无畏勇气和高瞻远瞩的真知灼见。作为我国社会由部落联盟进入国家阶段的立国始祖,大禹能有这么卓绝的治水成就和为后世景仰并奉为典范的治水理念和精神,实属不易,其深刻性不言而喻。

（三）实践性

正如“禹治洪水，通轩辕山，化为熊”和“黄龙负舟”等神话所言，大禹已被奉为威力无比的治水之神，但依附在“禹神”之上的大禹治水精神却并非天外来物，而是深深地根植和来源于现实的治水实践。面对久治无功且日趋严峻的洪患，大禹在临危受命之初，面对的是亟须破解的困局，要在“湮”“障”之外另寻治水良方，为此，他足迹遍九州，用脚丈量山川走势，绘制出翔实的治水图。他团结各氏族部落的民众，身先士卒，用手一锄一锄挖出地平天成，“凿龙门，通大厦，疏九河，曲九防”（《史记·李斯列传》），把蓝图变成现实。这其中，既有对自然规律的深刻认识，也有对治水决策的对比取舍；既有敬民、爱民、富民、教民的治水宗旨，也有统筹各方、谋划全局的政治智慧；既有励精图治、救民于水火的政治抱负，也有无私无畏、克己奉公的高尚情怀；既有对治水经验的传承，也有打破常规的勇气。可以说，大禹治水精神的实践性正是其被传颂千秋百代而永盛不衰的重要原因。

三、大禹治水精神给我们的启示

作为中华民族精神的重要源头，大禹治水精神被儒、道、法、墨等诸子百家吸纳、继承并发扬光大。尽管目前理论界对大禹的出生地争论不止，四川、河南、浙江等地都坚持大禹生于己地，但“禹病亡，葬会稽”这一事实无可争议。从启继禹承帝位后，在绍兴开展禹祭活动便一直延续至今，可谓历史悠久且影响巨大。绍兴理应成为继承大禹治水精神的先行地。

（一）大禹治水精神在绍兴的实践

作为大禹光辉一生的重要一站，绍兴在为民、科学、协同、持久治水精神上刻下了深深的烙印，成为我们绍兴人民的宝贵精神财富。大禹治水后的4000多年间，绍兴人民一直循着大禹的足迹，创造性地继承大禹治水精神，留下了范蠡建城、马棱围湖、马臻筑堤、晋凿运河、唐修海塘、明治河网、清除水害等一个个美丽的治水故事。经过几千年的努力，绍兴人民终于把洪水蔓延、海潮频发、沼泽遍地、土壤贫瘠的不毛之地，改造成国家历史文化名城、江南生态宜居水城、长三角区域中心城市。可以说，绍兴4000年的历史，就是一部弘扬大禹治水精神、兴修水利的辉煌治水史。今天，绍兴人民在勇夺全省治水“大禹鼎”的基础上，再启新征程，我们有理由也有责任继承大禹治水精神并予以发扬光大。

（二）几点启发和思考

在“五水共治”行动进入攻坚，提升、巩固治水成果的关键时刻，绍兴如何创造性地继承大禹治水精神？如何走在全省治水前列？如何进一步擦亮江南水乡这张名片，再夺治水新胜利？笔者认为至少可从以下几个方面来做些努力。

其一，治水应当因地制宜。目前全省各地都在如火如荼地开展大规模的“五水共治”行动，也取得了实实在在的成效，城乡环境有了很大改善，得到了老百姓的一致拥护和交口称赞。不可否认的是，有些地方积极性很高，但对政策的理解不准确、不深刻，依照上面规定“画葫芦”，建成的设备无法正常运行，造成资源的巨大浪费。其实，治水本身是一项系统工程，决策、执行、督查各个方面都必须环环相扣，其中尤为关键的是要根据本地本单位的实际，把上面的政策转化成切实可行的具体行动，唯有如此，方能使治水真正成为有效地改善生态环境、推动经济转型升级、促进经济社会健康发展的民生工程。

其二，治水应当统筹协调。相对于大禹全盘规划、统一指挥治水，目前我省局部的治水成效明显，但从全省整体来看，仍存在不少问题，最为突出的是各地治水“单打”能力很强，但协同作战能力缺失，涉及多个地市甚至跨省的河流治理情况不容忽视。此种情形在上游没治好的河段表现尤甚，上游较差的河水流入下游，下游无论如何是治不好的，自然会影响了整条河的治理效果。因此，笔者建议要从省级层面加强治水工作的统筹协调，明确各关联地市的治水责任，优化水质监测站布局，细化考核标准。同时，治水也要紧密结合当地的经济社会发展现状，治水既是手段，也是目的，以治水促转型，以治水优环境，以治水惠民生，真正使治水与发展整体协调、相辅相成、相得益彰。

其三，治水应当循序渐进。大禹“居外十三年，三过家门而不敢入”才成就治水伟业。当前，造成水体污染的原因很多，既有产业结构不合理、生产方式粗放的客观原因，也有环保意识不强、生活习惯不卫生等主观因素。可以说，治水是一项偿还多年来经济社会高速发展所遗留下来的环境欠账的系统工程，涉及经济、技术、政治等方方面面。因此，治水绝非一朝一夕之事，唯有常抓不懈才会有效果，稍有疏忽就会前功尽弃。必须把治水的理想和现实、目标和步骤、眼前和长远有机地结合起来，积极稳妥、循序渐进地推进。

其四，强化大禹治水精神研究。要尊重绍兴与大禹之间的深厚历史渊源，以大禹陵、大禹祭典等为载体，广泛发动有识之士，加大研究力度，加强与全国各地的沟通合作，对大禹治水精神进行再整理、再归纳、再提炼，真正把大禹治水精神在绍兴的历史沿革、前世今生精确地提炼出来并加以有效地固定。要把已精确界定的大禹治水精神进行本土化加工、技术性改造，使之能有效地融入我们现有工作之中；

把它同“五水共治”行动有机衔接起来,使其超越单纯的意识形态范畴而变成一种客观的外在强制。换言之,就是要努力把这笔宝贵的精神财富改造成有物质依托的治水制度样式。要搭建研讨会、治水论坛等形式多样、侧重点各异的大禹治水精神研究宣传平台,提炼和升华工作中取得的成果,真正能使大禹治水精神成为我们绍兴文化的核心组成部分,把大禹治水精神同我们的治水工作有机地结合起来,使两者在实践中相互促进、共同提升。

(作者单位:绍兴市人大城建环保工委城建环保处)

论弘扬大禹精神在践行社会主义核心价值观中的现实意义

杨 柳

2012年11月，中共十八大报告提出“三个倡导”，公开阐述了社会主义核心价值观的基本内容，即“富强、民主、文明、和谐、自由、平等、公正、法治、爱国、敬业、诚信、友善”，提出要积极培育社会主义核心价值观。这是与中国特色社会主义发展要求相契合，与中华优秀传统文化和人类文明优秀成果相承接，是我们党凝聚全党全社会价值共识做出的重要论断。

对于如何培育和践行社会主义核心价值观，政界、学界开始了积极深入的探讨。刘云山同志在《着力培育和践行社会主义核心价值观》一文中指出：“源远流长、博大精深的中华优秀传统文化，积淀着中华民族最深层的精神追求，包含着中华民族最根本的精神基因，是社会主义核心价值观的深厚源泉。培育和践行社会主义核心价值观，就要从中华优秀传统文化中充分汲取思想道德营养，结合时代要求加以延伸阐发，既使中华民族最基本的文化基因与当代文化相适应、与现代社会相协调，又让社会主义核心价值体系之树深深植根于中华优秀传统文化沃土。”

大禹精神，作为中国传统文化的重要组成部分，历来为人所推崇，孔子说“禹，吾无间然矣”，意思是：对于禹，我没有什么可以挑剔的了。在全面建成小康社会的新时期，弘扬大禹精神，对我们践行社会主义核心价值观有着积极的推动作用。

一、践行社会主义核心价值观要有公而忘私的奉献精神

大禹公而忘私的奉献精神，被人们津津乐道地传颂了几千年，是中华民族优秀品德之一。

据《史记》记载，“禹伤先人之功不成受诛，乃劳身焦思，居外十三年，过家门不敢入”。父亲无功而亡，大禹心中是痛苦的，但是，在洪水滔天，百姓流离失所的情况下，治水是大局。大禹顾全大局，将丧父之痛投入无限期的治水工程之中，“居外十三年”，“三过家门而不入”，成为一段佳话。同时，为了完成治水大业，“禹年三十未娶，行涂山，恐时暮失制，乃娶涂山氏”，“禹娶涂山氏女，不以私害公，自辛至甲四日，复往治水”（《吕氏春秋》）。为了怕耽误治水这个公事、大事，大禹结婚四天就离家治水，连儿子出生都没有回去看上一眼。

无私奉献的精神一直以来都备受人们赞美，从雷锋到时传祥，从“最美司机”吴斌到“最美教师”张丽莉，人们一直都在被感动、激励和鼓舞，并一直在传承和发扬他们公而忘私、无私奉献的精神。我们在践行社会主义核心价值观时，更要始终以善良之心对待身边的每一个人，用自觉行动帮助身边的每一个人，让助人成为一种快乐，让利他成为一种情怀，让爱人成为一种境界，让助人为乐、奉献心安深深植根于自己内心最深处。

二、践行社会主义核心价值观要有勇于探索的创新精神

四千多年前，大禹用创新精神和创新手段，治水成功。尧时，洪水猖獗。共工治水“共工之王，水处十之七，陆处十之三，乘天势以隘制天下”（《管子·揆度篇》）共工被流放。后来鲧治水，采用堵的方式，水位上升，部分部落“以邻为壑”（《孟子·告天下》），造成更大的损失。“九年而水不息，功用不成”（《史记》）。

禹临危受命，认为如果“水逆行”便是“洚水”，会成为祸国殃民的洪水。大禹经过分析和探查，在总结前人经验教训的基础上，又吸收了广大民众的意见，不断创新发明。“禹沐淫雨，栉扶风，决江疏河，凿龙门，劈伊阙，修蠡之防”（《淮南子·修务训》），形成了导、堵、分、滞、避等多种治水方式，“以四海为壑”（《孟子》），从而引导洪水最终汇入大海。

人类社会的每一次进步都离不开创新。创新是一个民族进步的灵魂，是国家兴旺发达的不竭动力。现阶段，我们的中国特色社会主义道路、改革开放、全面推进依法治国和践行社会主义核心价值观等，都是一次次里程碑式的创新。而在践行社会主义核心价值观的过程中，同样需要我们发挥创新精神、创新理论、创新制度、创新技术、创新管理，才能实现社会的自由、平等、公正、法治和国家的富强、民主、文明、和谐。

三、践行社会主义核心价值观要有顺应自然的科学精神

禹治水，崇尚“顺其自然”，“禹之行水也，行其所无事也”（《孟子·离娄》）。他“左准绳，右规矩，载四时”，“行山表木，定高山大川”（《史记·夏本纪》），“畅八极之广，旋天地之数”（《越王无余外传》）。大禹跋山涉水，经过精确测量，制定周密计划，因势利导，疏堵相宜，“禹通三江五湖，决伊阙，沟回陆，注之东海，因水之力也”（《吕氏春秋》），顺应了水的力量，除去了天下水患。

大禹的科学精神还表现在“因地制宜”上。大禹在大量的调查研究中，掌握了各地区不同的地势、水利、土质、气候情况，因地制宜地“令益予众庶稻，可种卑湿”，开展生产自救；在资源或物资匮乏时，“命后稷予众庶难得之食”，“食少，调有余相给，以均诸侯”（《史记·夏本纪》）。禹的这些做法，都是值得我们在工作和生活中学习和借鉴的。

禹的科学精神，全都植根于其重视实践、实事求是的作风。实事求是是科学精神的核心，开拓进取是科学精神的活力。我们在践行社会主义核心价值观时，要秉承实事求是的原则，求真务实，杜绝“瞎指挥”，依靠多学科和社会多方面的协作与支持，来实现我们的奋斗目标。

四、践行社会主义核心价值观要有以民为本的精神

“民惟邦本，本固邦宁”（《古文尚书·五子之歌》，意思是百姓是国家的根本、基础，百姓安居乐业，国家就能太平。），这是大禹训诫子孙的话，也是他一生的经验总结。据《史记·五帝本纪》记载，为了使受灾群众能够安居乐业，大禹不但疏通河流还开凿沟渠，组织当地百姓种植作物。为了提高生产力，禹又以铜器代替石器。“然后中国可得而食也”（《孟子·滕文公上》），连孔子也不得不承认“禹樱躬稼而有天下”。

禹为帝后，铸造了代表国家权威的九鼎。但是他没有将自己治水的功绩铭刻在上面，而是“远方图物，贡金九牧，铸鼎象物，百物而为之备，使民知神、奸。故民入川泽山林，不逢不苦。魑魅罔两，莫能逢之”（《左传·宣公五年》），为百姓出行做出了积极贡献。

“五音听治”是大禹治理国家的重要制度，也是大禹了解民意的重要途径。“禹之时，以五音听治，悬钟、鼓、磬、铎、置鞀，以待四方之士，为号曰：教寡人以道者

击鼓,谕寡人以义者击钟,告寡人以事者振铎,语寡人以忧者击磬,有狱讼者摇鞀。当此之时,一馈而十起,一沐而三捉发"(《淮南子》)。

大禹的"民本思想"告诉我们,"人民是国家的根本,人民安居乐业,国家就能太平"。封建社会的"民重君亲""水能载舟亦能覆舟"是大禹民本思想的发展。近现代,特别是新中国成立以来,从毛泽东同志"全心全意为人民服务"到习近平同志提出的"把人民放在心中最高的位置",都是大禹民本思想的传承和延续。现在,我们越来越重视民生工作,教育、医疗、养老政策的纷纷出台和完善,受到广大人民群众的关注和拥护。民生工作的关键是落实好,发展好。这就需要我们更多地关注群众的衣食住行,了解特殊人群的需要,把帮扶苦难群众工作落实到行动而非是文件和总结上,彻底解决群众急迫的问题,帮助群众脱贫致富,达到共同富裕的良好状态。

五、践行社会主义核心价值观要有德法兼顾的善政精神

大禹治国从来不依仗自己的权势,而是靠德治和法治。他认为"德惟善政,政在养民"(《尚书·大禹谟》)。对于禹的德治,《淮南子》这样记载:"禹知天下之叛也,乃坏城平池,散财物,焚甲兵,施之以德,海外宾伏,四夷纳职,合诸侯于涂山,执玉帛者万国。"大禹的德治,"维禹之功,九州攸同。光唐虞际,德流苗裔"(《史记·太史公自序》),连中原以外的民众都心生爱戴。

同时,严明法度也是大禹治国的重要方式。禹认为"天下有道,民不罹艰;天下无道,罪及善人"。为了便于统治,禹和他的部下"造井示民,以为法度",还制定了税赋和政务制度。"封有功,爵有德,恶无细而不诛,功无微而不赏"(《吴越春秋·越王无余外传》)。"明于五刑",主张"刑期于无刑"(《尚书·大禹谟》)。大禹认为,维护国家统治,要以德政为主,施以刑法辅助,用刑的目的是不再用刑。对大禹的治国思想,荀子发出了"禹之法犹存,而夏不王世。道存则国存,道亡则国亡"的感叹。

《论语·尧曰》中,孔子总结了禹为政的经验,认为为政者要"谨权量,审法度,修废官,四方之政行焉"。谨慎地行使权力,严格法制,完善机构,使政令通行天下。同时"尊五美,屏四恶,斯可以从政矣"。

我们生活在信息爆炸的时代,知识水平远远超过大禹时代,但是同样需要学习大禹。一是要学习他以德为先,以善为先,做有善心的人。温家宝指出:"我们讲善,就是要在为了中国的光明未来而追求真理的进程中,与人为善,尊重人,理解

人，关心人，爱护人。”同时要做有道德的人。没有德的人，就算有天大的本事，最终都会祸害百姓。最近落马的“老虎”们，不乏学识高超、能力过人者，但就因为德行的缺失，控制不了自己的贪欲和私欲，结果站在了人民的对立面，也将自己钉在了历史的耻辱柱上。二是要学习大禹依法办事。改革开放以来，经过三十多年的努力，我国已经建成了以宪法为核心，以民商法、刑事法、行政法、诉讼法为骨干的社会主义法律体系框架，我们的工作和生活已纳入法制化范畴，因此我们在工作中要自觉地运用法治思维和法治方式，严格按照法律规定的权限和程序，履行自己的职责，杜绝知法犯法、以言代法、以权代法和徇私枉法的现象出现。

六、践行社会主义核心价值观要有利济天下的担当精神

《史记·夏本纪》中，司马迁用“于是九州攸同，四奥既居，九山刊旅，九川涤原，九泽既陂，四海会同。六府甚修，众土交正，致慎财赋，咸则三壤成赋”来形容大禹治水的伟大功绩，这也是大禹利济天下的担当精神的具体体现。

禹接到治水任务后，把治水真正当成了自己不可推卸的责任。为了完成这个艰难的任务，他身先士卒，注重考查，科学规划，“禹于是疏河诀江，为彭蠡之障。乾东土，所活者千八百国。此禹之功也！”（《吕氏春秋·爱类》）。在这个过程中，为了解决群众的吃饭和物资短缺问题，禹“暨稷播，奏庶艰食鲜食。懋迁有无，化居”（《尚书·益稷》）。水患平息，百姓安居后，禹根据自己收集的各地区气候、土壤等情况，对各地土地的状况评出优劣等级，制定出各地进贡的不同标准，使得人民能在缴纳税赋的同时安居乐业。同时，禹设立五服，由中央管辖地方，少了中间的环节，在百姓得利的情况下为舜的统治积累了财富和权力。怪不得舜夸奖禹：“唯禹之功为大，披九山，通九泽，决九河，定九州，各以其职来贡，不失厥宜。”（《史记·五帝本纪》）

习近平同志指出，是否具有担当精神，是否能够忠诚履责、尽心尽责、勇于担责，这是检验每一个领导干部身上是否真正体现了共产党人先进性和纯洁性的重要方面。因此，我们要进一步强化责任心和使命感，确实弄明白“一生辛苦为谁忙”的问题，时刻牢记自己是一名共产党员，把工作的出发点放到为党尽责、为民造福上，才能在平时忠诚履职、埋头苦干、不图虚名，以自己的“辛苦指数”换来群众的“幸福指数”；要进一步树立正确的问题意识，敢于正视矛盾和问题，努力提升自己的担当精神和履职能力，在关键时刻义无反顾、挺身而出，为国家和人民的利益牺牲个人的一切。

七、践行社会主义核心价值观要有严于律己的廉政精神

"禹为人敏而克勤;其德不违,其亲可仁,其言可信;声为律,身为度,称以出,伟伟穆穆,为纪为纲。"(《史记·夏本纪》)这表明了大禹以身作则、崇尚节俭、严于律己。

大禹崇尚节俭、严于律己。治水过程中,他身先士卒,以民为先,累得"股无胈,胫不生毛",节约到"菲饮食""恶衣服""卑宫室",不是为自己享受用,而是"尽力乎沟洫"(《尚书·益稷》)。他认为人不要傲虐,不要懒惰荒淫:"无若丹朱傲,惟慢游是好,傲虐是作。"做帝王后,在"古之丧礼,贵贱有仪,上下有等(《庄子·天下篇》)"的时代,他顶住传统的压力,主张"厚养薄葬",即"死陵者葬陵,死泽者葬泽",从而"节财、薄葬、闲服生焉"(《淮南子》)。对于自己的身后事,大禹也立有遗嘱:"吾百世之后,葬我会稽之山,苇椁桐棺。穿圹七尺,下无及泉,坟高三尺,土阶三等,葬之后,曰无改亩,以为居之者乐,为之者苦。"(《吴越春秋》)受到后世的一致夸奖。

大禹喜饮酒,《中国史稿》说:"在夏初饮酒已经是一个引人注意的社会问题了。"《战国策·魏策》中提到禹恐喝酒多了误国事,"遂疏仪狄,绝旨酒,曰:后世必有以酒亡其国者"。禹从酒的美味中预感到酒有危害,担心后世出现以酒误国的人和事,因此带头戒酒。

对自己的亲人,大禹也是要求非常严格的:"一人三失,怨起在明,不见是图。"(《尚书·五子之歌》)大意为:人常犯错误招来怨恨,并非都是明显的大过错,而往往是由小事引起的。因此应在细微难见的地方注意克服,不使小错变成大错,使人怨恨。

为政之道,取决于为政者能否"以身为度、严于律己"。大禹作为夏朝开国帝王虽只有短短10年,但他崇尚节俭、严于律己的精神却赢得后世的称颂。习近平总书记已经给我们做出了榜样,在践行社会主义核心价值观中,我们不但要在思想上提高自己,树立正确的世界观、人生观、价值观、权力观,淡泊名利、注重小节,更要在实际行动中严格执行各种规章制度。坚持用法律法规约束和规范自己的言行。作为国家工作人员更要以敬畏之心对"权",以淡泊之心对"位",以律己之心对"利",努力做到防微杜渐。

总之,弘扬大禹精神对于践行社会主义核心价值观有着积极的推动作用。"不忘本来才能开辟未来,善于继承才能更好地创新和发展"。在践行社会主义核心价

值观的同时,我们一定要认真汲取大禹精神中的思想精华和道德精髓,使其创造性发展,使其成为我们实现伟大中国复兴之梦的强大支柱。

参考文献

1. 刘云山. 着力培育和践行社会主义核心价值观[J]. 求是,2014(1).

2. 中共中央办公厅印发. 关于培育和践行社会主义核心价值观的意见. 新华网,2013-12-23.

3. 潘维. 中国问题:核心价值观的迷失. 爱思想网,潘维专栏.

4. 王绍义. 解读大禹思想 继承大禹精神[M]. //中国禹学(第一辑). 长春:吉林大学出版社,2011.

5. 常松木. 大禹与儒家[M]. //中国禹学(第一辑). 长春:吉林大学出版社,2011.

6. 刘丽萍. 大禹文献中"家"文化内涵及其影响[M]. //中国禹学(第一辑). 长春:吉林大学出版社,2011.

7. 李学功. 大禹的普世价值与文化贡献[M]. //中国禹学(第一辑). 长春:吉林大学出版社,2011.

(作者单位:中共北川羌族自治县委党校)

大禹精神对中华文化的开创价值

夏惠元

大禹,伟大的治水英雄,英明的人文初祖,夏王朝的奠基者。大禹一生最伟大的功业,一是治水疏九川,地平天成,为华夏民族的生存、发展奠定了基础;二是立国定九州,启皇极之图畴,巩固和发展了治水成果,使当时松散的部落联盟逐步形成多民族统一的国家,建立华夏第一个王朝——夏朝。大禹是中华立国第一帝,对中国历史的演进和发展有深远的影响。大禹精神,是中华民族精神核心价值的基石。

一、以人为本、心系民生

大禹,大仁大智大勇大德,集五帝之大成,启文明之发端。我国原始社会末期,洪水滔天,民不聊生。大禹受命于危难之际,以仁爱恤民之心,天下为公,舍己为民,劳身焦思,"薄衣食,卑宫室",居外十三年,三过家门而不入,竭力为民,以不朽的伟绩,博得了民众的拥戴。大禹治水的功绩,为历代所传颂,如《墨子·兼爱》:"古者禹治天下……南为江汉淮汝,疏之注五湖之处,以利荆楚、于越与南夷之民。"《左传·昭公元年》:"美哉禹功,明德远矣。微禹,吾其鱼乎。"

大禹立国之后,循五帝之德政,教民农牧,提出"民为邦本,本固邦宁"的"民本思想",这一思想为历代帝王所仿效和推崇。孙中山的"三民主义"、毛泽东的"为人民服务",是对大禹"民本思想"的继承、丰富和发展。大禹以"身为度","行不言之教","一沐(用冷水洗头,保持清醒头脑)而三捉发,一食而三起",心系民众,节俭律己,赢得后世的称颂。孔子曰:"禹,吾无间然也。"大禹功德近乎完美,没有任何可挑剔的地方。大禹以人为本,以德教化天下,为历代万民推崇和敬仰。

二、因势利导、推陈出新

大禹吸取父亲鲧九年治水不成的教训,察六扈,脉地理,勤调查,苦思考,因势利导,疏堵相宜,“畅八极之广,旋天地之数”,“禹通三江五湖,决伊阙,沟回陆,注之东海,因水之力也”。用水之力,因势利导,疏堵相宜,这一科学创新精神,得以除天下之灾。

创新是一个民族的灵魂,是一个国家兴旺发达的不竭动力。因势利导、疏堵相宜的科学创新,不仅对做事成业有指导意义,而且对治国理政晓人以事理,更对开启科学文明、科学创新具有现实意义和深远启迪。

三、自强不息、艰苦奋斗

鲧治水失败被杀,禹虽感伤先父功败受诛,但仍以大局为重,自强不息。“薄衣食、卑宫室”“声为律,身为度”“左准绳,右规矩”“疏九河,陂九泽”“度九山,开九州”,大禹劳身焦思,栉风沐雨,跋山涉水,被晒得面目黧黑,累得腰腿成疾,手上结满了老茧,腿上脱光了汗毛,走路一瘸一拐的。即使这样,他仍然忠于职守,克勤克俭,身先士卒,埋头苦干,陆行乘车,水行乘船,泥行乘橇,山行穿履,亲自到治水第一线,他这种自强不息、艰苦奋斗的拼搏精神,惊天地,泣鬼神,给历代帝王将相、名人志士、百姓大众以鼓舞和激励。

大禹的功德与天地同在,与日月同辉。中华文明以其灿烂辉煌和数千年之绵延不断而著称,凡言中华文明,莫不以“夏、商、周”三代为荣。从华夏文化的形成和发展看,大禹精神就是中华民族传统文化和民族精神的化身,体现了中华民族自强不息、艰苦奋斗的拼搏精神,公而忘私、为民造福的奉献精神,尊重实践、求真务实的科学精神,积极探索、革故鼎新的创新精神,以人为本、心系民生的民本思想,谦虚谨慎、勤政廉洁的高风亮节,严于律己、以身作则的优良作风。大禹精神是中华民族奋进的大旗、精神力量的源泉。

世界上几乎所有的创世神话,都提及了人类早期的洪荒时代。西方神话面对洪水祭出的是诺亚方舟,这是种消极的逃避态度。但中华神话的洪水时代有鲧和大禹父子的积极治水。从英雄主义看,他们舍小己为天下,具有献身精神;而从智慧的进阶看,鲧治水用堵,大禹治水用疏,符合科学规律。希腊神话里有位英勇的神普罗米修斯,他为人类盗取天火而触怒了宙斯,被绑在高加索山崖上,日日遭神鹰啄食。鲧是大禹的父亲,在被尧帝派往治理黄河水患的过程中,他亦从神前盗取“息壤”用以筑堤,后被天帝惩罚而死。

纵观我国历史,大禹精神被千古传颂,使万民仰止;大禹的高风亮节和优良作风被历代人民继承发扬,得到历代先贤的继承弘扬,并不断深化拓展。大禹精神已成为中华民族精神的象征,是中华民族精神核心价值的基石,奠定了我们中华民族传统文化的华夏之魂。大禹这座中华民族历史上的丰碑,历经数千年而巍然屹立,令炎黄子孙自豪!大禹博大的思想、伟大的精神、崇高的风范,哺育了一代又一代华夏子孙成为民族的脊梁,令世界瞩目!

"创新·务实·为民"
——大禹精神的当代价值

宋坚刚

大禹治水给我们留下了许多宝贵的精神财富,其中"创新""务实""为民",是大禹精神的主要内容,代表着人类生存与发展的基本精神取向。大禹精神在当代具有重要的价值,绍兴人民在处理人与自然、人与社会、人与人以及人自身内心世界关系方面,积淀着大禹的精神内核。如何深入传承和弘扬大禹治水的精神,多元互动,把这三个核心思想进一步贯彻到我们的实际工作和生活中去,推动绍兴高水平全面建成小康社会,值得继续探讨。

一、"创新"始终是绍兴人民秉承的一个核心价值取向

我们绍兴人民大都知道大禹治水的故事:远古时代,大洪水泛滥神州,鲧,大禹的父亲,作为部落治水的专家,用他的老办法——筑堤坝——兵来将挡,水来土掩,却始终制伏不了特大的洪灾,以致被杀了头。禹被命令继承他父亲的未竟之业去治水。大禹转换思路,创新方法,除了堵,他认为也要给水找一个出口,所以,大禹因势利导,疏导百川入海,终于平治了九州洪水。这就是创新!

在绍兴千百年的发展进步过程中,"创新"始终是绍兴人民秉承的一个核心价值取向。特别是改革开放以来,创新的价值观,得到了空前的弘扬。

在经济建设领域,绍兴率先打破政府的高度集权,给乡镇企业中的"能人""土木才子"评助理工程师、经济师之类的职称,尽管地方政府谦虚、低调地称之为"地方粮票",但在20世纪80年代,这无疑是一项大胆的创举。实践证明:不唯身份,不唯学历,只唯能力评职称,这是超前的、符合经济社会发展规律的创新之举!可

以说,在这一工作领域,“土粮票”的理念和做法,今天也未能被超越!

在改革开放前期,绍兴的秦国光律师为代表,率先把乡镇企业作为先进生产力,视其为“法人”,提供法律服务,依法为其维权,打破了公有制、计划经济体制下的制度、思想的坚冰,极大地鼓舞和促进了绍兴乡镇企业,即今天民营经济的发展。在20世纪90年代,乡镇企业的产权转制改革,绍兴又创先河。今天的柯岩街道新风村——一个根本没有政府的职能、权力、地位的村民自治组织,在20世纪硬是从“铁老大”那里打破先例,由村集体出资修建了一条民办铁路到村办电厂,这不也是创新吗?!

改革开放以来,绍兴已成为浙江“市场大省”的缩影或典型代表。绍兴全市有各类商品市场396家,其中年成交额超亿元的市场有四五十家。在专业市场的培育发展过程中,涌现出一批“单打冠军”,如:亚洲最大的轻纺市场——中国轻纺城,这是国内第一家以“中国”冠名的专业市场,也是第一家在国内公开发行股票并上市的专业市场,此外还有华东国际珠宝城(山下湖珍珠市场)、大唐袜业城、崧厦中国伞城、嵊州领带城,等等,并由此带动、形成了一批产业集群经济。在国内外股票市场公开上市的“绍兴板块”的公司达60家,具有一定的规模和影响。

至于改革开放以来,作为市场主体的企业,在人才、技术、机制、生产经营、产品研发等方面的创新就不胜枚举了!

同样,在政治、社会和文化领域,也因为贯彻、运用和追求创新的价值观,绍兴在实践中也取得了许多成就,有的在全省,甚至全国都产生了较大的影响。如,民情日记、星期三下村制度、夏履程序、八郑规程、董村典章、新枫桥经验、店口“老乡管老乡”的模式、统筹城乡一体化发展的“十网建设”、医保一卡通、社区党建契约化共建、明星版越剧《梁祝》作为单一剧种和单一剧目演遍全国、干部教育的研究型培训模式、外来民工子女在市区全部进入公办学校接受义务教育、“河长制”,等等。

二、务实的“四千精神”是绍兴的一个突出优势

进一步讲,创新只是处理问题的一种有效的、有意义的手段和方法,但创新本身不是最终目的。就是说,不能仅仅为了创新而创新,那反而可能会造成折腾。创新的目的是为了解决问题,为了发展,为了进步!

在这方面,绍兴有一个优势很突出,那就是我们兼具以“四千精神”为代表的务实精神。所谓“四千精神”,就是历尽千辛万苦、说尽千言万语、走遍千山万水、

想尽千方百计。

关于务实的价值取向，有一个绍兴流传下来的古越词的概念颇能说明问题——“好贝”。贝，是古代用于产品交换的等价物，相当于当今的货币。今天的绍兴人都知道“好贝”引申出来的含义，翻译成现代语言，大致上就是很“划算”、很“值得”的意思。这说明绍兴人很精明，很实在，追求实效，绝不务虚。其实，越王勾践忍辱负重，十年生聚，十年教训，最后在春秋时代灭掉吴国，争霸中原，在某种程度上，也体现了一种务实的价值取向。

前文论及的绍兴在经济、政治、社会、文化领域的诸多创新，其价值取向，无一不是达到或体现出解决实际问题、促进事物发展进步的目的的。

三、为民敬业、担当

史载大禹为了治理洪水，长年在外，与民众一起奋战 13 年，耗尽心血与体力，终于治好了九州洪患。其间，大禹三过家门而不入，禹的儿子十多岁了还不知道父亲是个什么样子。这充分体现了大禹一心为民的担当精神、敬业精神。

这种优良精神在今天也继续得到传承和发扬。比如，2015 年，绍兴提出誓夺“五水共治”大禹鼎。最初也有同志建议提“争取”“力争”，这样无论结果如何，对上、对下都可以交代，于工作、于领导个人都留有余地。但是，绍兴市委、市政府在 2013 年就提出了要“重构绍兴产业，重建绍兴水城”，打造宜居宜业宜游的现代水城，致力于提升城市竞争力和群众幸福感。绍兴充分认识到抓治水能带动经济转型升级，水质的好坏折射的是产业结构的优劣，水质就是经济转型升级的“镜子”；治水效果最直观，群众心里最清楚，不需报表；治水就是抓民生，就是回应群众呼声，就是满足广大人民对美好生活期盼的现实选择。而且绍兴重建水城的战略早于全省的“五水共治”部署。因此，市委主要领导提出要有担当精神，必须当仁不让，以誓夺大禹鼎的精神姿态开展“五水共治”工作。这一思想经讨论成为领导班子的共识，在实践中引领全市干部群众取得了优良的业绩。

四、发扬大禹治水精神，多元互动，高水平全面建成小康社会

“创新”“务实”“为民”，是以大禹精神为代表的，绍兴人民在处理人与自然、人与社会、人与人以及人自身内心世界关系方面的积淀的精神内核。这三者是有机联系的，必须把它们尽可能地辨证统一起来，统一于组织和个人的思想和行动当

中,进一步贯彻到我们的实际工作和生活中,推动绍兴高水平全面建成小康社会。

在党员干部和政府的层面,就是要有开拓进取精神,想干事,同时,要会干事,能干成事,要学习大禹三过家门而不入的敬业、为公、为民的精神思想。这方面,绍兴已经涌现出不少先进典型,如王金友、梁焕木、卞峰煜、杨钢林、杨七明、商阿大、张大根、阮炳炎、何亮、田思嘉、杭兰英,等等。

在政府的层面,就是要努力推行善政、善治,打造服务型政府。

对企业来说,在继承"四千精神"的同时,要进一步发扬新"四千精神",就是千方百计提升品牌,千方百计开拓市场,千方百计自主创新,千方百计改善管理。要学习中华商祖陶朱公,努力成为合格的乃至优秀的市场主体——有竞争力,合法、守法,有社会责任的担当。

对公众个人来说,既要汲取有为、刚韧、爱国、入世的精神思想(这些方面的楷模如勾践、王充、马臻、谢安、陆游、徐渭、鲁迅、周恩来、马寅初,等等,也体现在古代绍兴人民创造的越国青铜剑等物质文明上);又要汲取孝(曹娥)、情(祝英台)、侠(秋瑾、徐锡麟)、知行合一(王阳明)、外圆内方(绍兴师爷)、宽容大度(蔡元培)、追求高品质(东汉铜镜、越窑青瓷)、醇厚、享受(黄酒)等精神思想。总之,要能够兼具权利观、义务观和幸福观,努力成为一名现代社会的合格公民!

相信只要政府、企业、社会、民众在互动的基础上逐步达成共识,各自树立并践行"创新""务实""为民"的精神,我们的社会、我们的事业、我们的生活一定会"苟日新,日日新,又日新",充满活力,不断发展,不断进步!

(作者单位:中共绍兴市委党校)

弘扬大禹精神　创新人才机制

葛　斐

大禹治水之所以能够取得成功，除了他超乎常人的奉献和担当精神外，另一个更为重要的原因是他的创新精神，他在父辈失败的基础上，不拘一格、因地制宜、开拓创新、变“堵”为“疏”，开创了治水的新局面。在绍兴市人才引进、培养和发展问题上，我们需要学习和弘扬大禹的创新精神，加大政策创新力度，催发社会资源作用，完善公共服务配套，加强本地人才培养，营造良好人文环境。

一、大禹的创新精神和绍兴市人才体制机制

大禹治水之所以能够成功，除了他超乎常人的奉献精神和担当精神外，另一个更为重要的原因是他的创新精神。在“汤汤洪水方割，荡荡怀山襄陵，浩浩滔天”的洪水灾害面前，禹的父亲鲧在“四岳”的竭力推荐之下，担负了治水的重任。“我闻在昔，鲧堙洪水”“洪水滔天，鲧窃帝之息壤以堙洪水”“鲧障洪水而殛死”，但鲧是用堵塞、阻隔的方法来治理水患，结果“九载绩用弗成”。而大禹“使大章步东西，坚亥度南北”，察六扈，脉地理，“畅八极之广，旋天地之数”，在调查思考的基础上，改“堵”为“导”，“因水之力”，“泻流沙于西隅，决弱水于北汉，青泉、赤渊分入洞穴，通江东流之于碣石；疏九河于滑渊，开五水于东北；凿龙门，辟伊关。平易相土，观地分州”。大禹正是在父亲失败的基础上，重新审视地理形势，根据水土流向特点，变阻为导，因水之力，才开创了治水的新局面。不拘一格、因地制宜、开拓创新，这正是大禹治水的成功原因。

大禹的创新不仅表现在水利事业上，也体现在农田开发上。他除了在治水上

导流入海之外,还对海涂进行开发利用。《越绝书》云“(禹)尚以为居之者乐,为之者苦,无以报民功,教民鸟田”。所谓鸟田就是岛田。大禹率领古越居民对水中孤丘进行平整,开垦稻田,同时根据水中孤丘不断变迁的规律和岛田贫瘠尚未开发的特点,不断地从一块孤丘开垦种稻转移到另一块孤丘,实行种一年、养一年,种一丘、荒一丘的办法,进行轮荒制的耕作,使开垦范围不断扩大,岛田数量不断增加。对这种海涂开发的创举,《越绝书》以充满激情的笔调记述道“大越海滨之民,独以鸟田,小大有差,进退有行,……教民鸟田,一盛一衰”。可以说,这种创新是大禹对越地乃至全国海滨地区农业生产、社会进步的巨大推动。绍兴与大禹有着特殊的情缘,大禹“葬会稽”,“禅会稽”,“朝群臣于会稽”,绍兴理应大力弘扬大禹的创新精神,将大禹精神播撒到社会经济生活的方方面面,本文主要从绍兴市人才体制机制创新方面来进行探讨。

2010 年,绍兴市制定了第一个中长期人才发展规划,即《绍兴市中长期人才发展规划纲要(2010—2020)》,提出了人才强市战略,开启了绍兴市人才工作的新局面。但从城市规模和经济总量等一系列指标来看,绍兴仍属于三线城市,且处于城市竞争极为激烈的长三角地区,相较于一二线大城市,区位优势并不明显,对人才,特别是高层次人才的吸引力不强;具有大学以上学历的人才密度(6997 人)低于全省(9330 人)、全国(8930 人)平均水平,这与绍兴市经济发展水平和当前城市发展战略极不协调。当前绍兴正全面实施“重构绍兴产业、重建绍兴水城”战略,正处于提高经济发展质量和效益、推动产业转型升级、加快大城市和现代水城建设的关键时期,进一步创新绍兴的人才体制机制,优化绍兴人才发展环境,以吸引更多的人才来绍兴工作,对于绍兴经济社会重构战略的实施具有重大意义。

课题组通过对绍兴市相关部门的走访调研和对绍兴市各类人才的问卷调查,获得绍兴市人才发展环境建设的第一手资料,并对绍兴、嘉兴、温州三市的人才政策进行了横向比较,以此提出对绍兴创新人才发展体制机制的若干政策建议。

二、绍兴市人才发展中存在的问题

(一)人才集聚“雁阵效应”尚未形成

截至目前,全市共有 187 名海外高层次人才引进落户,其中自主申报入选国家“千人计划”10 人、省“千人计划”38 人,直接引进国家、省“千人计划”项目 21 个。全市拥有国家青年拔尖人才 1 名、省特级专家 4 名、省突出贡献中青年专家 15 名、国务院特殊津贴专家 71 名、省“151 人才工程”第二层次以上人才 65 名、市高级专家26名、市第八批专业技术拔尖人才120名,市重点创新团队120个,其中16个入选省级重点创新团队,高层次人才集聚初具规模。

但与嘉兴、温州等同类城市相比,绍兴对高层次人才的集聚力仍需提升。截至目前,绍兴市入选国家“千人计划”的人才有12名,入选省“千人计划”的人才有38名;而嘉兴市入选国家“千人计划”和省“千人计划”的人才均在80名以上;温州市入选国家“千人计划”的人才有18名,入选省“千人计划”的人才有87名,三者相比,绍兴存在着一定差距。

1.高层次人才的规模尚不能满足主导产业发展需要。当前绍兴市产业格局仍以第二产业为主,第二产业中又以轻纺产业为主,高新技术产业占比不高,尚未完成从劳动密集型向技术密集型的转变,制约了人才的集聚。今年绍兴市重点推进“八大”重点产业提升发展工程,但当前全市战略性新兴产业尚处于培育阶段,尚未培育和孵化出有影响力的新兴产业,人才引进的领域较为分散,领军型人才和创新团队远不能达到引领主导产业发展的要求,尤其缺乏在某一产业内能引领发展的泰斗级领军人才和具有行业领跑地位的高科技企业,掌握共性技术和核心技术的研发人才也严重不足,“一名领军人才,引回一批专业人才、引进一组招商项目、引来一批高端技术、引用一套管理经验”的“雁阵效应”尚未形成。

2.以企业为主体的引才机制有待加强。绍兴市以民营企业为主,长期以来依赖由劳动力、土地等要素价格带来的低成本优势。近年来经济形势不尽如人意,企业在高新技术研发、创新驱动方面积极性不高,存在着“不创新死、创新死得更快”的思想包袱,缺乏引进高层次人才、开发新项目的能动性。“330海外引才计划”实施5年来,全市共引进落户187名海外高层次人才,大部分是创业人才,企业引进的创新人才仅占25%。

(二)人才政策竞争力有待提升

2012年绍兴市出台了《高层次人才创业创新若干政策意见》和《高层次人才住房保障办法》这两个重大人才政策,其力度在当时处于全省前列。但随着各地对高层次人才的竞争日趋白热化,近两年来,宁波、金华等地市出台了力度更大的人才政策。特别是今年以来,杭州、温州先后出台了具有较大影响力的“人才新政”,嘉兴也在谋划新的人才政策。绍兴市的人才政策优势已不再明显,在日趋激烈的人才竞争中将处于不利局面。

1.政策相对滞后。在问卷调查中,有60.41%的人才认为“政策优惠幅度不够、吸引力不强”是目前绍兴市现有人才引进政策存在的第一大问题;31.83%的人才认为目前“工资待遇偏低”;62.53%的人才认为“工资待遇”是影响引进和留住高层次人才的关键。目前来讲,绍兴市人才薪酬水平相对不高,人才潜心创造的驱动力不足。主要体现在三个方面:(1)领军型创业创新团队引进政策滞后。绍兴市政策资助金额最高为1000万元(目前尚未兑现过),而杭州、温州分别给予60万—2000万元、200万—3000万元资助,对顶尖团队的特别重大项目最高给予1亿元的项目资助。(2)国内高层次创新创业人才引进政策滞后。目前尚停留在2008年出台的"三个一百"政策①(100万元创业科研启动资金、100平方米工作用房和100平方米左右的生活用房),与海外人才政策差距较大,也缺乏有效的政策兑现机制。而温州市在今年刚出台的"人才新政十条"中,对国家级领军人才最高给予800万元的奖励资助;对省级领军人才,最高给予400万的奖励资助;对市级领军人才,最高给予200万的奖励资助。嘉兴市2013年出台的"创新嘉兴·精英引领"计划,给予国内创新人才和高层次外国专家同等待遇,一次性给予100万—300万创业启动资金,同时给予第一年10万元、第二年20万元,第三年经考核合格后给予30万元的补助,在税收优惠、配偶就业、子女就学等方面都享受与高层次外国专家相同的待遇条件。(3)高学历、高职称人才引进政策滞后。温州市将"具有正高级职称的专业技术人才;获得博士学位人才;具有副高职称、硕士学位,并获得市级以上重点资助或成果获市级以上奖励的人才;经评审认定的市重点发展产业的技术、管理优秀人才或急需紧缺人才"列入"E类"高层次人才,给予最高100万元的奖励资助;对优秀大学毕业生的优秀创业项目给予5万—50万元的资助。而绍兴市对"带高新技术成果、项目来本市科创中心、创业园实施转化的博士或副高级专业技术资格以上科技人才"的政策待遇是"可申请最高为10万元的创业科研启动资金",对具有副高级专业技术资格或全日制硕士研究生学历的人员仅给予"500元/月租房补贴"。两者政策差异较大。在调研中很多海外创业人才认为这直接导致了他们遇到了"招聘优秀人才较为困难,高技能人才流动过快"的问题。而如果这一局面没有扭转,势必影响这些新兴企业的可持续发展以及长期驻扎绍兴的动力,影响绍兴的产业转型升级和人口结构优化。

2.政策创新相对不足。在各地的人才引进政策力度不断加大,且越来越趋于同质化的形势下,绍兴市近年来在人才政策的创新方面显得动力不足。例如,温州市在今年出台的"人才新政十条"中,明确提出对引进"国内顶尖人才"的企业事业单位给予60万元奖励,对引进"国家级领军人才"的企业事业单位给予30万元奖励,对引进"省级领军人才"的企业事业单位给予10万元奖励,而这在绍兴市还是

---

① 绍兴市委市政府《关于促进人才创新发展的若干意见》(绍市委发〔2008〕85号)。

政策上的空白。另外温州对于引进人才的中介组织、有关机构和个人最高也给予60万元的奖励,而绍兴对于引进A类“330”海外英才的中介组织和机构的奖励仅为20万元。可见,绍兴对于鼓励企业高薪引才、充分发挥中介市场的作用方面的政策,仍有较大的创新空间。

3. 政策兑现不够及时。在调查中,有47.18%的人才认为“政策落实不够及时”,在可以享受人才引进政策的153名受访者中,优惠政策得到完全兑现的只占37%,部分兑现的占48%,尚未兑现的占15%。

(三)人力资源市场不够成熟

调研表明,目前绍兴市在发挥市场在配置人才中的决定性作用方面尚存在一定的差距。

1. 市场化的中介服务不足。这是调研中人才们普遍反映的问题。问卷调查显示,在制约市场配置人才决定性作用发挥的主要因素中,前三位分别是人才中介机构作用发挥不足(45.3%)、人才供需信息不对称(38.6%)、人才市场体系建设不完善(29.7%),人才中介机构作用发挥不足与人才供需信息不对称是制约市场配置人才决定性作用发挥的主要瓶颈。目前,绍兴市知识产权保护与技术转让服务、投融资服务、法律服务、财务服务和人力资源服务等方面的人才较为缺乏。调研中发现,大部分海归企业在创业初期都存在着资金短缺、融资困难等问题,成为制约企业发展壮大的重要瓶颈。而总体上绍兴投融资市场活跃度和政府扶持力度较为薄弱,突出存在“三个难”:银行贷款难,贷款门槛较高,要求有抵押或担保,一般处于初创期的高层次人才项目很难获得贷款;民营资本对接难,绍兴民营资本充裕,但民营企业股权投资海外人才项目或合作创办企业的屈指可数;创投跟进难,政府创业投资引导基金没有发挥撬动社会资本、风投资本的作用,创业投资风险补偿机制尚未建立。

2. 高端人力资源服务机构缺乏。绍兴市人力资源服务业离高端化、专业化尚有一定的差距,尤其是在高技能人才招聘方面不能满足高新技术企业对特殊人才的招聘需求。在调研中,很多自主创业的企业提到了在人才招聘方面存在着较大的困难,引进的高层次人才是否能够长期驻扎绍兴,并在事业上取得成功,为绍兴经济发展做出贡献,很大程度上取决于企业自身的人才队伍建设,人才的招聘困难、流动性过高对高层次人才的长期稳定具有很大影响。

(四)人才服务体系尚待完善

问卷调查中,谈到“政府在引进高层次人才中需要做的工作”这一问题时,61.63%的人才提到了“建立完善的人才服务体系”;谈到“对绍兴市在吸引高层次人才来绍兴工作方面需要做出的努力”时,81.26%的受访人提到了“营造尊重人才、爱护人才、包容和谐的社会文化环境”。可见,完善的人才服务体系和尊重包容的社会文化环境,对人才能否长期留在一座城市,会产生重要的影响。

1. 行政服务的效率和透明度亟待提高。从对绍兴市各类人才评选具体操作的调查看,不满意度排在前三位的分别是程序太复杂(60.8%)、政策太原则(33.4%)和评审不透明(29.1%)。在问卷调查中,关于政府在引进高层次人才中需要做的工作,有48.98%的人才认为应该“完善公平合理的立项程度与审批制度”,关于高层次人才在创业创新过程中需要提供的主要支持,有46.28%的人才认为应该“净化创业环境,减少行政干扰”。

2. 人才住房保障政策门槛太高。问卷调查中,37.7%的人才认为“住房待遇”是引进和留住高层次人才的关键。人才引进后,住房是最大的现实问题,目前绍兴市对人才住房政策的门槛较高,企业引进的博士也难以享受到政策,引进大学生、硕士住房保障政策更是滞后,远低于诸暨、上虞等区县的扶持力度,对企业引进所需人才造成了较大的不利影响。

3. 对人才的人文关怀不够。问卷调查显示,有33.41%的人才遇到了“高层次人才交流平台缺乏”这一问题,这在非党政人才中回答率高达38.10%。在走访中,很多高层次人才反映在绍兴发展缺少精神上的“知音”,缺少在同一层面进行精神互动、思想碰撞和成果交流的场所和平台,这对于重视精神交流和获取本领域最前沿信息的高层次人才来说,无疑比较痛苦。此外,在问卷调查中,有12.42%的人才提到了“扶养老人不便”的问题,这在非绍兴籍的引进人才中占比20%以上。有引进人才提出,由于平时工作繁忙,单位往往忽略了外地人才的家庭生活,缺少主动的关心和体恤,特别体现在年休假、探亲假等得不到兑现上。如果能给予高层次外地人才比本地人才更长的年休假期,对于重视家庭的高层次人才是一种较大的吸引力。

三、对策建议

(一)建设招才引智载体

1. 围绕产业转型升级吸引人才。引进人才必须围绕产业转型升级,达到两者协同推进的效果。市委七届九次全会提出,要推进“八大”重点产业提升发展,促进产业转型升级。建议成立专门的招才局,根据每年发布的绍兴市重点产业人才需求信息,精准引进具有国内领先水平的高层次人才、创新型科技人才、技能型人才等，突出产业发展对人才集聚的引领作用。同时，加强部门之间的联动，把人才团队作为招商引资的重要因素，构建“项目＋资本＋团队＋技术”的招商引才模式，团队式引进高层次创业创新人才，提升产业和企业核心竞争力，着力打造优质产业、领军企业。

2. 依托重大科技平台集聚人才。近年来，各地大力推动重大科技平台建设，如杭州未来科技城（海创园）、青山湖科技城、宁波新材料科技城、嘉兴科技城、舟山海洋科学城等。建议整合资源打造重大科技平台，制定重大科技平台人才引进和培育的支持办法。在经费、政策、服务等方面加大力度扶持海外高层次人才创新创业基地、博士后设站单位和创新实践基地、市以上重点实验室和工程技术中心的建设。

3. 充分发挥企业引才主体作用。企业是人才开发的真正主体，要进一步研究完善以企业为主导的政策体系，综合运用财政补贴、减免税收、优化服务等办法，引导企业重视加强人才引进和培养工作，加快建立以企业为主体、市场为导向、产学研用紧密结合的人才开发体系。一是引导企业加大人才开发投入。建立企业综合效益评价体系，将人才开发奖金纳入企业生产成本预算，明确要求企业按经营产值份额抽取一定比例的经费用于人才开发。二是引导企业加强人才引进和培养力度。对企业引进一定类型的优秀人才和培养紧缺急需的人才，财政可以给予一定的奖励。三是引导企业加强各类平台建设。综合运用相关优惠政策鼓励企业建立院士工作站、企业研究院、博士后科研工作站、海外工程师院等平台，为人才发挥作用提供舞台。四是加强宣传引导。要把人才工作优劣作为企业评价的重要指标之一，对人才工作先进企业，要给予大力宣传。

（二）加大政策创新力度

1. 聚焦人才紧缺产业，实施差异化人才开发策略。在问卷调查中，有46.95%的人才认为政府应该“完善各级各类人才的差别化激励政策”，在该题的13个选项中选择率位列第三。目前，在短期内大环境难以改善的情况下，绍兴应以重点发展产业的急需紧缺人才为抓手，为紧缺人才提供更具竞争力的政策配套和发展环境，满足重点产业领域经济发展需求。建议针对八大重点产业，跟踪分析各产业内人才状况，定期发布“人才紧缺指数”①。在此基础上，实施差异化的人才开发策略，制定人才差别化政策，对重点产业领域的紧缺人才进行政策精准奖励，避免一刀

① 宁波市在全国首创的“人才紧缺指数”做法行之有效，能够基本满足人才紧缺预警信息，服务经济转型的需求。近年来，上海、杭州、青岛、苏州等都已经发布了类似的紧缺人才指数。

切,不要让“人才紧缺指数”的发布只是昙花一现、流于形式、止于名声。

2. 降低政策门槛,提高对一般高学历人才的关注。只有当科技转化为生产力,才能为绍兴带来切实的经济效益。目前,绍兴市给予引进人才的住房、医疗、子女教育等优惠政策倾向于项目的核心团队或者博士及以上学历的专业人士,而企业需要的甚至紧缺的一般研发人员和高技能人才因其自身条件限制,不符合现行政策补贴标准。这导致了很多新兴创业企业遇到“招人难、流动快”的尴尬局面,如果这种局面得不到扭转,势必影响企业的长期健康运行及在绍兴落地生根的积极性。经济结构转型、经济快速发展、支柱产业变革、新兴产业起步,不仅离不开城市整体科研创新能力的提高,更离不开企业的蓬勃发展。政府作为人才引进的领航者,建议制定多元人才安居计划,让大学生和高学历人才也能享受到政策的阳光。

3. 打破身份界限,完善人才流动政策。研究制定推进党政人才、企业经营管理人才、专业技术人才流动的政策,打破身份界限,促进党政机关之间、企业之间、事业单位之间及其各部门之间各类人才有序流动、合理配置。改进科技人才薪酬和岗位管理制度,允许事业单位科技人员带着科研项目和成果、保留基本待遇到企业开展创新工作或创办企业,鼓励有创新实践经验的企业管理和科技人才到高校、科研机构兼职,建立健全企业与事业单位之间的社保体系有效衔接制度,促进人才双向自由流动。

(三)催发社会资源作用

1. 大力发展人力资源服务业。一方面,支持人力资源服务业企业发展壮大,整合社会之力引进经济社会发展所需的各类人才。鼓励社会资本以独资、合资、收购、参股等多种形式进入人力资源服务领域,促进人力资源服务业积极参与承办政府组织开展的人才开发研究、人才引进与培养、咨询服务等具体业务。鼓励社会中介机构、猎头公司开展人才推介服务,探索建立高层次人才引进奖励机制。另一方面,加强人才中介组织和人才资源开发管理者队伍建设。绍兴市的人才中介组织建设还十分薄弱,人才资源开发管理者队伍整体素质不高,要制定人才服务业发展指导意见,培育和扶持“猎头”公司、职业资格认证机构、培训机构等各类专业机构以及人才行业协会、人才社团等社会组织的发展,鼓励发展人才猎头、创业孵化、人事代理、人才培训、人才规划、人才评估、人才绩效、薪酬体系、人才创业指导和服务等人才服务中介产业,加强对人才资源开发管理者队伍的培养教育。

2. 加强人力资源市场建设。尊重价值规律,完善人才市场价格、供求、竞争机制,形成统一规范、信息互通、功能互补、竞争有序的人力资源市场。建立人才开发的宏观监测和预警系统,完善人才供求信息和薪酬行情发布制度,引导各类人才合理有序地流动。

3. 加强创业投融资服务。在创业投融资方面，绍兴与苏南、上海、杭州等地相比差距巨大。如江苏镇江设立规模不小于2亿元的市科技创业贷款担保基金，为创业型科技企业贷款提供担保；政府创业投资基金对领军人才创业企业最高给予1000万元的投放。杭州市对获得风险投资的人才创业企业，给予不超过投资额50%、最高不超过2000万元的政策性担保。建议学习借鉴先发地区的经验做法，由金融办牵头，会同相关部门研究完善高层次人才创业投融资扶持政策，提高财政资金间接扶持比例，引导民营资本、风投资本投资人才项目，并设立一定资金规模的科技创业贷款担保基金，缓解人才创业初期贷款难题。

（四）完善公共服务配套

1. 完善基础设施建设。在制定、调整、修改各项引智政策的同时，我市要切实加快城市建设，提升生活配套设施规划建设，尤其是高层次人才较为集中的开发区生活配套设施建设，切实改善交通环境和生态环境，提升城市生活便利度和城市品位度，建设一个更加现代化的“时尚绍兴”，以吸引各类人才来绍兴生活。

2. 提升人才软环境。推动基础教育优质均衡发展，包括推进基础教育开放、开展国际合作交流和引进国际高水平教育机构创办国际学校。强化医疗卫生服务质量提升，除了加大医疗卫生事业投入度和进一步完善医疗卫生设施外，也要引导社会资金参与发展卫生事业。搭建高层次人才的交流平台，成立类似“人才交流促进会”之类的交流促进平台，通过线下、线上两种方式创建实体和网络相结合的高层次人才交流机制，扩展同层次人才的“朋友圈”，为人才更好地融入环境创造条件。

3. 优化政府服务。要注重细节管理，强化政府人才公共服务建设。建议借鉴宁波市，成立人才服务中心，为人才提供“保姆式”的“一条龙”服务。定期走访引进人才聚集的企业，听取人才意见和建议，改进和完善各项服务工作，从细节方面花工夫、下力气，提高服务层次和服务水平。还可以借鉴宁波人才服务中心的做法，设立专业的期刊，如《绍兴人才工作》期刊，使之成为全市人才政策的窗口、英才展示的舞台、工作交流的桥梁，提高全市人才对绍兴人才工作的知晓度和认同度。对于许多引进人才提到的“照顾老人不便”的问题，建议通过完善和落实年休假、探亲假制度予以改进，帮助解决高层次人才的后顾之忧。

（五）加强本地人才培养

1. 提高绍兴高等教育质量和水平。目前，绍兴拥有11所普通本科院校和高职专科学院（2014年有9所）。2014年，9所高校的在校生累计为8.03万人左右，占户籍人口比率的1.81%，低于浙江省平均水平（1.99%）。而且高校总体层次不高,导致绍兴本地培养的高中毕业生90%以上都到绍兴市外的高校读书。所以,绍兴应进一步提升高等教育的质量和水平,尤其要把绍兴文理学院申办绍兴大学作为重点工作的抓手,力争早日达到教育部大学设置的标准。同时,绍兴应凭借毗邻省会杭州以及长三角的上海和南京高等教育强市的优势,进一步开展同北京及上述几个大城市的重点高校和科研院所的合作,采取聘请兼职教授、合作办学、联合培养某些专业的硕士生乃至博士生,或者继续争取国内著名院校在绍兴设立分校、分院、分重点实验室等办法,在扩大绍兴市高等学校影响力的同时,促进本地高层次人才量与质的提升。

2. 加强人才教育培养同社会需求相衔接。通过市场与高校的紧密结合,使高校与企业成为优秀人才创新能力、创业能力的培养基地。打破高校的封闭模式,向社会开放资源,根据社会与市场的需要设置专业,结合本地重点产业需求,走产学研合作之路,加强实用性、技术性较强的职业教育,培养技能型人才。发展"订单式"教育模式,按需培养,形成以产业提升为导向,以行业、企业为主导的校企合作办学体制,以能力培养为本位,突出应用性、实践性,培养实践能力强的实用性人才。

3. 鼓励大学毕业生本地就业。绍兴每年高校毕业生约2万人,毕业后留在绍兴就业的约占三分之一,比例并不算高。此外,根据相关研究显示,在外求学的绍兴籍大学生学成后回绍兴工作的约为50%左右。因此,一方面要制定相关激励政策,鼓励更多本地培养的优秀大学生留在绍兴就业;另一方面,要积极开展绍兴籍优秀大学生寒暑假返乡社会实践活动,并制定激励人才返乡就业创业的相应优惠政策。

(六)营造良好人文环境

1. 树立求贤若渴的城市形象。提炼新的绍兴精神,利用绍兴历史文化名城的优势,优化人文环境,将绍兴打造成极具包容度、创新性、市场化和国际化的魅力城市。加强城市品牌宣传,进一步提升绍兴的城市知名度、美誉度和对外影响力,增强城市发展的聚集效应。加大绍兴引进人才频率,在海内外人才群体中树立绍兴求贤若渴的形象。从引人、引才到引智,不求所有,但求所用;不仅求传统人才,更求高科技人才;不仅求成熟型人才,同时求成长型人才。

2. 营造重才爱才、开放宽容的社会氛围。光引人还不够,还要营造关心人才、爱护人才、宽容失败的社会氛围。要"用爱来交换爱,用信任交换信任,用尊重交换尊重"。鼓励标新立异、开放宽容、无拘无束、充分交流的创新氛围,充分信任人才、尊重人才,最大限度宽容人才的失败,这样人才对城市的责任感和忠诚度也会随之增加。

(作者单位:中共绍兴市委党校)

浅谈大禹精神与中小学传统文化教育

杨　萍

在4000多年前，洪水泛滥，为了战胜水患，大禹一靠艰苦风斗、团结众人，二靠因势利导、科学治水，三靠公而忘私、为民造福的奉献精神，历尽千难万苦，终于取得了治水的成功。大禹治水的历史故事反映了这个时代社会的主题，是我国传统文化的一座宝库。不论是大禹治水的疏导方法，还是大禹治水中所表现出的文化价值与道德精神，都已成为我们中华民族传统观念的重要组成部分，影响着几千年来中国社会教育与文化的各个方面。我国对中小学生的传统文化教育越来越重视，传统文化教育是弘扬中国传统文化的基础。从大禹治水精神，认真研究探讨大禹精神与中小学传统文化教育，对于我们更好地发展传统文化、传承中华民族优秀思想和高尚品格具有十分重要的意义。

一、大禹治水的历史故事与中小学传统文化教育

大禹治水是发生在几千年前我国古代国家刚刚形成时期影响极其深远的历史故事，大禹治水一共花了13年的时间。正是在他的手下，咆哮的河水失去了往日的凶恶，驯服地平缓地向东流去，昔日被水淹没的山陵露出了峥嵘，农田变成了米粮仓，人民又能筑室而居，过上幸福富足的生活。大禹治水是古代劳动人民战胜自然的神奇表现，更重要的则在于大禹是古代劳动人民在治水活动中共同创造、共同认可的神与英雄。

在小学语文课本中就有关于大禹治水的历史故事，学生们通过学习大禹治水的历史故事，深刻体会大禹为百姓做事专心致志、不辞辛苦、不达目的决不罢休的

精神。大禹作为绍兴当地的历史名人、治水英雄,而大禹陵作为青少年爱国教育基地,更是为青少年学习中国传统文化历史,学习传统文化知识,领悟传统文化精华,弘扬传统美德,激励传统民族精神创造了优越的条件。

大禹治水故事源远流长,经过数千年的积淀和发展,已深深融入中华民族的血脉之中,成为中华民族共同的精神记忆和中华文明特有的文化基因。在现代文化、电子技术、大众传播发达的信息社会,我们有必要在学校中大力提倡、普及诸如大禹治水等优秀的传统文化,将弘扬、推广、介绍这些文化项目作为一种重要的文化建设,而不仅仅作为一种教育点缀。

二、大禹精神

大禹精神是中华民族精神和时代精神的象征。在谢兴鹏著的《九州方圆话大禹》一书中,就专门有一章《大禹精神耀千秋》。他将"大禹精神"归结为五个方面,即:公而忘私、为民造福的奉献精神;勇于探索、务实求真的科学精神;艰苦奋斗、坚忍不拔的创业精神;九州一家、共谋发展的民族大团结精神;谦虚谨慎、喜纳善言、艰苦朴素、勤政廉洁、严于律己、身先士卒、以身作则的优良作风和高尚品德。在治水过程中,大禹"三过家门而不入"的传说体现了大禹公而忘私、一心为民的奉献精神,这些都与我们倡导的"全心全意为民服务"和党中央提出"三个代表"重要思想与"权为民所用,利为民所谋,情为民所系"的"三民"理念一脉相承、彰显异彩。

什么是民族精神?民族精神是以爱国主义为核心,以团结统一、爱好和平、勤劳勇敢、自强不息等作为具体体现的一种精神。它是一个民族在历史中形成并表现出来的富有生命力的优秀思想和高尚品格,具有对内凝聚民族力量,对外展示民族形象的功能。中华民族精神是中华民族凝聚力的思想核心,是中华文明的民族魂,是文明传承的文化基因。而其核心——爱国主义,则是人民千百年来形成的对自己祖国挚爱的深厚情感。它表现为对祖国和家乡的热爱和深切的眷恋,对祖国统一、民族团结的强烈期盼,对祖国繁荣昌盛的坚定信念,对祖国主权和尊严的坚决捍卫,对卖国求荣的无比鄙视,对爱国志士的无比崇敬等。而大禹精神是中华民族特有的民族精神结晶。一个民族特有的民族精神,既是对民族传统的继承,又要不断地适应时代的需要,使历史与现实相连。大禹精神是在中华民族的发展中逐渐形成并被传承下来的,它不但使我们中华民族凝聚起来,团结一致,而且对外也展示了我们中华民族自强不息、不可侵犯的形象。

一个民族没有振奋精神的优秀思想和高尚品格,就不可能立于世界先进民族之林;一个国家,没有凝聚人心的民族精神和与时俱进的时代精神,就不会有旺盛的生命力、强大的凝聚力和卓越的创造力。在人类历史中,文化、文明是通过教育这种社会传承方式延续下来的,因此,教育是传统文化传承的重要工具,传统文化也是重要的历史教材,我们的下一代只有具备了以上的优秀思想、高尚品格和与时俱进的时代精神,才能更好地建设社会主义和谐社会。

三、中小学传统文化教育贵在传承与创新

历史经验告诉我们,任何民族在任何时代发展文化,都必须重视弘扬本民族的传统文化,离开传统文化,就丢掉了文化之魂,失去了发展的方向。而弘扬中国传统文化的关键在教育,教育重点在广大青少年,青少年受教育的课堂主要在各级学校。2006 年发布的《国家"十一五"时期文化发展规划纲要》指出:"重视中华优秀传统文化教育和传统经典、技艺的传承。在有条件的小学开设书法、绘画、传统工艺等课程,在中学语文课程中适当增加传统经典范文、诗词的比重,中小学各学科课程都要结合学科特点融入中华优秀传统文化内容。"可见,中小学传统文化教育非常重要。

一个国家要真正强大,不但要有丰富的经济物质基础,而且要具备优秀的精神文明与人才储备;不仅要具有先进的科学技术和强大的国防力量,而且要具备先进的人文社会科学与优秀的文化底蕴。任何一个国家的民族文化都是在其自身既有的传统文化的基础上,不断传承、变化、创新和发展起来的。我国是有着五千多年历史的文化古国,在漫长的历史长河中,积淀、创造了光辉灿烂的中华文明与优秀传统文化,直到今天仍有着强大的生命力。这些优良传统是中华民族的宝贵财富,必须大力发掘、提炼和利用历史文化遗产中有益于当今中国特色社会主义文化建设的优秀内容,并科学地弃其糟粕。

鲁迅先生早在 1908 年发表的《文化偏至论》中,就明确提出了"取今复古,另立新宗"的立论,昭示了国人不仅要注重物质文化的发展,而且要注重传统文化的弘扬与创新。这一点,至今对我们而言,仍具有宝贵的价值与深远的现实意义。各级各类学校是国家教育的主要途径,拥有充裕的国家资源支持,以学校为主要途径来加强传统文化教育,不仅必要,而且是可行的。基础教育是国家教育的基础,中小学校进行传统文化教育,不仅能提高国人的公民道德素养,培养明确的国家民族认同感,而且能增进每一个体对人生与生活意义、价值和乐趣的认识,培养青少年良好的审美情趣和对国家和世界的美好情感,以丰富其内心世界,帮助每一个个体

养成积极健康的生活态度和生活方式。中小学传统文化教育的关键并不在于向学生不断地强调传统文化的重要性,也不要把传统文化理解得太偏狭,而应该多让孩子看到它的博大精深,以及美的特质,贵在实现对优秀传统文化的传承。

最后我们要注意到,传统文化传承问题不是机械性、工具性、程序性的事务,文化传承应该是一个"熏"的过程。要将民族优秀传统文化化为教育的力量,传统文化教育应从小抓起,同时它也将会是全民教育、终身教育的一个好方式。

(作者单位:绍兴市越城区北海街道辕门社区)

治水遗迹与产业开发

科学救灾是人非神

——论大禹治水

潘立国

自从20世纪疑古风潮兴起，大禹就在人与神之间徘徊，影响所及，至今文化界仍然有一些不同的声音。如果大禹是在天上布土阻洪的大仙，或者能像夸蛾氏之子那样背起大山，放到合适的位置上去，那么今天就不必研究什么大禹文化了。所以，恢复大禹的人格，承认他是个有血有肉的伟人，乃是一桩急务。笔者认为，大禹科学救灾，有智有谋，才得以平定滔天洪水；也正由于他功高万世，才被民众奉为神。

自从殷墟出土甲骨卜辞，历史上殷商这个朝代才被严谨的史家所认同，同时也肯定了《史记》所记殷商世系的确实性。由于《史记》同样记录了夏后氏世系，虽然夏墟还没有文字性器物出土，但根据逻辑推理，也应该同样肯定。夏后氏世系头一代是启，他该是人而不是神，神怎么会创建王朝呢？既然是人，总有父亲和祖父，不会从天上掉下来。《史记》依《世本》之说，记述启的父亲是禹，祖父是鲧。《国语》上鲁国著名学者展禽指出："夏后氏禘黄帝而祖颛顼，郊鲧而宗禹。"《礼记·祭法》同样说："夏后氏亦禘黄帝而郊鲧，祖颛顼而宗禹。"与《世本》之说一致。既然如此，作为启的父亲，禹就不能不是个肉身的凡人了。笔者根据现存文选记载，试从以下四方面阐述大禹治水这一伟大事迹，从而证明大禹科学救灾，是人非神。

一、科学行动

凡人身份的大禹，在中华历史上的最大功勋是平治水土，所有古文献上一条声。但这件事是不是神话？需要考察一下它的科学合理性。如果现存的《尚书·

虞夏书》里,完全没有治水内容,那么这件事便可能属于虚构;反之,要是记有那些内容,而且科学合理,就没有理由怀疑那是神话。神话与史迹毕竟不是一个气味。

《虞夏书》里三段,构成治水前期三部曲。《禹贡》载"禹敷土,随山刊木",即第一步,用土填高积水的道路,沿着高地砍伐密林(同时建立标志),恢复交通;《皋陶谟》载禹说"予乘四载",即第二步,解决交通工具;《禹贡》载"奠高山大川"、《吕刑》载"禹平水土,主名山川",即第三步,测量地形,为山川命名。

这些前期步骤,为古今治水工作所必需,应该是实践经验的记录,既科学,又合理。《周髀算经》载有远古数学家商高的话:"禹之所以治天下者,此数之所生也。"认为中国的数学创自大禹,因为治水才需要这门科学。书中介绍了"用矩之道",矩是一种简单而又实用的测量工具:"平矩以正绳,偃矩以望高,覆矩以测深,卧矩以知远。环矩以为圆,合矩以为方。"现代航海员手上的"六分仪"就根据大禹所用的矩的原理制造而成。《山海经·海外东经》有一段话,说禹命令竖亥"步自东极至于西极","竖亥右手把算,左手指青丘北"。这位名"亥"的青年测量员右手拿着计算器,左手伸指测平,求得平距。这些说法符合测量技术要求。

汉代《论衡·谈天》指出:"禹、益并治洪水。禹主治水,益主记异物,海外山表,无远不至,以所见闻,作《山海经》。"现在《山海经》仍存,但今人往往不承认它是禹、益所记,说它是战国时人的编造。在这里想请教他们一下:时间与禹相隔两千年的司马迁,写《史记》时强调,《山海经》里"所有怪物,余不敢言之也"。如果那是相隔几百年的战国产物,怎会有这样大的文化理念差距?再者,《山海经》里的地名,晋代地理学家郭璞注解时三分之二弄不清楚,交了白卷。相反《春秋》和诸子书中地名,弄不清的仅不到十分之一。如果《山海经》出自战国,怎会有这种怪现象?今人所知有限,不应轻率地否定古人的说法。大禹着手治理长江、黄河这样的万里巨流,除了必要的科技准备以外,还有个重要的前提,就是全局观念,不能上下游各行其是,左右岸以邻为壑。为此,必须统一号令,统一思想,统一行动,否则治理不了水土。尧舜时期,《尚书·尧典》讲得很清楚,政治上是部落联盟议事制,普天下氏族部落林立,各方虽有为首的岳长,但邦国之间争强斗胜,谁也不服谁。因此,大禹治水开始,一定要树立崇高威信,优先利用当时的原始信仰,采取"天"的名义来发号施令,即《墨子·非攻下》所谓"禹亲把天之瑞令";然后召开大会,进行动员,迟到者杀。《国语·鲁语》上孔子叙述"昔禹致群神会稽之山,防风氏后至,禹杀而戮之"。《韩非子·饰邪》认为这是"古者先贵如令"。当时肯定会出现许多反对派,大禹则以武力为后盾,加以制伏。《墨子·兼爱下》记有古代文告《禹誓》,就是征伐三苗的出兵宣言:"济济有众,咸听朕言。非予小子,敢行称乱,蠢兹有苗，用天之罚。”《荀子·成相》有禹“辟除民害逐共工”的话，而且《山海经·大荒西经》上也有“禹攻共工国山”。《吕氏春秋·召类》：“禹攻曹、魏、屈骜、有扈，以行其教。”说明那时征伐行动实在不少。大禹治水有八年、十年、十三年诸说，最后达到《禹贡》所述“九州攸同”，号令完全统一。所划分的“九州”，全部以自然地理特征为标志，在四千年前真了不起！比如四川所在是“华阳黑水惟梁州”，完全不依部落邦国的行政界线。今人往往说那是战国时期学者的闭门造车，确实太主观了。九州之说影响所及，贯穿了整个二十四史地理志、五行志，谁有那么大的能量闭门造出如此威力巨大的太空车？由此只能表明，治水带来了政权的大一统，才有这样灿烂的结果。《左传·宣公三年》言及各地把地理资料送到中央，同时进贡一些金属；大禹则利用金属铸成九鼎，把地理材料刻在上面，供民众使用。如果全国不统一，缺乏一方的材料，九鼎上面的刻记就无从完整。一切的一切，都证实了大禹治水事迹的科学合理性，而且大部分并非汉代以后的传抄，多半是先秦文献记载。

二、科学救灾

中国人有历史学的基因，从上古起就有“左史记言，右史记事”的传统。大禹当时说的话，幸而《尚书》里有具体记录；尽管文字特别古奥费解，而且字句过分简单，但毕竟是这位伟人留下的声音。《皋陶谟》是舜、禹、皋陶等一次谈话（或许是开会）的全记录，甚至连“嗯”“啊”这些语气词都记录了下来，使四千年后的我们，有幸体验到当时他们脸上的表情。司马迁写《史记·夏本纪》时，则用西汉时文言体照搬照抄。《皋陶谟》开头一大段，由皋陶发表一通政治见解。说完之后，作为主持人的舜帝说：“来，禹，汝亦昌言。”——坐过来，禹！你也畅所欲言吧。禹拜了一拜，说：“都，帝，予何言？予思日孜孜。”——是啦，陛下！我能说些什么？我思想上每天都很紧张。这时，皋陶插话：“吁，如何？”——哎，这话怎讲？禹开始汇报情况：“洪水滔天，浩浩怀山襄陵，下民昏垫。”——洪水滔天，浩浩荡荡地包围了高山，冲没了丘陵，住在低处的居民不幸沉陷到水里。“予乘四载，随山刊木，暨益奏庶鲜食。”——我在干地、水地、山地、泥地用四种不同的运输工具，沿着山脊砍出的林间小路，和益一起，现杀些鸟兽肉，送给那些救出的灾民，让他们活命。“予决九河，距四海；浚畎浍，距川。”——我们疏通了九条大河，先把洪水排泄到四海；再一条条地疏通小河和沟渠，把积水排泄到大河里去。“暨稷播，奏庶艰食、鲜食。懋迁有无，化居。”——接着又和稷一起，动员大家播种粮食。等到收成时，再分给民众那些种出的粮食和鸟兽肉，并且让产量不同的地方互通有无，让大家储存些货物。

"烝民乃粒，万邦作乂。"——普通老百姓都有了饭吃，万方的部落邦国都安定了下来。皋陶听完，深受感动地说："俞，师汝昌言！"——哦，这些话你讲得太好啦！

大禹的汇报极有层次性，完全勾画出整个救灾和治水行动的过程和结果。《周易·系辞》说"吉人之辞寡，躁人之辞多"，简简单单的一席话，讲得清清楚楚。

第一段讲灾情，洪水的严重性，在几句话中历历如绘。

第二段讲抢救，首先是准备运输车辆，不同的地方使用不同的工具；其次是砍树开路，而且沿途打猎，积累食物；同时又救出被水围困的民众；最后是给灾民送食物，维持生命。救灾工作要点十分突出，今天的救灾步骤也不过如此。

第三段讲治水，从疏通大河做起，让蓄积的涝水由大河畅流入海，解决最主要的洪患；然后才治理小河和溪流，把积水通过大河排出去，步骤不能相反。如果大河不通，小河和溪流的积水就无法排尽，今天我们采用的排洪步骤，仍然照这样办。

第四段讲灾后重建，首先恢复农业生产，再以渔猎作为辅助，然后统一收获，合理分配，调剂余缺，动员民众进行贸易、交易，积累财富。这种积极的救灾方式，今天仍然有借鉴价值。

第五段讲稳定民生，民以食为天，解决了粮食问题，分散的邦国就不难稳定。如此科学合理的言论，封建时代的腐儒绝对是编造不出来的。可见大禹不但有血有肉，而且有智有谋。

三、质朴言论

《皋陶谟》接下去，是大禹对舜帝的建议："都，帝！慎乃在位。"——是啦，陛下！谨慎地坐在大位上吧。舜虚心地答应："俞。"——噢。禹接着说："安汝止，惟几惟康。"——坚守你的职位，随时想到会发生危机，想到如何才能安定。"其弼直，惟动丕应。"——辅助你的有许多正直的人，你想办什么事，他们会大力响应。"徯志以昭受上帝，天其申命用休。"——全心全意地接受上天的旨意吧，上天会不断赐给你美好的机遇。大禹这番话，反映出他质朴的性格，同时也反映出当时政治体制上的民主特征。

从第一段话得知，舜虽然被推举为天下共主，但他的职位随时可以被取代，所以大禹请他居安思危。从第二段话得知，舜的周围是些既有品德又有才干的人，办事没有什么阻力。从第三段话得知，大禹虽有科学头脑，但却笃信上天，具有巫文化原始信仰，这似乎与他出身于西羌有关。他希望出自东夷的舜，也产生和他一样的质朴信仰。

可是舜只对他那第二段话感兴趣，很激动地说："吁，臣哉邻哉，邻哉臣哉！"——哎，大臣哟就是亲邻哟，亲邻哟就是大臣哟！大禹也满意地答："俞。"——是啰。舜帝接着说了一大堆话。禹很赞成："俞哉，帝！光天之下，至于海隅苍生，万邦黎献，共惟帝臣。"——对呀，陛下！光天化日之下，直到天涯海角的民众，万邦的黎民百姓，一概是你的臣民。"惟帝时举，敷纳以言；明庶以功；车服以庸；谁敢不让、敢不敬应？"——请陛下选拔任用他们；普遍听取他们意见；再考察他们的工作成效，用车服来奖励优秀者；这样一来，谁敢不谦虚、谁敢不恭恭敬敬地响应你的召唤？"帝不时敷，同；日奏罔功。"——如果陛下不这样办，却带有好坏混同、良莠不分的作风，就是天天选拔人才，也没有什么好结果。

大禹这番真心话，讲得十分耿直，显示出当时的民主作风。舜帝听了这种逆耳之言，接着作了一大段解释，说明他比尧帝的儿子丹朱更俭朴，而且对于尧家败在丹朱手上感到痛心。这时，大禹就不能不把他自己更加艰苦的作风，补叙一段，告诫舜帝不能吃老本："娶于涂山，辛、壬、癸、甲。"——我和涂山氏结婚，在家只待了四天。"启呱呱而泣，予弗子，惟荒度土功。"——生下启儿呱呱地哭，我没拿他当儿子（没有尽父亲责任），只在野外计划怎样完成土功。"弼成五服，至于五千；州十有二师；外薄四海，咸建五长，各迪有功。"——划分出五道管理带，直到五千里外；中心区每州建立十二个行政单位；向外一直延伸到靠近海边，都设立了五级长官，各自领导各类任务。"苗顽弗即功，帝其念哉！"——只有三苗老是顽抗，不肯接受任务，陛下要多考虑这事啊。《皋陶谟》上述大禹亲口说的话，正如已故四川大学教授任乃强所评价的那样："他那些话，现在乡村里基层干部也能说得出来，没有多少高深理论。"与皋陶讲的"宽而栗，柔而立"等辩证言论相比，大禹的话显得比较土俗，可是每句话都比较实在，毫无华丽辞藻，每句话都闪耀着奋斗精神、救民责任。

四、踏实干事

《皋陶谟》前段，在皋陶"知人安民"的发言中间，大禹有一段插话："吁，咸若时，惟帝其难之。"——哎，都像你讲的那样，即使是尧帝恐怕也难做好。"知人则哲，能官人。"——知人，就达到"哲"的程度了，就能任用所有贤才了。"安民则惠，黎民怀之。"——安民，就达到"惠"的程度了，黎民百姓就全都怀念他了。"能哲而惠，何忧乎驩兜？何迁乎有苗？何畏乎巧言令色孔壬？"——又是哲，又是惠，如果真正达到这种地步，还害怕什么驩兜？还搬迁什么三苗？还戒备什么花言巧语、吹牛拍马的奸人?

大禹的意思明摆着,不赞成提漂亮口号,而主张实事求是。在他的治水行动中,依靠的都是益、稷、契这些实干家,而不是什么理论家。

古文《尚书》里的《大禹谟》一篇,也记有大禹的一些言论。尽管清代朴学家曾经条理化地考证过古文《尚书》存在许多伪造,但那些大禹言论皆见于其他古文献,所以并不妨碍考察研究。比如大禹说过:"后克艰厥后,臣克艰厥臣,政乃乂;黎民敏德。""惠迪吉,从逆凶,惟影响。""德惟善政,政在养民。水火金木土谷,惟修。正德,利用,厚生,惟和。"这些话的意思是,君主和臣民都抱着艰苦奋斗的作风,政治上就和谐了。顺民意就吉,逆民意就凶,报应来得很快。民生问题,在政治上至关重要,"利用厚生"是和谐社会的基本要求,如此等等,反映出他的一贯思想。

《禹贡》末尾,交代了大禹平治水土后,以档案方式确定各地的贡赋标准,给中心区的"中邦"划分土地,确定姓氏;然后记录下大禹说的两句话:"祗台德先,不距朕行"。意思是请大家尊重以德为先的原则,切勿离开确定的制度或做法。

在治水过程中,大禹曾经镇压过敢于抗拒命令的头人,惩罚过大批懒惰或办事不力的官吏,可是人们并没有怨恨他,原因在于他处处以身作则,工作起来比任何人还劳累、还艰苦。《庄子·天下》引墨子的描述:大禹"亲操橐耜,而九杂天下之川;腓无胈,胫无毛。沐甚雨,栉疾风"。汉代武梁祠石刻的大禹像,头戴斗笠,身穿短衣,手持土锸,完全不像什么领导人,而很像一位老农。他的真正形象,的确应该如此。

这就是我们心目中的凡人大禹。

(作者单位:绍兴市审计局)

大禹治理剡溪的传说及其对后世的影响

金午江

一、大禹治理剡溪传说辨析

据南宋宝庆《会稽续志》云："剡溪古谓之了溪；图志谓禹治水至此毕矣！"宋朝状元王十朋写过一首《余粮山》（又称《了溪》）诗，写出了大禹治水功成了溪的情况：

禹迹始壶口，禹功终了溪。
余粮散幽谷，归去锡元圭。

从了溪名称的含义看，在大禹治理了溪前，它应该没有名字，大禹治水告成后，把这条最后治理的溪命名为了溪。溪的两岸后来有了山、禹山、禹溪村、禹庙、禹后庙、禹粮岭、禹余粮、蒸笼岩、甑山、成功峤等地名纪念大禹。了溪成就了大禹，使他受禅称帝。公元前210年，在秦始皇掘剡坑置剡县后，不但掘污其地，而且表以恶名，了溪改称剡溪。

传说久远时代，剡溪仙岩段西面的嵊山和东面的嵊山峰岭相连，剡中盆地是一个大湖。大禹到来，观察地理形势之后，便率民众劈开嵊、嵊二山，开凿了溪，将剡中湖水导入大海。今清风大桥到嵊浦的剡溪两岸，河道狭窄，峭岩壁立，据说就是大禹治水时凿开的遗迹。昔时的盆地湖水，正因为"禹凿了溪"，有了大禹的治水之功,剡中于是变成沃野一片,“人方宅土”,人们从此耕作繁衍,过上了幸福的日子。这无疑是个美好的传说,但根据当时的生产力情况,大禹不可能劈开嵊、嵊二山。嵊、嵊二山和剡中(嵊新)盆地等嵊州地质地貌的形成是长期地壳运动的结果。

嵊州的地质地貌在中生代(中生代从二叠纪—三叠纪灭绝事件开始,到白垩纪—第三纪灭绝事件为止。自老至新,中生代包括三叠纪、侏罗纪和白垩纪。距今约2.5亿年~6500万年)晚侏罗世前,长期隆起遭剥蚀,未见中侏罗世及以前的沉积。晚侏罗世,受燕山运动影响,地壳下降,火山密集喷发,低洼堆积大量火山碎屑,地貌经常变迁。晚白垩世,燕山运动晚期,渐显新华夏系北北东向构造,东、南、西部隆起,西北与中北部呈北北东向断裂,出现断陷的嵊新盆地,堆积馆头组、朝川组碎屑岩层,由于外泄受阻,形成内陆湖。火山活动稍减,岩浆侵入活动强烈,铁、多金属和萤石等矿物富集。中生代末约0.7亿年前,新华夏系构造定型后,侏罗系、白垩系地层中,出现密集的北北东向断裂带,受东西向挤压,造成南北向构造,基本形成嵊境的地质构造面貌。

第三纪(距今6500万年至300万年,划分为始新世、中新世和上新世)始新世至上新世,喜马拉雅山运动(新生代以来的造山运动)早期,火山间歇喷发,基性熔浆多次沿断裂溢流,低洼的嵊新盆地河湖受湮变浅或成陆地,形成南北向分布的铜岭祝组地层,贮存硅藻土、钴土、红土、褐煤、褐铁等矿物。可见,历史上嵊新盆地曾是一个大湖,但变成陆地是地壳运动的结果。新嵊盆地位于浙江省中北部,地域跨嵊州市和新昌县,是一个地形相对完整的盆地,冷空气难进难出,热量充足。盆地略呈三角形,西北、东北二边界各长约30千米,盆缘海拔100米左右,为基性火山岩夹河湖相沙砾岩层,形成在500万至1000万年前间。上新世(距今530万年至258.8万年)末,地壳上升,经第四纪下、中更新世剥蚀,露出晚侏罗统熔岩及早白垩统碎屑岩,形成玄武岩台地。浙江的玄武岩地貌主要分布在嵊州和新昌一带,玄武岩成形省最典型的玄武岩地层就在嵊新盆地。与玄武岩形成基本在同一时期的还有硅藻土,嵊州市的硅藻土含量位居全国第一。

第四纪(约260万年前至今,可以分为更新世、全新世等)上更新世,地壳稍下降,大部分地区堆积冲、洪积物,局部有淤积物。全新世早期,有坡积、洪积、冲积作用,局部有淤积,分布于长乐、澄潭、新昌、黄泽三江谷地上。近代,地壳有上升趋势,剥蚀、切割作用加剧。

经过几亿年的地壳运动,嵊州地质遗迹构成独特的自然风景,丹霞地貌、百崖天烛地貌、玄武岩残留台地地貌,构成了“千崖竞秀,万壑争流”的山水画卷。

禹建夏朝约于公元前2070年,以此推算,大禹治水距今最多不过4500年。由此可见，嶀、嵊二山并非大禹劈开，大禹也没有开凿了溪。此外，2017年4月至6月，为了配合杭绍台高速公路建设，浙江省文物考古研究所和嵊州市文物管理处联合对嵊州兰山庙旧石器时代地点进行了抢救性考古发掘。兰山庙旧石器地点位于嵊州市崇仁镇，地处嵊新盆地内的低山丘陵。年代约为距今12万年（测年数据有待矫正），处于旧石器时代中期，是现代人类起源研究中的敏感时期。这是在曹娥江流域首次发现的旧石器，为探讨这一地区中更新世晚期至晚更新世早期的人类活动、华南地区与现代人起源的关系、小黄山文化的溯源等提供了线索。兰山庙旧石器和小黄山文化（至今已有约9000年历史）的发现，说明在大禹治理剡溪前，嵊境内早已有先民生息，剡中盆地也早已不是一个大湖了。因此，事实上，并非禹凿了溪，嵊地才人方宅土。

当然，大禹治理剡溪也是历史事实，他的作用主要是疏通了河道，治理了剡溪水患，降低了嵊新盆地的水位，增加了土地面积，使剡中变成沃野，更有利先民生息。

传说大禹治理了溪时的驻地，在今三界镇嶀浦东南的车骑山。车骑山峰顶拔鹤立，远远望去，酷似一只覆置的铁锅，当地人说它是大禹兴炊的大锅石化而成，故此山旧名甑山；又说大禹在峰顶上插旗指挥，百姓又俗称插旗峰。峰北峭壁百丈，壁顶有一小径，用足猛蹬，会发出訇然之声，这便是大禹留下的鼓声，人们称之为响石岭。山南岭上有一个黄土山包，传说是大禹居住的地方，故名禹山，山上曾筑有禹亭，今为禹山茶场。禹山南有一座二三十米的岩壁，壁的上端有一个黑乎乎的大洞，人无路可入，只容猴子进出，故名狒狲洞，至今不知里面有多大多深，传说是大禹藏治水秘诀的地方。山西有一个小山岙，据传是大湖岸边的一个船码头，大禹当年便是在这里登岸。此处山岙甚奇，大雪天，别地白雪皑皑，唯此地热，白雪落下即化，传说是大禹冶制治水器具时留下的余热仍在起作用。

嵊州出产的奇石"禹余粮"，也是大禹治水毕功了溪的佐证。南朝梁代任昉在《述异记》中载："今药中有禹余粮者，世传昔禹治水，弃其所余粮于江中，生为药也。"宋人高似孙编撰的《剡录》述："禹治水止于此。山中产药，称禹余粮，盖余食所化。"嘉泰《会稽志》云："了山……南有余粮岭，其地产禹余粮。"相传，大禹治水功毕，弃余粮，化为石，乡人则俗称"石馒头"。

禹被舜委派接替其父治水重任后，通过认真总结前辈治水的经验教训，提出了"治水顺水之性，不与水争势，导之入海，高者凿而通之，卑者疏而宣之"的治水方略。大禹治水，遵循客观规律，秉承自然法则，因地制宜，疏堵结合，凿山泄洪，理水东流。在治水中，大禹虚心向当时的东夷、南蛮、西戎、北狄等各民族学习，取其长，学其技,然后加以融会贯通,制订出切合实际的具体的治水方案,指导各地治水。史料记载,大禹在治水中,“劳身焦思”,“薄衣食,致孝乎鬼神;卑宫室,致费乎沟洫”;“陆行乘车,水行乘船,泥行乘橇,山行乘辇”。《韩非子》曰:“禹之王天下也,身执木畚,以为民先,服无完,胈体无生,虽臣虏之劳,不若于比矣。”大禹身先士卒,履遗不蹑,躬身行劳苦,为民解水害,风餐露宿十三年,终于“地平天成”,人民安居,天下安定。大禹在治水过程中表现出的勇于探索、开拓创新和吃苦在先、艰苦奋斗的精神,一直影响并启示着后人。

二、大禹治水在嵊地的影响

影响之一。据《嵊县志》记载,嵊州小笼包起源于20世纪30年代的嵊县陈东生馒头店,距今已有近90年的悠久历史和文化底蕴。皮薄、馅大、卤多,营养丰富,这是全国各地消费者对嵊州小笼包较为一致的评价。一只小小的蒸笼,“蒸出”了一只只“金元宝”。从20世纪80年代起,禹溪村的命运因此而彻底改变。禹溪村东靠剡溪,南邻市区,以大禹治水、毕功了溪而得名。村边有座小山,山上都是像小笼包一般大小的石头。传说,这些石头是大禹治水时一个送饭姑娘篮子里的包子变的。传说与现实结合在一起,全村九成以上的劳动力走南闯北,带着“蒸笼”闯天下,成了先富起来的人。禹溪村是嵊州最早有村民外出做小笼包的村。在禹溪村的带动下,自20世纪90年代以来,越来越多的嵊州人涉足小笼包行业。2015年10月18日,央视国际频道《走遍中国》栏目全方位介绍了嵊州小笼包,嵊州小笼包的影响力在一夜之间暴涨。2017年12月3日,嵊州市人民政府在杭州运河天地广场举行“嵊州小吃”冠名授牌活动。6家在全国各地创业的“嵊州小吃”样板店代表全国2.5万余家店铺领取了授牌,并计划对门店进行“嵊州小吃”标牌的全覆盖,这标志着嵊州小吃迈出了品牌化、规范化经营的重要一步。以“小笼包”为代表的“嵊州小吃”成为一年能够创造出逾100亿元的大产业。

影响之二。2016年6月6日,嵊州剡湖街道沙园村在了溪(现在沙园村的一条小溪名为了溪,当然不是大禹治水时的了溪)河畔举行端午荷灯节,当地村民抬出了古老的尖头船,在了溪边放上绚丽多彩的无污染荷灯,祈愿生活美好,节日幸福。据了解,大禹治水毕功了溪,沙园村村口的了溪古石桥,成为村民珍爱的文化古迹,并用大禹治水精神,激励自己为新农村建设贡献力量。一个负债穷村,2014年4月起,启动了一项投资数百万元的治水工程。当年投入300万元以上,完成磨刀坑溪清淤砌坎和沿溪村道拓宽工程。推动治水一事,村里抓住的正是这一点。

年初，村里征求意见时，不少人就表示愿意出钱出力。知道村里有困难，开工 3 个月来，村民没有向村里拿过一分钱工资、一分钱补偿。张冬明关掉了北京的小笼包店，回村参加治水。沙园村重新“治水”，当一些工程触及“小家”利益时，沙园村村民更多看到的是“大家”的利益。村里规划在村民陈永根家屋后建停车场，但他家院子外侧村道，窄得通不过轿车。村干部与他商量，把围墙往里挪一挪，陈永根没有一句怨言拆了围墙。沙园村经过全体村民代表表决，对穿村而过的了溪两岸全部进行石砌，相关桥梁全面加宽，增加了抗洪功能，也使古老的了溪两岸呈现新的文明景观。

影响之三。毋庸讳言，随着经济的发展和对污染的忽视，嵊州清澈的绿水遭到了破坏，要想重现青山绿水，发动全民剿劣治水，已迫在眉睫，势在必行。2017 年 4 月 8 日上午，一场有 15000 余人参加的“全民总动员、打好剿劣战”活动在嵊州大地打响。市四套班子领导分赴联系乡镇(街道)，以上率下，躬身垂范，拿起铁锹、铁耙，蹚水深入河塘沟渠，和乡镇、村党员干部和企业代表、村嫂志愿者、爱水护河志愿者等一起开展清淤、清污“水岸同治”大行动。发动数万人参与剿劣，足迹遍布全市所有乡镇、街道，参加人员之多、治水区域之广，堪称新时代的“大禹治水”。

在嵊州，群众参与已经成为治水工作的常态，越来越多的嵊州市民从“旁观者”转为“监督者”，成为“参与者”。超过 6500 名身披红马甲的村嫂更成为治水的生力军，她们不仅环境保洁冲锋在前，对河道保洁的监督也一丝不苟，切实做到了以点带面、从线到面，逐步推动水岸环境整体提升，全面提升全市“五水共治”水平。

对“全民总动员、打好剿劣战”治水活动的开展，群众纷纷点赞。“一定要把这样的活动持续下去”“治水治污重在人人参与”……更多的人则希望治水能向治本延伸，通过切实有效的方式方法，真正让剡溪两岸绿水环绕，清溪汇聚。在治水工作中不断开拓进取，倒逼企业转型升级，加强行业整治，淘汰落后产能，走出“既要金山银山，又要绿水青山”的科学发展之路。

清代巴蜀地区湖广移民与大禹信仰

苏东来　张　彦

大禹是我国著名的治水英雄,更是夏王朝的开创者,深受人民的尊崇和爱戴,更被历代统治者尊为至贤至圣的"五帝"之一。四川是大禹的故乡,大禹是从巴蜀走向全国进而成为全民供奉的神灵,四川同全国其他地方一样是大禹信仰的重要区域。自清代以来,随着各省移民进驻四川,以筹建会馆,供奉原籍乡土神或乡贤名宦的活动在巴蜀地区盛行开来。各地移民多将原籍乡土神供奉于会馆之内,以解思乡之意,达联谊之需。独有湖广移民将大禹作为主神供奉于湖广会馆之内,形成了大禹信仰中"蜀产而楚祀"的独特现象。本文旨在系统梳理大禹信仰历史本底及播迁的基础上,试图对这一独特的大禹信仰现象进行解读。不当之处,敬请方家指正。

一、大禹信仰的巴蜀本底

(一)大禹诞于蜀地

大禹诞生于蜀,这是大禹信仰及大禹文化的历史本底,这一历史本底是立足于蜀地历史而发散开的。虽然目前关于禹出生地,尚有争论,除四川西北部岷江上游的石纽外,还有安徽寿春和当涂的涂山,以及浙江绍兴的会稽等说法。不过,综观史籍的流传和衍生增饰情况,安徽和浙江的禹迹,或由"禹娶涂山"而来,或为"禹合诸侯"之处,却均非禹出生地,因此不能作为禹出生于那里的证据。只有禹生石纽的说法,既是有关出生地的记载,又是见于先秦两汉载籍的旧说,同时也符合考古资料所显示出来的遗迹,而被学界所凭信。

目前，所见记载大禹出生地最早的文献为陆贾的《新语》，其中第二篇《术事》中说“大禹出于西羌”[1]。后来，司马迁在《史记》中有“禹兴于西羌”[2]的记载。至西汉末期，成都郫县人扬雄才在《蜀王本纪》中明确记载了，“禹本汶山郡广柔县人，生于石纽，其地名痢儿坪”[3]。之后，有关禹诞于蜀的记载趋多。《吴越春秋·越王无余外传》记载禹“家于西羌，地曰石纽。石纽，在蜀西川也”。《华阳国志》亦载：“石纽，古汶山郡也。崇伯得有莘氏女，治水行天下，而生禹于石纽刳儿坪。”郦道元《水经注》载：“禹生于蜀之广柔县石纽村。”《唐书·地理志》载：“茂州石泉县治有石纽山。石泉今属龙安府，山下有大禹庙，相传禹以六月六日生此。”元代贾元《涂山禹碑记》指出：“先是帝（大禹）曾大父曰昌意，为黄帝次子，娶蜀山氏生颛顼，颛顼生鲧，鲧生帝（大禹）。帝之娶于蜀，又有自来。又谓蜀涂山肇自人皇谓蜀君，当涂之国，亦一徵也。”[4]《升庵外集》载：“广柔，隋改汶川，今之石泉县也。”“蜀之石泉，禹生之地，谓之禹穴……有‘禹穴’二字，乃李白所书。”李锡书《汶志纪略》记载：“（汶川）县十里飞沙关，岭上里许，地平衍。名刳儿坪。有羌民数家，地可种植，相传圣母生禹处。有地数百步，羌民指为禹王庙，又称启圣祠。”

从历代文献分析，我们可以基本确定两点：第一，大禹生于蜀地应当是较为可信的，这是大禹信仰的历史本底。其诞生地范围大致相当于今天四川阿坝州的汶川县、茂县和绵阳市的北川县境内，《华阳国志》中尚有夷人共营其地，“方百里不敢居牧，至今犹不敢放六畜”[5]的记载。第二，夏文化可能源自蜀地。童恩正先生认为早在新石器时代四川与中原在文化上就有联系。[6] 蓝勇先生由文化的联系进而推论在新石器时代四川与中原有一定交通路线。[7] 甚至有的专家认为古蜀文化的发展早于中原，夏文化的源头之一便是古蜀文化。[8] 传说与文献大都指向并说明大禹生于蜀，大禹信仰始自蜀，是从蜀地开始治水的。

（二）大禹娶于巴地

大禹生于蜀地，娶于巴地（今重庆南岸有涂山寺）。《华阳国志》云：“渝郡，涂

---

① （汉）陆贾：《新语》第二篇。

② （汉）司马迁：《史记·六国年表》。

③ （汉）扬雄：《蜀王本纪》。

④ （元）贾元：《涂山禹碑记》，引自重庆市南岸区编：《大禹文化专辑》（内部资料）。

⑤ （晋）常璩：《华阳国志》。

⑥ 童恩正：《古代的巴蜀》，成都：四川人民出版社 1979 年版，第 4 页。

⑦ 蓝勇：《四川古代交通路线史》，重庆：西南师范大学出版社 1989 年版，第 1 页。

⑧ 李炳海：《夏楚文化同源于巴蜀考辨》，《天府新论》1990 年第 6 期。

山禹后家也。"《后汉书·郡国志(五)·巴郡·江州》引西晋杜预注《左传》云:"巴国也,在涂山,禹娶涂山。"《东汉郡志》云:"涂山在巴郡江州。"《华阳国志》记载:"及禹治水命州,巴、蜀以蜀梁州。禹娶于涂山,辛、壬、癸、甲而去。生子启,呱呱啼,不及视。三过其门而不入室,务在救时。今江州涂山是也,帝禹之庙铭存焉。"①元代贾元《涂山禹碑记》记载:"禹本蜀人,生于蜀,娶于蜀,古今人情,不大相远。导江之役,往来必经,过门不顾,为可凭信。"②大禹在巴地娶妻治水,其事实可能是大禹所率父系部落治水得到巴地重庆涂山氏母系部落的帮助与支持,故与之联姻。大禹生于蜀地,娶于巴地,并不排除大禹部落到其他地方治水与其他部落联姻的可能。元代贾元《涂山禹碑记》指出:"《通鉴外纪》云:'禹娶涂山之女生子启,南巡狩会诸侯于涂山。'如是则娶而生子,生子而后南巡,南巡而后会诸侯。娶则在此,会则在彼,次序昭然。会稽乃致群臣之地,或崩葬之地,故曰禹穴。……况会稽、当涂,在禹时未入中国,禹安得娶于彼哉。"大禹生于蜀,娶于巴,然后到长江中下游,因为大禹治水是一个长期的过程,而非局限某一个地区。但其治水始发巴蜀则无疑也。

(三)大禹信仰源于蜀地

大禹生于蜀,娶于巴,其治水之事亦起巴蜀,《华阳国志》载,大禹采取随山刊木的办法,"岷山导江,东别为沱"③,因此在巴蜀地区留下很多遗址遗迹。如北川的禹穴、石纽,明代仿制湖南衡山的"岣嵝碑"等,成为后世祭祀大禹的重要载体。据龙显昭先生研究,四川是夏禹文化的发源地,禹迹遍布巴蜀,蜀民为祭祀大禹广修建禹庙。据考证,晋初及以前,蜀中已兴立禹庙。《华阳国志·巴志》载,"江州县,郡治。涂山,有禹王祠及涂后祠","帝禹之庙铭存焉"。唐宋时期,四川各地禹庙兴起,其中以忠州、成都和石泉(今北川)禹庙最为有名。石泉禹庙是四川最重要的历史古庙。南宋唐诗学家临邛计有功于绍兴二十八年(1158)撰写的《大禹庙记》,考订了石纽,歌颂了禹功。④ 同样,文献记载也印证了蜀地禹庙的情况。如据《四川通志》记载,在清代以前,四川各地都建禹庙,立有禹王碑。如温江县,有大禹庙铺,在县东四十五里,建大禹庙。⑤ 巴县,有禹庙碑铭,涂山有大禹及涂后祠,

---

① (晋)常璩:《华阳国志·巴志》。

② (元)贾元《涂山禹碑记》,引自重庆市南岸区编:《大禹文化专辑》(内部资料)。

③ (晋)常璩:《华阳国志》。

④ 龙显昭:《夏禹文化与四川的禹庙》,《四川文物》1999年第1期。

⑤ 嘉庆《四川通志》卷二十二下。

皆有碑铭。[1] 忠州，有禹庙，唐碑本字画湮灭。[2] 华阳，有大禹庙二，一在府东，明万历间建，一在府东北，名集圣宫，中殿祀禹王，前殿祀仓颉。[3] 以上可见，蜀地是大禹信仰的重要区域，不仅大禹遗迹众多，且禹庙林立。大禹走出巴蜀，治水天下，蜀民则是率先举起了祭祀大禹的旗帜。

二、大禹信仰的跨区域性播迁

大禹信仰由蜀而始，随着大禹治水足迹遍布九州，大禹信仰实现了跨区域的播迁，最终遍及全国。这一播迁的过程，是以各地兴建禹庙为标识的，因此，龙显昭先生在《夏禹文化与四川的禹庙》一文中称，禹庙兴起于秦汉，盛行于唐宋，遍立于明清。但是大禹信仰的传播并非一蹴而就，而是经过了一个较为漫长的演变过程。

（一）中华民族疆域的拓展与大禹信仰圈的形成

大禹信仰呈现由点到面的圈形辐射状，是大禹治水传说随着中华民族疆域的不断拓展而逐渐绵延全国的。在春秋以前，大禹治水的传说应是由周王朝发源地的渭水流域向东方的黄河中下游地区传播的。到了战国时期，随着长江、淮河地区的开发，大禹传说也传播到这些地方。治水的传说不断得到扩展，新的治水区域不断被加入叙述中并得以细化。文献的记载也印证了这一推断，在《诗经·小雅·信南山》中载："信彼南山，维禹甸之。"南山即今陕西终南山。《诗经·大雅·文王有声》亦载："丰水东注，维禹之绩。"丰水即源自今陕西西南秦岭，东北流与渭水合。而到了春秋末期，典籍中的《墨子·兼爱》记载："古者禹治天下。西为西河渔窦，以泄渠、孙、皇之水：北为防原派，注后之邸，嘑池之窦，洒为底柱，凿为龙门。"据学者考证，西河在今山西、陕西之界；渔窦即龙门，在今山西河津县附近。可见，该时期墨子所说的大禹治水区域主要集中在黄河流域上中游的陕西、山西等地。到了战国中期，《孟子·滕文公》载："禹疏九河，沦济、漯而注诸海，决汝、汉，排淮、泗而注入江，然后中国可得食也。"可见对大禹治水的记载扩至淮河、长江等地，这一地区正是楚、吴等诸侯国所在区域。

随着汉代的统一，全国疆域空前扩大，南北的交流大大加强，这一时期的大禹传说也体现了南北交融的特点。贾谊在《新书·修政语上》中载："大禹……登河

① 嘉庆《四川通志》卷二十六。
② 嘉庆《四川通志》卷二十六。
③ 嘉庆《四川通志》卷二十八。

而道之九牧，凿江而道之九路，洒五湖而定东海，民劳矣而弗苦者，功成而利于民也。"[①]魏晋南北朝时期，大一统政权的衰落和地方长期割据，进一步推动了大禹治水传说的地域化和历史化进程。各地出现了大禹治水的详细记载，如《水经注·沔水》载："太湖之东，吴国西十八里，有岞山，皆有石如卷笮，俗云禹锁用牵山也。"[②]同样，《水经注·沫水》亦载："沫水出广柔徼外，县有石纽乡，禹所生也。令夷人共营之，地方百里，不敢居牧，有罪逃野，捕之者不逼，能藏三年，不为人得，则共原之，言大禹神所佑之也。"[③]

同样，这一时期，遍布全国的禹庙也从另一侧面说明大禹信仰圈的范围。例如，河北藁城县，禹庙有二，一在恒镇门西，一在恒镇门北。[④] 甘肃省甘泉县禹庙有二，一在西门内浮山后，一在高邮州临泽镇。[⑤] 安徽省禹庙较多，在凤阳府涂山绝顶及涂山下宿州北月河北岸的寿州、北硖、石山皆有禹庙。[⑥] 在湖广也有多处禹庙，如穀城县西门外五里有禹王庙，且祷雨辄应，光化县禹王庙在县北三里，华容县禹王庙在县城东，祀大禹。[⑦] 这一时期，大禹信仰基本遍及全国，形成了以蜀地为始源点，以黄河、长江两大流域为主体的遍及全国的大禹信仰文化圈。

（二）官方构建主导圣君形象与大禹信仰的固化

大禹因治水成功而深受人民的尊崇和爱戴，尧舜禹时代亦被后世称为圣贤时代，大禹被后世尊为至贤至圣的"五帝"之一，受到历代统治者的褒奖。大禹会诸侯于会稽山，并葬于此，后人修建禹陵、禹庙。秦始皇三十七年（210），"上会稽，祭大禹"。魏孝文帝太和十六年（492）下诏："祀唐尧于平阳，虞舜于广宁，夏禹于安邑。"唐宋时期，禹庙祭祀列入国家祀典，各地禹庙随之增多。唐玄宗时新修的《开元礼》还规定了祭祀的祝文格式；同时，唐代统治者对大禹也极度重视，历代加以封赐。宋代以后，随着理学的兴起和崇经思想的流行，大禹的信仰在各地出现了官方与民间祭祀相结合的趋势，许多地方政府开始自觉地主持对大禹的祈请和祭祀。洪武三年，朱元璋曾遣官访历代帝王陵寝，仍命各行省之臣同诣所在审视，若有庙祀并具图以进。四年，遣使祭历代帝王陵寝，始罢天下，府州县祀三皇。九年，遣官

---

① 王利器：《新语校注》，北京：中华书局1986年版。
② 陈桥驿：《水经注校证》，北京：中华书局2007年版。
③ 陈桥驿：《水经注校证》，北京：中华书局2007年版。
④ 《大清一统志》卷十八。
⑤ 《大清一统志》卷六十七。
⑥ 《大清一统志》卷八十七。
⑦ 《湖广通志》卷二十五。

视历代帝王陵寝，凡三十六陵令百步内禁入樵采，设陵户二人看守，有司督近陵之民以时封培，每三年一传制，遣道士赍香帛，分诣各府州县陵寝处，所令有司致祭。[①] 帝王陵寝当然就包含了在会稽山的禹陵。其祭祀仪式也趋于固定，如明代郑本忠的《告夏禹王文》称："至德神化，九州底平。奠兹山川，民庶赖宁。惟越有郡，统县惟八。今岁之旱，实为民厄。祭祀既时，宜福遗民。神机早运，俾获丰登。"[②]文中内容就是祭祀大禹的叙述体例，至此，经由官方主导，大禹祭祀的基本仪式得以固化，各县各地的禹庙纷纷仿效。

（二）士绅与民众推动强化了大禹信仰的普及

大禹信仰形成的另两方重要力量是官员的倡导与民众的景从。在传统儒家学者的观念中，大禹是远古圣贤之王，是推行仁政的表率。大禹的两种形象被传统士大夫誉为治国理政的典范：一是大禹治水时历尽千辛万苦的劳动者形象；另一种是登上天子位以后，握有巨大权势的帝王形象。力在说明大禹之所以能成为天子，是他的德行所致，其形象之高大，更是后世没有一个帝王可以企及的，俨然一代圣君明主。后世儒学官员常以此作为规劝帝王的参照。例如，战国时期，魏武侯占领了黄河中游的大片土地后，得意忘形起来，他对吴起说："美哉乎河山之固，此魏国之宝也。"吴起却回答："在德不在险。昔三苗氏左洞庭，右彭蠡，德义不修而禹灭之。"[③]借大禹灭三苗之事，规劝修德义的重要性。同样，北宋仁宗时期，程颐也以禹为榜样，劝说宋仁宗，努力推行"王政"。他说："昔者大禹治水，八年于外，三过其门而不入，思以利天下。"[④]大禹治水是我国上古时代一个了不起的大事件，它造福了人类，成为中华民族智慧的象征，更是在全国各地都留下了有关大禹治水的遗址、胜迹。河南开封有"禹王台"，河南中部禹州有"禹王锁蛟井"，山西河津县有"禹门口"（即龙门），山西夏县有"禹王城"，山东西北部有"禹城"，浙江绍兴有"大禹陵"，四川北川、汶川有"禹迹"等等。

为了纪念大禹这位功德无量的人，全国各地还修造了许许多多的"禹王庙"和"禹王碑"。全国以禹字命名的山脉、河流、城镇、村庄等更是比比皆是。六月初六，相传为大禹诞辰纪念日，乡绅民众都要举行重大祭祀活动。同时，修建禹庙，都以乡绅为媒介请示朝廷给予封赐。如雍正年间，"洪湖禹庙告成，恭请宸翰颁赐

① 《明会典》卷八十五，礼部四十四，祭祀六合祀神祇一。

② 《四库全书存目》丛书，济南：齐鲁书社 1997 年版。

③ （汉）司马迁：《史记・孙子吴起列传》。

④ （明）贺复徵：《文章辨体汇选》卷七十七。

……御书匾额,以昭盛典"①。同样,在每年的六月初六,涂山绝顶上禹王庙都要迎来重要时刻,不仅各政府官员要主持祭祀,周边百姓也"皆至焉"②,官民、学民共祭大禹成为一种常态仪式。

三、湖广移民与大禹信仰内涵

大禹诞生于巴蜀,从巴蜀走向全国,成为全民信奉的神灵。明末清初,四川因战乱而残破,以湖广移民为主的各省移民进驻巴蜀,四川成为一个五方杂处的移民社会。各地信仰也随移民进入四川,从而形成了清代四川地区独具特色的民间信仰格局,这一时期的巴蜀地区大禹信仰也呈现"蜀产而楚祀"的独特现象。

(一)清初蜀地大禹信仰的转变

四川地区流行的民间信仰体系复杂纷繁,历史悠久。最先蜀中本土的神灵系统包括自然神祇信仰、泛灵信仰以及人们想象中的神兽信仰及主神信仰、大石崇拜、祖先崇拜等等。最早四川土著人的信仰是比较简单的,除自己的祖先外,供奉的都是一些与自己生活密切相关的、独具地域特色的神祇,诸如祭蚕丛、祭杜主,对灌口二郎神、马头娘、金马碧鸡神等有着特殊的巴蜀崇拜。例如成都就建有蚕丛祠,初奉蚕丛氏为蜀侯,后称为蜀王,因为他"教民蚕桑,俗呼青衣神"(明天启《成都府志》)。后来,蜀人又增添了一些有功于民的贤臣,如将秦代李冰、汉代文翁、蜀汉诸葛亮作为供奉的对象。

上文已述,在清初以前,四川历来有祭祀大禹的传统,修建了大量祭祀大禹的场地。后来,大禹为全国性神灵,明代之前每年的农历六月初六大禹的诞辰纪念日,官府和民众都会普遍敬祀。如《灌县志》所言,明代四川地区六月初六是祀大禹的日子。③

但经过明清之际的移民浪潮洗礼之后,四川本地人在这一天祭祀大禹的已经很少了。大禹作为湖广会馆的主神而受到湖广移民祭祀。民国二十一年(1932)《绵阳县志》云,"六日,本祭夏禹王,后世不察,乃有镇江、靖江之分,名'王爷

---

① 《钦定大清会典》卷七十五之四。

② 《明一统志》卷七。

③ 杨明照:《学不已斋杂著》,上海:上海古籍出版社 1985 年版。杨先生在文中认为,六月六是个不平凡的日子,不仅是禹的诞辰日,更是后来的水神如崔府君、杨四将军等的诞辰日。后来之神正巧与大禹诞辰时间一致,也说明了大禹的影响之大。

会'"[①]。关于这一转变的原因,郭建勋先生认为,大禹、李冰父子和杨四将军都曾为水神,但在移民、商业、水运等复杂因素的影响下,其地位发生了变化,既有全国性神灵变为地方和特殊群体信仰对象的大禹,也有地方神灵上升为区域神灵的李冰父子,还有外来地方神灵成为跨区域神灵的杨四将军。他们的功能、角色、地位发生了变化,既与道教的传播作用、民众信仰基础、神灵灵验和行业因素有关,也与社会经济发展尤其是长江水运带来的商业发展、两湖移民的身份认同与移民后的新四川"家园重塑"有关。[②]

(二)湖广移民与大禹信仰关系简析

明清之际的四川,全面残破,各省移民纷纷迁蜀,同时将原籍地的神灵以及名宦乡贤引进四川。清代四川是"移民的大本营",各省移民信仰的神灵和乡贤不相同。"各从其籍而礼之"[③],"崇祀桑梓大神"[④]。随着移民的增多,同乡团体——会馆应运而生,经由各省移民带来的乡土神灵大多集中在会馆之中,即所谓:"奉其原籍地方通祀之神,或名曰庙,或名曰宫,或名曰祠,通称会馆。"[⑤]全川108县,县县有会馆,场镇有会馆。会馆选择一个本省人共同认定的先贤、先圣,或祭祀之祖之名为其命名,极具本省的地方特色,并因此可以区分出各地的会馆,如陕西会馆以关帝庙、三元庙为名称,江西会馆则称为万寿宫,南华宫为广东会馆,禹王宫为湖广会馆,天后宫为福建会馆等。往往从其名称可以知道是哪个省的会馆。各会馆均祭祀着相应的神。这是会馆的基本组织形式。

与其他省份供奉原籍乡土神不同,在清代四川的湖广会馆中,所奉祀的主神一般是大禹,同时各会馆也会兼有其他神灵,这也是四川禹庙特色之一。湖广人对大禹的独有崇拜,引得许多人惊诧。在会馆设置的最初阶段,乡土神是最基本的祭祀对象,但乡土的范围有大有小,且乡土神的意义并不仅仅在神本身,而关键在于神灵的设置为会馆这一组织树立了集体象征。[⑥] 禹是儒家所称的先王之一,非楚人,但除了少数之外,各地湖广会馆都以禹为崇拜对象。二者究竟因何产生联系呢?

---

① 丁世良:《中国地方志民俗资料汇编·中南卷》(上),北京:书目文献出版社1991年版。

② 郭建勋:《水网天下,神通川湘:四川杨四将军信仰流变过程及意义》,《西南民族大学学报》2015年第7期。

③ 民国《新繁县志》卷四。

④ 乾隆《威远县志》卷一。

⑤ 民国《大足县志》卷二。

⑥ 王日根:《会馆与民间信仰》,载路遥主编:《民间信仰与社会生活》,上海:上海人民出版社,2011年版。

颇值得玩味。分析原因主要有以下三点:

1. 湖广地区是大禹治水的重点区域。大禹治水始蜀,在治理好江州段洪水后,便来到湖广地区。《水经注》记载三峡:“盖自昔禹凿以通江,郭景纯所谓巴东之峡,夏后疏凿者。”①传说瞿塘峡为大禹开凿,而大禹在三峡得到巫山神女的帮助,降伏洪水。同样《湖广通志》载:“荆州之域,江汉为重,汉鄂之山,大别为表。禹乘四载随山刊木,导水至于大别,西则岷蜀,襄沔之众流聚焉。南则衡山,洞庭之巨浸汇焉。疏凿排决亦曰劳矣。至今江浒两矶对峙,顺流东注,朝贡舟航浮入于淮。逾于河达于帝都,此其故也。”②

大禹从长江上游的岷江而下,一路治水,从蜀地到巴地,从三峡治水走向全国,最终以疏导为主、结合围堵的方法获得成功。因此夏禹是沿岷江汇长江上游重庆,再到三峡,然后流播中国东部长江中下游及黄淮地区的,而大禹部族和与之联姻的长江沿岸的土著部族曾整治江道,使巴蜀与外界相联系。后来大禹治水统领万邦,最终开创夏朝,是故后世之人笃信善治水者能安邦。

2. 湖广地区是大禹信仰的传统区域。上文提到,大禹信仰始自蜀,但至战国时期,大禹在湖广地区治理长江的记载渐多,同时湖广民众开始修建禹庙,以祭祀大禹。尤其是镌刻在湖南衡山上记载大禹治水事迹的“岣嵝碑”成为大禹治理长江的重要见证。在元代大德八年(1304)十月,湖广行省向中书省报告,“昔禹治水有功立庙于大江滨,久废重建,乞赐庙碑,以崇明祀”③,同时还颁发谕旨,也说明了大禹在该区域深厚的民众基础。

3. 湖广人笃信大禹源自长江疏浚之利。迁川湖广移民多修建禹王宫,祭祀大禹。在修建湖广会馆及重修禹王宫时,很多人都提出了“大禹蜀产而楚祀”的问题,并试图进行解读,以获取令人信服的答案。如宣汉在《重修禹王宫碑记》中就提出了这一问题。

> 然予尝观天下各郡国之会馆,皆尤其乡所产之神,而独楚人之建馆于蜀,则特奉神禹之像,因而称之为禹王宫。询之楚民居川者,皆莫识其所自。窃尝伏尔思之,东南之水莫大于江,其此莫如汉,而皆发源于蜀,江自岷至澧,经武昌,会汉始益大,汉自嶓冢至大别入江,皆楚境也。楚人之入蜀者,必由二水溯

---

① 《水经注》卷三十三《江水》。

② (元)林元:《大禹庙记》,《湖广通志》卷一百七十。

③ (元)林元:《大禹庙记》,《湖广通志》卷一百七十。

流而上。所历如巫峡滟滪诸处，皆怪石隐见，惊涛怒浪，为州际危险之地，而楚人往来商贩如履坦途，以至货累巨万，家裕千金，均若不知有蜀道之难，其士大夫游宦予其地者亦觉布机之无恙，藉非赖有大禹疏凿之功，易克臻此，则以思明德之留贻而群钦而奉之，未必楚人之微意也。①

上述材料表明，湖广会馆中的神灵超越了狭隘乡土的意义，将足迹扩向四川，将克服急流险滩之功归于由蜀入荆楚的大禹。湖广会馆是湖广人身份展示和区分的地方，其背后的商业资源发挥了重要作用。②

提出此问题的还有他人，如丰都县在《重修禹王宫碑记》中针对这一问题解释是："禹之明德远也……惟吾楚宦游贸易于外省者，自京师及各直省州县，其会馆皆立禹庙，亦莫考其由来。……后之之所以奉禹也，矧岷山水发源之地，为云贵楚蜀舟楫往来所必经。每当夏秋水涨，滩凶石恶……崇德报功之中，兼寓御灾捍患之请。"③

乾隆十年（1745），铜梁县虎峰场修建禹王宫完工，请时任县令湖北人韩桂清撰写碑记，韩桂清问湖广移民："禹迹遍九州，胡楚人独祀禹？"楚民答："衡山有玉谍（指衡山密峰'岣嵝碑'），禹按其文治水。衡，楚镇也，故楚于禹功尤切。"④

从上述材料可见，湖广移民之供奉大禹，是因为大禹疏通了岷江与长江，尤其是疏浚了三峡，使云、贵、楚、蜀之民可以往来舟楫，进行贸易或联谊。同时，大禹作为古代圣王，又是治水英雄，后世不断将其神化。湖广位居长江两岸，贸易耕种皆需水利之便，因此供奉大禹以祈求躲灾避难诸事平安。

（三）湖广移民大禹信仰的表现

湖广移民将大禹作为主神祭祀，尤其在以湖广人为主体的四川社会中，大禹信仰的影响力更为巨大，主要表现在两个方面。

1. 大禹信仰范围。湖广移民将大禹作为主神供奉于湖广会馆，大禹信仰因之也随着湖广会馆的修建而遍布全川。会馆是同乡在异地会晤和接待的场所，从事祀神、商务、迎神赛会等活动，会馆类型可分为同乡、科举、商业、行业会馆四种，联谊乡情是会馆的主要功能。明万历年间，张居正提议在京修建湖广会馆。此后各

① 民国《宣汉县志·祠祀》卷三。
② 谭红：《巴蜀移民史》，成都：巴蜀书社2006年版。
③ 黄光辉：民国《重修丰都县志》卷十一。
④ （清）韩桂清：《虎峰场禹庙碑记》，光绪《铜梁县志·艺文志三》。

省府县均有修建会馆之举。康熙二年(1663),麻城孝感人熊赐履升任国子监司业,提议在京修建孝感会馆。这是清代最早的同乡会馆,对外省颇具影响,特别是对四川孝感移民修建会馆有深远的启迪作用。

四川会馆的兴起虽然始于明代,但大规模的建立则是在清代以后,清初由于战乱导致四川土著居民大量死亡或逃离,长达数十年的战乱,大片荒芜的土地吸引了外省的无地居民。在战乱尚未结束,清政府尚未在四川建立政权的时候,一部分先期来四川垦荒的移民就开始建会馆了。会馆之多,冠于全国。万县有建于明代的黄州会馆;巴县木洞镇中坝村的江西会馆,在正脊上有"大明□□□□□□□□□穀旦立"的题记,后经考证,"该会馆应建于明中晚期,即明嘉靖万历年间(1522—1629)"。

清代以来,大批来自湖北、湖南、江西、福建、广东等省的移民迁川。他们在川建有大量会馆,如据《海关十年报告(1882—1891)》,重庆市区就有广东、浙江、福建、湖广、江西、江南(江苏及安徽)、山西、陕西等八馆,总称八省会馆。其中尤其以湖广省为最多。同治《成都县志》卷二详列了成都会馆及创建年代:陕西会馆(在陕西街,与三官庙同建,于乾隆五十二年)。河南会馆。山西会馆(建于乾隆二十一年)。三邑会馆(地缘不详)。川东会馆(同治二年建)。陕甘公所(道光二十七年陕甘同乡捐资兴建)。安徽公所。万寿宫(即江西会馆,有二,一建于乾隆二十七年,一建于嘉庆七年)。南华宫(即广东会馆,创建最早,乾隆三年已重建)。天上宫(福建会馆,道光六年建)。楚南宫(即湖南会馆,乾隆五十八年建)。楚武宫(湖北会馆,乾隆三十三年建)。黔南宫(贵州会馆,乾隆三十三年建)。帝王宫(湖北黄州会馆,嘉庆二十三年建)[①]。

同样,在各县志中也多有对湖广会馆的记载。同治《新宁县志》载:"邑多楚人,各别其郡,私其神,以祠庙分籍贯,故建置相望。"[②]

民国《大竹县志》说:"禹王宫,城内者为湖广会馆,四乡者多为宝庆府会馆。"[③]《蓬溪县续志》载:"禹王会,是月十三日,称'禹王生日',湖广来侨居之民,演剧而祭。"[④]《南川县志》载:"禹王庙西街三楚公所乡场多有。"[⑤]《渠县志》载:"蜀中城乡

---

① 黄友良:《四川客家会馆的功能》,载陈世松主编:《四川与客家世界第七届国际客家研讨会论文集》,成都:天地出版社2005年版。

② 同治《新宁县志》。

③ 民国《大竹县志·法团》。

④ 光绪《蓬溪县续志》之《岁时民俗》。

⑤ 《南川县志》卷五《庙宇》。

市镇多修禹庙以时奉祀。”[①]《涪州志》载:“禹王宫,城小东门内,三楚客商公建,每岁正月十三日合省演戏恭祝神诞。”[②]同样在云阳高阳乡、凤鸣镇都建有禹王宫。此后,又在各场镇修禹王宫多座[③],会馆之盛可见一斑。

在经历了光绪期极盛后,四川各省会馆慢慢由盛而衰,这既有新政、地方自治、新式国民教育和新兴军人共同影响的客观因素,也与主客籍人互通婚姻,会馆的地方认同和族群区分作用弱化有关。[④] 附在会馆上的大禹祭祀也慢慢淡化,之后四川王爷会所敬的对象由大禹变成了李冰。

2. 大禹信仰内涵。中国民间信仰一般有一定的信仰内容及文化内涵,多是通过一定的仪式表现出来的。以大禹信仰为核心的湖广会馆是由移居四川的湖广人因同乡联谊而结成的一种组织。他们“久犹怀其故土,往往醵金为公产,建立庙会,各祀其乡之神望,有若其地多宦乡贤祠,尤存祀典遗意”[⑤]。不同风俗的保留,使移民在进入居住地后,保留了强烈的本土意识,而这种意识的保留,使移民在行为方面选择了建立如会馆这样的地域组织,希望通过这一种载体寄托本土情结,来加深原乡意识和情谊。湖广人大禹信仰的内涵主要表现在两个方面:

一是强众势。早期湖广移民在清初插占各县田土时,不仅侵占了外逃土著有主田产,引发土著返乡侯的争讼;同时,不同省籍的移民在垦殖荒地的过程中,谁人多,就势众,就能垦殖更多的未开垦的地,故而争讼不断。[⑥] 于是湖广人“私立会馆,凡一家有事,率楚中群凶,横行无忌,此告彼诬,挟制官府”[⑦],故土著居民争讼之事不绝。虽然以后这种强硬的对外功能逐渐弱化,但是会馆维护本籍人士利益、增加凝聚力的功能却一直在强化。

二是聚乡情。如潼南县双江镇湖广会馆(禹王宫)始建于清初,由山门、戏楼、看厅、大厅等组成,其中庭院广阔,可同时容纳千人看戏。戏楼建筑艺术精湛,为歇山式屋顶,“飞檐翘角”,复盖“琉璃筒瓦”,“气派华丽”,“戏台下沿口镂刻24组、近100个栩栩如生的戏曲人物雕像”,其占地面积和建筑规模为川东地区会馆之代

---

① 《渠县志》卷十二《文徵志》。

② 《涪州志》卷七《私祀》。

③ 民国《云阳县志》卷二十一。

④ 丁世良:《中国地方志民俗资料汇编·西南卷》(上),北京:北京图书馆出版社1991年版。

⑤ 民国《富顺县志》卷四《坛庙》。

⑥ 张力:《清代四川文化拾零》,北京:中国国际出版社2009年版。

⑦ 雍正《四川通志》卷四十七《楚民寓蜀书》。

表。湖广移民不仅在大禹诞辰纪念日举行盛大的祭祀仪式,更是通过表演家乡戏,联络乡情,慰藉乡愁,凝聚人心。

三是济危困。湖广移民以大禹为榜样,扶危救困,每年在中元节举行盂兰庙会。成都地区的湖广移民,中元祭祖则提前到七月十二日,言其祖宗回老家需要时日,故提前祭祀。他们拜祭同乡的亡魂,供奉食物及焚烧冥纸,让无主孤魂吃上一顿饱饭。同时,还举办各种扶危救困的慈善活动,让在同一地的同乡人士加强联系、增进友情,起到增进乡谊的作用。

(作者单位:四川省社科院历史研究所)

大禹与浦江

楼永清

据《光绪浦江县志稿·舆地志·沿革表》载:“《续汉书注》建安(东汉献帝)四年(199)孙氏分太末立丰安县。”《宋书·州郡志》载:“兴平二年(195)孙氏分诸暨立。”县即今浦江是也。两书分地互异,盖县东分自诸暨,县西分自太末,各据一方言耳。当时东汉末年,江南地广人稀,所谓太末,有说就是秦时的姑蔑国。唐玄宗天宝十三载(754)易名浦阳县,吴越天宝二载(909)钱镠改为浦江县,理由是:浦阳县地形斗拔,凌霄独耸。浦阳江,即壶源江,梅江三江均发源于浦阳县,这种以江命名的优势,为他邑所无而唯浦江独有。郦道元《水经注》描述浦阳江:“浦江右滨长江,左伴连山,平林脩通,澄湖远镜。”

浦江县城与绍兴大禹陵相距仅一百公里,大禹赐予浦江人民的恩惠主要表现在以下几个方面:

一、大禹治理浦阳江

《史记》在记述大禹治水经历中说:“淮海维扬州,彭蠡既都,阳鸟所居,三江既入,震泽致定。”明代张元忭《浦阳江考》中说:嘉奉会稽志曰“禹贡三江既入,震泽底定”。韦昭云:“三江者,松江、钱塘江、浦阳江。”传说上古时期,浦江盆地由于最东端出水口洞门处山脉紧锁,使浦阳江两岸成为汪洋大海。大禹率康侯一道将洞门凿开,滔滔江水奔流诸暨县境。康侯以身作则,凿山开道,积劳成疾,逝世于海塘,其坟位于海塘岭背山坡。为了纪念大禹治水,浦江人民在坟墓处建康侯庙,该山坡被命名为康侯坡。对面有一座山,形如狮子蹲锯,高一百余丈,周围方圆为五华里。山顶皆赤黑,其势峻拔,有陡壁悬崖。百姓将此山命名为康侯山,因为康侯在老百姓心目中为青天大老爷,是一个好官,所以此山渐渐改名为官岩山。《史记》记大禹奉舜命治水:“兴人徒以傅土,行山表木,定高山大川。”又载大禹治水“陆行乘东,泥行乘橇,山行乘檋,左准绳,右规矩,载四时,以开九州,通九道,陂九泽,度九山”。从上面文字可以看出大禹治水是何等的风尘仆仆!我们仿佛看到他左手拿着测定平直的水准和绳墨,右手握着划定图式的圆规和方矩,涉于浦阳江夏禹桥头地段的水中,登上石母岭和三椏岭,树立标识,测定山高水深。大禹治理浦阳江,有着上万年文化的浦江迎来了鱼米满仓的富裕景象!

二、大禹轩辕殿祭祀黄帝恩惠浦江

轩辕殿在浦江仙华山山麓,仙华街道道光行政村,传说是黄帝驻跸之处。该殿前面有鼎湖,后面有黄山,仙华山传说为黄帝少女玄修得道升天处。洪国荣老师在研究仙华山黄帝文化中发现了,“凡黄帝驻跸或修炼之处必有祠宇以祭之,必有鼎湖遗名以记之”。以历代诗文论证了鼎湖在仙华观,进而印证了古代有轩辕黄帝曾在此修炼的神话传说。大禹作为黄帝后裔,在治理浦阳江或巡视浦江时祭祀自己的太祖太公,并建了一座轩辕殿。历史虽然已逝去了四千三百年,但轩辕殿旁至今尚存两处大禹遗迹,轩辕殿西边三百米处有一座“大禹山”,殿旁有一口“禹塘”。这是历代村民口口相传的山塘地名,富有传承性和真实性。大禹祭祀黄帝给浦江带来了先进的农耕文化及饮食文化(用釜、鬲、甑、鼎蒸饭菜),并颁布夏历。大禹询问浦江百姓得知,该地农作物为水稻,如果天旱就会颗粒无收。为了解决浦江人民生活中的粮食问题,大禹从北方传来了粟、菽、玉米等旱地农作物种子,并教浦江人民如何耕作。浦江从水稻种植扩大到了旱地种植,生产力得到大发展。

三、阳江夏禹桥

浦阳江流至前陈村地段,水势汹涌,江面宽广,上古时代这里是浦江通往义乌等地的通衢。传说帝禹东巡至此,被滔滔的浦阳江所阻,大禹命人搭桥而过。当时生产力低下,水中部分的桥基用近山的松木,千年水底松坚固不烂,桥身坚固不衰。为纪念大禹,百姓将其命名为夏禹桥。如今桥东的村庄命名为夏禹桥头村,该桥仍然命名为夏禹桥不改,桥头建禹王庙予以纪念。该桥长度 300 米,为浦江盆地中段交通要道,人来人往,车辆不息。为浦江百姓做好事的人,人民永远不会忘记他。

因为修桥补路第一功，大禹治理浦阳江，造夏禹桥，同样造福浦江百姓！

我思故人，伊彼大禹，弦歌拜舞，大哉圣哉禹。自2009年，浦江大禹后裔于八月中秋，例祭始祖大禹。其祭文曰：自古帝王之聿兴，国崇道德矣，而尤重事功。事功之伟，自昔至今，首推神禹焉。当日洪水泛滥，世宙为灾。非八年于外，身劳疏凿，奚能物阜民安，万世永赖，长享奠宁之福耶！唯中秋佳节，后人聚于斯，挂容像，奉供品，纪念始祖大禹。尊尊报本，慎终追远，肃肃兮告曰：一，圣祖出世，帝尧戊寅六月六，崇山姒家诞一儿。名讳文命字高密，恰遇天灾多事秋。二，夏鲧治水，洪水滔滔人被噬。夏鲧治水堵不疏，泛滥成灾诛羽山，父业子继大禹续。三，圣祖治水，苦身焦思九州涉，堵疏结合绳圭执。一十三年功告成，三过家门而不入。四，民众评说，治水英雄呼大禹，神州大地叫禹域。饮食菲薄宫室卑，力乎沟洫民喜悦。五，圣祖治国，御外安内身作则，文廉武勇享太平。颁发夏历农牧教，虚怀从善得民心。六，薨葬，帝禹八年崩会稽。三寸桐棺三身衣，草绳捆绑深七尺，坟上亩田去痕迹。七，祭念，禹迹历历数千年，激励后人效先贤。每逢佳节倍思亲，薄祭大禹示寸肠。尚飨。

敬爱的禹，伟大的禹，浦江人民想念你！

（作者单位：浦江县仙华街道办事处）

关于绍兴筹建大禹纪念馆及其文化园区的思考

刘家思

中华文明源远流长,丰富多彩,博大精深。在历史演进过程中,各种文化的楼台馆所层出不穷,举目中华大地,各种纪念馆、博物馆,各种故居和广场,各种遗迹遗址,应接不暇,成为中华民族文化重要的形态,对于繁荣中华民族文化起了重要的推动作用,不仅传扬了中华民族优秀传统文化,而且有力地促进了当代社会的文化建设。然而,尽管在近几十年来的文化寻根热潮中,各地为自己的文化名人建故居、辟陵园、建广场的特别多,但至今还没有发现大禹纪念馆,更没有大禹博物馆。大禹是中华民族的先祖,大禹文化是中华文明的重要源头,大禹精神铸造了中华民族精神的基本形态。纵观中国早期的远古文化,对后世影响最大的是大禹文化,大禹孕育的中华民族精神文化传统一直横亘在历史长河之中,不仅在中华大地上具有永不衰竭的生命力,而且对日韩各国,对东南亚诸国的影响也十分深远。在一定意义上说,大禹是东方民族的精神之神,是人类东方文化精神的铸造者。对这样一位超越时空的伟大的传统精神领袖,我们理应倍加敬仰,对其孕育的精神文化资源理应十分重视,大力彰显。因此筹建大禹纪念馆是具有重要的文化价值和现实意义的。

绍兴是大禹文化的圣地,也是大禹文化演进历史十分清晰的区域,无论是从外在的显性文化形态或内在的隐形精神文化流脉传统来说,还是从古往今来的民众生活状态来看,绍兴都是集中显示大禹文化的福地。从弘扬传统文化的角度和从全国大禹文化的历史传承性来说,如果要建立大禹纪念馆,绍兴则是最应该也是最适合建立的区域。为此,我在这里做一点简要的论述。

一、绍兴筹建大禹纪念馆的内在依据与必要性

我们讨论在绍兴建立大禹纪念馆,首先要考虑是不是有其充分的依据和必要性。为历史人物建立纪念馆,并不是随意可进行的。一方面取决于历史人物自身为民族国家或人类做出贡献的大小,在本民族国家或者全人类的历史发展中所具有的地位。贡献特别大的历史人物方有建立纪念馆的资格。另一方面取决于所在民族、国家的发展状况。如果一个民族和国家早已灭亡或衰落不堪,即使这个民族历史上曾经出现了叱咤风云、功勋盖世的人物,但为其建立纪念馆的意义也不大。从这两方面来说,建立大禹纪念馆都是有充分依据的:一是大禹统一中国,建立夏朝,开创了中国历史的新纪元,他治水建国的功勋不仅福泽中华民族,也造福于东亚和南亚诸国,为人类文明进步做出无可比拟的开创性贡献;二是中华民族在他开垦的大地上繁衍生息,几千年的文明长盛不衰,是唯一永存于世的充满生机与活力的民族,大禹精神一直是中华民族精神的精髓。因此,建立大禹纪念馆是有依据的。

那么,大禹纪念馆建在什么地方合适呢?我们认为,建立在绍兴最合适。首先有大禹自身的充分依据。名人纪念馆的最佳地域通常是被纪念者的生死之地或者是其取得成就最大、功勋最卓著的区域。大禹文化在中华大地上流传的遗迹很多,但以绍兴最为集中。河南登封据说有遗迹23处,但绍兴有遗迹28处;其他省还有一些大禹的遗迹,但都不如绍兴密集。有不少遗迹,到底从什么时候开始发现和流传,许多地方都不清楚,只有绍兴的遗迹是最清楚的。尤其是,大禹的出生地至今还存在一些争议,但大禹是在绍兴去世并埋葬在会稽山下,这是毫无争议的。从取得功勋成就的大小这一点来说,大禹在绍兴的功勋最大。先秦文献《越绝书》[1]卷八说:"禹始也,忧民救水,到大越,上茅山,大会计,爵有德,封有功,更名茅山曰会稽。及其王也,巡狩大越,……因病亡死,葬会稽。"也就是说,大禹是在会稽山上完成了他统一中国之政治之功的。因此,从各方面来看,绍兴最适合建立大禹纪念馆。

建立大禹纪念馆不仅要充分考虑其依据,还要充分探讨是否对于历史、现实和

---

① 《越绝书》的年代和作者长期以来争论不休。1985年,陈桥驿对《越绝书》的年代和作者予以了详细考证,认为是"一部战国人的著作"。见陈桥驿:《点校本〈越绝书〉序》,《越绝书》,上海:上海古籍出版社1985年版,第8页。笔者取此观点。

未来有必要。我们认为,在绍兴建立大禹纪念馆,无论从上述哪一方面来说,都有其很强的必要性,具有很强的价值。

从历史价值上说,建立大禹纪念馆可以展示中华民族五千多年的文明发展历史。考古学的科学发掘表明,夏文化是存在的,大禹无疑也是一个真实的历史人物。二里头遗址的发现和发掘成果证明,夏文化持续时间大约在公元前 21 世纪至公元前 16 世纪(即前 2100 年—前 1550 年之间),后来被商朝取而代之;而夏都斟鄩的位置大致在伊洛平原地区,这也获得了基本的证实。显然,以往西方学者和疑古派怀疑夏朝和大禹存在的历史真实性,大禹只是神话传说中的一条肉虫以及东周以前无信史的观点被打破了,中华文明的起源基本确定了。因此,无论是郭沫若主编的《中国史稿》所说的"公元前二十一世纪,或者稍前一些,我国历史上的第一个朝代——夏朝建立了","夏朝从禹开始,到桀灭亡,共传十四世,十七王,四百多年",还是范文澜著的《中国通史简编》所说的尧、舜、禹是部落联盟解体前最后的三大酋长以及禹继舜位,"禹在位时,众举皋陶(偃姓、夷族)做继位人",这些"远古遗留下来的史实"的确"可信"。翦伯赞主编的《中国史纲要》所说的"根据《竹书纪年》的记载,夏王朝自禹至桀,共为十七君,历时四百七十一年"也是可信的。这些论述不仅有力地否定了顾颉刚 1926 年认为的"禹是南方民族神话中的人物"和冀朝鼎在《中国历史上的基本经济区与水利事业的发展》中对顾颉刚的肯定性评价,而且否定了陈桥驿 1989 年认为的"越族居民在会稽、四明山地的山麓冲积扇顶端,俯视这片茫茫大海,面对着这块他们祖辈代代相传,如今已为洪水所吞噬的美好故土,当然不胜感慨,他们幻想和期待着这样一位伟大的神明,能够驱走这滔天洪水,让他们回到祖辈相传的这块广阔、平坦、富庶、美丽的土地上去"①的推论。大禹原本不是一个神话人物,但后来人们将其神话了,因此自然不应怀疑其真实性。

浙东这片土地上很早就有人类生存着。据乌龟洞"建德人"遗址的考古发现,距今 5 万年左右,钱塘江流域就住着"建德人";而河姆渡遗址的考古发现,公元前 5000 至前 3000 年,河姆渡就有人类开始栽培水稻,从事以稻为主的农业经济活动;良渚文化遗址考古发现,公元前 3300 年至公元前 2000 年,即距今 5300 至 4500 年左右,良渚镇也有人类生存着。然而,这些都没有文字记载。大禹是考古发现最早有文字记载的历史人物。遂公盨铭文记载:"天命禹敷土,随山浚川,迺差地设征,降民监德,迺自作配乡(享)民,成父毋。生我王作臣,厥沬(贵)唯德,民好明德,寡

① 陈桥驿:《越族的发展与流散》,《东南文化》1989 年第 6 期。

(顾)在天下。用厥邵(绍)好,益干(?)懿德,康亡不懋。孝友,讦明经齐,好祀无贶(废)。心好德,婚媾亦唯协。天厘用考,神复用祓禄,永御于宁。遂公曰:民唯克用兹德,亡诲(悔)。”[①]这表明,在2910多年前,大禹的事迹就已经广为流传。显然,大禹也是越地最早有文字记载的历史人物。尽管其出生之地还有很多争议,但建立大禹纪念馆,可以使人们对以往的错误认识和推论予以甄别,从而形成一种正确的历史认知。

从现实价值上说,建立大禹纪念馆坚持了历史唯物主义,能够展示民族文化自信心。在伟大的中国共产党诞辰95周年的庆祝大会上,习近平总书记指出:“坚持不忘初心、继续前进,就要坚持中国特色社会主义道路自信、理论自信、制度自信、文化自信。”在十九大报告中,习近平总书记又提出要坚定文化自信,推动社会主义文化繁荣兴盛。文化自信是一个民族、一个国家以及一个政党对自身所禀赋和拥有的文化价值的充分肯定和积极践行,并对其文化的生命力保持坚定的信心和发展的希望。习近平总书记指出,没有高度的文化自信,没有文化的繁荣兴盛,就没有中华民族伟大复兴。文化自信,首先就体现在对其文化抱有强烈信任和发展的理想信念上;其次体现在对其民族历史文化的热爱、敬仰和珍惜上,要摒弃民族虚无主义和文化空泛主义,踏踏实实将民族优秀文化发扬光大。伟大的中华民族在五千多年的文明历史中孕育了优秀的中华传统文化,大禹文化就是中华优秀文化的源头和内核。大禹迎难而上、坚定不移的意志,敢于担当、力挽狂澜的气魄,一心为民、舍家为国的精神,身先士卒、吃苦耐劳的作风,胸怀九州、统一中国的决心,严谨科学、务实求真的态度,善于借鉴、不守陈规的创造性,铸就了中华民族优秀文化的精神胚胎和基本形态,成为中华优秀文化永不衰竭的力量之源和核心之光。因此,弘扬大禹文化是坚持文化自信的突出表现。

绍兴是大禹文化的集中区域,大禹陵是历朝历代官员瞻仰的圣地,也是国家祭祀的高台。从秦始皇开始一直到当代,历朝历代都以大禹的祭祀为国祭,其目的在于通过祭祀缅怀大禹这位伟大的先祖,在一种强烈的氛围中继承和弘扬大禹的文化精神。这自然不仅是对中华祖先的崇拜,而且是对优秀传统文化的敬仰和崇尚。然而,一种优秀文化精神的传承和弘扬,主要还是应该让人们有更多的机会去接触和感受,尽管祭祀也能够形成一种气氛和环境,但是参与其中的人毕竟是少数。因此,要真正让大禹文化得到传承和发扬光大,就必须让大禹文化走出庙堂,走进普

---

① 李学勤:《遂公盨与大禹治水传说》,《中国社会科学院院报》2003年1月23日。秦公簋系秦景公时铸造(前576年—前537年在位)。

通的人民中间,使民众都感染着大禹的文化精神,受到浸润和影响,从而内化为自身的主体修养和主体期待。这样,才能使大禹文化获得真正的坚持和坚守的信心,文化自信心与传承大禹文化才能得到真正的体现。显然,立足当代中国现实,坚守中华文化立场,建立大禹纪念馆,能让大禹文化与民众直接碰撞,使中国特色社会主义文化发展起来,从而推动社会主义精神文明和物质文明协调发展,彰显中华文化特色,显现我们的自信力。

从未来价值来说,建立大禹纪念馆是繁荣民族文化、振兴文化产业的重要举措。文化建设要坚持创造性转化、创新性发展的原则,赋予文化更大的社会效益和经济效益,增加文化自身的附加值,从而不断铸就中华文化的新辉煌。任何一种文化设施或文化景观,只要是反映历史发展潮流,显示人类文化进程,符合人民愿望的,都具有一定的社会效益和经济效益,大禹文化纪念馆自然具有很强的社会效益和经济效益。大禹文化纪念馆一旦落成,大禹文化和大禹精神便由隐性形态转化为显性形态,使历史还原真实并固化,形成入耳、入眼、入脑的现场效应。作为再现中华民族早期起源历史的唯一史诗性景观,大禹文化纪念馆自然就能成为全国标志性的历史纪念馆,成为中国人民和世界人民直观了解中华民族早期生存状态及其文化发展流变的最佳渠道,成为弘扬中国传统文化的重要基地,不仅各级政府会高度重视,而且全国人民和世界人民也会赞赏。同时,既可以使中国人民对本民族辉煌灿烂的远古文明充满敬仰,焕发出民族自豪感和国家荣誉感,也可使世界人民更加深入地了解中华民族源远流长的历史和伟大的中华民族精神,改变西方社会某些不了解中国历史和文化的人对中国的偏见、轻视和误解。显然,其不仅具有社会效应,而且无形中具有了政治意义。

大禹文化纪念馆的建立,也有潜在的经济效益。大禹文化馆的建立蕴含的不仅仅是一个单体文化景观的效益,而是具有多种发散性或者说是放射性的效能。这个纪念馆的建立,就是绍兴融历史与现实于一体的标志性文化景观,不仅具有文化效应和社会效应,而且具有无形的经济效应。这种连带效应首先来自它所带来的文化副设施的效益。大禹文化纪念馆可以作为文化产业的一个龙头来建立,其连带产业围绕大禹纪念馆为龙头,可以形成一个文化产业链;以大禹为中心题材,形成一个以创意、研究、展示、制作为链条的现代文化产业园区;进而还可以带动周围的房地产和其他第三产业,形成一个新的产业集群。其次,可以围绕大禹纪念馆这个中心,将绍兴诸多文博馆和纪念馆积聚起来,改变以往各自分散而为的零经济效益状态。绍兴当前有不少博物馆,如黄酒博物馆、越国博物馆、越州青瓷博物馆等,但都是各自为政,没有形成规模效应,也没有产生应有的社会效益,使本来潜藏的经济效益始终发挥不出来。之所以分散而治，自然是没有统一规划的结果，也是没有一个统摄全局的题材导致的。大禹纪念馆是一个具有高度融合力和统摄力的题材，可以将古越大地上各种题材统一起来，这样就能形成规模效应和集群效应。规模出效益，1 +1 绝对大于 2。第三，可以激活绍兴的旅游产业。绍兴的旅游业，客观地说，自然资源没有任何优势，中华大地上山水风光比绍兴好的地方数不胜数。但是，绍兴也有自己的优势，是其他任何地方都不可比的。这就是文化资源。绍兴的文化旅游资源可以说是蔚为大观。但是绍兴的文化旅游产业的经营缺乏宏观的视野和韬略，都是近视而为，仅仅盯住"鲁迅""兰亭""柯岩""大禹陵"，并没有做大做活。我们完全可以借鉴桂林旅游中做大做足"刘三姐"的文化开发模式，充分开发大禹治水的文化资源，创设出真正能够震撼人心的项目，使中外游人形成不到大禹纪念馆，不看大禹治水，就是一个莫大的遗憾的观念。这样，就会改变绍兴旅游业只有过路旅客，没有入住客的不足。有入住客，就会带动其他商业的发展。这样，其潜存的巨大的经济效益就会惠泽子孙。因此，以人文景观的开发开放为先导，以大禹纪念馆综合集群体的开发为中心，辅之以其他副产品，应该是绍兴旅游经济由名人遗迹式零散的小旅游向大旅游转型升级的必经之路。

二、绍兴建立大禹纪念馆的现实条件与可行性

自然，一个项目的开发，必须要有可行性，否则，永远只能成为空谈。建立大禹纪念馆文化综合集群体，是发展中国特色社会主义文化的重要举措，也是缅怀历史、立足现实、着眼未来的宏伟工程，不仅符合十九大的精神要求，也与绍兴产业转型升级的契机相吻合，还与人民群众的愿望相一致。因此，绍兴建立大禹纪念馆不仅有充分的内在依据，有充分的必要性，还有优越的现实条件和很强的可行性。

首先，建立绍兴大禹纪念馆文化综合集群体，是贯彻落实十九大精神，弘扬中华优秀传统文化的重要举措，有国家政策做保证。习近平同志在十九大报告中指出，中国特色社会主义进入新时代，中国社会主要矛盾已经转化为人民日益增长的美好生活需要和不平衡不充分的发展之间的矛盾。社会基本矛盾在社会有机体中起着总制动作用，是社会无数矛盾中起着本源影响的那个矛盾，主要体现在生产力和生产关系的矛盾、经济基础和上层建筑的矛盾上。在中国特色社会主义进入新时代的今天，这种矛盾不仅体现在经济生产上，也体现在文化建设上，人民日益增长的对美好文化生活和精神生活的需要与社会不能为广大人民提供生动活泼、丰富多彩的具有震撼力的文化产品之间存在着明显的矛盾。在今天的网络时代，文

化事业发展很快，传播也非常迅速，各类产品应接不暇。但是思想意蕴深厚、艺术品位高、内容博大精深、感染力震撼力强的产品并不多见，快餐式的文化产品解决了应景式的需要，但并没有解决人们对于思想美和艺术美的全方位的需求，平面的线性的文化产品始终不可能拥有立体的产品对灵魂的冲击力，静态的产品也始终不可能有动感的影响力。显然，这是文化事业发展中应该解决的问题。因此，大禹纪念馆文化综合体的开发与建设，一方面可以落实并弘扬传统文化，另一方面又是贯彻十九大精神的举措，自然具有应时而上的现实条件。

国家几年前已经批准绍兴建设成为大城市，绍兴市也已经启动大城市建设规划。大城市建设中，城市文化设施是一个极其重要的内容。从目前来说，绍兴的城市文化设施是非常不足的，这与大城市格局不相适应。尤其是，从现有的一些文化设施来看，单体的设施较多，综合体较少，满足不了市民日益增长的文化消费需要。而且，一些文化设施并没有与绍兴本土的文化结合起来，自然缺乏特色，品味不高，这就导致了这些文化设施的效益没有得到很好地发挥，不仅没有产生应有的经济效益，而且对市民的影响力较小。大城市建设不仅呼唤大手笔的城市文化设施的建设，也呼唤能够展示自身特色的城市文化建设，还要贯彻落实党中央关于新时代中国特色社会主义文化发展战略。大禹纪念馆正是适应大城市文化建设需要的重大项目，也是适应党中央弘扬优秀传统文化战略的重要项目，无论是天时还是地利，二者都兼得了。显然，这是十分可行的项目。

其次，建立绍兴大禹纪念馆文化综合集群体，是适应绍兴产业转型升级需要的重要举措，可以纳入市委市政府引领绍兴产业转型升级的策略中，也显示了优越的现实条件。改革开放以来，我国经济获得了较快的发展，全国人民以巨大的创造力投入经济改革之中，使我国经济生产由传统的农业经济为主转变为以工业生产为主，迅速改变了农业国家贫穷落后的面貌，人民生活不断富裕起来。我们国家被称为“世界工厂”。但是，几十年来的经济产业没有摆脱以资源消耗和环境损害为代价，以人力成本低下为基础的格局，传统的低端产业产能过剩，中高端的创新型产业发展缓慢。随着社会的不断进步，人民生活水平的提高，劳动力密集型的低端产业、消耗资源、破坏环境的产业，都不适应社会发展的要求了。在人力成本提高，资源紧缩，环保要求趋严的形势下，产业结构必须调整转型才能保持我国经济不断发展，领跑世界。传统产业只有通过转型升级才能再次呈现出自身的活力，才能拥有更大的发展空间。因此，早在2015年的中央经济工作会议就做出了调整产业结构的决定，指出在产业调整中要“加减乘除”并举。应该说，中央对中国经济状况做了准确的把脉，为中国经济持续发展把稳了方向盘。

如今,全国都处在产业转型升级的改革过程中,绍兴也不例外,全市上下都在寻找新的经济增长点。应该说,改革开放以来,绍兴的经济社会发展取得了巨大的成就,不仅在全国,就是经济最活跃的长三角地区也名列前茅,这里熔铸了绍兴市历届领导和全体绍兴人民的智慧与汗水。然而,一个不可忽视的问题是,绍兴经济的产业结构比较单一,环境代价比较大,人力成本也比较高,第三产业和服务性产业相对薄弱,在新形势面前必须做出科学的调整。中共绍兴市委绍兴市人民政府于2016年6月就印发了《关于加快经济转型升级的若干政策意见》,深入贯彻落实创新、协调、绿色、开放、共享的发展理念,提出以生态文明建设为统领,加快构建绿色高端产业体系,推动绍兴经济进入"产业中高端、发展中高速"的健康轨道,促进三区融合发展和市域协同发展的方针。这是切中绍兴经济的要害的。大禹纪念馆及其综合集群体的建设,正是一个与市委市政府创新、协调、绿色、开放、共享的发展理念高度一致的项目,可以形成一个集人文与自然、环保与开发、高端与稳健为一体的现代文化产业链,不仅可以成为绍兴市的一个大众文化景观,也可以形成一个融创新、环保、协调、效益于一体的新型经济实体,可以成为经济与文化共生的有机体。

第三,建立绍兴大禹纪念馆及高级别的文化园区,将隐形的大禹文化立体地多样化地展示在大众面前,能够赢得人民的欢迎。

三、建设绍兴大禹纪念馆的原则与要求

目前,全国各地都在充分挖掘地域文化资源,建立、健全和完善中国特色社会主义文化事业,为经济社会的发展提供更基本、更深沉、更持久的支撑力量。在这种时代情势中,绍兴筹建大禹纪念馆,无疑是时代的要求,也是人民的呼唤,其意义不限于绍兴,而是整个中华民族。因此,必须领导高度重视,人民积极参与,既要全面规划,科学引领,又要有宏阔的视野,保持高起点,展现大气魄,突出厚重感,显示独特性。这样,大禹纪念馆一建成,就不仅具有精神引领作用,还会转化为经济效益,得到巨大的社会效益。

首先,领导重视,民众参与,上下齐心打造中华民族文化的源头地标性建筑。大禹纪念馆是一项重大工程,不仅是绍兴文化起源的展示,也是中华民族文化起源的呈现,是中华文化精神源头的彰显。因此不管是不是由国家出面建设,这都是一个关切整个中华民族的重大工程。建设这样一个纪念馆,不仅是一种伟大的责任,也是一项神圣的使命,必须高要求,严标准,无论是从人力到物力,都不可敷衍而

为。我们不仅要将其作为一项民心工程来抓,更要将其作为展示中华民族形象的工程来建设。因此,领导必须高度重视,不仅要在政策上、财力上、人力上提供保障,而且要一项一项抓落实,不仅要确保项目落地,而且要确保高质量、高水准地完成这项工程。既要杜绝“烂尾”工程,也要杜绝“豆腐渣”工程。就民众而言,要积极参与这项工程建设中来,既可以做到有钱出钱,有力出力,又可以献计献策。各级领导应该认真听取人民群众的意见,使建设方案优化,从而使这项工程既成为绍兴市乃至浙江省文化建设中的地标性工程,又成为真正的民心工程和民族形象工程。

其次,全面规划,科学引领,认真打造传承传统精神文化与孵化文化产业的高台。大禹纪念馆的建设首先必须科学规划,以科学为引领。大禹纪念馆作为一个文化地标性建筑工程,创建者首先必须赋予它一种潜在的综合效益,不光要考虑其文化价值,还要赋予其政治、经济和社会价值。大禹文化本身就是一个极具发散力和放射性的题材,蕴含着多方面的价值和意义。因此,这个项目的建设不能是简单化的建筑,更不能是粗放型的单体建筑。仅仅从社会效益和经济潜能的挖掘和培植两方面来说,它也不能是单体建筑,而必须是既能够传承传统文化精神,又能孵化出文化产业,显示其社会效益的综合性集群,是一个超越时空的高台。我们必须将它作为一个大城市的绍兴标志性社会设施与未来现代科技文化产业园区来建设。因此,从选址到总体设计再到具体项目的组合,从设计单位、承建单位、监理单位到各类建设人才的组合以及各种素材、技术、原料、工艺等等,都必须做严密的规划和科学的论证,必须组建相应的建设机构,全面负责统筹协调和处理相关的具体事宜。仅仅就建筑的选址来说,大致有四个可以考虑:一是柯桥区的刑塘附近。因为刑塘是大禹杀防风氏的所在地,是他消除不和谐因素,实施集中统一的断言措施之地,具有重要的历史文化价值。建在这里,可以强化柯桥区的文化内涵,改变柯桥区有轻纺业没有文化业的表象,可以与安昌、夏履镇、柯岩构成一个金字招牌的旅游名片。二是建在嵊州—上虞—剡溪之间。大禹治水,“毕于了溪”。这里是其治水大功告成的地方,因此是纪念大禹历史功绩的最佳所在地。建在这里自然环境是比较适合的,同时可以与虞舜文化结合在一起,推动上虞、嵊州、新昌三地的文化产业的发展。三是袍江新区斗门镇—马山镇—孙端镇之间。这里的大禹遗迹有三江禹山、禹庙、皋隍庙、马山。建在这里可以此作为一个抓手,推动斗门镇、马山镇的经济文化发展,也能带动孙端镇及其周围的社会发展,使其上台阶上水平。四是会稽山、宛委山和秦王山以南。大禹与会稽山、宛委山关系最密切,建在这里,可以带动南部山区的发展,使其与大禹陵、会稽山、秦望山、云门寺构成一个景区。从大城市建设的综合功能出发,笔者觉得千万不能建在大禹陵附近,除了大禹陵所在地已经没有空间承建这样一个标志性的综合文化园区之外,还不利于发挥其综合效能。同时,除了像一般的纪念馆以图片展示为主之外,大禹纪念馆尤其要树立综合开发的理念,树立以现代科学技术为引领的超前意识,以科技创新为基础,将大禹事功予以还原,形成一种系统的全面呈现,并以各种孵化项目补充之,让观众在其中至少能够待上半天方能了解其大概,还不能尽兴。这就可以为绍兴旅游产业的发展注入活力,也可以成为一种爱国主义和政治教育的基地。如此,其综合效益就呈现出来了。

三是要有宏阔的视野,保持高起点,展现大气魄,努力将大禹纪念馆及其文化园区建设成国家示范性的文化园区。做任何事情,都怕短视、险隘和浅陋,大禹纪念馆以及以其为中心的文化产业园区的建设必须避免这种缺陷出现。大禹文化是中华文化精神之魂,本身就蕴含了崇高、宏阔和大气。我们绝对不能不充分认识大禹文化的宏伟气魄,削弱对民族文化的自信,而不敢理直气壮地充分展示作为中华民族文化之源的大禹文化。十九大报告中指出,文化自信是一个国家、一个民族发展中更基本、更深沉、更持久的力量,中国特色社会主义文化是激励全党全国各族人民奋勇前进的强大力量。因此,大禹纪念馆及其文化园区建设,必须要有宏阔的视野,站在人类命运共同体的高度,以世界的眼光,来规划、设计和建设,不仅要赋予其超时空的效应,而且应该是高规格、高级别地建设,必须要有将它建设成为国际性和国家级示范性文化园区的决心与目标,不能将它仅仅作为绍兴市一级的一般项目来对待,在用地和财力投入上都不宜小气,否则就达不到预期的效果。绍兴有很典型的前车之鉴,各种博物馆、纪念馆很多,但是效益都不好,除了是割裂的单体建设导致的结果之外,还有一个方面就是比较简单、小气,格局不够。因此,建设大禹纪念馆必须定位高一些,前期必须做好谋划,及早向国家申报,至少也应该建设成具有世界影响力的省级示范性文化园区。从技术上来说,必须充分利用现代科学技术,将大禹文化予以还原式的展示;从具体项目建设上来讲,必须大气而品位高;整个园区必须人文与自然和谐共生,协调共存,始终贯彻创新、协调、绿色、开放和共享的原则。

四是要深度开发,全面展示,突出厚重感,显示独特性。当今各种文化工程项目很多,不少成功的建设项目都是深度开发,展示了自身特色的结果。浅层次的粗犷的开发与建设,已经不合时代潮流,也不可能产生预期的效果。大禹纪念馆及其文化园区的建设,自然不能建立在表面上,必须展开深入研究,进行深度开发,全面展示其内涵与外延,揭示其深层意蕴,呈现其丰富性,突出其厚重感,彰显其特色。

一方面,必须明白,大禹文化不能完全等同于大禹治水。大禹治水只是大禹文化的一个重要内容,大禹文化的核心在于大禹救国救民,统一中国,涉及政治、经济、科技、文化等多方面,但救国救民则是立足点,也是其治水的出发点。这就必须多层次多角度地予以呈现和全方位的展示,自然要求对大禹纪念馆及其文化园区做出完整的设置。另一方面,还必须明白,大禹纪念馆及其文化园区并不是博物馆,只是做静态的呈现即可,而是大禹生平经历与中国夏朝形成经过的可视化呈现,既是立体鲜活的大禹英雄形象的生动塑造,也是对中华民族夏代先人的精神性格与时代氛围的书写,还是对大禹文化产业的立体开发,是动静结合、点面交织、线团互生的构成,既不能停留在博物馆的静态状态中,也不能满足于一般的纪念馆的线性表现。这样,才能展示其厚重感,才能彰显其特色,从而收到预期的社会效果。

大禹文化是中华五千多年文明的源头,"积淀着中华民族最深层的精神追求,代表着中华民族独特的精神标识",它确立了中华优秀文化的精神范式和基本内容,是中华民族生生不息、兴旺发达的精神原动力。筹建大禹纪念馆及其文化园区,更能够对世界自豪地宣扬中华民族悠久的历史文化、精神个性和价值追求,也是我们文化自信的显示,更是我们对民族优秀传统文化继承和发扬光大的自觉性彰显。无论是对铭记历史,还是促进现实社会的进步,或者是为未来的引路,都具有极其重要的价值。我期待着这项造福于民,对民族国家进步具有重大意义的工程,尽早提到议事日程上来。

北川羌族自治县的特色优势及其产业发展的思考与建议

李德书

一、北川羌族自治县的特色优势

北川，夏商周为古蜀国之域，秦为氐羌冉駹国之地，汉属汶山郡广柔县，北周天和元年(566)设北川县，唐贞观八年(634)置石泉县，唐永徽二年(651)省北川县入石泉县，民国三年(1914)因与陕西省石泉县同名乃改名北川县，2003 年 7 月 6 日经国务院批准改名为北川羌族自治县，成为全国唯一的羌族自治县。

北川羌族自治县，位于四川盆地西北部、青藏高原与成都平原接合部的岷山山脉与龙门山山脉之间，地理上被称为北川峡谷，又称为北川走廊。

(一)北川峡谷是古人类迁徙走廊

1989 年，因扩建九寨沟、黄龙寺环线公路，北川县甘溪乡金宝村沿河路边甘龙洞裂隙内发现一批化石。据中国社科院古脊椎动物与古人类研究专家黄万波鉴定，其中有古人类牙齿化石一枚。该化石为古人类左下外侧门齿，属于距今 20000 年前的晚期智人化石，专家们称为“北川人”。这一古人类化石被发现意义重大。“北川人”所在位置是盆地向高原过渡部位，恰在四川盆地中部资阳、南部筠连和西部甘孜的虾拉沱之间。它的发现，填补了资阳人、筠连人、虾拉沱人之间的地域缺空，连接了这三个原本孤立的化石点，具有四川盆地古人类分布的连锁性意义。

北川峡谷，东有甘龙洞 20000 年前古人类遗址和 5000 多年前的烟云洞及江油大康吴家后山大水洞新石器遗址，西有北川禹里乡石纽山和茂县光明乡下关子

4700年前的新石器遗址,以及茂县营盘山5500—5000年前新石器遗址,与绵阳边堆山、广汉三星堆、新津宝墩、成都金沙、郫县三道堰、温江鱼凫村、崇州双河、紫竹村、都江堰芒城等古城遗址,构成了古蜀文化核心圈。

(二)北川峡谷是禹羌文化走廊

1. 羌族文化,历史悠久,特色鲜明。羌族是中国最古老的民族之一,是华夏族、汉族的源头。羌族文化是中华文化的重要组成部分。北川是全国唯一的羌族自治县,羌族文化积淀很深。羌族的语言文化,羌笛、口弦、羊皮鼓、咂酒歌、跳萨朗等乐舞文化,羌族刺绣等服饰艺术,生丧嫁娶等风俗文化、释比文化和以《羌戈大战》等为代表的诗歌文化,以及羌碉、庙宇、吊脚楼等建筑艺术,值得大力发掘、抢救、保护、传承。

2. 大禹故里,自古相传。根据古史记载和20多年来国内专家学者的论证,特别是出土文物"东汉景云碑"和"东汉樊敏碑"的印证,中国先秦史学会在北川召开了全国大禹文化学术研讨会,并在北川建立了"中国先秦史学会禹羌文化研究基地"。中国民间文艺家协会将北川命名为"中国大禹文化之乡"。中国先秦史学会会长、中国夏商周断代工程首席科学家李学勤先生亲赴北川做学术报告并题写了"禹乡坊"坊额,并于2008年5月21日在《光明日报》发表文章明确指出:"早在汉代的文献中就有禹生石纽的记载,石纽便在北川。"

3. 大禹文化源远流长,博大精深。大禹是继炎黄之后的又一人文初祖,是中国古代的治水英雄和中国最早的水利科学家,是中国第一个国家政权的创建者,是中国提出以民为本,创立科学发展观的奠基人,是墨家思想的源头,对中华传统文化的贡献无与伦比。大禹文化是中华文化的精髓,大禹精神是中华民族精神的象征。北川是大禹的出生地,其文化品位是不言而喻的,尤其是大禹遗迹、大禹传说和祭禹民俗传承数千年,更是独有。因此,李学勤先生曾专门为北川题词:"羌禹文化,辉煌北川。"

4. 大禹文化品牌,具有唯一性、垄断性和震撼性。根据历代经史古籍记载和出土文物印证,经国内学者专家的论证,禹生石纽在北川,已成共识。北川大禹故里禹穴沟,有大禹、李白、颜真卿所书的三处"禹穴"题刻,人文景观和自然景观巧妙结合,相映生辉,加之温度、湿度非常适合人们休闲观光,是天下独有,不可再造的神禹之沟、神奇之沟、神秘之沟、神圣之沟。

5. 大禹故里文物古迹众多。"石纽""甘泉"古题刻、誓水柱、岣嵝碑、禹王庙、神禹故里牌坊和禹里镇(古石泉县城),集中显赫,尤其是誓水柱、禹里镇、石纽村、禹穴沟等地名,更是天下独有,其历史价值不可估量。

6. 禹羌文化特色，包括建筑特色、艺术特色和民俗特色，非常鲜明。尤其是每年农历三月初三的转山会、六月初六的禹王庙会（祭禹习俗）和十月初一的羌历年会，别具一格，最为专家学者称道。这三个节会已申报为国家和省级非物质文化遗产。六月初六的祭禹习俗还将申报国家级非物质文化遗产。

（三）北川峡谷是红色文化走廊

1935 年 4 月，中国工农红军第四方面军长征进入北川，在县境相继建立了中共北川县委和 2 个县级苏维埃、5 个区苏维埃、28 个乡苏维埃、119 个村苏维埃政权。红四方面军在北川生活、战斗了 103 天，在千佛山一线与国民党军队激战、对峙了 73 天，歼敌 1 万余人，牵制敌军 14 万多人，确保了“北川峡谷”畅通，掩护了红四方面军主力顺利西进，策应了中央红军渡江北上，为红一、红四方面军胜利会师于懋功创造了有利条件，在红军长征史上写下了光辉的一页。

在攻占、扼守北川峡谷的战斗中，北川人民筹粮运粮，修路架桥，男女青年踊跃支前参军，为红军打通北川峡谷通道、顺利西进做出了不可磨灭的贡献。据不完全统计，全县参加红军及为红军运送物资西进未归者达 3000 余人。1935 年 7 月，红军离开北川，接踵而至的国民党反动军队烧杀抢掠，无恶不作，恶霸地主反攻倒算，杀人如麻，使全县人口减少近半，北川人民为中国革命做出了巨大牺牲。1953 年 11 月，北川被确定为“革命老根据地”。2004 年，北川被确定为四川省 36 个红色旅游区之一。

北川县境内至今保存着红军在北川期间留下的大量革命文物、文化遗迹。有红军机关驻地等遗址 20 余处，红军文告木板贴件 20 余张，红军书写、錾刻的标语 1958 年普查时尚存 158 条；2002 年在禹里乡新建红军碑林馆，收藏红军石刻标语 46 条，县文管所收藏红军石刻标语拓片 10 件，红军使用过的生活用品和军用品等 51 件，苏维埃发行的铜币、布币、纸币 18 件。1991 年 9 月，县委、县政府在红军战斗过的墩上乡桥头建立了千佛山战斗纪念碑。绵延 60 余公里的千佛山战场遗址，还有大量保存完好的战壕、弹坑、碉堡遗址，被红色文化研究专家誉为“中国近代革命考古史上的大发现”。

（四）北川峡谷是生态观光走廊

经我国科学家调查论证，北川是全球同纬度生态保存最完整和物种最具多样性的地区之一。境内海拔最高 4227 米，物产丰富，动植物种类繁多。有全球唯一保存下来的距今一亿七千多年的植物活化石——拱桐（俗称鸽子树）。拥有丰富的矿产资源和水能资源，自然景观绮丽。全县森林覆盖率达 82%，天然林保护和退耕还林落实较好。东有猿王洞、九皇山、药王谷、香江湾自然风景区；西有大熊猫栖息地——国家级小寨子沟自然保护区和片口自然保护区;南有国家森林公园——千佛山风景区,还有全国唯一的禹穴沟风景名胜区和唐家山堰塞湖风景区。全县河流无污染,水质优越,真可谓山清水秀,绿色家园。

北川气候条件优越。经中国气象科学研究院的专家论证,北川年平均温度为20℃左右,春天温暖,夏无酷热,秋天凉爽,冬无严寒,负氧离子浓度高,相对湿度、风速、日照俱佳,全年都适合养生,能使人健康长寿,是中国康乐型气候最好的地区之一。充分利用北川康乐型气候资源、古老的禹羌文化资源和现代科技文化,创新开发休闲度假旅游,将成为北川旅游新的增长点。将气候优势转化为产业优势,开启休闲旅游的新模式,将使北川成为朝拜大禹的圣地、体验禹羌文化的乐土、回归自然的家园、康乐休闲的天堂。

(五)北川峡谷是地震遗迹走廊

2008年5月12日,四川西北部发生特大地震,位于龙门山地质断裂带上的北川羌族自治县成为十个极重灾区县中最重的一个,整个县城瞬间变为一座废墟,全县遇难及失踪人数近2万。从西边的墩上乡、禹里镇到东边的陈家坝、桂溪乡,各种地震遗迹俱全,其中唐家山堰塞湖、县城废墟和任家坪北川中学遗址举世瞩目。

根据规划,北川老县城废墟已成为国家级地震遗址博物馆的组成部分;任家坪北川中学遗址已建成"5·12"汶川特大地震纪念馆;唐家山堰塞湖,水面长度24公里,是中国乃至世界最大的地震堰塞湖,已建成堰塞湖风景区。

二、北川羌族自治县产业发展的思考与建议

北川在新形势下的产业发展,应坚持"文化兴县、旅游强县、产业富县、依法治县"的发展方向。

(一)关于文化兴县

清乾隆《石泉县志》记载:"汉传石纽之村,唐置石泉之县。"唐贞观八年(634),朝廷设石泉县(后将原北川县并入),就是根据《水经注》关于禹母"暮汲石纽山下,泉中得月精如鸡子,吞而遂孕,十四月而生禹"的记载,取当地石刻"石纽""甘泉"首尾二字定石泉县名。这就是说,石泉县是因为禹生之地及大禹文化而兴县。

2003年,国务院批准设立北川羌族自治县,这是全国唯一的羌族自治县,也是因为四川省政府的报告中有北川自古为大禹故里和大禹文化遗迹的内容。

2008年,"5·12"地震后北川羌族自治县异地新建县城,也是因为时任国务院总理的温家宝同志考察禹里镇灾情后,在老县城遗址上发出了"保护羌文化""再

造一个新北川”的誓言。

由此可知，没有大禹故里和大禹文化，就没有石泉县和新北川。我们要坚持文化自信，无论北川怎样发展，都不能丢掉大禹故里和大禹文化这个世界级的品牌。“北川禹里镇，华夏第一乡”，“禹穴三题刻，堪称天下绝”。大禹文化和羌族文化是北川的灵魂，是北川人民的精神家园，是北川脱贫致富、兴旺发达的动力之源。

（二）关于旅游强县

今天的文化就是明天的经济。哪里有文化，哪里就会出现旅游繁荣。北川旅游资源丰富，潜力巨大，前景辉煌，完全可以把旅游资源强县变成旅游产业强县。

“5·12”大地震后，北川在国内外知名度空前提高，慕名前来北川的游客与日俱增。随着成绵高速复线和成绵乐高铁的建成、茂县—北川—江油旅游公路的重建，以及唐家山堰塞湖风景区和汶川特大地震纪念馆的陆续建成，可以开发多种特色旅游项目：

1. 九寨环线旅游，观赏世界自然遗产、国家级风景名胜区九寨沟、黄龙寺、神仙池、牟尼沟等人间仙境。

2. 禹羌文化旅游，探访大禹故里（石泉古县城）、石纽山、禹穴沟等名胜古迹以及五龙寨、西窝寨等羌寨风情。

3. 红色文化旅游，寻访红四方面军领导机关和徐向前、王树声、李先念等红军将帅的驻地，以及红军碑林馆和千佛山红军战斗遗迹。

4. 生态观光旅游，观赏植物活化石拱桐（鸽子树）、动物活化石大熊猫，游览小寨子沟和片口国家自然保护区、千佛山国家森林公园，以及九黄山猿王洞、九皇山、药王谷、香江湾等自然风景区。

5. 地震遗址爱心旅游，凭吊“5·12”大地震的北川县城废墟、唐家山堰塞湖、任家坪北川中学遗址及陈家坝大滑坡遗址，参观汶川特大地震纪念馆。

6. 禹羌文化创意产业，如电影、电视剧、动漫画、连环画等。

（三）关于产业富县

工业生产应以特色旅游产品精加工为主，以无污染的其他产品为辅。要把文化产业和旅游产业作为主导产业和支柱产业。

1. 禹羌文化的根雕、石刻、模型、羊皮鼓等手工艺品，可建设中国最大的禹羌文化工艺品生产基地。

2. 禹里羌山服饰手工艺品（含各种羌绣、毛线编织、羊皮卦等），可建设中国最大的羌族服饰和手工艺品生产基地。

3. 禹里羌山旅游食品，如袋装竹笋片、山腊肉、蕨根菜、豆腐干、禹里茶以及无公害蔬菜、水果、干杂果品等,可建设中国最大的羌山旅游食品加工基地。

4. 禹里羌山中药保健食品,中成药饮片及膏、丹、丸、散等方便药品,可建设中国最大的羌山中药材生产加工基地。

5. 禹里羌山木质、石质、骨质纪念品、装饰品、家用品等,可建设中国最大的羌族纪念品、装饰品、家用品生产基地。

(四)关于依法治县

北川羌族自治县除了执行全国统一的法律法规外,还要执行地方法规。

1. 要认真贯彻执行四川省人大常委会批准的《北川羌族自治县自治条例》,不要与汉族地区的县市攀比,要走具有羌族自治县特色的发展之路。

2. 要认真贯彻执行四川省人大常委会批准的《北川羌族自治县旅游发展条例》,把旅游产业作为支柱产业来发展。要倡导生态移民,加快移民扶贫。将原居住在地震带上高半山的羌族贫困人口迁移到河谷平坝乡镇附近集中安置,让移民安置点成为旅游接待点,以加快城镇化进程,早日实现全面小康。

3. 要认真贯彻执行四川省人大常委会批准的《北川羌族自治县非物质文化遗产保护条例》。要办好禹羌三会(转山会、祭禹会、羌历年会),尤其是六月初六的祭禹习俗,是省政府公布的全省独有的省级非物质文化遗产,可以公办和民办相结合,办成综合性的禹羌文化旅游节。

4. 要认真贯彻执行国务院颁发的《汶川地震灾后重建条例》。北川大禹纪念馆是全国第一座大禹纪念馆,列入了灾后重建项目和经费预算,并已完成了重建设计图纸,应该按照条例规定原地重建。几年来,专家学者们一直要求启动重建工作。

(作者为西南科技大学教授、四川省社科院禹羌文化研究所名誉所长、四川省大禹研究会常务副会长、中国先秦史学会禹羌文化研究中心主任)

大禹文化遗迹与美丽乡村建设

周生法

夏履得益于大禹王的恩施。夏履镇的出典始见于《史记·夏本纪》:"舜摄行天子之政,巡狩。行视鲧之治水无状,乃殛鲧于羽山以死。舜举鲧子禹,而使续鲧之业。"又《淮南子·原道训》:"禹之趋时也,履遗而弗取,冠挂而弗顾,非争其先也,而争其得时也。"另《吴越春秋·越王无余外传》中也说:大禹"焦思劳身,以行七年,闻乐不听,过门不入,冠挂不顾,履遗不蹑"。远古时期,天地茫茫,宇宙洪荒,其时的古越深受洪涝之害,被称为荒服之地。出身于古越人(百越族群)的大禹,姓姒,名文命,谥号禹,黄帝轩辕氏第六(九)代孙,大禹为后人对他的尊称。他吸取父亲鲧治水失败的教训,"陆行乘车,水行乘舟,泥行乘橇,山行乘欙",实地调查山川地理水情。

据百姓代代相传,夏履原名"芦头滩",年年"铜井湖"孽龙作法,月月钱塘江潮水倒灌,百姓吃尽江河洪涝的苦头。当年大禹带着一班人马,来到"芦头滩"治水,实地察看灾情,制订治水方案。这一天,下着瓢泼大雨。他披蓑戴笠,脚穿草鞋,泥浆沾满了双腿。他来到河边,脱下草鞋去清洗。因水急浪大,草鞋被洪水冲走了,他顾不上去捞,光着双脚继续逆流而上,探寻源头,一直到"夏泽"(因受大禹恩泽,故名。1955 年前属夏履镇,现属湖塘街道)地界。这就是"履遗而弗取"的故事。

后人为感念大禹的功德,就在"遗履"之地建桥来纪念他,名曰"下履桥"("下"为掉下之意)。后来不晓得是哪位文人改作了"夏履桥"("夏"为夏朝之义)。地因桥而名,从此"芦头滩"唤作"夏履桥"。夏履桥、夏履桥村、夏履镇(乡)虽出同名,但各有所指,作为历史地名,传承至今。

1997年，被联合国环境规划署授予生态环境“全球500佳”的夏履镇，位于绍兴市柯桥区西北部，距杭州市区35公里、绍兴市区32公里、柯桥区12公里。南毗诸暨市，西邻萧山区，东连钱清镇和湖塘街道，北接杨汛桥镇。辖11个行政村，1个居委会，户籍人口1.85万人，外来人口0.75万人。镇域总面积51.03平方公里，地域狭长，南部群山延绵起伏，北面连岫复绿成其畈。当年，越王勾践曾率五千兵马栖于夏履镇越王峥。境内自然景观优美，人文内涵积淀丰厚。夏履镇的发展，始于20世纪80年代，为纺织大镇；现在是无纺产业一枝独秀，成为中国最大的水刺非织造布生产基地。教育、文化、医疗事业齐头并进，人民生活幸福富裕。长期以来，夏履人民在镇党委、政府的领导下，弘扬大禹治水“卓苦勤劳之风”（鲁迅语）和“越王胆剑”精神，为融入杭州都市圈，建设绍兴大城市，努力发挥好“桥头堡”的作用，励精图治，锐意创新，开拓奋进，不断谱写夏履发展的新篇章。

一、注重环境保护

大禹的“卓苦劳之风”，可归纳成三个方面：一是实干精神，二是忘我精神，三是开拓精神。自大禹治水始，夏履人治理山水从未间断。明洪武二十七年（1394）建成芝塘湖水利工程和郑家闸。明天顺二年（1458），筑成埠头至郑家闸之界塘。

新中国成立后，全面兴修水利，整治东、西两江，修筑闸塘堰坝，疏浚河道溪流，建造山塘水库，使农田旱涝保丰收，提高了抗洪救灾能力。历届党委、政府始终围绕“金山银山不‘压’绿水青山”（见2005年1月27日《人民日报》标题）这一宗旨。近年来，坚持“生态优先，特色引领，富民强镇”的发展战略，加强生态保护与环境建设。

全镇划定生态公益林2626.7公顷，保护古树名木45株，封山育林896.68公顷，森林覆盖率达83.1%。同时开展平原绿化、森林防火等工作。

二、抓实五水共治

夏履镇有3座小（2）型水库、36个山塘，可蓄水150万立方米；东、西两江及巧溪主流全长32.6公里，支流全长94.6公里。全镇集雨面积148.4平方公里。1965—1991年间，先后三次整治东、西两江，能抵御十年一遇的洪水。2001年，投资299万元，完成钱塘江中上游（夏履西江上游）水土保持工程。2016年，投入2000余万元，完成以东江为主的“全国小流域治理夏履项目区工程”。实施“一河一策”，突出治理污水，清淤1000多方；投资1700万元，完成工业污水和企业生活污水纳管排放及7个行政村生活污水治理；关停15个养猪场，确保镇域内无V类劣质水。同时对20条溪流砌堪保土；35条河溪、73个水体、82个水质检测点的监管，实行“河长制”长效管理，把“治污水、防洪水、排涝水、保供水、抓节水”的“五水共治”抓细抓实，造福于民。

三、开展美丽乡村建设

在管好环境，治好五水的基础上，开展美丽乡村建设顺理成章，事半功倍。夏履镇于1997年荣获生态环境“全球500佳”之后，于2004年通过了“浙江省卫生镇”验收；同年，国家环境保护总局授予“全国环境优美镇”的称号 。2012年，获柯桥区“洁净乡村”考核第一名。2015年，获柯桥全区每月卫生环境卫生考核总分第二名。2016年，总投入3000余万元，完成5大类22个工程项目，全力打造“一路一溪一村”景观景点，成功创建为“省、市两级美丽乡村公路示范镇”。如今是天蓝山绿水清空气新，地净路宽境美人长寿。

2017年，计划投入5000余万元，实施“八大重点工程” 。新建“大禹文化广场”“生态主题公园”，店照立面改造、弱电管线改造等工程即将竣工。同时投入800万元，继续对江夏、莲叶、越王峥环山路及夏进等4条道路沿线整治改造以及莲中至莲增段游步道连通建设等，争创柯桥区，乃至绍兴市级美丽乡村建设先进镇。

忆过去成就斐然，望未来任重道远。夏履镇将以党的十九大精神和新时代中国特色社会主义思想为指导，以生态文明建设为统领，全面实施“生态优先，特色引领，富民强镇” 发展战略，为率先高水平全面建成小康社会做贡献。按照“全球五百佳生态镇、越文化休闲旅游镇、生命健康养生镇”的定位，引领夏履镇当好“柯桥作为绍兴接轨杭州都市圈桥头堡”的尖兵；使美丽乡村建设再上新台阶，力争到2020年，创建成为“国家卫生镇”。

上善之水源远流长

——绍兴水文化的理论和实践探索

邱志荣

2016年1月9日,《缵禹之绪重建水城——绍兴水文化理论和实践探索纪实》作为中组部全国党员干部远程教育课程,在“共产党员网——全国党员干部现代远程教育平台”播出,此为全国首部在此平台上播出的水文化教育片。无疑,这对绍兴来说是一种殊荣,也是绍兴治水历史和水文化长期积累和探索的结晶。

一、绍兴是历史时期水利产物

自春秋越国以来,代代不息的水利建设,才形成了今天繁荣富庶的鱼米之乡绍兴。

(一)春秋越国水利开拓山会平原

全球性的第三次海侵在6000年以前达到最高峰,当时宁绍平原成为一片浅海,随之又发生海退,会稽山以北成为一片咸潮直薄的沼泽之地。

越王勾践面对“西则迫江,东则薄海,水属苍天,下不知所止”①的浩浩之水,接受了大夫计倪“必先省赋敛,劝农桑;饥馑在问,或水或塘,因熟积以备四方”②的建议,由范蠡主持兴建了一批水利工程,主要有吴塘、苦竹塘、富中大塘、练塘、古水道和山阴小城、大城等③。按地形分为山麓水利、平原水利和沿海水利三部分,形成

① 《越绝书》卷第四。
② 《越绝书》卷第四。
③ 《越绝书》卷第八。

了与“山—原—海”台阶式地形相适应的春秋越国水利[①]。

春秋越国水利在中国水利史上留下了光辉的一笔，体现了综合性强、建设速度快、技术先进、效益显著的特点，在越国中兴中起到了关键的作用。

（二）鉴湖奠定了绍兴河网水乡

东汉永和五年（140），为全面开发山会平原，会稽太守马臻纳会稽南部“三十六源”之水和山麓湖泊，建成我国长江以南最古老的大型蓄水灌溉工程——鉴湖。

鉴湖的效益十分卓著[②]：

其一，调蓄了上游会稽山 419 平方公里集雨面积的暴雨径流，基本消除了山洪对北部平原的威胁。

其二，蓄水 2.68 亿立方米，为北部平原 9000 余顷土地的灌溉，提供了自流式的丰沛水源。称：“筑塘蓄水，水高（田）丈余，田又高海丈余。若水少则泄湖灌田，如水多则闭湖泄田中水入海。……都溉田九千余顷。”[③]

其三，加快了山会平原的综合开发与发展。鉴湖水利兴盛，北部农田得以较大规模开发之际，正是我国北方地区战火连绵、兵荒马乱之时，于是朝廷南迁，有大量人口涌入山阴，看到这里安定的社会、肥沃富饶的土地、秀美的山川、浩大的鉴湖，正是他们梦寐以求的生活居住环境。因此，人民安居，农业生产得到迅速开发，交通运输业、酿酒业、养殖业也得到了较快发展，由此带来了经济增长，城市繁荣，人口增多。

其四，改造了生态环境。曾是咸潮直薄的山会平原，由于鉴湖兴建而成为山清水秀的鱼米之乡。

其五，吸引了优秀的外地人士。继王羲之、谢安、谢灵运之后，大批文人学士闻名而来，极大地融合和丰富了会稽的多样性文化，奠定了深厚的基础。先进生产技术也迅速传入会稽，提高了这里的生产力水平。

总之是“境绝利溥，莫如鉴湖”[④]。

（三）三江闸形成平原河网水利新格局

---

① 陈鹏儿、沈寿刚、邱志荣：《春秋绍兴水利初探》，引自盛鸿郎主编：《鉴湖与绍兴水利》，北京：中国书店 1991 年版。

② 盛鸿郎、邱志荣：《古鉴湖新证》，引自盛鸿郎主编：《鉴湖与绍兴水利》，北京：中国书店 1991 年版。

③ （南朝宋）孔灵符：《会稽记》。

④ （宋）王十朋：《会稽风俗赋并序》，引自《王十朋全集·文集》卷十六，上海：上海古籍出版社 1998 年版。

南宋鉴湖湮废,会稽山"三十六源"之水,直接注入北部平原,原两级控水成为完全由海塘、玉山斗门控制。平原河网蓄泄失调,导致水旱灾害频发。而南宋之后,浦阳江下游多次借道钱清江,出三江口入海,进一步加剧了平原的旱、涝、洪、潮灾害。因此,在新的水利形势下能兴建一处控制泄蓄、阻截海潮、总揽山会平原水利全局的枢纽工程,是当时必须及时解决的重大问题。

明嘉靖十五年(1536)七月,绍兴知府汤绍恩在前任知府戴琥等人的水利建树基础上,毅然决计在绍兴北部三江汇合处的彩凤山与龙背山之间建造三江闸,历时六个月完成①。

三江闸的建成,与横亘数百里的萧绍海塘连成一体,切断了潮汐河流钱清江的入海口,按水则启闭,外御潮汐,内则涝排旱蓄,控制航运水位,正常泄流量可达280立方米/秒,使萧绍两县三日降雨110毫米不成灾。至此,形成了以三江闸为排蓄总枢纽的绍兴平原内河水系网新格局。

二、崇高的绍兴水文化

(一)源远流长

考古发现宁绍平原早在7000年前的河姆渡文化时就已向世人展示了光辉灿烂的人类文明历史,其遗址中的稻谷与农灌、最早的海塘、造船及航运、凿井汲水、图腾崇拜等,无不留下了灿烂的水利文明印记②。

传说4000多年前大禹治水曾两次来越,"毕功于了溪"③,地平天成,最后病死埋葬于会稽山④。大禹究竟是否来绍治水,并在绍留下工程实绩,目前尚缺少确凿的史料,但已经明确的是:

第一,大禹治水的年代与约4000年左右海侵海退在同一时期,浙东以绍兴为中心的地区流传着许多关于大禹治水的传说。

第二,绍兴会稽山下已有几千年历史、殿宇宏壮著名的大禹陵、庙、祠,总体规模为全国之最,是为世所公认的大禹墓葬和祭祀之地,也表明了绍兴水利有着重要而显著的地位。

---

① (清)程鹤翥辑著:《三江闸务全书》,引自《郡守汤公新建塘闸实迹》。

② 邱志荣:《上善之水》第一章,上海:学林出版社2012年版。

③ (宋)高似孙:《剡录》卷四。

④ 《越绝书》卷第八。

第三，大禹治水的传说在绍产生了广泛深远的影响，尤其是从精神上影响着绍兴历代治水者高度重视治理水患，因此，奠定了绍兴的水文化基石，“缵禹之绪”[①]，弘扬光大，使绍兴取得了伟大的治水成就。

（二）形成核心价值

1. 献身、求实、创新的治水精神

献身。大禹治水精神的核心是国家、民族利益高于一切。历代绍兴治水人物“缵禹之绪”，将治水精神发扬光大。如东汉会稽太守马臻为筑鉴湖不惜蒙冤被杀，明代绍兴知府汤绍恩呕心沥血修三江闸，都是实践典范。

求实。大禹治水的求真务实态度为越人崇尚。东汉绍兴上虞人王充对水、天、地自然界的朴素唯物主义认识；明代绍兴知府戴琥为治理水患，常年深入调查等就是真实写照。

创新。禹治水采取了“疏”的办法，因势利导，于是地平天成。对这种不断超越创新的思想和态度的承继，使自越国水利到今天的曹娥江大闸建设无不留下了代代绍兴人与时俱进、不断创新的印记。

2. 天人合一的思想

天人合一的治水理念在绍兴有着深厚的基础。绍兴的治水历史是一部不断追求天人合一、人与自然和谐相处，代代相传的光辉之书。

绍兴古代地形地貌、自然降雨、海潮等是客观存在的自然现象，但就生存环境而言，潮汐直薄，咸潮与淡水在平原交替是影响人们生产、生活质量提升的主要因素。而人作为万物之灵在这其中就起到了顺应和改造自然的关键作用。可以说“天”代表了客观存在的事物与环境；“人”代表了调适、改造客观事物与环境的主体；“合”是客观条件的转化与改变，也就是阻潮汐于平原之外，蓄淡水于河网之中，实行顺天时、应地利的人工调控；“一”表明自然与人相依相生，绍兴成为鱼米之乡。

3. 文化是水之魂的理念

内涵：绍兴水文化以大禹治水献身、求实、创新的精神为统帅，以“天人合一”的自然观作为核心内容，以“人水和谐”的理念作为追求目标。

外延：以文学和艺术作为重要的表现手法，以水的明净秀丽、形态多变作为审美标准，以亲水作为风俗传统，以水的利用和功能作为其延伸和传播形式。数千年

---

① “缵禹之绪”为明徐渭为绍兴三江闸的缔造者汤太守祠题写的对联，原作为：“凿山振河海，千年遗泽在三江，缵禹之绪；练石补星辰，两月新功当万历，于汤有光。”

来水环境在不断变化,而文化凝聚成独特的绍兴水乡之魂,源远流长,成为民众理念、风俗、生活、审美标准的主要内容之一。

(三)内容丰富多彩

自越国以来代代不息的治水活动,形成了“缵禹之绪”的治水精神,和“善治越者当以浚河为急”①、“人水和谐”的治水思想,以及一大批古水利工程遗存和丰富的水利著述。文人学士对水的讴歌和赞美,产生了兰亭书会、唐诗之路、明清风骚等文化艺术作品。优越的自然环境使绍兴地灵人杰、人才辈出,“山有金木鸟兽之殷,水有鱼盐珠蚌之饶,海岳精液,善生俊异”②,造就了名人文化。纵横交叉的河网水乡使人们择水而居,遇河建桥,创建了精美的水利建筑和桥文化。绍兴著名的山水风景区东湖、柯岩、羊山也是古代绍兴人凿山开石、筑塘建城等治水活动而创建的水文化遗产之一。③

三、持之以恒开展基础性研究

(一)长期重视学术探索积累

早在20世纪80年代末绍兴市水利局就重视水文化基础研究工作。以古代鉴湖为主体,在前人的基础上,以实地考察,现代水利、地质、测绘等为主要方法进行绍兴平原水利史研究。1990年4月,由中国水利学会水利史研究会、浙江省水利厅和绍兴市人民政府联合发起了“纪念鉴湖建成1850周年暨绍兴平原古代水利研讨会”,会议集聚了我国水利史研究学科领头人姚汉源、周魁一,历史地理学科领头人陈桥驿等全国一批著名专家学者,并提交了数十篇绍兴平原水利史、水文化的研究成果的著作,这在现代绍兴水利史和水文化研究上具有开创性的重大意义。④

2013年11月,“中国大运河水利遗产保护与利用战略论坛”在绍兴举行⑤,会议由中国水利学会和中国文物学会主办,全国政协学习和文史委员会、绍兴市人民政府等为支持单位,中国水利学会水利史研究会、绍兴市水利局是主要组织和承办单位。这次会议被全国政协文史委评价为:2013年中国大运河保护工作中一个新

---

① 明季本《浚学河记》,引自康熙《会稽县志》卷四《河·官河》。

② 六朝虞预语,载《三国志·虞翻传》注引《会稽典录·朱育》。

③ 邱志荣:《鉴水流长》,北京:新华出版社2002年版,第78—81页。

④ 盛鸿郎主编:《鉴湖与绍兴水利》,北京:中国书店1991年版。

⑤ 邱志荣、李云鹏主编:《运河论丛:中国大运河水利遗产保护与利用战略论坛论文集》,北京:中国文史出版社2014年版。

的亮点，是一次高层次的学术会议，一个重大创新。

（二）取得丰硕的学术成果

据统计，绍兴古代文献包括方志146种、名胜游记284种、水利141种、人物69种等等，总共1400余种。[①] 绍兴可以被称为名副其实的方志之乡、水利文献之乡。

20世纪90年代以来由于研究者众、学术品位高，绍兴水利史、水文化研究再现良好势头，正式出版的诸如水利方志、文集、点校等专著共30余种，2000余万字。撰写者既有水利界人士，也有社会文史、院校等专家学者。其中仅水文化专著就有3部，可谓百花齐放。

（三）建立文化、学术研究组织

2011年由绍兴市水利局、绍兴文理学院联合成立了绍兴市水文化教育研究会。2014年又以绍兴市水利局为主体，联合社会各界学术人才，成立绍兴市鉴湖研究会，其宗旨为"传承文脉、学术为本、经世之用"。以上两个研究会通过优势互补，在实践和理论两个方面，推进绍兴的水文化建设与发展。两年来在开展学术研究、参与重要学术问题的讨论、开展工程水文化布展、普及和宣传水文化活动等方面做出了显著的成绩。已完成了《浙东运河史》《运河论丛》《中国鉴湖》《绍兴水利文献点校》《绍兴三江水利文献》等8部专著，受到学界和社会好评。形成了个人研究、学会团体组合、多学科学术合作与交流相融合，亮点纷呈的新局面。

四、在实践中发展和提升水文化

经世致用是浙东文化传承的精粹，在水文化工作中处于核心地位，是水文化的目标、发展、方向和生命力所在。

（一）建设水文化精品工程

1. 主要做法

（1）把握核心、体现价值

核心思想：天人合一；核心理念：文化是水之魂；核心价值：没有文化的工程是无生命力的，没有文化的工程不能传承历史；核心要求：为水利发展提供先进文化支撑。

（2）追溯本源、理清脉络

以做学问的标准，认真系统考证编写所处工程的水系变迁、文化源头、文化

① 陈桥驿：《绍兴地方水利文献考录・前言》，杭州：浙江人民出版社1983年版。

传承。

(3)突出主题、形成特色

对每条河流、每个工程进行同中有异的主题文化提炼，形成鲜明的地域特色和个性，此河不同于彼河。

(4)精心编制方案

注重事前精心谋划，一般在做工程前就形成方案，为设计提供依据，在施工时文化与土建协调融合。

(5)集聚优势、建设精品

集聚人力、物质、文化等资源，形成团队合力。“朝而出、暮而归”，“典衣销带，不以为苦；祁寒盛暑，不以为劳；一段痴癖，差不辱此灵耳”①。目标是建成精品工程。

(6)加强管理、重视完善

建后管理，采取自建自管与委托代管等不同形式。

文化建设上持之以恒，不急于求成，文化布置内容需不断完善和保护。

2. 成功案例②

20世纪末以来，绍兴建设了一批水环境整治工程，水文化建设卓有成效，各具特色。

(1)环城河

环城河是绍兴城市的母亲河，伴随着绍兴水城的发展流淌了2500多年，孕育了城市文明，见证着绍兴的历史。1999年，绍兴市抓住机遇，坚持高起点规划、高水平设计、高质量建设，体现城市防洪、城建配套、环保、文化、旅游等五大功能，对环城河实施综合治理。

环城河整治从水文化角度而论，首先是生态文化。由于环城河及沿线的面貌得以较彻底地整治，水城特色得到淋漓尽致地发挥。整治后水质变清，鱼燕飞跃；杂树参天，繁花覆地，生态优越。二是民生文化。环城河改造增加了新的园林景观。多少年习惯于茶余饭后闲在家里的绍兴人，现在把环城河各景点当成了“后花园”，锻炼身体，陶冶情操，享受园林景观带来的愉悦。三是历史文化及其再创。环城河改造传承和丰富了绍兴的历史水城文化内容，这不但表现在文化布展的增多和历史古迹的恢复，而且为文人、艺术家提供了创作的场地，触发其灵感，使历史名

---

① (明)祁彪佳：《越中园亭记·寓园》。

② 主要参考邱志荣：《上善之水》第三章，上海：学林出版社2012年版。

城更富有个性特色。

2003 年,环城河工程被水利部定为国家级水利风景区。

(2)运河园

2002—2003 年,绍兴市以"传承古越文脉,展示水乡风情"的思路,对浙东古运河进行了全面水环境整治。其中一期工程建成东起绍兴城西的"运河园",长 4.5 公里,面积约 25 万平方米,总投资 6000 余万元。

主要景区为:运河纪事——记载历史文化,为古运河历史变迁的集中展示。沿河风情——集聚水乡风物,是运河沿岸风俗民情的精华。古桥遗存——展示桥乡精品,主要集中展示绍兴水乡的石桥风貌,分整桥移建、组合古桥、部件展示三部分。浪桨风帆——再现千艘万舻,主要展示古越水运繁盛的景象。唐诗始路——笑看挥手千里,记述唐代众多著名诗人慕浙东之名沿古运河而来游越,形成"唐诗之路"的盛况。缘木古渡——难忘前师之鉴,以宋高宗几渡运河之史事为历史借鉴,昭示强国与爱国之道。

2006 年年底,"运河园"工程被中国风景园林学会评为优秀园林古建工程金奖;2007 年 8 月,"运河园"工程又被水利部定为国家级水利风景区。

(3)曹娥江大闸

曹娥江大闸位于曹娥江河口与钱塘江交汇处。它是中国在河口建设的规模最大的水闸工程,也是浙东引水的枢纽工程。

大闸既是优质的现代化水利工程,也是一处精美的水利园林景观,还是一座内涵丰富的水文化博物馆。其水文化建设以"天人合一"的思想为核心,在传承老三江闸文化为主的同时又具有开创性,主要景点与文化展示区为:"女娲遗石"、"治水者组合雕塑群像"、"安澜镇流"碑亭、"雄闸应宿"、"娥江飞虹"、"高台听涛"、"名人说水"等。2010 年被评为国家水利风景区。

大闸还先后荣获浙江省"钱江杯"优质工程和中国建设工程鲁班奖称号。评审意见为:曹娥江大闸工程开创性地将最新的工程技术与传统的治水文化以及秀丽的生态环境景观有机结合,无论是工程实体质量与工程感官效果,还是工程对环境的改善以及与人文和生态环境的协调等方面均达到国内领先水平,对全国的水利工程建设具有明显的示范和带动作用,是水利工程的精品之作。其中充分展示了文化的魅力和影响力。

(二)为社会经济、文化发展服务

1. 做好结合文章

水文化丰富多彩,为广义文化,是与水相关的诸多学科的综合与延伸。水文化建设中实行多行业的结合,多部门的合作。边缘学科的研究,无疑会产生事半功倍的效果,也是弘扬和发展水文化的有效途径。

水文化与旅游结合。“山阴道上行,如在镜中游”①,水之游,因为有水文化变得更高雅,产生长远的旅游效应,开发与利用得到完美地结合。

水文化与园林结合。产生更好的文化、艺术效果,使文化充满生机活力。新建成的水环境景区及水文化布展是城市景观建设的重要内容,也是人们休闲、陶冶心情的好去处。

水文化与城市、交通建设结合。绍兴城市河道引水与活水工程,使城市水清、水畅、岸绿;河道综合整治使航运畅达,水网密布,水乡特征更明显。

水文化与文物保护结合。高度重视沿河文物保护,诸如马太守墓、古纤道等文物得到有效修缮。对三江闸的保护已提升到绍兴市对这一区域的文物、文化的全面保护,是浙东海塘申遗,城市发展的重大工程。

水文化与生态环境保护结合。在水文化的普及与实践中,人们普遍形成了水比绿好的意识,营造全民参与的水天一色的生态环境。

水文化与精神文明建设结合。在水文化建设、水环境整治中提炼绍兴治水精神,形成核心价值观,建设与水文化相融的多元文化,促进绍兴文化、浙东学术的繁荣发展。

2. 为大运河申遗提供文化学术支撑

(1)准确定位

浙东运河已有2500年以上的历史,是春秋时期形成的我国最早的人工运河之一,为天人合一的产物;浙东运河既是中国大运河的南端,也是著名海上丝绸之路的南起始点;浙东运河是中国大运河当今保存最完好的地段之一,并且至今依然在发挥和延续水利、航运的作用;浙东运河具有众多独立于世、不可复制的历史文化遗产留存,是中国古代工程遗产的典范,也是浙东地区人民对人类文明发展的重要贡献。

(2)保护和建设的主体意识

认识到水利与运河天然相依,运河遗产的性质和核心构成是“水利工程体系”。即使运河不申遗,水利人也应肩负历史责任,高标准地保护好古运河、鉴湖等工程。

---

① (宋)王十朋:《会稽风俗赋并序》,《王十朋全集·文集》卷十六,上海:上海古籍出版社1998年版。

(3)建设特色鲜明的工程文化

原真性。制订具有个性的文化布展方案;注重文化的源头探索和发展,正本清源;了解文化真谛,布置经典之作;原汁原味的线性文化保护。

整体性。与设计同步进行的古运河文化布展,力求较全面生动地反映运河文化。集中展示浙东运河的古今演变、地域特色、历史地位、文化艺术等内容。

创造性。综合诸多要素,进行新的创造,以使绍兴先进运河文化更具特色和魅力,形成强烈的文化震撼力。

原大运河申遗定格在京杭运河段,随后全国政协大运河考察组的领导专家先后几次到运河园视察指导,并给予好评。浙东运河之所以最后被列入大运河申遗范围,是绍兴重视水文化建设并在保护工程中展示、弘扬起到了重要作用,运河园文化的保护和建设示范作用显著。

3."黄酒事件"水源地论证的学术支撑

2014年6月28日《华夏时报》发表文章《水质不如自来水——古越龙山陷"水门事件"》提出:绍兴黄酒原产地鉴湖水受污染,现在使用的是汤浦水库水,"如果情况确实如此,那么我认为不应该再享受原产地域产品保护"。

面对这一质疑,绍兴市水利局、鉴湖研究会对鉴湖源头水进行了学术论证,确定汤浦水是鉴湖源头水。①

以上观点也得到了我国历史地理前辈、郦学大师陈桥驿先生的充分肯定。之后,黄酒水源风波平息。

4.提出对三江所城实施"精准保护"②

绍兴三江闸保护、利用、传承工作方案的提出和实施,三江村的拆迁及保护引起了社会各界与媒体的广泛关注和不息争论。绍兴鉴湖研究会通过新闻媒体提出以下主要观点:明代三江所城的建设性质是一个军事设施,核心价值是军事遗存。现在规划在这一区域建遗址公园,最好的保护是迁走居民,还地于城;科学勘测,制订好专项方案,实施精准保护。工作中必须坚持依法、科学、合理的基本原则。

以上观点得到了学界和社会舆论的广泛好评,也促进了此项工作的有序开展。

5.协助诸暨井灌工程申遗获得成功

---

① 邱志荣接受记者采访,见2014年7月1日绍兴网《绍兴酒用鉴湖水酿制品质可靠》,以及2014年9月绍兴市水利局,绍兴市鉴湖研究会:《关于鉴湖源头及保护范围的研究报告》,引自邱志荣主编:《中国鉴湖》第一辑,北京:中国文史出版社2014年版,第260—263页。

② 邱志荣:《正本清源精准定位——论绍兴三江所城的文化保护》,载2015年11月10日绍兴网、2015年11月10日中国水利网、2015年11月11日《绍兴日报·新周刊》。

诸暨市赵家镇泉畈村一带有着上千口农灌古井，大多为南宋时期遗留，十分珍贵。中国水利史研究会与绍兴市鉴湖研究会发现后，多次实地勘探、调研，建言献策，为申请世界灌排工程编制文本和报告，获得了各级领导重视。2015 年诸暨桔槔井灌工程最终入选世界灌溉工程遗产名录。这也是继浙东运河之后，我市又一个世界级水利文化遗产。

（三）水文化提升水利现代化

今天，绍兴水利已迈入了水利现代化进程，而古老、厚重的水文化依然在提升理念、转变观念、更新思路、再创佳绩，引领绍兴水利现代化。

大禹治水的精神，永远是绍兴水利人的核心价值观。

天人合一和以人为本的思想，使绍兴下决心花大力气找回蓝天碧水。在 2007 年开展“清水工程”的基础上，绍兴市又开展“五水共治”，经过多年努力，投入资金 400 亿以上，已取得了水环境明显改善的成果。

不断创新与改革的思路，使绍兴能站在全局和浙东水利一体化的高度，成功地建设了曹娥江大闸等工程。

高度重视水文化的思路和实践，使绍兴水利提高了品位，展示了更好的形象，为上级和社会各界赞誉。

全民对水利的重视和对水文化的精深认识，使得在绍兴城市发展中，水利建设、水环境、水生态、水文化成了第一篇要做好的大文章：在规划发展中，以水为主线，传承文脉，发展绍兴新水城。在文化建设上，形成以水文化为主线的三个文化圈，即以大禹陵为核心的会稽山文化；以水城为核心的鉴湖、水乡、水运文化；以三江闸为核心的塘闸、围涂、滨江文化。在水城景观布局上，以水为纽带，山水相连；海为环抱，容纳百川。在具体工程措施中，以“五水共治”为主线，使民生工程、生态环境、水利文化相辅相成、完美融合。

在新的历史时期，绍兴水利将前程伟大，水文化将光辉灿烂。

（作者单位：绍兴市鉴湖研究会）

域外禹学与大禹广场

连接京都鸭川和中国黄河的文化桥梁

——酒匂川治水神考[①]

大胁良夫著　吴镒萍、钱海英译

富士山宝永喷火300年之际，思考酒匂川治水神

酒匂川治水神（文命宫或夏禹王庙）是连接京都鸭川和中国黄河的文化桥梁。

图1

图2

① 译者注：本文由日本治水神·禹王研究会会长大胁良夫先生于2007年4月1日撰写并单行本发表，为当代日本第一篇专门论述大禹遗迹和大禹文化的研究论文；由浙江越秀外国语学院吴镒萍和钱海英合作翻译。

图1为文命西堤碑(江户时代1726年,田中丘隅建)。

图2为建于山北町岸的文命宫,极有可能是日本现存禹王庙中最古老的唯一存在。

“文命”是中国夏王朝(前2070—前1600年前后)的始祖,治理黄河的大禹之名。文命东堤碑文中铭刻有“神禹”二字,自1726年以来一直被奉为镇守酒匂川的守护神,祭祀至今。

正面左边是“文命西堤碑”,右边为“文命宫”。

序　章

富士山大爆发的宝永喷火(1707年,宝永四年)距今已有300个年头。因火山爆发而产生的火山灰飘降在酒匂川并大量堆积起来,造成岩流濑和大口等处的堤坝崩溃,使足柄平原成为常受洪水侵袭的泛滥地带。受命于德川吉宗的越前地方官大冈忠相,于1725年(享保十年)任命田中丘隅为修复工程的负责人。1726年完成这项使命的丘隅为祈祷堤坝长保平安而在岩流濑堤(山北)和大口堤(南足柄)两处分别建立了文命宫和文命碑。这在足柄平原一带广为人知。

但是,人们并不太了解文命宫是缘于京都鸭川的治水故事(为祈祷鸭川的平安而模仿中国治水神——治理了黄河泛滥的大禹——的祠堂)所建立的。在宝永喷火300周年之际,笔者以治水神文命宫为切入点进行深入考察,涉及观点如下所示。

1. 尝试重新认识建于岩流濑堤的治水神文命宫。
2. 原位于大口堤的文命宫,如今何去何从?
3. 京都的文命宫在哪里?
4. 京都方是否对酒匂川的文命宫有所关心?
5. 在中国是否遗留着夏王朝(前2000)时代的禹王庙(文命宫)?

(根据《史记·夏本纪》,可知“禹姓姒,名文命”。笔者认为文命宫和禹王庙是同一概念,虽然在足柄多被称为“文命”,但在京都多被称为“禹王”,本稿交叉使用两种说法,敬请理解其为同一概念。)

一、文命宫(酒匂川、鸭川)的概要

文命宫在日本有两处,西文命在京都加茂川之堤,东文命在相州酒匂川之堤。

1.酒匂川的文命宫建于1726年（享保十一年），与岩流濑堤及大口堤差不多同时建成。（《新编相模国风土记稿》，川村岸、班目村之项等）

2.京都的禹王庙建于1228年（安贞二年），在鸭川进行治水工程之际，堤上兴建了祭祀夏禹王的祠堂以祈求堤坝安全。酒匂川的文命宫，仿效此前例而建。（《雍州府址》，大口的福泽神社境内所立的文命东堤碑的碑文等）

3.在京都鸭川建立的祠堂是为祭祀中国最古老的王朝——夏——的统治者、也被认为是黄河治水之祖的禹王（其名为文命）。（《雍州府址》等）

【酒匂川、京都鸭川的文命宫的简易调查表】

	酒匂川（岩流濑堤）	酒匂川（大口堤）	鸭川（京都）
1.文献上的所在地	岩流濑堤（文命西堤）	大口堤（文命东堤）	a.旧五条桥（现松原桥）的中岛·晴明塚附近。 b.四条大桥东端的神明社，弁财天社。 c.四条大桥东端的目疾地藏仲源寺。
2.是否现存	现存	不明确承认存在于1879年（明治十二年）之前（有传说认为，因关东大地震而倒塌后被弃置）。	京都市历史资料馆对酒匂川东堤碑碑文中的【建神禹祠于鸭河】的见解是“并无现存”。在江户时期以后的京都有一种广为流传的说法是，在禹祠的遗迹上建起了仲源寺。故可推测，酒匂川碑文的撰写者荻生徂徕也应有所了解。
3.特别事项	a.铁门上的雕字（文命宫）已严重磨损。 b.在基石正面右下方刻有明治初期用于水平测量的英式高低记号。 c.在基石的中央位置有直径15cm、深20cm的人工洞穴。该洞穴并未贯通，不知其用途为何。	1.伴随着道路扩张，福泽神社预计于2007年迁址。这也是寻找下落不明的东堤文命神社的大好机会。 2.神社境内的东堤碑（前碑）的基石上刻有等同于左栏b提及的英式高低记号。不知其曾用于何种土木工程。	鸭川的预备知识 a.起源于丹波高原的栈敷岳，在鸭神社南端的出町附近与（从大原流淌而来的）高野川合流。合流前被称为贺茂川，合流后被称为鸭川。属于1级河流。 b.与酒匂川一样，曾是洪水泛滥的河流（注1）。根据京都府发布的《鸭川之变迁》记载，在公元601—1925年的1324年之间共发生过164次洪水，达到每8年一次洪水的高频记录。 c.在鸭川的泛滥中保护都城已成为各时代当政者的重要课题。从平安时代开始就设有防鸭河使（注2）这类治水官职。 d.昭和十年的大洪水（死伤人数12人）后，实施了大修建工程。战后也有4次洪水记录。

二、酒匂川岩流濑堤(文命西堤)有现存的文命宫

(一)建于山北町岸的岩流濑桥北的岩流濑堤尽头

文命宫,于1726年(享保十一年)5月,与文命西堤碑一并由田中丘隅所建。1707年,富士山宝永大爆发所产生的火山灰堆积在酒匂川,造成洪水不断泛滥。足柄平野一带,按照现今的说法,属于受灾情况极其严重的重灾区,令人束手无策的灾情持续多年。酒匂川只不过是远离江户的一条偏远地区的河流,但其复兴工程却得到吉宗公和大冈忠相的重视,这是前所未有的特例。谱代大名(世袭家臣)小田原藩的属地因此荒废近20年,这也许更关乎幕府的威信。而足柄平原的大米产量因此一蹶不振并造成国家经济上的不小打击也是其中一个因素吧。

田中丘隅不负幕府期待,不拘一格起用熟悉酒匂川实际情况、具有绝技的当地人员,成功修复堤坝,并在岩流濑堤和大口堤两处分别建立了文命宫和堤碑。

(二)文命宫的由来

建立文命宫的目的可详见于大口福泽神社所立的东堤碑文。笔者根据濑户长治对碑文的解说(注3)整理成以下三点:

1. 虽说治水已成功,但若无神明保佑,便无法保障堤坝的长久安全。安贞二年(1228),势田的审判官(中原)为兼接受敕命在鸭川实施治水工程时,为祈求堤坝安全而在堤坝上建立了祭祀夏禹王的祠堂。以鸭川为绝好先例,于1726年(享保十一年),在酒匂川的堤坝上建成神禹之座。

2. 大禹成为夏王朝帝君之前,就早已着手治理黄河。大禹在长达8年的时间里和妻子在家共度的时光仅仅只有4天。为使百姓能安居乐业,大禹心系治水,不问辛劳,持续奋战。

3. 治水事业虽难上加难,但从中国黄河的治理经验中深受教益,开始相信一心祈祷神明就能平定水患,为此而建文命宫并推行祭祀礼节。为得到神禹的保护,每逢祭礼,村民们纷纷搬运石块增强堤坝,这份信仰非常重要。

把上述1—3的内容按照年代顺序排列如下:

前2070年	1288年	1707年	1726年
黄河	鸭川		酒匂川
黄河治理成功，大禹成为夏王。（注4） 0年 →	鸭川治理成功，学习黄河经验，建立禹王庙。 约3300年后 →	富士山宝永大爆发，第二年起，酒匂川开始洪水泛滥。足柄平原财政疲敝。 →	大冈忠相、田中丘隅在酒匂川治水成功。仿效鸭川建成禹王庙，举行祭祀。 约3800年后

（三）现存文命宫的魅力和奇妙之处

1. 岩流濑的文命宫是日本最为古老的禹王庙

关于现存的禹王堤碑，根据已掌握的信息，包括群马县利根郡利根村及片品村（建立于大正时代）、大阪府三岛郡岛本町（建立时期不明）、高松市香东川（建立于17世纪）、大分县臼杵（建立于1740年），加上酒匂川的2处，目前已知共有7处现存。（但尚有其他的可能性）

不过，关于文命宫（禹王庙），除酒匂川岩流濑以外，现存的相关消息未有所闻。见后所述，因京都鸭川的文命宫存现可能性极低，故把岩流濑的文命宫定义为我国唯一现存且最为古老的禹王庙也无妨吧。

2. 独具匠心的石龛

请参照第1页照片。正如当地《山北町史》的通史编中所言，“是本地区独具匠心且最富代表性的石龛”，文命宫造型独特，令人百看不厌。

3. 文命宫的核心部分：在盖石和基石之间的四角形石块上刻有文字。

请参照右边放大的照片，上部刻有三行文字，每行两个字。

神	大	水
祠	禹	土

“水土大禹神”这几个字用肉眼尚能看清，唯有最后那个字的字迹很浅，难以读取，但应该是“祠”字吧。

4. 中央铁质部分的文字

中央铁质部分的文字中，能以肉眼确认的仅有“宫”字，此外难以读取，甚至无法辨明总共几个字。但根据“宫”字的大小和相隔的空间等可以断定为是“文命宫”字样吧。(注 5)文命宫的核心部分饱经风雨,磨损严重,今后有必要采取一些保护措施。我们小心翼翼取下铁门,发现里面空无一物,只是一个长 9 寸、宽 7 寸、深 4 寸的空洞。这里面应该曾经祭祀过神像。(注 6)

5. 基石有 2 个不可思议之处:首先,基石的中央部位有一个圆形小孔穴,直径 15cm,笔直深入基石 21cm,但并未穿透基石。此孔穴是否人工所为,不可得知,深感微妙。假设是人工所为,其初衷何在? 如有高人知晓,敬请赐教。

其次,基石正面中央部位的右下角雕刻有字。字形如“不”,敬请参考照片。这个记号,也可见于福泽神社里的文命东堤碑的下部。

山北岩流濑堤文命宫的基石

大口福泽神社界内文命东堤碑的基石

①“不”是明治初期的测量基准

“不,是明治初期引进的表示测量基准的符号,源于英国的测量技术。日本进入明治时期后,开始进行正规的地图绘制,此为该时期里表示关八州大三角测量各观测点的标高符号。”(杂志《测量》1995 年 1 月刊及其他)(注 7)

从明治十五年开始,日本的测量方法改为德国标准,因此,这个记号可以认为是明治初期到明治十四年左右这一期间所形成的。“不”的印记(称为记号),被认为每隔约 1.6 公里(约 1 英里)标记一次,但文命西堤和东堤之间的距离只有 300 米。为何如此近距离之间的两处却有必要标记高低基准,令人深感兴趣。

②被刻于何处?

当时标刻这个记号的物件,都选择性质上不会轻易变动的东西(注 8),由此可见,东堤碑和西堤的文命宫即使在明治初期也是十分重要的存在。

而且,我们兴致勃勃地寻找了足柄平原上的历史遗迹等,希望发现有相同符合条件的其他存在,但却毫无收获。关于这方面,若也能得到高人指点,不胜感激。(注 9)

三、曾经存于大口的文命东堤(如今在福泽神社界内)的文命宫,现在何方?

如前所述,东堤碑碑文写有“在堤坝上建造祭祀禹神(夏之国王)的祠堂以祈求堤坝安全”的字样。由此可以推断,东堤也应有文命宫存在。比较东、西两堤碑的大小及碑文长短可以推测,东堤应有比西堤更大规模、更为气派的文命宫。

但如今,它的存在已渐渐被人忘却。那么,我们应力求揭示出其存在的年代、延续的期间和消失的时间。

1. 天保五年(1834)5月大口文命宫诸事文书记录(注10)

关于石祠和神像的记载如下:

本社石祠　高　一尺八寸,　周长　七尺五寸　盖石厚度　一尺五寸

神像圆石一颗　　高　四寸五分

2. 天保十二年(1841)完成的《新编相模国风土记稿》在“班目村”的那一项里,有文命东堤图。图案上可见,在文命社、文命碑上方设置了用于防风避雨的顶篷。由此足见,当时人们的珍惜与重视。

3. 明治十二年(1879)12月“足柄上郡神社明细账”。

文命社:足柄上郡斑目村字大口

祭神:夏禹王

渊源:享保十一年丙午五月按照幕府堤防修建奉行者田中丘隅的妙计,在堤防上建造神祠,乃值祭典之际,信者纷至,凭借众人踩踏之力便自然加固堤防之土基。

而且,另有添加备注,明治四十二年(1909),7个地区(斑目、小市、千津岛、间间下、怒田、和田河源、竹松)的社祠合并,改名为福沢神社。

4. 大正十二年9月1日(1923)据传因关东大地震而倒塌毁坏被弃置。

因大地震影响,福泽神社的受灾情况严重,神社事务管理楼倒塌,神殿石墙崩坏。当时,文命社的鸟居、盖石等破裂毁坏,无法重建,据称被弃置于其左侧空地。(笔者推测,此盖石正是文命宫曾经的一部分。)(注11)

1909年(明治四十二年)4月12日之前,能在官方公文中确认东堤文命宫之所在,但此后则不明消息。因关东大地震影响倒塌后被放任不管的可能性极大。

因2007年,当地政府有道路拓宽工程计划,福泽神社将进行界内大修整。以此为契机,理应开展对文命宫的全力搜索并致力于其复原工程。无尽期待各位有

识之士付出努力。

四、京都鸭川的文命宫:寻找它的存在

(一)足柄平原方面的碑文及文献的记述

1. 首先,建立于1726年(享保十一年)的东堤碑(现位于南足柄市怒田福沢神社界内)上刻有碑文。碑文里关于京都鸭川的文命宫有段落记述,如前所引,“安贞二年(1228)势田的判官为兼奉命执行鸭河治水工程,为祈求堤坝安全而在堤上建造祭祀禹神之祠堂。理应仿效优良传统之先例”。

而且,在碑文撰写之际,越前地方官大冈曾向京都鸭川故事由来的著者荻生徂徕咨询。据说,徂徕之弟南郭答其问曰“可参考雍州府志之中”。(《日本思想家史传全集》第18卷《蘐园杂话》)

②其次,1849年(嘉永二年六月)有公文标题为《斑目村关于文命宫石碑遮雨顶篷修复等事项与千津岛村争论的请愿书》(注12)。此中有记载关于文命宫的来历。1829年(文政十二年),正值幕府启动酒匂川治水工程之际,幕府核账方关七郎兵卫在斑目村官员面前曾说过以下一段话:

> 先说说石碑的由来。这石碑无以类比。文命宫在日本有二,西之文命在京都加茂川堤上,东之文命在相州酒匂川斑目村大口(文命堤)也……

(二)京都的碑文和文献记载鸭川中也有文命宫的传说。

1. 沿着鸭川,岸边多有立碑,但尚未发现记载文命宫(夏禹庙)之碑。(注13)

2.《雍州府志》(注14),共有10卷构成,被认为是我国于17世纪刊登发表的地方志中最高级别的资料,研究价值极高(《国史大辞典》)。此中关于在鸭川建有禹王庙的记载共两处,都表明在旧五条大桥的河滩。神社门“夏禹王庙”和寺院门“地藏堂”之项。(注15)

【京都鸭川的文命宫，探究其存在可能性(2007.2.22 大胁作)】

京都禹王庙的所在地	证明史料（江户期以前）	当代主要观念（记载作者与书名）	存在期间（推定）
A. 旧五条大桥（现松原桥）中岛的晴明塚一带的说法。（也有说法认为，是位于旧五条大桥中岛的法城寺，但为避免混乱而省略）	a.《雍州府志》（1686 年贞享三刊）神社门“夏禹王庙”、寺院门“地藏堂”。 b.《洛中洛外图》（上杉家本、町田家本）。 c.《相国寺阴凉轩日录》（1488 年，长享二年）8 月 21 日条。	☆瀬田胜哉（武藏大学教授）《洛中洛外的群像》。 ☆川嶋将生（立命馆大学教授）《中世京都文化的周缘》。	从室町时代开始直至丰臣秀吉的都市大改造政策失败（1591 年，天正十九年左右）。
B. 四条桥东端神明社（仲源寺和南座之间）的说法	d.《山城名迹巡行志》（1754 年宝历四刊）“神明之社”。 e.《都名所图绘》（1780 年安永九刊）“宫川”。 f.《洛中洛外图屏风》（舟木家本）。	☆瀬田胜哉《洛中洛外之群像》的补论。 ☆《史料京都的历史 10 东山区（另附地图）》。	从室町时代后期至桃山时代中期。
C. 四条桥东端（南座附近）仲源寺的说法。	g.《扁额规范》（1820 年左右，文政三年前后）。	☆滝川政次郎（故人）《存于我国的禹王庙》。	江户后期的某一时期。
D. 四条桥东端大和桥畔的弁财天社的说法。	h.《雍州府志》（夏禹王庙）。	☆山田邦和（花园大学教授）关于“鸭川治水神”的演变论 A→C+B→D	从室町中期至 1633 年（宽永十年）神社废弃为止。

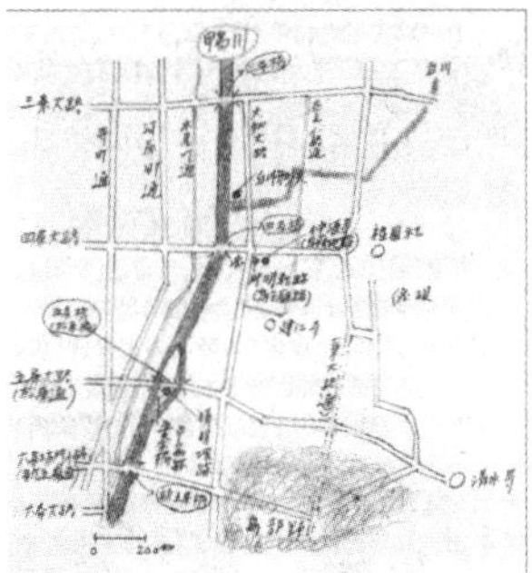

除《雍州府志》外，其他关于禹王庙的文献资料也并不少。（注 16）其中，《山城名迹巡行志》中记载了四条桥东端一说。

3. 鸭川的文命宫（夏禹庙）的实际存在无法确认，但存在过的可能性很高。

夏禹庙的所在地，有四大候补。也有变迁说认为夏禹庙不仅一处，可能多处存在。详细的介绍由于篇幅所限，无法一一展示，仅如前表所示，对诸学说略作整理。

内容上如有不恰当的表述或错误记载皆为本人责任,以期日后充实完整。夏禹庙的所在地,如上图所示,集中于旧五条桥附近至四条大桥附近。

4. 旧五条桥(牛若丸与弁庆的传说之桥)

旧五条桥,在1409年(应永十六年)时,河面宽达260米,但根据1711年(宝永八年)的记录,河面宽度缩减一半多,仅有115米(注17)。丰臣秀吉的都市大改造(聚乐第,二条城,方广寺大佛殿和御土居的建设等)实现了旧五条桥周边的大变样。1591年(天正十九年)迎来都市大改造的高潮,以高速推进改造,五条街作为平安京以来的大道被改成松原街。

因此,旧五条桥也被改称为"松原桥",但河面宽度大幅缩小。与此同时,原位于五条河滩中岛、晴明塚一带的鸭川治水神(禹王庙等)极有可能被悉数破坏。

5. 地图上观察有可能存在"鸭川治水神"禹王庙的5个地名。

五条桥中岛遗迹、晴明塚遗迹、神明社遗迹、弁财天、眼疾地藏仲源寺相比邻,处于约500米的范围内。酒匂川的文命宫被置于治水要害之地的岩流濑和大口附近,与此相应,京都鸭川的4个禹王庙传说也至多在500米的范围内。鸭川治水的圣地集中在四条桥至旧五条桥(现松原桥)的狭窄空间里。

6. 京都对禹王庙(文命宫)的关注

对禹王庙所在地进行详细考察的优秀论文发表于1990年。作为国内唯一现存禹王庙(文命宫)的足柄地区,也应加强关心、拓宽视野、开展交流。

京都方面涉及酒匂川文命宫存在的相关论文只能找到两篇。

滝川政次郎(原国学院大学名誉教授)的《酒匂川河畔的禹王庙》(《土车》第17号,1981年),以及薮田嘉一郎《禹王庙考》(注19)(《史迹和美术》第10号,1931年),皆为故人所作,缺乏新意。

京都历史学家对酒匂川文命宫的关注,如上所述,尚且淡薄,有待今后。足柄方面的主动作为及信息提供等依然不足,也可谓其中一因。

另一方面,日常接触到鸭川治水和美化的人们(注20)的反应却令人惊奇。从去年11月开始已进行3次交流会,对鸭川、酒匂川的共同治水神文命宫的探索热情及行动力,令人倾倒。这些人们都是探索文命宫的可信赖的伙伴。

五、代结语——对中国文命宫(禹王庙)的探索

虽目前仅限于网络搜索层面,但已确定禹王庙在中国黄河流域存在。笔者计划在确认建立时期等先行调查的基础之上,与亲密友人结伴访问中国,以便在

2010 年前完成真正的文命宫探索。笔者愿为足柄平原的治水神文命宫寻根，虔诚地合掌，祈祷酒匂川和鸭川的安宁。

而且，笔者期待切身感受到由同一个治水神联系起来的黄河——鸭川——酒匂川之间约 4000 年之久的历史厚重感。

中国最古老的(夏)王朝的治水神(文命)，经过平安时代的皇城(京都)，姗姗来到致力于富士山宝永喷火后修复的江户中期的足柄平原(酒匂川)，必定有其相应的理由和必然性。是谁，以怎样的过程，让中国最古老的治水神漂洋过海来到酒匂川的呢？其中又有怎样的故事呢？

探究这个充满戏剧性的历史故事，也许会对古代中日两国之间的联系有全新的发现。笔者和京都的各位学者开始踏上探访中国最古老治水神的寻根之旅，也许会对 21 世纪中日两国波澜壮阔的发展产生些微影响。

笔者对于作为中日两国文化交流接点的文命宫，怀揣着一个大大的梦想。本文只不过是迈向那个巨大梦想的一小跬步。中国文豪鲁迅在其名篇《故乡》的最后部分写道：其实地上本没有路，走的人多了，也便成了路。虽然我们只是迈出了小小的一步，但若得到日本和中国等方方面面的理解与支持，也许能开拓出全新的道路。即使我们慢如龟步，但愿步步相连，前行不止。将会抵达怎样的终点呢？令人无比期待。若能得到大家的建议与援助，更是三生有幸。

另因 2007 年 11 月将值富士山宝永喷火 300 周年之际，笔者所属"足柄历史再发现俱乐部"有 2 市 4 町 17 位成员在这一年间投入足柄地区中小学生教材辅助读本《富士山和酒匂川》的撰写制作之中。本文若无此活动推进也无法成稿，特此为记。

(笔者开成町在住)

注　记

注 1. 鸭川的水量(与酒匂川相似)平常流量少且和缓，一旦大量降雨就会形成泛滥之河，《日本纪略》中多次记载"鸭川堤坝多处破损"。为此，朝廷在平安时代初期，设置了防鸭河使一职，负责建造新堤坝及管理堤坝等工作。这是我国开展真正的治水工程的起端。(《明治以前日本土木史》)即便如此，洪水依然泛滥，甚至连以平安末期的繁华自诩的白河法皇在"天下三不如意"中把贺茂河之洪水(泛滥)与双六之赛、山法师(比壑山僧兵)并举。此说甚为有名。《平家物语》第一卷《立愿》云："连白河院都仰叹：贺茂河之水、双六之赛、山法师，皆为吾心难以如愿之事。"

注 2. 始于嵯峨朝弘历年间(810—823)，几乎整个平安时代都有设置。担任鸭川治水的官职。连长官的首席执事在内，判官、王典的三等官，长官多由检非违使兼任。见渡边直彦著:《防鸭河使的研究》,吉川弘文馆出版。

注3. 濑户长治:《文命宫堤碑考》,南足柄市史编集委员会编《市史研究足柄》第6号。

注4. 小榕:《中国五千年的物语》,综合发令出版刊丛;岳南:《夏王朝并非虚幻》,柏书房刊。

注5.《山北町史·通史编》第336页写:"组合石块从上往下的第二层正面刻有水土大禹神祠·文命宫的铭文(后略)。"《新编相模国风土记稿》关于川村岸那项有记载"即为文命社石祠。水土大禹神文命宫。……"

注6.《新编相模国风土记稿》中,关于川村岸文命社的神像并无记载。在斑目村的文命社(文命东堤)一项里有记载:"圆石一颗,长四寸五分。黑红色。是为神像。"根据记载,是把高约14厘米的黑红色石块视为神像。本文前述西堤文命宫的空洞大小为21×27×12厘米,故东堤文命宫的神像(14厘米的圆石)是无法放入的。

注7.《测量》1995年1月—1996年3月号为止,共计6次连载《奥州街道和明治测量基准的寻迹》,国土地管理院箱岩英一等。

注8. 明治九年六月内务大臣大久保利通卿通报函,见上述《测量》1995年1月号。

注9. 希望拜托专家与"测机舍SOKKIA学校"井上三男校长联系,电话0465-83-4034。

注10.《南足柄市史》8别册,史料87。

注11.《史谈足柄》第20集,班目老人加藤七之助(现年96岁)作为"福泽神社考"记载。

福泽神社里发现的石块

西堤文命宫的盖石

2006年秋,笔者会同足柄史谈会名誉会长市川钰雄先生,凭借着“福泽神社考”的报道,重新考察神社界内,发现照片(左图)上的(盖形)石块位于文命东堤碑的东南侧,其部分裸露地面,部分掩埋土中,被随意搁置。希望大家将之与立于西堤上的文命宫盖石(右图照片)进行对比。如前所述,在《天保五年五月大口文命宫诸事文书记录》中记载“盖石厚度 一尺五寸”和左图照片的尺寸几乎吻合。照片(左图)的石块是否为文命宫的盖石,今后有必要开展慎重的调查。

注12. 南足柄市史8别册,史料89。由斑目村的名主小八为首,联合村吏助理及平民共5人一起檄文。函致小田原藩谷川六三郎、松波造酒兵卫、嶋村又市三位官员。

注13. “虽尚有细致入微重新审视的余地,但根据至今为止的考证见识,并不存在。”来源于京都府京都土木事务所所长中居隆章、技术部副部长中野隆文、美化鸭川协会事务局部长杉江贞昭的谈话。

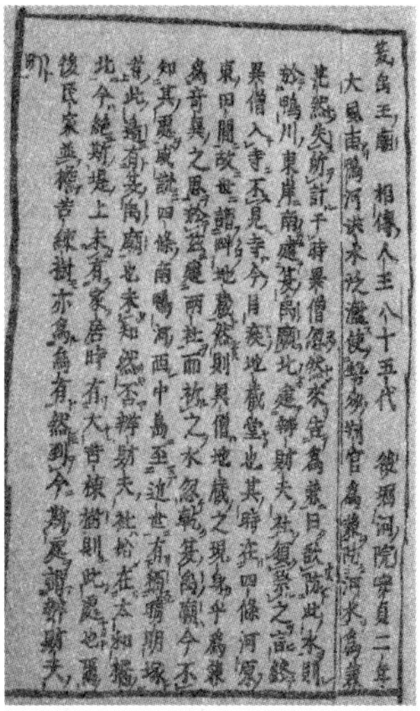
夏禹王廟 相傳人王八十五代 後堀河院安貞二年
大風雨鴨河洪水泛濫使勢多判官爲兼防河水爲兼
先祈矢所許于神異僧忽然來曰爲兼曰欲防此水則
於鴨川東岸南建夏禹廟北建辨財天社須崇之託錄
異僧入于寺不見寺今日爽地藏堂也其時在四條河原
東田間故世謂畔地藏然則異僧地藏之現身乎爲兼
爲奇異之思於茲建兩社而弦之水忽載夏禹廟今不
知其處或謂四條南鴨河西中島至近世有晴明塚
若此邊有夏禹廟也未知然否辨財天社松在太和橋
北今絶斯堤上未有家居時有大宮棟樹則此處也篤
後氏家並標者線樹亦爲爲有銘到今斯處謂辨財天
耶

注14. 所谓雍州,乃是古代中国汉唐期间,帝都长安(现在的西安)所在之州。日本皇都(京都)所在山城国比拟为雍州,仿效明朝大书《大明一统志》,由儒医黑川道祐所著。于1686年(贞享三年)完成,是详细记载了地理沿革、神社寺庙、特产古迹及陵墓等的汉文体地方志。被收录于《新修京都丛书》《岩波文库》等。(右图“夏禹王庙原文”转载自《新修京都丛书》)

注15. 根据《新修京都丛书》(临川书店出版)第10卷,已确认禹王庙位置。

“夏禹庙如今不可知其所在。有传说言其位于四条南鸭河西之中岛。直至近世有晴明塚一说。夏禹庙即在其附近一带……”这部分记载为核心之一。所谓四条南,即是五条。五条桥中岛晴明塚附近有禹王庙的传说至少一直流传到《雍州府志》著成的1686年(贞享三年)。

有必要涉及“中岛”“晴明塚”是否真实存在的问题。直言结论的话,如今不在,过往实存。“中岛”来源于上杉本家或町田本家《洛中洛外图——五条桥和鸭川》上的解读。五条桥并非只有一座,而是夹着中岛的两座桥。书中描绘中岛有三大防风避雨设施,其中之一为“大黑堂”,剩下的某一个即为禹王庙。此考证由濑田胜哉(《洛中洛外的群像》)、川嶋将生(《中世京都文化的周缘》)详细展开论述。“晴明塚”是平安中期阴阳师安倍晴明的坟冢。1947年京都市编《京都市史地图编》(开成町乡土资料室收藏)第17图(1653年,承应三年)的五条桥附近,的确记载有“晴明塚”。

注16.《相国寺阴凉轩日录》1488年(长享二年)8月21日之项:“五条大桥下有神社,称夏禹庙。”《山城名迹巡行志》1754年(宝历四年)刊发的“神明之社”之项:“位于四条大和大路之拐角。此祠自古称为鱼之社。(中略)由于鱼和禹的发音相近,故也被称为禹王之社。据传因畏惧洪水之难而建祠祭祀……”而且,此“神明之社”位于现存四条大桥东端“南座”附近的“仲源寺”之邻(西角),据称其建筑华丽、参拜人数众多,但于庆应三年被附近火灾所牵连而烧毁,此后于明治六年迁移至八坂神社界内。(出典《京都坊目志》)《都名所图绘》1780年(安永九年)“宫川”之项:“所谓宫川,即鸭川四条以南之别称。从前此处有禹王庙,祭祀平定洪水之神灵。后世,家屋兴建,成为町名。”《扁额规范》(1820年,文政三年前后):“仲源寺的目疾地藏。实为雨止地藏之转称,并以此像为禹王之像。”

注17. 武藏大学濑田胜哉教授的《消失的中世京都——洛中洛外的群像》中有详细记载。平凡社刊刊。

注18. 三重大学滕三清次教授的《鸭川在平安时代的洪水与治理》,《三重大学人文学部文化学科研究纪要》1987年第4号;立命馆大学川嶋将生教授的《中世京都文化的周缘》,思文阁1992年出版;武藏大学濑田胜哉教授的《消失的中世京都——洛中洛外的群像》,平凡社1994年刊;2000年,花园大学山田邦和教授论文的《鸭川的治水神》(《花园大学研究纪要》),特别是濑田教授对绘画史资料(《洛中洛外图》中描绘的五条桥图)进行的细致分析,值得一读。

注19. 摘录于《史迹和美术》第10号(昭和六年发行)薮田嘉一郎论文《禹王庙考》中酒匂川相关内容。“享保中期,在相模酒匂川之堤建造禹王庙祈祷治水平安。受中国影响乃徂徕所为。距此四百年前在京都鸭川之东亦以相同动机建造过禹王庙。根据雍州府志……”

注20. 京都府土木建造部长森田悦三先生及前文提及(注13)的3位先生。

参考文献:(本文或注记栏已介绍引用除外。顺序不同。)

1. 关口康弘:《宝永大暴雨后的酒匂川泛滥》(市史研究足柄第5号)

2. 中根贤:《町执行者大冈忠相的小田原管理》(法政大学研究生院研究纪要)

3. 岩崎清美:《近世后期的礼节变化与地域》(市史研究足柄第8号)

4.《仲源寺雨止地藏尊的简略起源》(第24世住持南忠信)

5.《京都的历史第4卷桃山的开花》(学艺书林)

6. 京都市编:《史料京都的历史》5 社会文化·9 中京区·10 东山区

7.《京都市史——地图编》(京都市政府昭和二十二年刊,开成町乡土资料室收藏)
8.《鸭川的变迁》(京都府土木建造部河港课)
9.《千年之都与鸭川治水》(京都府京都土木事务所)
10.《千年之都与鸭川》鸭川流域恳谈会
11. 京都市编:《苏醒的平安京——平安建都1200年纪念》
12. 川谷幸子:《安倍晴明的世界》(谈交社)
13. 松丸道雄、永田英正:《中国文明的成立》(讲谈社)
14. 横山卓雄:《平安迁都与鸭川焕新》(法政出版)
15. 邦光史郎:《鸭川千年泪川》(骎骎堂)

禹王遗迹研究现状与富士川水系①

植村善博著　吴镒萍、董天妍译

今天我演讲的主题是,当代日本禹王研究的现状及所面临的课题。

十年前,在日本掀起了对禹王遗迹及禹王研究的新高潮。今天想和大家分享一下我对这十年间的研究调查成果所做的整理归纳,并和大家一起共同思考,展望将来。目前,在日本全土仍有许多未被发现的禹王遗迹,让我们一起去探索并打开历史的新篇章吧。

资料 1

本次峰会向大家分发了“2017 日本禹王遗迹分布图”。该禹王遗迹分布图包含大禹遗迹一览表,展示了这十年间我们持续调查、不断研究所获得的全部成果。因此,我的演讲主要是围绕这张地图及一览表,和大家一起研讨我们能从中读取什么。

今天我演讲的内容主要分为五部分。第一部分,就日本禹王遗迹的分布情况及其特征和大家做个分享。第二部分,根据去年的调查,发现冲绳也有禹王遗迹的存在。冲绳的这些禹王遗迹到底拥有怎样的特征?第三部分,如何看待在东亚形成的禹王遗迹文化圈?以上三部分是在广义上对禹王遗迹进行定位。第四部分关

① 译者注:本文为日本治水神・禹王研究会副会长、日本佛教大学名誉教授植村善博先生于 2017 年 10 月 8 日在“日本第六届全国禹王峰会 in 富士川”中进行特别演讲的原稿。

于富士川上游、甲府盆地的治水历史和禹王遗迹的关系。第五部分则关于富士川下游、加岛平原的治水历史和古郡氏的联系。因为，此次峰会在富士川町召开，在座的各位中也有不少本地人，那么，我们如何从禹王遗迹的角度来审视甲府和加岛平原呢？以及，今后我们必须解决的问题又有哪些呢？

今天就以上问题，我想和大家一起做一些思考。

资料 2

（资料 1）禹王，也被称为大禹或是夏禹。

禹王是大约四千年前中国的治水英雄，对治水事业做出巨大贡献。他不仅是中国第一个中央集权朝代夏朝的始祖，还是一位善于施政的贤明君主，受到孔子等的盛赞。而且，他的故事还出现在中国小学生的教科书上，广为人知。他的名字是文命，在日本被称为禹，或者大禹、夏禹。所谓的禹王是日本人把他作为来自中国的治水之神而一直信仰膜拜的意思。

（资料 2）绍兴市大禹陵的大殿。在中国有“弘扬大禹精神”这种说法。

资料 3

资料 4

（资料 3）大殿中被供奉着的大禹像。这是不是中国人心目中大禹的形象呢？

（资料 4）先从结论说起，此图为前述 2017 年禹王遗迹分布图的简略图，在日本列岛地图上标记出了遗迹的位置。遗迹总数增加到 132 处。分析归纳日本的禹王遗迹，可以发现禹王是作为治水神为人们所信仰的。禹王在日本作为治水神而被广为接受是其最大的特征。

从北海道，到本州、四国、九州，再到种子岛，甚至冲绳都有禹王遗迹分布。但很明显的是，位于冲绳的禹王遗迹和日本本土的禹王遗迹有着完全不同的性质。

而且,为什么会有禹王遗迹呢?

让我们尝试从其建立目的来思考这个问题。江户时代、近世的禹王遗迹最初是为治水祈福、消除水灾而建。在日本水患常发地区的禹王遗迹饱含着人们对于治水和消除水灾的强烈愿望。

另一方面,为当地开垦土地、建设堤坝、开渠排水等治水及发展事业而耗费个人财力或发挥领导才华的人们得到村民们的感谢与表彰,被喻为禹王而立碑纪念,这种情况在近世比比皆是。

不过,到了明治时期后,其建立目的产生了极大的变化。换言之,在近世深受重视、为治水祈福而建立的禹王遗迹几乎不再出现。替代它的是,国家政府或自治团体所开展的治水事业、堤坝修建、开渠排水等获得成功时,人们设立纪念物或纪念碑,在碑文中把这些治水成果比喻为大禹的伟业。

还有一种情况,就是把大禹作为地方的象征。最典型的例子是在开成町有文命中学、文命隧道、文命桥,这些虽和治水无关,但都把大禹即文命象征化了。还有,在秋田县矢岛町有大禹谟之碑,就是作为和高松市进行文化交流的象征而建立的。

因此,可以认为建立禹王遗迹的目的在明治以后,与近世相比,产生了极大变化。

资料5

(资料5)这也是此次想展示的结论之一。在长达十年的调查研究中,我们以更广阔的视野考察禹王遗迹,已扩大到东亚范围的世界领域。基本上可以总结出:除去日本列岛和冲绳以外,日本本土已形成如前所述的信仰治水神禹王的文化圈。

另一方面,在曾经存在过的琉球王国里也有很多刻有禹王字样的石碑。我想将之取名为琉球的禹王碑文化圈。这个文化圈也包括琉球王国的解体,明治时期对琉球的处置以致完全消失的那些文化。

第三方面,根据中国南部福建省、广东省,或是台湾、香港等地的调查显示,这些区域广泛分布着信仰水仙尊王的人群。这是祭祀五位与水相关神明的信仰,而大禹处于其中心地位。而且,这种信仰是对海洋之神,对海及航海之神的崇拜。因此,信徒多为居住在港湾的船员、贸易从业者和商人等,长久以来,他们深深信仰着这些海神。

此后,由于世事变迁,现多数已经石化。尽管如此,依然为渔民和水产行业人员所信仰。

如上所述,如下假设可以成立:东亚海洋文化中包括水神信仰、禹王碑文化,以及治水神信仰,而这三大文化中都包含着禹王因素。

资料 6

资料 7

(资料 6)且说,10 年前,日本再度掀起发现大禹所在的研究热潮,其起源地即是神奈川县的酒匂川流域。1707 年,天崩地裂,发生大海啸、大地震,富士山喷火。那时,酒匂川洪水泛滥,足柄平原受到毁灭性的灾害,受命治水、着手重建的田中丘隅在堤坝建成之际,设立了祈愿治水成功的文命(禹王)宫和文命碑。

资料 8

资料 9

(资料 7)这是西堤,右边是文命宫,即禹王宫,左边是堤碑,上面写有该堤防的由来。该地区称呼上不用“禹”,而用“文命”,有其特殊性。可以说是仅限于该地区的特征。

(资料 8)当前最为重要的是,此类筑堤时举行过的治水祭祀一直传承至今。这是今年 5 月 5 日本人有幸参加文命西堤碑治水祭祀时所见的情况。

接下来,向大家汇报一下日本禹王遗迹的特征。

(资料 9)这是雕刻在高约 70 厘米砂岩石上的“禹庙”二字。这个石雕位于栃木县的鬼怒川沿岸。可以认为这个石雕式的石碑饱含当地普通民众对于治水成功的朴素愿望。

(资料 10)这禹王木像可以说是日本最美的禹王遗迹,位于水灾频发地带的木曾川下游的岐阜县海津市的高须轮中。有记载说,由于高须藩灾害连年不断,藩主亲自雕刻禹王木像赐予藩民用以祭祀,还命令民众举行禹王祭,共同祈祷水灾消退。

资料 10

资料 11

(资料 11)这是九州大分县臼杵市的遗迹,称为禹稷合祀坛。这次峰会也有不少来自九州的学者朋友,一定对此非常眼熟吧。这是日本禹王遗迹中规模最大的儒教式祭坛,其一侧边长就约有 10 米。据说这是由臼杵藩主自行建造的祭坛。其实,这里也有一个问题值得思考:为何建造如此大型的合祀坛呢?

资料 12

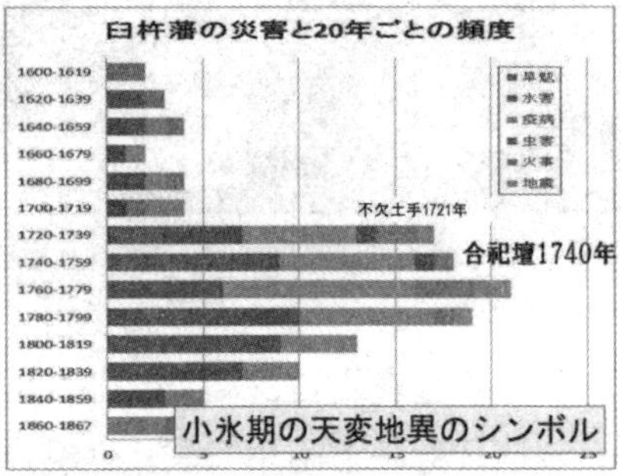

资料 13

(资料 12)这里至今一直如此,孩子们在合祀坛前进行相扑比赛,举行禹王塔祭典。现在这样的禹王遗迹对地方而言是举行重要祭礼的场所,成为地方的象征。

(资料 13)调查白臼藩受灾历史可以发现,建造合祀坛时期的 18 世纪里频繁发生了旱涝、蝗灾。其他各种自然灾害的集中发生，动摇了藩地的经济、政治，使当时的藩地遭受了沉重打击。在那样的时代背景下，藩主才自发搭建祭坛以祈祷水害消退，庄稼丰收。

如果反过来看，建造合祀坛的时期，不仅是日本，而且也是世界上整体处于低温期，属于全球性的小冰川时代，在世界范围里发生了改天换地般的变化。作为天地异变的代表性事物，和法国革命的兴起、意大利及爱尔兰发生的大饥荒等相提并论的话，臼杵的禹王遗迹不正是拥有巨大的价值吗？

资料 14

不仅是这类信仰，日本还有充分应用并融合禹王资源的文化。

（资料 14）这是香川县名为“大禹谟”的酒。相信大家对于昨晚交流会上呈现的片品村“禹王”酒还记忆犹新吧。在香川县高松市还有名为“大禹谟”的糕点。这些都是大禹文化巧妙融合到日本文化中的实例。

那么，在日本，大禹遗迹是什么时候开始出现的呢？经调查确证，这些全都起源于京都这个城市。

资料 15

资料 16

（资料 15）日本最早出现的禹王遗迹位于京都鸭川。1228 年，在鸭川河滩上出现了禹庙，或称为夏禹庙。有故事记载，此前一年，鸭川洪水泛滥，天皇派来治水的势多判官为兼受佛教僧人暗示，在北方祭祀弁才天神，在南方鸭川岸边建造禹王庙，事实上开始这些祭祀后，洪水真的治理好了。

只不过日本这个最古老的禹王庙如今已不复存在。只有根据文献记录来弄清事实。而且，可以推定之所以这座禹王庙的祭祀得以持续，是因为这个地区的阴阳师非常活跃的缘故。

(资料16)这是描绘京都城镇风貌的著名的洛中洛外图屏风。其正中央的黑色部分是流淌着的鸭川。河上架设着五条桥,分为两座,其间有中岛。这里建有日本最古老的禹王遗迹即禹王庙。据说著名的阴阳师安倍晴明的墓就在此处。阴阳师晴明和禹王庙共存于同一地点。若要定位祈愿鸭川治水成功之地,五条中岛的可能性极大。

(资料17)京都还有一个非常重要的禹王遗迹,就是这幅被存放在京都御所常御殿的著名隔扇绘《大禹戒酒防微图》。这幅画是根据大禹为理政而戒酒、施行善政的故事所绘,出自《帝鉴图说》。这幅画出现在天皇日常生活的空间里,由此可见很早时期,天皇家族就深入学习大禹事迹,并将其作为帝王修为来吸收接纳的。

资料17

据说,启用此画始于1641年的宽永年间,因此,天皇家族在漫长的执政期间,一直学习大禹事迹,奉其为圣人君主,或作为施政者的训谕。

(资料18)这不也正是大禹文化融入日本的一种遗迹吗?知恩院的友禅苑里有禹门。一般来说,一想到中国的禹门,人们脑海里就会浮现出怪石嶙峋的峡谷。但在日本,禹门被当作飞黄腾达的入口处,相当于登龙门般的存在。而且,带有日本文化的乡土气息,被日本人所接受,这也是一大特色。

资料18

资料19

(资料19)这是位于宫城县加美町的大禹之碑。我认为这是一个尚未解决的问题,希望和诸位一同思考,因此展示这张图片。请看雕刻在这上面的文字,共计

9 行 77 个字。而且，这些文字复杂，令现代的我们无从解读。这是古代中国曾使用过的鸟虫篆书体。

（资料 20）但在湖南省长沙市也有岣嵝碑，上面刻着完全一样的 77 个文字。这是位于著名的岳麓山的岣嵝碑，据说这块碑本身就是一个复制品，岳麓山往南之处有衡山，这块碑是从雕刻于该山岩石上的碑文摹刻而来。这一系列的岣嵝碑与群马县片品村的大禹皇帝碑的碑文字体一模一样。而且，在韩国也有与此相同的石碑。如此看来，中、韩、日三国的岣嵝碑之间有怎样的联系，隐藏着怎样的秘密和历史，这就是将来的课题。

资料 20

资料 21

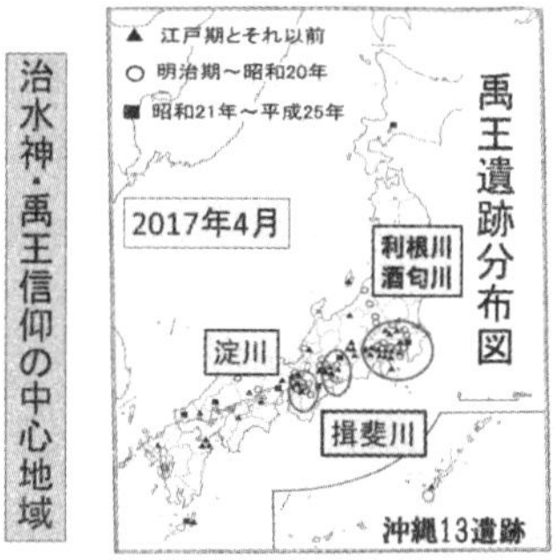

资料 22

（资料 21）在日本还有从中国传来的其他信仰。比如说妈祖，又称为天后。此类遗迹的存在已被众多研究人员所证实。从分布图看约有 21 处。中心位于长崎，最北位于青森县的大间。但是，现存妈祖和天后的遗迹几乎无人信仰，只是留有痕迹而已。因此，同为外来的神明，禹王与妈祖相比，可见日本对他的信仰何其之广，且传承至今，被完全接纳。

（资料 22）还有一点，是结论性的问题。从禹王遗迹在日本列岛的整体分布图看，主要集中在三个区域。

禹王遗迹最大的集中区域位于利根川和酒匂川。主要集中分布于日本流域面积最大的河流之一——因利根川和富士山喷火受灾极为严重的酒匂川地区。

另一处是 2019 年峰会选址的浓尾平原的揖斐川、木曾川流域。这里是日本最大的低湿地带，形成了所谓的“轮中”（围堤低地）。在这个必须用堤坝把村子围起来的水灾频发地区,集中分布着禹王遗迹。

还有一处是包含京都、大阪在内的淀川流域。这里历史悠久,常住人口众多,大城市化建设不断扩展,自古以来重视水利工程建设。

综上所述,禹王遗迹在日本的三大集中区域,可以归纳出一些关键词,诸如位于大河流域、人口过密、自古兴建水利、水灾频发地区等等。(资料23)根据至今为止已发现禹王遗迹的纬度,从冲绳到北海道,将遗迹位置从南到北投影出来。纵轴为遗迹建造年份。

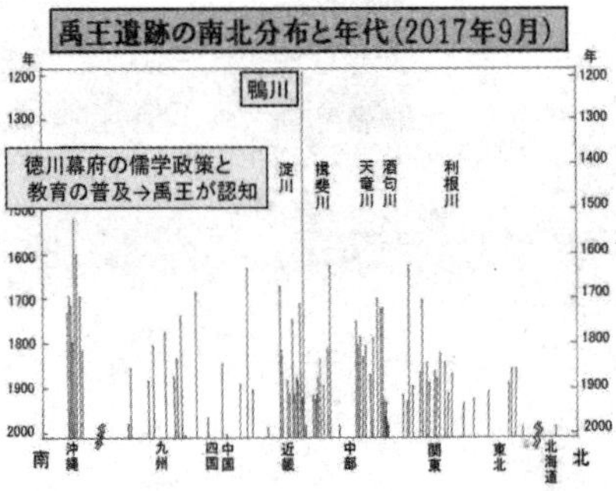

资料23

资料24

如图,纵观日本所有的禹王遗迹,可以指出几个特点。首先,从对禹王的接纳来看,京都鸭川1200年历史毫无疑问是最悠久的。而且,此处遗迹在之后也没有继承印记。这是最大的特色。第二大特色,则是日本禹王遗迹扩展到全国各地的时期是在1630—1640年左右。

17世纪中期开始,各地陆续出现禹王遗迹。这意味着什么呢?或许是因为德川幕府政治稳定,幕府所采取的是以儒学为中心的教育政策。换而言之,在以儒教和儒学为教育中心的藩校、学问所、寺子屋和私塾里,主要教授四书五经。于是,大禹的治水功绩,孔子对其施行善政的赞赏等广为人知,大禹作为圣人君主成为日本全国性的共识。因此,可以认为这是禹王遗迹在日本全国广为分布的原因之一。

而且,这个传统即使经历了明治维新,直至日本社会步入了现代化后也未见衰退,至今为止遗迹数量不断被更新,仍在持续增加中,即可窥得一斑。

以上,对日本的禹王遗迹做了一个大致的概括。接下来,就冲绳、琉球方面的情况做些介绍。

(资料24)琉球王国原本是和日本完全无关的独立国家。它的特色在于,因连接东南亚地区和日本、中国、朝鲜的中转贸易而经济发达,特别是和中国有着长久深厚的册封朝贡关系。这个国家大约成立于16世纪前后,由于明治政府对其的处置，琉球王国完全灭亡。

（资料25）这是去年在冲绳调查到和禹王相关的遗迹分布图。在公元1500年以后的300年间所建造完成。根据其建造目的分为石桥竣工纪念8处、孔子庙等3处、国王表彰2处，共计13处。这些都是在琉球王府、琉球王国的命令下所建造而成。没有一处禹王碑是由当地人所建造的。这是禹王遗迹在冲绳的最大特色。琉球王国的文化是把中日文化折中后形成的独特文化。

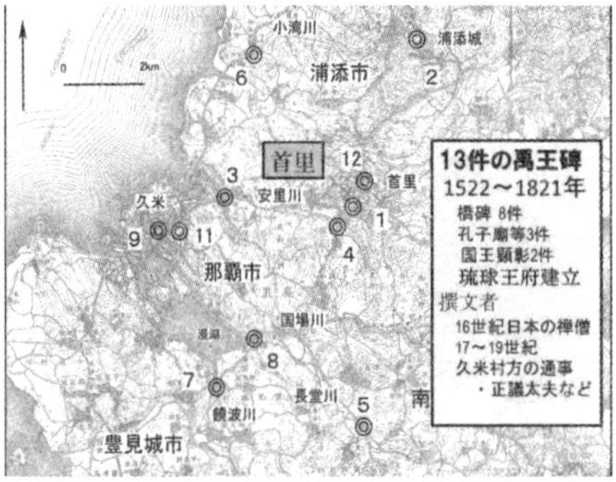

资料25

资料26

（资料26）对于冲绳，应该注意的是太平洋战争对其造成的深刻伤痕。冲绳之战中，成为激烈战场的冲绳，其全部历史文化遗产都被破坏烧毁。而今，我们应该知道：冲绳观光景点里的历史建筑以及文物全都是复制品。因此，对于冲绳禹王遗迹的认定，本人建议首先要弄清文献上是否记载有禹王碑，由此来认定复制品的存在。

（资料27）本图为首里城公园的国王表彰碑，于1522年建成。换言之，这是日本现存最古老的禹王遗迹。此碑材质为当地砂岩，此碑基座则使用了琉球石灰石。

资料27

资料28

（资料28、29）此碑为琉球国王尚真的功德碑。但看石碑内容，刻有“舜禹之智”字样，以此种形式把舜禹事迹并举，这也的确可谓禹王遗迹。

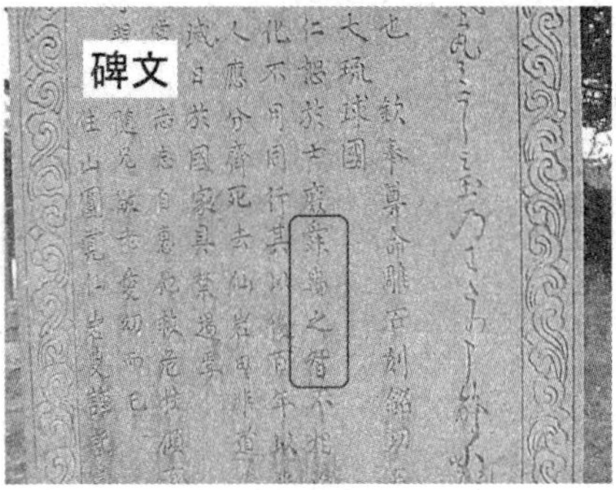

资料 29

资料 30

（资料 30）另一处值得关注的是浦添城前的石碑。石碑于 1597 年建成，是现存禹王遗迹中历史第二悠久的古碑。

（资料 31）此碑由中国古汉语所写而成。“神禹登岣嵝峰头”，可见这篇碑文里刻有岣嵝碑的故事。

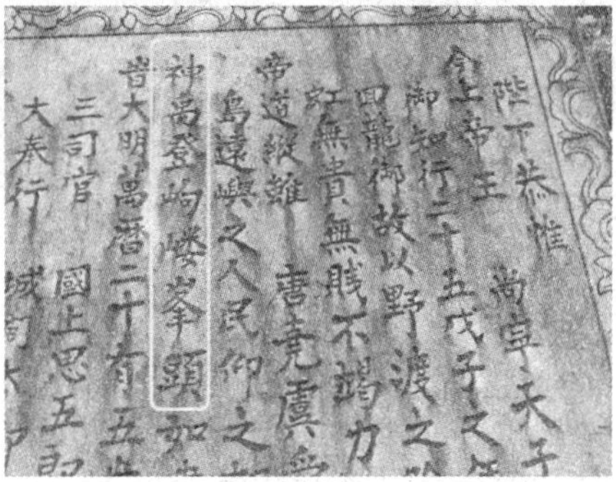

资料 31

（资料 32）另一处是木桥换石桥的竣工纪念碑：南风原町长堂川上的宇平桥碑。虽然在冲绳，这样的石碑因为战争几乎消失殆尽，但南风原町的宇平桥碑却奇迹般地留下了原型，现存于资料馆展示。从碑上的横线可以知道什么呢？事实上，这是冲绳战争中战车履带轧过石碑的痕迹。

（资料 33）读过此碑的碑文后，就能了解大禹治水的功绩、大禹治水事迹的古汉语记载。

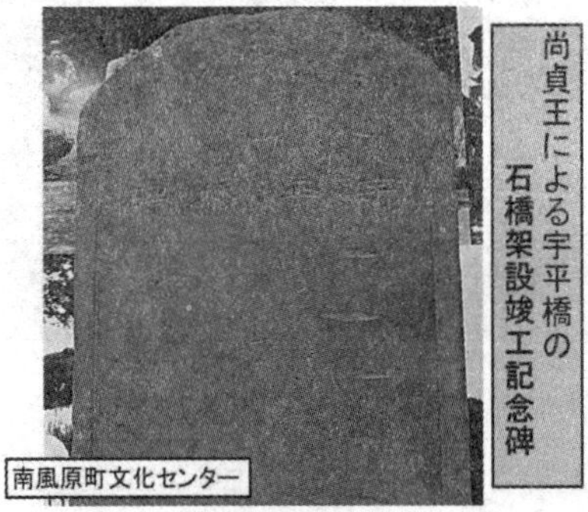

资料 32

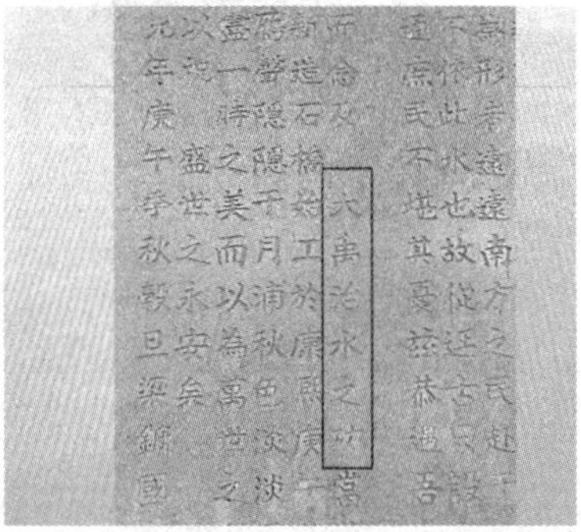

资料 33

（资料 34）按纬度排列，以建立时间为纵轴，琉球王国 13 处禹王遗迹如图所示。日本的禹王遗迹因德川幕府的儒学政策而普及的年代在 1600 年前后。但从最古老的国王颂德碑和第二古老的浦添城前碑来看，禹王传入琉球王国的时间远比德川幕府要早一个世纪。

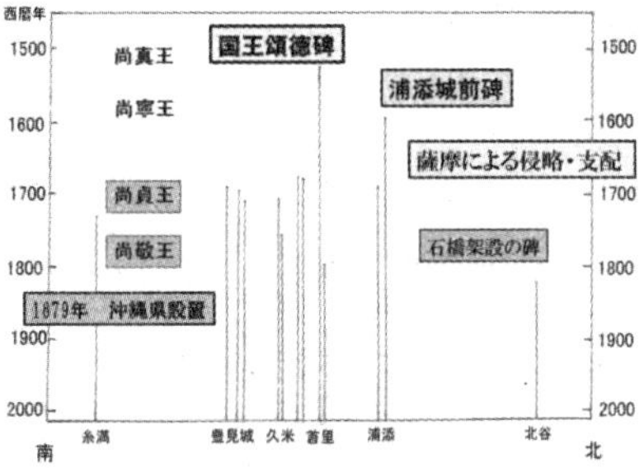

资料 34

另一点，在 1600 年之前，国王表彰碑有两处。但此后约 100 年间，再无此类禹王遗迹。值得思索的是，在怎样的背景下，1500 年到 1600 年间中断了建碑？

可考虑以下理由：1609 年，萨摩侵略琉球王国，在萨摩政权的统治下，经济、政治发生了大转变。萨摩强行施策，把琉球当作殖民地，收纳年供，用糖或布来进行清算。在那期间，琉球王国引发大动乱。

在侵略琉球 100 年后，约从 17 世纪末期开始，再度建造禹王遗迹。这是因为萨摩入侵攻占后约 100 年间新琉球王国已基本适应并稳定下来。而且，这之后的石碑几乎都是为纪念国王下令建造的石桥竣工而立。显而易见，伴随着萨摩的侵略，建立石碑的目的正在发生变化。或许，在萨摩的统治下，为避嫌表彰国王的工程，不能公开彰显国王。以此为替，反映国家政治稳定而架桥，达到了为交通便利而架桥，建桥的目的不是发生了变化吗？而且，尚贞在位 50 年间，及尚敬行政 30 余年，这些桥多在这两人的执政时期所建造。

但 1878 年，根据对琉球的处置而设立了冲绳县，琉球王国灭亡。这些石碑文化完全消失。这不正是冲绳禹王碑的特点吗？

接着，对于本地富士川流域的各位而言，从禹王遗迹的研究角度来看，究竟有什么意义呢？希望和诸位一起学习下去。

（资料 35）甲府盆地和富士川流域位于世界上地壳运动最活跃的板块，火山活动至今依然活跃。富士川的特点是斜坡多，含沙量极大。且因断层下陷造成其在甲府盆地的出口只有禹之濑一处。进入此处的河水因排水不畅而逆流，造成上游地区遭水浸情况严重。这的确正是富士川町的宿命。另一方面，这条河横贯天守山地注入骏河湾。这片平原别名加岛平原，主要在富士市的范围内。我想就这条河流域里的治水和禹王遗迹谈一些我个人的想法。

（资料 36）如图所示，崩塌的土沙从陡峭的山上一下子流入河里，河流坡度非常大，水流湍急。御勅使川自西向东流淌，若不采取措施，就会直击甲府盆地。釜无川也会受其影响而直击甲府。这就是甲府盆地最大的治水课题。在下游区域，釜无川、笛吹川的河水汇集，出水口太小，河水无法排出，逆流引起排水不畅的问题。这和上游的釜无川的问题有本质的不同。

资料 35

资料 36

信玄堤，原本是为了让釜无川远离甲府的河道改变工程。整个系统耗费了信玄前后很长时间才完成，融合了综合性治水的技巧。其形态确实跟中国的都江堰相似，但不能说信玄堤的创意是从中国而来的。因为目前还没有科学性的证明。

资料 37

(资料 37)为了削弱河道水流走势，阻拦河流、守护堤防的圣牛。

(资料 38)甲府盆地最大的特色之一：自古以来，人们就关注守护河流而建造堤坝。这是三社神社的春之大祭和御幸祭。今年 4 月我也有幸参加，发现非常特别的一点，身着女性服装的男性抬着神轿游行。这在当地据说代表着踩实堤防。但是，由此祭祀引起人们对河流的日常关注，不再忽视河流，把这些内容作为

资料 38

文化来继承不就显得尤为重要吗?

资料 39

资料 40

(资料 39)最让我感动的莫过于御幸祭临近尾声时,神官们在河流堤防上开始祭神仪式。这是神官们往河里扔的石头,当地人要是捡起这块石头的话必死无疑。那到底在扔什么呢?

(资料 40)是在扔写着“水神”二字的石头。捡到这块石头回家供奉的话,就能消除水难,避开水灾。这样的信仰保留至今。如今也保留着这样独特的灾害文化。

(资料 41)一方面,以富士川町为中心,市川三乡町位于笛吹町和釜无川的交汇处。最近,不是急流问题,而是排水不畅,如何解决排水问题最为紧迫。

资料 41

资料 42

(资料 42)甲府盆地地形最狭窄之处被称为禹之濑,今日考察时,也进行了说明。而且这里也有富士水碑,在此就河道整治碑等进行说明。

在盆地最窄小的河流出口处,农民深受排水不畅之苦,甲府盆地的禹王遗迹是为救助他们的人而建的表彰碑。中井清太夫就是其中一个。而且因无法通船达海而吃不到海产品的甲府人为了表彰开拓水路的角仓了以而建的富士水碑,全部的禹王遗迹都位于甲府盆地最下游处,以禹之濑为中心分布。这应该就是本地禹王遗迹的一大特点。

(资料43)一方面,江户时代以前富士川下游的情况是,河流出山后立即转向东面,面向现在富士市的闹市地带流淌。每次洪水就会变换河道造成泛滥,这个加岛平原就成了不毛之地。

资料43

资料44

(资料44)这是天领(江户幕府直辖的领地),幕府地方官古郡氏历经三代在此治水和开发,把这里改变成年收5000石的大粮仓。其中最重要的措施之一是从东侧割离富士川河流,使之改道,直接流入骏河湾。改变河道的关键是,位于出口处的W形堤防的雁堤。建造了形似大雁展翅般的W形堤防。据说最后由古郡重年于1674年完成该堤坝的建设。

要说雁堤构造中的关键,莫过于大型滞洪水库积蓄水流后的排水问题。为加强此功能还建造了副堤。可以说雁堤是综合各种施工方法而建成的。

资料45

(资料45)但不仅仅是建造了工程堤防,我发现了更重要的问题。那就是古郡氏对神佛有很深的信仰。这源于对人力无法完全控制的自然的敬畏。在雁堤堤防的起点有水神社。水神社是供奉人柱的守护神社,在堤防屡屡毁坏难以建成时,通过东海道的行人,在堤防中埋下了人柱。还有请禅宗僧侣建造的瑞林寺和供奉菅原道真而建的天满宫,这些都是古郡氏与土木工程共建的信仰。我认为这种源于对自然的敬畏而产生的神佛信仰,不正是古郡氏的重要治水思想吗?

(资料46)古郡氏一族的坟墓排列在瑞林寺里。在古郡氏重高、重政、重年这三代人的治水伟业下，加岛平原才安定下来。

（资料47）在雁堤的起点有水神社，其岩石上供奉着日本神道自古而来信奉的弥津波能卖神。

资料46

资料47

（资料48）是把通过东海道的人作为人柱，祭奠其亡灵的守护神社。人们去的话，就会发现神社非常干净。如今，人们依然非常珍惜这个神社，感谢并追悼为堤防平安而牺牲为人柱的那些人。

资料48

资料49

（资料49）供奉菅原道真的中岛天满宫。这些都是由古郡氏所建完成。

但在下游地区并没有发现禹王遗迹。唯有在富士市里的慈祥院，这座由古郡氏所建寺院的历史资料中能找到对大禹的记载。

（资料50）这是记载着古郡氏不在禹的功绩之下的文字，也是在下游地区唯一发现的禹王文字遗物。

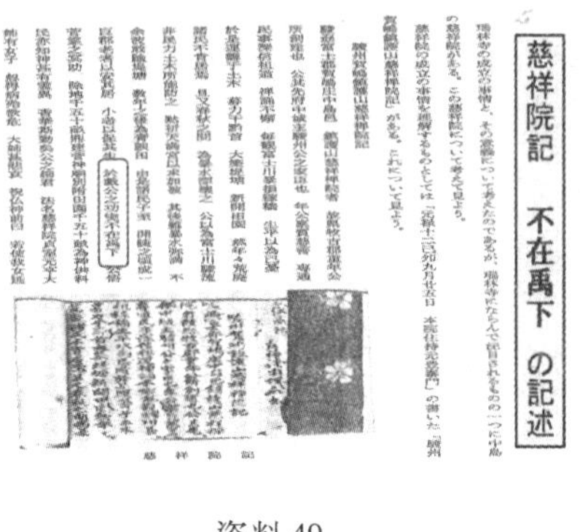
慈祥院記　不在禹下　の記述

资料49

综上所述,在日本,大禹形象作为治水神而被接受,进而信仰,以表彰对水利事业及治水做出贡献的人们,近年来已成为地方象征。在冲绳形成了琉球王国特有的禹王碑文化。在富士川甲府盆地为表彰对排水不畅的狭窄区域做出贡献的人们也建有禹王碑。在下游加岛地区为表彰古郡氏治水与开发的成果,则有以禹王为喻的记载。

参考文献:(按出版年份顺序)

1. 山田邦和(2000):《鸭川的治水神》,《花园大学文学部研究》期刊 32,第 53—86 页。

2. 足柄历史再发现同好会编(2007):《足柄历史新闻　富士山和酒香川》,第 108 页。

3. 冈村秀典(2007):《夏王朝　中国文明的原像》,《讲谈社学术文库 1829》,第 323 页。

4. 大胁良夫、植村善博(2013):《追寻治水神禹王之旅》,人文书院,第 206 页。

5. 王敏(2014):《禹王和日本人　连接东亚治水神》,NHK 出版,第 226 页。

6. 北原峰树编(2015):《平田三郎的生涯 发现大禹谟的人 》,美巧社,第 138 页。

7. 植村善博(2016):《禹王地名的研究意义——伊达市禹父山以及仓敷市禹余粮山的事例》,《治水神·禹王研究会刊》3,第 1—11 页。

8. 植村善博(2017):《在冲绳的禹王遗迹及其历史意义》,《鹰陵史学》43,第 1—18 页。

9. 富士川改建促进期成同盟会第 6 届全国禹王会谈:富士川实行委员会(2018):《第 6 届全国禹王会谈 富士川报告书》,第 70 页。

10. 治水神·禹王研究会(2018):《灾害文化遗产:日本的禹王遗迹和治水神·禹王信仰展》,第 25 页。

11. 治水神·禹王研究会(2014—2018):《治水神·禹王研究会刊》第 1—5 号。

绍兴为越文化之核心与主干的考察

徐日辉

源远流长的越文化是中华文化百花园当中的一朵奇葩，近年来随着考古事业的发展和大量考古资料的发现，为我们进一步深入研究越文化提供了新的科学依据，特别是对于越文化渊源诸问题的探讨。从越文化发展的历程考察，我将其总结为五大特色：一、以浙江考古发现的距今10000年的上山文化、荷花山遗址、青碓遗址、跨湖桥文化、河姆渡文化、马家浜文化、良渚文化等史前文化为基础的古越文化；二、以绍兴大禹文化为核心与主干的兴盛时期的越文化；三、以扬越、吴越、于越、句越、瓯越、闽越、南越、骆越为分支的开拓时期的越文化；四、以王羲之、谢灵运、陆游等为花朵的丰富和提升的越文化。五、以改革开放时期经济腾飞为果实的越文化。五大特色一脉相承，可圈可点。本文试图就这些问题做一些论述。

一、绍兴越文化的考古学支撑

文化是一个民族兴旺发达的标记，古老文明的中国，从东至西分布着关东文化、齐鲁文化、中原文化、三秦文化、陇右文化、青藏文化；从南到北有吴越文化、徽州文化、巴蜀文化、三晋文化、草原文化等，此外还有长江文化、黄河文化、海洋文化等。祖国大地上各具特色的文化正是不同地域载体的突出表现，是宝贵文化的资源。正是这些传统的个性文化的存在，才使得我们的文化生机勃勃，引人入胜。[①]

越文化与其他地区性文化一样，都经历了起源、发展、光大的历程，有的文化保

① 徐日辉：《中国旅游文化》，北京：清华大学出版社2014年版。

留并且延续至今,有的文化却在历史的长河中销声匿迹。越文化是幸运的,绍兴作为越文化载体的核心地区,仍在发展提升。然而,越文化的源头究竟在哪里?传统的文献《史记》《越绝书》《吴越春秋》等认为出自大禹。在古代他们的说法并没有错,但是,随着工业革命以来考古学的兴起,极大地丰富了历史的记载,特别是近些年来浙江考古成果凸显,对传统意义上的越文化的起源提出了有力挑战。

考古发现表明,丰厚的越文化经历了上万年的发展,其历史积淀就目前看来,越文化的起源应该上溯到距今10000年的上山文化。①

上山遗址位于浦江县黄宅镇渠南村,发现于2000年。2001年2—5月经国家文物局批准,由浙江省文物考古研究所与浦江博物馆共同发掘。其后在2004年、2005年又进行了两次发掘。通过三次考古发掘,出土了大量的珍贵文物,其中10000年前稻谷的发现改变了人们对稻作农业发展环境的认识。以往10000年前稻谷的发现都以洞穴、山地为主,如江西的万年仙人洞遗址等。而浦江上山遗址则是在盆地之中,成为研究新石器时代早期居民的新类型,意义非常重大。正因为上山遗址具有区别于其他新石器时代文化的新内涵,因此被认定为"上山文化"。这是一种全新的考古学文化,当然也是古老的越文化的源头。上山文化不是孤立的存在,经过调查,又在浙江的嵊州、龙游、金华、永康、武义等地发现了18处上山文化遗址,成为我国新石器时代最集中的遗址群。

上山遗址是长江下游和东南沿海地区最早的新石器时代文化遗存,万年以前稻作农业的发现,毫无疑问对农业文明的起源和中华文明的起源都有着重要的意义。

实际上在浙江地区除了上山文化之外,与其年代相近的还有荷花山遗址。龙游县的荷花山遗址和青碓遗址都距今9000年以上,其中荷花山遗址年代偏早一些,在"距今10000年至9000年左右"②,大大突破了文献记载和以往考古发现的时段,与上山文化共同构成了早期越文化或者说是古越文化的源头。

进入新石器时代早期偏晚的距今7000年前后,1973年发现的浙江余姚河姆渡遗址再一次引起了世界的关注。③ 河姆渡发现了大量的人工栽培稻,还出土了骨

① 浙江文物考古研究所、浦江博物馆编著:《浦江上山》,北京:文物出版社2016年版。

② 严红枫、严蓓蓓:《龙游荷花山遗址发掘新发现——浙江人1万年前已吃上稻谷》,《光明日报》2013年10月10日。

③ 浙江省文管会、浙江省博物馆:《河姆渡遗址第一期发掘报告》,《考古学报》1978年第1期。

耜等。[①] 当年在已发现的越文化的范围内，河姆渡文化时期粳稻的种植约有6000年以上的历史，是中国粳稻的发源地之一。[②] 同时在河姆渡遗址中还发现了木桨[③]，证明古越人很早以前就利用水乡丰饶的资源发展农业，并且取得了可喜的成功。[④] 继河姆渡文化之后跨湖桥文化再一次印证了越文化的有序发展。

萧山跨湖桥文化略早于河姆渡文化，最早发现于20世纪50年代，第一次正式发掘是在1990年10—12月，其后在2001年、2002年先后又进行了两次发掘，获得了重要发现，被评为2001年全国十大考古新发现之一。2004年又被认定为"跨湖桥文化"[⑤]，成为继河姆渡文化、良渚文化之后的又一考古学文化概念[⑥]，而且是越文化一直延续的稻作农业。

跨湖桥遗址出土了1000多颗稻谷、稻米和稻壳，其中有百分之五十属于栽培稻，充分说明跨湖桥从一开始就是以农业经济为主体的生产方式，也就是说在7000年前的长江下游地区已经进入稻作农业时期和农业发展的一种模式。[⑦] 今天看来，无论是河姆渡文化还是跨湖桥文化、马家浜文化、崧泽文化、良渚文化等，作为史前文明，它们都是浙江越文化长长链条中的一环。所以，我认为：以浙江考古发现的10000年前的上山文化、荷花山遗址、青碓遗址、跨湖桥文化、河姆渡文化、马家浜文化、良渚文化等为基础的史前文化，是古越文化的源头，毫无疑问更是越文化的科学支撑。

二、大禹与绍兴越文化

大禹治水与绍兴越文化是古往今来谁也绕不开的话题，绍兴4000多年来之所

---

① 浙江文管会：《河姆渡遗址第二期发掘报告》，《考古学报》1978年第1期。

② 汤圣祥、闵绍楷、[日]佐藤洋一郎：《中国粳稻起源的探讨》，《中国栽培稻起源与演化研究专集》，北京：中国农业大学出版社1996年版。

③ 河姆渡考古队：《浙江河姆渡遗址第二期发掘的主要收获》，《文物》1980年第5期。

④ 徐日辉：《古越鸟文化与农业经济初探》，引自蒋炳钊主编：《百越文化研究》，厦门：厦门大学出版社2005年版。

⑤ 浙江省文物考古研究所：《跨湖桥——新石器时代遗址考古报告》，北京：文物出版社2004年版。

⑥ 徐日辉：《关桃园出土骨耜与炎帝耜耕农业论》，引自霍彦儒：《炎帝·姜炎文化与民生》，西安：三秦出版社2010年版。

⑦ 徐日辉：《浙江跨湖桥与陕西关桃园出土骨耜比较研究》，引自林华东《跨湖桥文化论集》，北京：人民出版社2009年版。

以成为越文化的主干与核心地区,与大禹治水息息相关。越文化起于大禹,是传统的说法,至少在战国时期越文化就已经形成,司马迁在撰写《史记》中有关大禹与绍兴的历史时就采用了前人的观点,不是他的发明。其后《越绝书》《吴越春秋》等古籍延续其说,在考古学兴起之前,是为定论。其中最详细的记载莫过于司马迁的《史记》。其《越王勾践世家》记载:

越王勾践,其先禹之苗裔,而夏后帝少康之庶子也。封于会稽,以奉守禹之祀。文身断发,披草莱而邑焉。后二十余世,至于允常。允常之时,与吴王阖庐战而相怨伐。允常卒,子勾践立,是为越王。

《史记·越王勾践世家》开篇第一句就说越的先祖是大禹,司马迁之所以认定越文化来自于大禹,是站在大一统的史家立场上看待大禹与越文化的。《史记正义》注曰:"《吴越春秋》云:'禹周行天下,还归大越,登茅山以朝四方群臣,封有功,爵有德,崩而葬焉。至少康,恐禹迹宗庙祭祀之绝,乃封其庶子于越,号曰无余。'贺循《会稽记》云:'少康,其少子号曰于越,越国之称始此。'《越绝记》云:'无余都,会稽山南故越城是也。'"在这里清楚地表明越文化源自于大禹。起因是大禹治水成功之后曾经到过绍兴。"大会计治国之道",并且斩杀迟到的诸侯防风氏以显示权威,《史记·夏本纪》记载:

自虞、夏时,贡赋备矣。或言禹会诸侯江南,计功而崩,因葬焉,命曰会稽。会稽者,会计也。

会计意为计功行赏,所以会稽又称会计。会稽,山名。本为苪山、茅山,因大禹而改为会稽山,在今浙江绍兴。其由来,《越绝书》记载:"禹忧民救水,到大越,上茅大会计,更名茅山曰会稽。"会稽是浙江省历史最悠久、文化最深厚的地区,几千年来越文化的中心不在今天的杭州而在会稽,即绍兴市。

会稽之名虽然得兴于禹,然而,最早关于会稽山的考察则见于《山海经》。其《南山经》记载:

又东五百里,曰会稽之山,甲方,其上多金玉,其下多砆石。

《山海经》为我国最早的典籍之一。据说是大禹行走天下名山大川,了解各地风土人情异地，考察“八方之民俗，殊国异域土地里数”[1]的记录，故谓之《山海经》。对于这个说法后人有不同意见，但是会稽之山确实存在，且与禹有着密切的关系。对此，谭其骧先生在《论〈五藏山经〉的地域范围》一文中指出：“‘南次二经’十七山中有三座山可以证实，分别为句余山、浮玉山和会稽山。其中句余山在浙江余姚，今属杭州市。浮玉山即今天目山。而会稽山正是绍兴之会稽山。”[2]会稽、会稽山相互关联，有着一定因果关系。《楚辞》中有“闻南藩东而欲往兮，至会稽而且止”[3]。王逸注称，会稽，山名也。由此可见会稽山之名要早于会稽郡，会稽、会稽郡者皆因会稽山而名，且与大禹相关。另外，《吴越春秋》卷六亦载：

> 周行天下，归还大越。登茅山，以朝西方群臣，观示中州。诸侯防风后至，斩以示众，示天下悉属禹也。乃大会计治治国之道，内美釜山州慎之功，外演圣德，以应天心。遂更名茅山曰会稽之山。

会稽不仅仅是大禹到过的地方，更是大禹去世后的殡葬之地。《竹书纪年》称“禹立四十五年”[4]。《夏本纪》记载：“十年，帝禹东巡狩，至于会稽而崩。”即埋葬在会稽(即今浙江绍兴)。《史记集解》引《皇览》曰：“禹冢在山阴县会稽山上。会稽山本名苗山，在县南，去县七里。越传曰禹到大越，上苗山，大会计，爵有德，封有功，因而更名苗山曰会稽。因病死，葬，苇棺，穿圹深七尺，上无泻泄，下无邸水，坛高三尺，土阶三等，周方一亩。《吕氏春秋》曰‘禹葬会稽，不烦人徒’。墨子曰‘禹葬会稽，衣衾三领，桐棺三寸’。《地理志》云山上有禹井、禹祠，相传以为下有群鸟耘田者也。”《越绝书》亦记载：“昔者，越之先君无余，乃禹之世，别封于越，以守禹冢。”[5]大禹陵在绍兴几千年，至今供人们祭奠拜谒。

大禹治水是中华民族发展史上非常了不起的一件大事情，是中华民族的骄傲和象征，对中国历史文化的影响，远远超出了时间与空间的限制，而且都是以超出人力的“神”为表现形式。从现代地域看，大禹东到过大海，西北至青海积石山，西南到过巫山，北到过恒山，南可能到过越南。四千年来，他的事迹一直广为流传，涉及全国多个省份。其中最西部到达甘肃，西南到达广西、四川、重庆，北部到达山

---

① 《吴越春秋》卷六。

② 谭其骧：《长水粹编》，石家庄：河北教育出版社 2000 年版，第 313—314 页。

③ 《楚辞·七谏·自悲》。

④ 《古本竹书纪年·夏后氏》。

⑤ 《越绝书》卷八《越绝外传记地传》第十。

西,东部到达山东,东南到达浙江、广东,包括中部的河南、河北、陕西、安徽、江苏、湖南、湖北等省。

绍兴大禹陵是越文化的重要标志,根据笔者的统计,目前全国最出名的有关大禹活动的遗迹有16处大禹庙、8处禹庙、8处禹王庙、2处禹山、2处禹穴、1处禹王台、1处禹息城、1处禹迹山、1处禹期山、1处大禹陵、1处禹墟、1处禹池、1处禹溪、1处禹井、1处禹迹洞、1处禹门河、1处禹堤、1处禹门寺等,而且每处几乎都是相同的内容。毫不夸张地说,大禹已经成为中华民族抗击洪水、战胜水患的精神寄托。① 正因为如此,所以形成了今天不少地方热衷于争抢大禹的文化资源,以提升地方文化和发展旅游经济等,唯独大禹陵只此一处,就在绍兴,没有争议。

绍兴大禹文化是越文化的核心与主干,是越文化发展的内在动力,是越文化的精神支柱。但不是越文化的结束,而是新时期的开始,是聚合中华民族精神,面向未来、走向世界的开始。

三、绍兴与百越文化

以扬越、吴越、于越、句越、瓯越、闽越、南越、骆越为分支的百越文化是越文化发展开拓的支脉,作为越文化这棵参天大树的一部分,极大地影响着中国东南地区和境外东南半岛。历史上会稽(绍兴)作为当时东南的一处政治中心,伴随着越国的强大,越文化开始向周边地区特别是东南地区扩张,最终形成了至今依然看得见摸得着的枝繁叶茂的百越文化。何为百越?《史记·越王勾践世家》记载:

> 楚威王兴兵而伐之,大败越,杀王无强,尽取故吴地至浙江,北破齐于徐州。而越以此散,诸族子争立,或为王,或为君,滨于江南海上,服朝于楚。……后七世,至闽君摇,佐诸侯平秦。汉高帝复以摇为越王,以奉越后。东越,闽君,皆其后也。

由此可见,百越是越国被楚人打散之后形成的,虽然是一段历史悲剧,但可敬的是,越文化并没有因越国消灭而消失,却以另外一种方式不但被保留了下来,而且还在不断发扬光大。所以司马迁在《史记·东越列传》中又以互见法再次记载:

---

① 徐日辉:《从大禹治水到中华民族的精神聚合》,引自《地球科学:水与城市》,北京:地质出版社2011年版。

闽越王无诸及越东海王摇者，其先皆越王勾践之后也，姓驺（骆）氏。……汉击项籍，无诸、摇率越人佐汉。汉五年，复立无诸为闽越王，王闽中故地，都东冶。孝惠三年，举高帝时越功，曰闽君摇功多，其民便附，乃立摇为东海王，都东瓯，世俗号为东瓯王。

这是《史记》记载的“百越”。历史上关于“百越”的提法，早在先秦时期就已经存在，例如《吕氏春秋·恃君篇》就称：

扬、汉之南，百越之际，敝凯诸、夫风、余靡之地，缚娄、阳禺、欢头之国，多无君。

在这里“百越”，是历史上对我国东南地区众多越人的统称。其地理范围，《汉书·地理志》颜师古注引臣瓒曰：“自交趾至会稽，七八千里，百粤杂处，各有种姓。”“粤”即“越”。历史上的百越，主要分布在今天的浙江、福建、江西、广东、广西一带，早在夏商周时期，这一地区就是越人的主要活动区域。

绍兴与百越之间的关系非常明确，具体而言：扬越——居住在扬州一带；吴越——居住在苏州、吴县一带；于越、句越——居住在会稽、余姚一带；瓯越——居住在温州、台州一带及闽北部分地区；闽越——居住福建中南部；南越——居住在广东东部；骆越——居住在广东西部、广西一带。共同的发祥地则是以会稽为起点。① 也就是说越文化以越王勾践之会稽，即今浙江省的绍兴为中心，应该没有太大的问题。

百越文化源自越文化不是向壁虚构，而是实实在在的，至今仍然看得见摸得着。我们以越文化的建筑与断发文身的习俗作一考察，与大家分享。“建筑是人类的发明创造，为了生存的需要与更好地生活，人类在与自然的斗争中不断地构建自己的安乐窝。从原始的穴居、巢居、半穴居再到地面建筑，经历了一个漫长的发展过程”②。其中穴居和巢居的时间最长。因此，当我们考察古代的建筑时，就会感悟到社会的发展与人类文明的辉煌。

---

① 徐日辉：《骆越蠡测》，引自中国百越民族史研究会：《百越研究》，南宁：广西科学出版社2007年版。

② 徐日辉：《中国旅游文化》，哈尔滨：黑龙江人民出版社2010年版，第59页。

农业经济的逐渐发展,便产生了人类历史上的劳动分工,农业与畜牧业及狩猎业分开,开始逐渐形成一些以农业为主的固定的居住点,不同建筑便成为最初的原始村落的特色。今天的研究证明,越文化早期的建筑是极具特色的干栏式建筑,以距今7000年前的河姆渡文化时期的干栏式建筑为代表。干栏式建筑是越地人民的创新,是他们聪明才智的具体表现。由于越地处江南水乡,人们生活在水网地带,夏天多潮湿,冬天阴冷,且多蚊虫叮咬。因此,古越人在建筑房屋时首先将木桩打入地下,然后再在上边铺板,类似于北方建筑的地基,接着再在平板上盖房子。实际上是上下两层,或者更高。尤其令人震惊的是,在河姆渡时期越人已经采用榫卯结构,成为中国传统木建筑的源头。并且随着越文化的传播,此类建筑大面积地分布于广东、广西、江西、贵州等省区,以及越南、柬埔寨、泰国等东南亚诸国。

历史上越文化的建筑极其壮观,可圈可点,长期为世人所羡慕。唐朝大诗人李白在游历越国首都会稽(今绍兴)时,曾经亲眼所见,并且留下了千古绝唱:"越王勾践破吴归,义士还家尽锦衣。宫女如花满春殿,只今惟有鹧鸪飞。"①面对破壁残垣,李白大为感悟,世事沧桑一去不返,昔日之勾践是何等辉煌,伴随着岁月的流逝,只留下孤零零的"鹧鸪飞"了。但从中却给我们一个重要的提示,李白在一千多年之后仍然能够看到越国建筑的残垣断壁,可想而知当年越国的建筑是多么宏伟,无怪乎连雄才大略的汉武帝都要学习越国大建筑的气魄。"如果说建筑是凝固的音乐,那么,中国的建筑所体现的就是一段逝去的历史。"②建筑作为越文化的记忆,我们在考察百越文化的过程中感受到的不仅仅是建筑的本身,而应该是建筑背后的故事。

在浙江省博物馆珍藏有一件湖州埭溪出土的春秋青铜鸠杖墩,使我们看到了古越人"断发文身"的奇异民俗。"断发文身"是越文化的重要标志,《史记》和《吴越春秋》都有关于"断发文身"的记载。何为"断发文身"?《吴越春秋》的回答是"断发文身,为夷狄之服,示不可用"③。事实上并不是这么简单,当与越文化的传统有着很大的关联。这是"因为人们在利用水的同时却十分却害怕水灾,并且对水产生了神秘感与恐惧感继而产生崇拜"。"断发文身"就是对水敬畏的一个表现形式,可以说是一种图腾崇拜,因为古越人就是用祭祀水的方法以求祈福④,使生活

① 《李太白全集》,北京:中华书局1981年版,第1030页。
② 徐日辉:《中国旅游文化》,哈尔滨:黑龙江人民出版社2010年版,第49页。
③ 《吴越春秋·吴太伯传》。
④ 徐锦博:《吴地文化精神——传统与开放》,《江南论坛》2013年第4期。

更加幸福美满。

环境考古的资料告诉我们,越文化自古以来的特点正是稻作文化与水文化相结合,其衣食住行的物质基础“水”便成为越人一种内在的精神元素。“断发文身”的传统实际上与越人生产生活息息相关。生活于水网地区的人们之所以断发不戴冠,就是要适应水中捕猎的习俗,避免头发被缠住羁绊的麻烦,减少水中阻力,是越地人民生产生活环境的真实反映。今天我们在海南还能看到越文化的遗迹,在槟榔谷旅游区“文身”的黎族老太太正是不可多得的活化石,所以有关专家认为,“黎族文化则来自于古越文化,同时也产生了琼州文化”①。

我的研究表明以绍兴为主干的越文化是在特定的地域内产生并发展形成的,它所表现的正是一个区域内特定的历史背景和文化渊源,在地大物博的中国非常突出,而且还会一如既往地保留下去,“文化是一个过程 ,没有开始,也不会有结束,在发展传承的过程中,不断发明,不断前进”②。我在一篇文章中讲过:一个民族失掉了自己的传统文化,就意味着衰亡的开始。国家消亡了还可以重建,而传统文化消失了,这个民族也就彻底沦亡了。

恩格斯在《社会主义从空想到科学的发展》中指出:“当我们深思熟虑地考察自然界或人类历史或我们的精神活动的时候,首先呈现在我们眼前的是一幅由种种联系和相互作用无穷无尽地交织起来的画面,其中没有任何东西是不对的和不变的,而是一切都在运动中和变化中,产生和消失。”这是因为历史在前进,社会在发展,没有一成不变的东西。

四、名人雅士对绍兴越文化的提升

考察越文化的发展历程,就会发现在南北朝时期由于政治环境的原因,曾经发生过一次重要的文化介入,其结果是极大地丰富和提升了越文化的内涵与品位,并且深刻地影响了越文化的发展趋势。以王羲之、谢安、谢灵运等人为代表的中国历史上一批著名的名人雅士,成为越文化的佼佼者。

绍兴历史悠久,文人辈出。隋唐之前,江南之富以今天的南京和绍兴(山阴)为最,特别是南朝时期的绍兴成为豪门望族扎堆的聚居地,史称“山阴民户三万,海

① 关万维:《琼州文化》,沈阳:辽宁教育出版社 1998 年版,第 3—19 页。

② 徐日辉:《乐山悦水——传统文化与旅游》,引自庄立臻,库金红主编:《天一讲堂》,北京:中国文史出版社 2012 年版。

内巨邑”①。优越的自然环境与发达的农商经济,使大量的名人雅士汇聚于此,成为南北朝时期精英文化的代表。

王羲之,今山东临沂市北沙阜镇东友村人②,生于公元303年,卒于公元361年。王羲之是东晋司徒王导的侄子,后官至右军将军,所以世人称其为王右军。王羲之生性好游喜食,与谢安等人相善,“不乐在京师……会稽有佳山水,名士多之,谢安未仕时亦居焉。孙弹绰、李允、许询、支遁等皆以文义冠世,并筑室东土,与羲之好”③。他们个个才高八斗,意气风发,志趣相同,聚合相益,悠然自得,为文人雅士之一时佳话。其中王羲之与众多名士居于会稽(今浙江绍兴),游于山水,兴于诗歌,宴于兰亭,情至所致信手涂鸦竟成千古一绝——《兰亭集序》。其中有:此地有崇山峻岭,茂林修竹,又有清流激湍,映带左右,引以为流觞曲水,列坐其次。虽无丝竹管弦之盛,一觞一咏,亦足以畅叙幽情。④ 兰亭在今绍兴城西12公里兰渚山下,为中外书法家争相观赏的圣地。

王羲之后来去官,便与名士们一起纵情山水,游乎自然,往来于今浙江境内的会稽、临海、永嘉、建安、新昌等地,登天台游雁荡,泛舟在曹娥江上。其时,王羲之虽游山水却念念不忘国家兴亡。一日他与谢安登临冶城,有感而发:“夏禹勤王,手足胼胝;文王旰食,日不暇给。今四郊多垒,宜人人自效,而虚谈废务,浮文妨要,恐非当今所宜。”⑤指出在战争面前,人人应求务实,而空谈误政,对现实不利,拳拳之心由此可见。

小于王羲之的谢安,是今河南太康人,生于公元320年,卒于公元385年。谢安是东晋著名的政治家,人们耳熟能详的“淝水之战”就是谢安的杰作。谢安年轻时便不愿出仕,而放情于丘壑,极喜于玄游。居住会稽期间,谢安与诸高士隐逸,如王羲之及高阳许询、桑门支遁等结伴常常旅游不归,其“出则渔戈山水,入则言咏属文,无处世之意”,且“尝与孙绰等汛海,风起浪涌,诸人并惧,安吟啸自若”⑥。因在会稽东山与诸名士、高僧、墨客聚首游览,故后人称其为谢安山,足见其雅。

在南朝越文化的发展中,从今天旅游的角度考察,大名鼎鼎的谢灵运当首推第一人,可以说在越文化这片土地上堪称前无古人,亦后无来者。

---

① 《宋书·顾恺之传》。

② 徐斌:《王羲之传——旷古书圣》,杭州:浙江人民出版社2007年版,第1页。

③ 《晋书·王羲之传》。

④ 《晋书·王羲之传》。

⑤ 《世说新语·言语》。

⑥ 《晋书·谢安传》。

谢灵运，陈郡阳夏（今河南太康）人。有名无字。生于公元385年，卒于公元433年。谢灵运出身于晋代大官宦之家，祖父谢玄，为晋车骑将军。父谢瑍，为秘书郎，早亡。谢灵运18岁便袭康乐公，故人称谢康乐。21岁时任军队书记官、参军等文职官员，到过江苏、安徽、江西、湖北等地。谢灵运自幼颖悟，“少好学，博览倈书，文章之美，与颜延之为江左第一”[①]。又说他，“灵运之兴会标举，延年之体裁明密，并方轨前秀，垂范后昆”[②]。足见谢灵运是当时的一代才子。后来，刘宋代晋，谢灵运的政治生涯受到打击，灰心政治，便一心寄情山水而“肆意游遨”[③]了。辞官后他移居会稽（绍兴）“修营别业，傍山带江，尽幽居之美”，与隐士王弘之、孔淳之等纵情山水，优哉游哉，体现了人与自然的沟通，人与社会的沟通。正如他在《游名山志序》中所讲的“夫衣食，人生之所资；山水，性分之所适”，并且一直影响到今天。

出生于钟鸣鼎食之家的谢灵运，从小受到良好的教育，有着深厚的文学修养，这是我们从他描写自然山水景物的作品中得出的结论。

谢灵运一生好游，善于探险，他通过对山水游历探寻的描写，引发出自己的世界观，公开宣称“哲人不存，怀抱谁质”，以表白和抒发自己“平生于知游，栖清旷于山川”的志趣情感。白居易有诗曰：“谢公才廓落，与世不相遇。壮士郁不用，须有所泄处。泄为山水诗，逸韵谐奇趣。”诗歌描写了谢灵运在政治上的失落而寄情于山水之间，其实谢灵运还是念念不忘他的政治，如《长歌行》之“览物起悲绪，顾已识忧端。朽貌改鲜色，悴容变柔颜”；《君子有所思行》之“所秉自天性贫富岂相讥”；《会吟行》之“勾践善废兴，越叟识行止。范蠡出江湖，梅福入城市。东方就旅逸，梁鸿去桑梓。牵缀书土风，辞殚意未已”等等。谢灵运“将游山乐水融入生命之中，因而情由心出，景由心化，回归大地，自然天成”[④]，极大地丰富和提升了越文化的品位。

越文化在谢灵运时期可以说有了一次比较大的转变，开始转向人与自然的亲近，将人生融入天人合一的境界。后来的江南园林的建筑内涵，正是这一风气的继续和发展。

“死去元知万事空，但悲不见九州同。王师北定中原日，家祭无忘告乃翁。”人

① 《南史·谢灵运传》。
② 《宋书·谢灵运传》。
③ 《宋书·谢灵运传》。
④ 徐日辉：《瓯越文化与谢灵运》，《温州学刊》2007年10期。

们每每读到这首诗时,陆游忧国忧民的高大形象便油然而生。说到绍兴,不能不说陆游。陆游,字务观,号放翁,越州山阴(今浙江绍兴)人。生于公元1125年,卒于公元1210年。

陆游是土生土长的绍兴人,是绍兴这块越文化的土地上培育的杰出代表和伟大的爱国主义诗人。他一生作诗多达万余首,今尚存九千三百余首。陆游对抗金杀敌有着强烈的激情,他一生力主抗金,想收复故土,所以他于1172年应四川宣抚使王炎之聘,到军中襄理军务,并在陕西南郑(今陕西汉中),度过八个月的时间。在这一段时间内陆游利用军务之便游览了许多地方,以表达自己的志向。

当时汉中地处宋金交战的边界,备战气氛热烈。他在《谒诸葛丞相庙》中写道:"汉中四百天所命,老贼方持太阿柄。区区梁益岂足支,不忍安坐观异姓。遗民亦知王室在,闰位那干天统正。公虽已没有神灵,犹假贼手诛钟邓。前年我过沔河祠,再拜奠俎衰泪迸。洁斋请作送迎诗,精忠大义神其听。"他又在《游诸葛武侯书台》中曰:"沔阳道中草离离,卧龙往矣空遗祠。当时典午称猾贼,气丧不敢当王师。定军山前寒食路,至今人祠丞相墓。松风想象《梁甫吟》,尚忆幡然答三顾。出师一表千载无,远比管乐盖有余。世上俗儒宁办此,高台当日读何书。"诗人通过游览四川新都的诸葛亮庙和距勉县西北1里处的诸葛亮读书台,联想当年武侯北伐中原的壮举,斥责一些人不思抗金的苟安做法。《归次汉中境上》就是其中的一首。其诗曰:"云栈屏山阅月游,马蹄初喜蹋梁州。地连秦雍川原壮,孤臣耿耿独私忧。良时恐作他砑恨,大散关头又一秋。"此诗为陆游实地踏勘所记,云栈是蜀道上有名的连云栈道;大散关在陕西宝鸡市益门镇,为当时宋金的分界线,也是由关中入四川的第一要塞。笔者曾数次考察此地,虽比不上剑门天险,却也两山夹一水,确有一夫当关万夫莫开之势。在这首诗里,陆游通过对山川形胜以及对金军事力量的描写,抒发出光复国土收复失地的雄心之志,与《书愤》中的"楼船夜雪瓜洲渡,铁马秋风大散关",及《追忆征西幕中旧事二首》其一之"大散关头北望秦,自期谈笑扫胡尘"一样,具是大丈夫渴望笑啖胡虏的英雄气概。他在游过剑门关和潼关之后,叹息"剑门关皆石,无寸土,潼关皆土,无拳石,虽皆号天下险固,要之潼关不若剑门。然自秦以来,剑门亦屡破矣,险之不可恃如此"①。这是陆游经过实地考察将自然形胜上升为对国家兴亡而忧患的认识高度,成为生生不息、绵延至今的越文化的灵魂之所在。

---

① 《老学庵笔记》卷七。

五、越文化在改革开放的丰厚硕果

中华文化是多民族和多种文化兼容并包发展而成的，越文化正是其中之一，而且在古人看来，越文化又与吴文化相关，合称为吴越文化，直到今天依然将长三角江浙沪作为一个整体。范蠡称："吴越二邦，同气共俗，地户之位，非吴则越。"[①]所谓"吴越之地三江环之，民无所移"[②]。以地缘为纽带的吴越两国人民在吴江、钱塘江、浦江的环绕下，世代生活在三江流域一带。但是归根结底，吴归吴，越归越，细分还是有比较大的区别的。史称越人之俗："性脆而愚，水行山处，以船为车，以楫为马，往若飘然，去则难从，悦兵敢死，越之带也。"[③]历史的经验表明，越人最少保守思想，最善于开拓创新，并且一直延续至今。特别是改革开放以来勇立潮头的绍兴所取得的成就，为我国的经济发展树立了一个又一个标杆，毫无疑问地成为现代越文化的代表。下边我们以大禹文化影响最突出的绍兴市、郑州市、绵阳市三市的农业经济作一比较探讨：

绍兴市 2016 年全年粮食播种面积 146.21 千公顷，粮食总产量 95.48 万吨，粮食单产 6530 千克/公顷。

郑州市 2016 年全年粮食播种面积 341 千公顷，粮食总产量 161 万吨，粮食单产 4721 千克/公顷。

绵阳市 2016 年全年粮食播种面积 42.04 千公顷，粮食总产量 223.75 万吨，粮食单产 5322 千克/公顷。

从上面的数据分析，绍兴市的粮食单产最高，绵阳市、郑州市居后。当然位于江南鱼米之乡宁绍平原的绍兴确实有着得天独厚的自然条件，但是不能否认，绍兴对农业的重视与投入，包括科学技术的支持和辛勤劳作的付出。

农业是立国之本，是大禹治水的终极目标。考察表明大禹治水的目的无非是保障民众的生命安全和发展农业经济，使人人都有饭吃。这两者之间相互依存，并行不悖，后人为什么如此崇拜大禹，关键就在于此。史称"禹稷躬稼而有天下"[④]，"躬稼"就是重视农业生产。为了发展农业，提高生产水平，当时还颁布了历

① 《越绝书》卷七。
② 《国语》卷二十。
③ 《吴越春秋》卷十。
④ 《论语·宪问》。

法——《夏小正》,也就是我们今天所称的夏历。夏历的实施,不但是天文历法的一次革命,同时表明当时的农业生产已经进入新的历史水平。因此,自夏代以来中原已经形成了以农立国、以农兴国的政治体系与经济体系,农业生产成为最主要的生产部门。①

大禹治水确立了以农为本的基本思路,民以食为天、国以粮为本的治国理念遂成为古代中国的基本国策,并且一直延续至今。如果说农业在今天的地位已在不断下滑,那么,全社会的经济发展应该最能体现文化的魅力。我们还是以绍兴市、郑州市、绵阳市三市的土地面积、国民经济、人均收入等进行比较研究:

绍兴市土地面积为 8256 平方公里,2016 年常住人口 498.8 万人,人均土地 0.0016平方公里;生产总值(GDP)4710.19 亿元,人均(GDP)94620 元。

郑州市土地面积为 7507 平方公里,2016 年常住人口 972.4 万人,人均土地 0.0009 平方公里;生产总值(GDP)7994.2 亿元,人均(GDP)82872 元。

绵阳市土地面积为 20248.4 平方公里,2016 年常住人口 481 万人,人均土地 0.0021 平方公里;生产总值(GDP)1830.42 亿元,人均(GDP)38202 元。

从比较中得出:在三市当中绍兴市人均(GDP)最高,郑州市与绵阳市屈居其后。其中绵阳市的人均(GDP)仅仅是绍兴市的 40.3%,连一半都不到,差距很大。

我一直认为:越文化应该是中国最重要的非物质文化遗产,“非物质文化遗产是一个民族或国家具有重要价值的资源,它可以造福于子孙后代”,“各民族的非物质文化遗产的价值具有相对性,没有高低、优劣之别”,“保护非物质文化遗产,是防止西化的重要手段。复兴中华文化,首先必须保护、继承和弘扬优秀传统”②。事实上,非物质文化遗产的保护要比物质文化遗产困难得多,任务也艰巨得多,这是因为非物质文化有很多是被潜移默化地破坏着,在不知不觉中就丧失殆尽了。因此,我们在积极传承越文化的同时,如何进一步开发越文化,提升越文化,为经济发展服务,特别是在发展全域旅游的今天,非物质文化有着很大的潜力和提升的空间。

文化是由人创造而成的,因此,文化与文明、文化与哲学、文化与历史、文化与科学、文化与传统,都不可避免地存在着一个发生、认同、积淀和发展的历史过程,而且是伴随着历史的发展而发展,顺应着社会的前进而前进。③

---

① 徐日辉:《史记札记》,北京:现代教育出版社 2008 年版,第 215 页。
② 《人民政协报》2006 年 4 月 4 日。
③ 徐日辉:《青铜文化——中华民族的瑰宝》,《天津日报》2016 年 1 月 4 日。

古代辉煌是过去的历史,悠久文化是今天可持续发展的源泉,所以司马迁说“诸夏艾安,功施于三代”[①]。实际上,大禹的功德远远不止三代,而是延续了整整四千年,我称之为“德流苗裔”[②]。其中最突出的无疑是绍兴的越文化。

(作者单位:浙江工商大学)

---

① 《史记·夏本纪》。

② 徐日辉:《史记札记》,北京:现代教育出版社2008年版,第214页。

绍兴市高校图书馆保护大禹非物质文化遗产的思考

吴铃林

一、引言

非物质文化遗产（简称非遗）是数万年来人类遗留下来的精神和智慧的财富，它见证了人类文明的发展，记录了历史的进程，保留了人类最原始的特点。《中华人民共和国非物质文化遗产法》对“非遗”界定为：“指各族人民世代相传并视为其文化遗产组成部分的各种传统文化表现形式，以及与传统文化表现形式相关的实物和场所。”通俗地界定，所谓非遗，就是我们先祖流传下来的，现已濒临失传的一系列文化，包括表演形式、制作技艺及习俗等，这些文化往往辈辈相授，口口相传，具有“无形化”和“活态化”的根本特性。党的十七届六中全会表示，“要抓好非物质文化遗产保护传承，繁荣少数民族事业，开展少数民族特色文化保护工作”（国务院《关于加强文化遗产保护的通知》，国发［2005］42 号）。这表明非遗的保护工作已经成为中国特色社会主义文化建设的重要组成部分，上升到了国家级战略高度。

绍兴是个具有近万年历史的古城，是国务院首批公布的 24 座中国历史文化名城之一，这里文化底蕴深厚，名人云集，悠久的文明史也造就了多彩多样的民俗风情，流传了生动多姿的民间技艺，传承了丰富珍贵的非物质文化遗产资源。2006 年 5 月，公祭大禹陵典礼被国务院列入首批国家非物质文化遗产项目。大禹文化遗产是中华民族的瑰宝，其中所蕴含的大公的奉献精神、大智的科学精神、大勇的进取精神和大效的实效精神推动了中国社会文明进程，带动许多发明创造，大大提升了物质文明，几千年来，激励着中华儿女代代百折不挠，奋勇前行。但是，如同其他非物质文化遗产一样，大禹文化遗产也面临着传承困难等诸多问题，这需要社会各个层面齐心协力参与其中，利用多方渠道，采取有效措施加以保护和传承。

绍兴作为大禹治水的重要场所，流传下许多歌颂大禹的作品和活动项目，而绍兴高校图书馆作为文化展示和传承的重要载体，积极探索各类有效地保护和传承大禹文化遗产的措施是义不容辞的。

二、绍兴市高校图书馆保护大禹非物质文化遗产的意义和优势

（一）绍兴市高校图书馆保护大禹非物质文化遗产的意义

国务院办公厅《关于加强我国非物质文化遗产保护工作的意见》明确指出："要充分发挥非物质文化遗产对广大未成年人进行传统文化教育和爱国主义教育的重要作用，各级图书馆、文化馆、博物馆、科技馆等公共文化机构要积极开展对非物质文化遗产的传播和展示。"绍兴市高校图书馆是绍兴图书馆等文化机构序列中的重要成员，保护大禹非物质文化遗产项目既是责任也是义务。协助绍兴市文化机构保护大禹文化遗产，不仅向师生展示了大禹传统文化，弘扬了中华传统美德；也能给师生的科研指引了新的方向，提供了深入的资料；更为国家社会资源调查提供了数据依据，促进中国文化"走出去"的进程；与高校图书馆促进科研、传承文化、服务社会的功能相辅相成，也是未来绍兴高校图书馆的发展要求和前进方向。

（二）绍兴市高校图书馆保护大禹非物质文化遗产的优势

1. 具有丰富的信息资源

绍兴市高校图书馆是绍兴高校的信息资源中心，具有充足的文献资源，这是其他社会机构无法企及的。师生不仅可以获取，也可以充实文献信息，这些资源不仅包含了大禹文化遗产的文献信息，而且还有绍兴市地区区域性的文献。作为大禹文化遗产信息的补充扩展，所有这些文献资料，都为大禹文化遗产保护工作的筹备、建档、实施奠定了坚实的基础，提供了原始数据。

2. 具有高素养的人力资源

高校图书馆的服务对象是教师和学生。这类受众对文化内容、技能服务和知识结构有较高的诉求，所以，图书馆工作人员也要具备较高的素养、较全面的知识结构、优质的服务意识。一般的工作人员基本条件都是硕士研究生以上，其中不乏博士甚至是更高学历或双硕士学位的学者。这是其他社会文化机构无法比拟的，

也为建设高素养的资源库做好了人力保障。

3. 具有现代化科学技术

非物质文化遗产由于其年代性,往往都是口头传承、现身演示,所以具有隐性的、活性的、多元性的特点,传统的纸质记载方式不能完全原汁原味保留下来,后人在这类文献资料中也难窥全貌,这就需要运用现代化技术对其进行多方位地记录从而达到保护和传承的目的。而高校图书馆具有相对完善的信息采集、处理、整理、加工、制作、共享等一整套技术流程,可以使大禹文化遗产保护工作进入数字化活性阶段,可以使"死"的资料"活"起来,更加直观,更加易懂,也为共享资源方面的服务提供了技术保证。

三、绍兴市高校图书馆保护大禹非物质文化遗产的现状

目前,国内有众多地方性高校图书馆参与了非遗保护,主要有大连民族学院、中央民族大学、郑州大学、温州大学、钦州学院、吉首大学等36所高校。这些高校图书馆参与地方非遗保护的方式主要以提供相关资源和服务,建立非遗研究中心、非遗文献数据库和构建非遗特色专题网站为主,但是均以通识性的知识传扬为主,缺乏深入的探究。

绍兴设立诸多公共文化机构进行大禹文化遗产的保护和传承,例如绍兴市图书馆就专门建立了祭禹数据库,内设历代祭文、大禹研究、颂禹诗文、大禹传说等栏目;大禹与中国传统文化研究中心展开了大禹历史民俗神话研究和大禹文化精神与传承研究。

但是,绍兴市高校图书馆在大禹非物质文化遗产保护过程中,身影难寻,并没有发挥其最大的作用。这主要因为大禹文化遗产的资料比较稀少,不仅纸质文献缺乏,而且数字化数据资源更加匮乏。根据调研,大禹文化遗产保护工作还处在萌芽阶段,尤其是信息数据库的建设上,有些高校图书馆仅仅在筹备中。而已经建立数据库的高校图书馆,也只是搭建基本框架,内容上只是简单展示图片或罗列数据,缺乏高质量、有研究价值和具有特色的电子文献。例如绍兴文理学院图书馆建立的绍兴大禹陵数据库和浙江越秀外语学院图书馆建立的"绍兴地方特色数据库"里只是简单列出了"绍兴·祭禹"词条。这两个数据库也只是作为绍兴地方文化的内容而简单附带罗列了一些与大禹文化相关的文献资料,这对保护和传播大禹文化遗产是浅显淡薄的,是远远不够的。

四、绍兴市高校图书馆保护大禹非物质文化遗产面临的问题

（一）工作人员对项目保护意识淡薄，人才不足

首先，绍兴市高校图书馆工作人员对保护大禹非物质文化遗产项目的意识比较淡薄，认为大禹文化只是众多传统文化的一项，有些甚至认为大禹文化仅仅是祭禹典礼，没有充分认识到大禹文化对绍兴地区文化的重要性和必要性，也没有全面认识了解大禹文化，因此对该工作的责任心也相应薄弱，缺乏了主观能动性。

其次，绍兴市高校图书馆保护大禹非物质文化遗产缺乏专业人士。要从事好这项工作必须具备深厚的大禹文化知识、良好的调查沟通能力、专业的研究精神等素养。而绍兴市高校图书馆中的工作人员较为浅泛的通识知识结构无法满足这项工作需求，这也使工作人员在开展工作时感到力不从心，缺乏自信心。

（二）大禹文化遗产数字文献局限性大，缺乏“走出去”精神

目前，一些绍兴市高校图书馆已经尝试建立大禹非物质文化遗产数据库，但是进度比较缓慢，而且资源局限性较大。首先，数据库中的电子文献资源很多是纸质文献的扫描件，而且形式上缺乏完整的全文数据库，以拷贝资料为主，缺乏有创造性见解的原创文献。其次，在采集文献过程中，一般只能采集到一些题录、文摘，缺乏满足科研需求的深层次、高质量的资源。这些资源只能用来普及大禹文化通识，无法为读者提供深入的内容和独特的精髓。第三，在文献的引进过程中，没有贯彻“一带一路”“走出去”的精神，严重缺乏外文的文献资料。现在许多高校都有留学项目，交换生日益增多，中国传统文化不仅需要内化，更需要走出去，提升中国文化软实力，大禹文化是一个传播的载体，值得向外宣扬。

（三）大禹文化遗产特色数字资源库相互独立，缺乏合作

根据走访调查，绍兴市一些高校图书馆往往根据自身高校科研发展的需求而建立大禹文化遗产数据库，是被动的行为，有些甚至闭门造车，缺少和外部相似机构合作共建，资源互动，例如其他高校图书馆、公共图书馆、文化部门等。这就导致了信息闭塞，重复建设，资源浪费，内容分散，难以构建全面、系统、长远的信息资源库，也无法真正满足读者的特定需求。

五、绍兴市高校图书馆保护大禹非物质文化遗产的对策探索

面对上述的现状和问题，绍兴市高校图书馆在保护大禹非物质文化遗产项目

的工作上还需要充分利用先进现代技术,加快保护步伐,提高保护效率。本文从高校图书馆推进科研、传承文化和服务社会的三大功能探讨对应策略,以更好地开展并深化保护工作。

(一)从促进科研的角度开展工作

参与大禹文化遗产保护工作需要学术研究的支撑,高校图书馆的一项重要功能就是协助科学研究,因此可以充分利用高校图书馆对科研的辅助作用来整合资源从而推动对大禹文化遗产的保护。

1. 利用先进技术提高加工整理的效率和质量

绍兴市高校图书馆利用自身的先进技术,对绍兴地区大禹文化遗产的一系列数据进行高效率高质量地收集,例如走访、查询,调查、采集数量、种类以及分布的情况;然后对这些初步数据进一步加工整理。例如,可以利用现代化数字技术对这些资源进行音频化、视频化等多媒体格式化,再进行编码、分类,建立可以满足师生欣赏、普及通识或者科研等不同要求的素材数据库。这样的处理使简单枯燥的资源更具有实用性和丰富性,也更完整真实。例如:图书馆可以对公祭大禹整个过程进行拍摄,后期配音解释,然后放在大禹文化遗产特色数据库以及网站上,供师生学习和参考。

2. 通过深造和交流,加强工作人员的专业素养

针对上文中提到的绍兴市高校图书馆大禹文化遗产保护专业管理人员不足的问题,可以采用“引进来,提上去”两步走策略。首先,图书馆可以向外引进相关人才,通过向社会发布招聘信息,选拔合适的专业人士直接进入工作,这个方式比较立竿见影。其次,图书馆还可以本土培养,提高馆内已有工作人员的专业知识水平和实践操作能力。通过大禹文化知识的系统培训,使工作人员在较短时间内掌握初步专业知识,为大禹文化遗产数据库建设做好基础工作。此外,鼓励工作人员参加各类学术交流研究活动,促进工作人员深入了解大禹文化遗产的实时动态,提高其对该工作的敏感度和主观能动性,最后理论和实践相结合,进行实际操练,使其能较好地独立完成原始数据的采集、后期加工整理以及保存分享的工作流程,为大禹文化遗产数字化保护提供完整的、高质量的、真实可信的数据。

(二)从传承文化的角度开展工作

高校图书馆作为文化与资源传播的窗口,在保护、传承文化中承担着重要的角色,它可以通过搭建大禹文化遗产传播和展示的平台来深化大禹文化遗产保护工作。

首先绍兴市高校图书馆可以采用多种形式的活动激发师生对大禹文化遗产的

兴趣，例如利用图书馆宽阔的空间优势和先进的技术，展览图片、书籍、影视等资料向师生介绍和宣传大禹文化遗产，也可以开展一系列征文比赛，加深展示宣传效果。

其次，绍兴市高校图书馆可以利用丰富的学术资源和人脉关系，聘请大禹文化相关专业的学者，向师生开展保护和传承大禹文化遗产的系列讲座，加深师生对保护大禹文化遗产的认识。此外，高校图书馆还可以和绍兴地方文化机构合作，开展“大禹文化进校园”系列活动，现场进行大禹文化遗产活动，甚至让师生参与其中，例如公祭大禹活动，增加了直观性、可视性和趣味性，潜移默化地提高了师生的积极性，使他们能自发地参与保护和传承的工作中。

（三）从服务社会的角度开展工作

绍兴市高校图书馆不仅给师生提供了科研保障，而且还为绍兴地区文化发展提供了资源，通过建立数据库、共享资源来分享和保护大禹文化遗产。

1. 建立大禹非物质文化遗产特色数据库

国务院办公厅下发的《关于加强我国非物质文化遗产保护工作的意见》中明确要求：“要运用文字、录音、录像、数字化多媒体等各种方式，对非遗进行真实、系统和全面的记录，建立档案和数据库。”因此，绍兴市高校图书馆要利用自身先进的信息技术及人才优势，收集大禹文化信息资源，用图片、音频和视频等多维度方式做好记录，通过后期制作对这些资源进行数字化处理，融合建立特色数据库。为更好地让更多的民众能接触到这些资源，可以根据已有数据库建立相应的大禹文化遗产网站，内容不仅囊括了大禹文化遗产项目，而且可以建立互动栏目，加大宣传力度。

2. 建立资源、技术的共享机制

目前，绍兴市高校图书馆和其他地区高校图书馆一样，在大禹文化遗产数字化保护工作中不仅面临着人力、财力不足的问题，而且技术支援也非常匮乏。这就需要绍兴市高校图书馆和绍兴当地文化机构互相沟通，统筹安排，分工合作，实现资源和技术共享，使保护工作能长效平稳地运行下去。例如，高校图书馆可以和绍兴市公共图书馆、文化馆等建立大禹文化遗产联盟，建立起高校之间、公共机构之间的有效连接，相辅相成，建立一个全绍兴区域的大禹文化遗产数据库。

（3）贯彻“走出去”精神，创作和引进外文文献

响应国家“一带一路”和“走出去”精神，绍兴不少高等院校均有留学生机构，这就意味着大禹文化也可以传播远洋。而这就需要大量的外文文献，并贯彻“本土创作、外来引进”的策略。首先，绍兴高校图书馆聘请校内外英文专家积极参与大

禹文化文献、视频字幕等外文翻译或创作工作中来,深化大禹文化遗产的外宣工作;其次,在第一步“走出去”的铺垫工作下,让更多的外来学者了解大禹文化,关注大禹文化,从而引发他们对大禹文化的研究热情,创作大量的外文文献资料。高校图书馆则可以取其精华地引进这些外文文献,促进大禹文化对外交流,增强大禹文化遗产的保护和创新。

六、总结

绍兴地区高校图书馆在本地大禹非物质文化遗产保护工作上任重而道远,还有很大的提升空间,需要根据自身的实际情况,博采众长,发挥最大的作用,实现自我发展和文化传承的共赢。

参考文献:

1. 杜宁. 高校图书馆与非物质文化遗产的传承[J]. 图书馆学刊,2010(12):11—13.

2. 李永鑫. 绍兴市非物质文化遗产读本[M]. 杭州:西泠印社出版社,2009.

3. 佘志虹. 高校图书馆参与非物质文化遗产保护措施[J]. 图书馆工作与研究,2009(10):80—82.

4. 周志容. 试论地方师范类院校图书馆参与非物质文化遗产保护工作[J]. 图书情报工作,2010(11):93—96.

5. 郑芳梅. 高校图书馆:保护和利用非物质文化遗产路径[J]. 中国出版,2012(3):54 .

(作者单位:浙江越秀外国语学院。项目来源:绍兴市哲学社会科学研究“十三五”规划 2017 年度课题结题成果[项目编号:135J046]。)

中国文学与中华艺术

杜甫时命感与孤微感及其哲学溯源

张慧玲

杜甫“健全之才性”,使他表现出顽强的精神和“强大的担荷之力量”①,并成为他所生活时代的精神代言人。这已为学界充分认定。然而,在杜甫的生命感受中还有另一面,这里提取两点,一是时命感,二是孤微感。这一面是他顽强、强大的背面。理解了这一面,更能深刻理解他的伟大。

一、时命感

郁达夫《客感寄某两首》其二云:“一夜秋风兰蕙折,残星孤馆梦无成。敢随杜甫憎时命,欲向田横放厥声。亦有宏才难致用,可怜浊水不曾清。明朝倘赴江头死,此意烦君告屈平。”②颔联独独拈出“憎时命”三字写杜甫,别的都不提,是因为言杜甫目的乃自比。但是,毋宁说郁达夫是以个人的生命体验与杜甫的人生悲怀相互感通,故能烛杜诗之幽隐。杜甫《天末怀李白》中曰:“文章憎命达,魑魅喜人过。”③这是杜甫思念李白时所说,是一腔郁勃之气的怒发,满腹愁思的悲吟,怀人适为自悲。这即是郁达夫化用所自,“命”是其中的关键字,这个字也是解读杜诗的一个重要入口。

---

① 叶嘉莹:《杜甫秋兴八首集说》代序,引自《迦陵文集》第一卷,石家庄:河北教育出版社1997年版,第5页。

② 郁达夫:《诗抄》,《郁达夫文集》第十卷,广州:花城出版社1985年版,第152页。

③ (清)仇兆鳌注:《杜诗详注》,北京:中华书局1979年版,第590页。

按,“命”“天命”自古至今都是中国人日常用语中使用频率很高的词语。杜诗“命”字凡56见,在全部杜诗字频统计中排列第479位。[①] “命”主要有两个含义,一是指生命,如:

两京三十口,虽在命如丝。(《得弟消息二首》其二)
几人全性命,尽室岂相偶。(《述怀》)

以上两例都是以两京兵燹为背景,与《羌村三首》其一“世乱遭飘荡,生还偶然遂”的感叹有着相同的情调。若与诸葛亮《前出师表》“苟全性命于乱世,不求闻达于诸侯”[②]和杜甫本人《病后过王倚饮赠歌》“头白眼暗坐有胝,肉黄皮皱命如线”相对照,更显出离乱的时局所造成的生命不能自保的悲哀。诸葛亮在汉末乱世,尚有苟全性命之计,身处于战火中心地带的人们,侥幸活下来是多么困难。而杜甫在长安时期的“肉黄皮皱命如线”之感觉,则是对生计艰辛,造成健康状况差而产生的一时之感,与后来对人生希望的渺茫感尚不是同一性质。

杜诗中的“命”的含义之二是指人生穷通的命运,如:

百年赋命定,岂料沉与浮。(《送韦十六评事充同谷郡防御判官》)
自古圣贤多薄命,奸雄恶少皆封侯。(《锦树行》)
他日怜才命,居然屈壮图。(《别苏徯》)
性命由他人,悲辛但狂顾。(《有怀台州郑十八司户》)

四例中第一例并非指“百年”大限,并非指寿命,而是指“沉与浮”的命运,与以下三例及上引《天末怀李白》“文章憎命达,魑魅喜人过”一样,都是对无法解释的命运捉弄的理性省思,表达的是命运不能自主,完全被外部世界所掌控的悲哀。这种非理性所能解释的命运局限,是饱经患难的杜甫最深沉、最悲凉之处。

人是很有限的存在,生命中必然要面对这种有限。人的有限性,以及具体表现为各种内在与外在的制约,构成了哲学的“命运”问题。中国传统哲学对命的探讨主要有儒家与道家两大系统。儒家的观点是理性主义的。《论语》虽有“子罕言利

---

① 张慧玲:《论儒道互补视阈下的杜甫与庄学》,江西师范大学硕士学位论文2011年,第52页。

② 张连科,管淑珍校注:《诸葛亮集校注》,天津:天津古籍出版社2008年版,第27页。

与命与仁”[①]之说，但实际上孔子还是多次说到了“命”，较为带感性体验的说法如：

伯牛有疾，子问之。自牖执其手，曰：“亡之，命矣夫！斯人也有斯疾也！斯人也有斯疾也！”（《雍也篇》）[②]

子夏曰：商闻之矣：死生有命，富贵在天。（《颜渊篇》）[③]

子曰：道之将行也与？命也；道之将废也与？命也。公伯寮其如命何！（《宪问篇》）[④]

显然，在孔子看来，生死寿夭、穷通祸福等等没有什么道理可讲，其中，生死寿夭这一个层面，是人的大限，任何人，任何智、力，在此都是毫无用处的。这样的限制，就叫“命”或“天命”。孔子年轻时也许不太理会“命”，但他自言“五十而知天命”[⑤]，又说“君子有三畏”，第一就是“畏天命”[⑥]，说明他晚年大概比较能正视“天命”问题。从主要倾向看，孔子“畏天命”不是消极接受，而是正视和积极应对，故《论语》有“知天命”“致命”“授命”等说法。按照这一理路就会有“志士仁人，无求生以害仁，有杀生以成仁”[⑦]的著名观点。可见，儒家在感受到人的有限性之后，选择将有限的生命奉献出来以实现更高的价值。在这点上，孟子与孔子的理路相同，他既清醒地看到了人生的有限，但又在《尽心上》篇有“立命”一说：“夭寿不贰，修身以俟之，所以立命也。”[⑧]对此，傅佩荣阐释道：

儒家从孔子开始，就面对了“命运”与“使命”这两条路线的激荡与冲突。命运挫折人的意志与抱负，但是使命（孔子“五十知天命”）则另辟天地，使人“知其不可而为之”，依然可以活得坦荡快乐。[⑨]

---

① （宋）朱熹：《四书章句集注》之《论语·子罕》篇，北京：中华书局1983年版，第109页。

② （宋）朱熹：《四书章句集注》之《论语·雍也》篇，北京：中华书局1983年版，第87页。

③ （宋）朱熹：《四书章句集注》之《论语·颜渊》篇，北京：中华书局1983年版，第134页。

④ （宋）朱熹：《四书章句集注》之《论语·宪问》篇，北京：中华书局1983年版，第158页。

⑤ （宋）朱熹：《四书章句集注》之《论语·为政》篇，北京：中华书局1983年版，第54页。

⑥ （宋）朱熹：《四书章句集注》之《论语·季氏》篇，北京：中华书局1983年版，第172页。

⑦ （宋）朱熹：《四书章句集注》之《论语·卫灵公》篇，北京：中华书局1983年版，第163页。

⑧ （宋）朱熹：《四书章句集注》之《孟子·尽心上》篇，北京：中华书局1983年版，第349页。

⑨ 傅佩荣：《傅佩荣解读孟子》，北京：线装书局2006年版，第325页。

研读杜甫对“命运”的书写，可见其态度受了孔、孟的影响，所以，杜诗56处言“命”，“王命”6次、“恩命”2次、“复命”“待命”“宣命”各1次，有与儒家一致的“知其不可而为之”的取向。然而，杜甫说“命”，从渊源上似与《庄子》的关联更深。且看：

余今委修短，岂得恨命屯。（《寄薛三郎中璩》）
宿昔试安命，自私犹畏天。（《回棹》）
有客虽安命，衰落岂壮夫。（《赠韦左丞丈济》）
全命甘留滞，忘情任荣辱。（《写怀二首》其一）

这四例都有明显的庄学意味。“委修短”，语出班昭《东征赋》：“修短之运，愚智同兮。靖恭委命，唯吉凶兮。”班赋又云：“听天命之所归。”[①]故仇注：“委修短，寿夭听之于天也。”“安命”，则直接语出《庄子·人间世》：“知其不可奈何，而安之若命。”[②]而最后一例，仇注云：“全命忘情，言随遇而安。”[③]表达出来的都是与庄子近似的生命体验。

庄子对“命”的思考比孔、孟要丰富得多，感受要深刻得多：

死生，命也；其有夜旦之常，天也。人之有所不得与，皆物之情也。（《庄子·大宗师》）[④]

死生存亡，穷达贫富，贤与不肖，毁誉、饥渴、寒暑，是事之变，命之行也。（《庄子·德充符》）[⑤]

将人的生死与自然中的昼夜更替相比，又指出其本质在于人力所不能及[⑥]。

---

① （南朝梁）萧统编选：《文选》卷九，北京：中华书局1983年版，第146页。

② 《庄子·德充符》也有“知不可奈何，而安之若命”之语。

③ 以上两条仇注见《杜诗详注》，北京：中华书局1999年版，第1620、1818页。后一条“全命忘情”原作“全命志情”，应是形误。

④ （清）王先谦：《庄子集解》，北京：中华书局1987年版，第58页。

⑤ （清）王先谦：《庄子集解》，北京：中华书局1987年版，第52页。

⑥ 郭象注《庄子》断句为“人之有所不得，与皆物之情也”，不妥。此处断句从王先谦《庄子集解》，王解曰：“死生与夜旦等，皆由天命，不可更以人与，此物之情。”“与”即“参与”之义。

其表达之警策、感受之深刻,都是孔、孟所不及的。[①] 而将"贤与不肖,毁誉、饥渴"等都视为"命"作用的范畴,则更是庄子所独有的生命体验。这种外在于人,而又决定着人的一切方面的力量,或曰"外在的必然性",庄子又称为"时命"。他说:

> 我讳穷久矣,而不免,命也;求通久矣,而不得,时也。当尧、舜而天下无穷人,非知得也;当桀、纣而天下无通人,非知失也。时势适然。(《秋水》)[②]

对于庄子所说的"时命",崔大华先生有一段精彩的阐释:

> 这种必然性在庄子那里,只是一种感受或模糊的意象,而不能成为有具体的内涵规定与理智地把握的认识对象。"命"这种必然性是诸种社会的、自然的力量的凝聚、蕴积,是一种内在的决定性;"时"的必然性则是这些力量整体的展开、显现,是一个时代包括政治、经济、道德各方面的全部的社会环境。[③]

总之,由"时"和"命"所代表的,人所不可逃脱、不可改变的必然性,无时无刻不在主宰着、规约着人的一生。相对于"时命"而言,人在世间不过是偶然的和微不足道的存在。要摆脱因"时命"而造成的各种人生困境,庄子认为,努力奋斗,或激烈抗争,都只能使人陷入更深刻的困境之中,唯有承认它、顺从它,才是最正确的态度[④],《庄子·秋水》中甚至针对"吾命有所制矣"的处境,提出"知穷之有命,知通之有时,临大难而不惧者,圣人之勇也"这样很吊诡的说法。[⑤] 他一再使用"安命""任命""遂命""达命""养命"等词就是这个意思。

原来,在庄子所生活的战国中期,长期的诸侯割据,频繁的吞并战争,使社会各阶层的人们都处于死生难料、祸福接踵的凄楚与惶恐之中。生命的无以自保和精神的奴役,仿佛使人一来到世上,就注定了所有悲剧的命运存在。庄子带着这样的生命体验,蕴蓄他独特的智慧,以安时听命、不争不求的虚静心态,对黑暗社会和现实价值进行了最不妥协的对抗,并进而达到灵魂的超脱与安详。严耀中说:"庄子第一次鲜明地将生命生存的含义扩展到精神,或者说把精神也作为生命存在的一

① 《列子》有《力命篇》,是较为理性地讨论这一问题的重要文献,也应该已被杜甫所取资。
② (清)王先谦:《庄子集解》,北京:中华书局1987年版,第145页。
③ 崔大华:《庄学研究》,北京:人民出版社1992年版,第145、146页。
④ 西汉严助《哀时命》对庄子这一理解有很深情的发挥,此文收于王逸《楚辞章句》。
⑤ (清)王先谦:《庄子集解》,北京:中华书局1987年版,第146页。

种形式。”[①]如果说庄子的“安命”“任命”态度实际是一种行动无为而精神有为的默然对抗方式,那么杜甫所说的“安命”“全命”“忘情”等带有庄子风格的人生宣言,除了宣泄人生的悲愤之外,也表现了一种冷峻的社会批判精神。与庄子不同的是,杜甫在生命深处还带有浓厚的儒家精神,即以牺牲自我来承载社会良知的毅然奉献精神。心理学家荣格说过:“艺术家命中注定要牺牲幸福以及使普通人感到生命有意义的一切。”[②]杜甫正是这样。他当然无法超越“时命”的限度,但又不可能割舍对国事民生的关怀忧虑。一生上下求索,造次必于是,颠沛必于是。

正因为这样,杜甫的痛苦,犹如尼采所说的那样——艺术家有时会陷入一种极度深重的痛苦,“一种非个人的、超个人的,面向一个民族、人类、全部文化以及一切受苦之存在的感觉”[③]。与尼采等西方哲学家不同的是,中国哲学家和艺术家在体验具有本体意义的生命痛苦之时,尚有更超然、更冷静地体察世间万端疾苦及变幻莫测的视角,杜甫还将这种体验与视角化成这样的意象:“天上浮云如白衣,斯须改变如苍狗。古往今来共一时,人生万事无不有。”(《可叹》)显然,如果没有足够的“健全之才性”,杜甫不可能有如此顽强而苍凉的人生感喟。他在苦难命运面前,始终能保持执着与洒脱,于忧患中存一颗难能可贵的幽默之心,就在全家逃难秦州,饥寒交迫,朝不保夕,“不爨井晨冻,无衣床夜寒”之时,仍有“囊空恐羞涩,留得一钱看”的幽默(《空囊》)。正如叶嘉莹先生所称赞的那样:“因杜甫独具一份担荷的力量,所以才能使大时代的血泪,都成了他天才培育的浇灌,而使其有如此强大的担荷之力量的,则端赖他所有的一份幽默与欣赏的余裕。”[④]是的,在苍凉中有担荷的勇气和力量,在顽强的坚持中表现生命的伟大,这是杜甫汲取儒道两家“时命观”并融通为一后形成的伟岸精神形象。

二、孤微感

在杜甫的生命感受中,与时命感有关的还有孤微感的体验。

杜诗中的“孤”“独”一类字眼的使用很频繁,而且贯穿杜诗的始终。统计的结果是,“孤”字凡 102 见,“独”字凡 177 见,在全部字频统计中分别排列在第 241 与

---

① 严耀中:《中国宗教与生存哲学》,上海:学林出版社 1991 年版,第 179 页。

② [瑞士]荣格:《荣格著作集》第十五卷,北京:商务印书馆 1989 年版,第 101—102 页。

③ [德]尼采:《悲剧的诞生》,北京:三联书店 1986 年版,第 180—181 页。

④ 叶嘉莹:《杜甫秋兴八首集说》代序,引自《迦陵文集》第一卷,石家庄:河北教育出版社,1997 年版,第 5 页。

104 位①。考虑到“独”字有多个与“孤独”心境关系不大的义项干扰，而杜甫使用“孤”字除有 2 处为“孤(辜)负”之通假字外，其他与孤独心境关联明显者居多，所以这里仅考察“孤”字的使用情况。杜诗中“孤”字的构词情况大致为：

孤嶂、孤树、孤骞(2)，孤屿、孤征鸿、孤舟(8)，孤军、孤极、孤峰、孤影、孤云(8)，孤城(19)，孤愤、孤戍、孤愁、孤痴、孤光(2)，孤村(2)，孤业、孤飞(4)，孤照、孤园、孤亭(2)，孤儿、孤坟、孤石(2)，雪山孤、孤群仙、孤魂、孤帆(3)，孤陋、孤高、孤冢、少孤、抚孤、孤月(2)，孤雁(篇名 1，诗语 1)，孤远、何孤、孤根、白盐孤、群山孤、孤立、北望孤、孤映、旅情孤、孤标、孤灯、日日孤、楼孤、水驿孤、孤槎、兴孤、不孤、月同孤。②

从中我们可以看出，杜甫对“孤”字的使用具有以下特征：第一，“孤”多与代表实体性意象的字，如月、树、舟、灯等结合，组成名词结构，并且起着修饰强化该名词孤寂凄清意境的作用；第二，当“孤”与表示动态过程的字(如飞、照等)以及形容情感取向的字(如愁、痴等)结合使用时，同样传达出形单影双、苦无知音的寂寥感；第三，杜甫特别喜欢使用“孤城”一词，其次还有“孤云”“孤舟”。这三个语象的内蕴自然很丰富，按我们的解读，它们应该共同构筑了天、地、人三者之间的关系：“孤云”代表着天的清高孤冷，往往给人以俯身即来的逼仄感；“孤城”象征着地的孤立凝重，使人觉得力量微弱而缺少援助；“孤舟”则隐含着人在天地之间的渺小卑微，既不能抗拒自然天命，又无法依附现实人生。同时，由于云在天而无依，还可能隐喻着帝在位却少贤，民居于城而缺失天恩，舟行于水而难以登陆，都似乎暗示着杜甫在从对百姓的深情关注与自身的真切体验中感悟出了生命意识中的孤弱感、卑微感。

如果我们超越构词的层面，从构句的层面再加考察的话，还能看到“孤”与“城”、与“云”同时出现在一联中的数量更多，前者为 24 个，后者为 15 个。而全面考察“孤”字的构句情况后，我们得到与“孤”字同时出现在一联中的其他重要数据，分组示例如下：

日(12)、月(8)、万(8)、天(7)、时(6)、夜(5)

这组数据都是表示广远时空的字眼，都有空阔无边之感。浩渺的、茫茫无际的

① 此处统计数字为《全唐诗》原版的数据，校语中“孤”字 11 处，“独”字 33 处，未计入。

② 语词后的小括号内数字表示杜甫使用该语词的频率。以下同此体例。

时空感是杜诗的重要特色。为了更好地说明问题,我们又对杜诗双音节词做了词频统计,得到的使用频度最高的 20 个词中,表示时空的词语及其排序如下表①:

排序	词语	频度	排序	词语	频度
1	万里	71	12	何时	35
3	乾坤	46	14	十年	33
9	巫峡	36	16	天地	32
10	天下	35	17	今日	32
11	江湖	35	18	何处	32

将以上两种统计参照起来看,杜诗的确非常明显地呈现出在天地悠悠、人生漫漫中特别渺小、孤微的诗人形象,这正是我们读杜诗时的强烈印象。下面再看第二组数据:

江(9)、水(8)、舟(8)、帆(4)、亭(4)、山(8)、西(5)、老(4)、客(4)、远(4)、自(5)、一(8)、满(5)、高(4)、愁(5)

这组数据,首先提示着杜甫的遭际特别是晚年的飘泊生活,其次还与"自""一"等一起加强着"孤"字所表现的孤独心绪,有的甚至直接点明"愁"绪"满"怀的状况。他的孤独正与此相关。

当然,上面的分析毕竟仅基于统计,而文学的解读最终必须落实在具体的文本上。事实上,我们在做上述统计之前,的确对全部杜诗认真做了通读和摘录,这里不妨将若干完整的诗句抄在下面:

莽莽万重山,孤城山谷间。(《秦州杂诗》其七)
大哉乾坤内,吾道长悠悠。(《发秦州》)
相看万里外,同是一浮萍。(《又呈窦使君》)
丛菊两开他日泪,孤舟一系故园心。(《秋兴八首》其一)
关塞极天惟鸟道,江湖满地一渔翁。(《秋兴八首》其七)
身世双蓬鬓,乾坤一草亭。(《暮春题瀼西新赁草屋五首》其三)
万里悲秋常作客,百年多病独登台。(《登高》)
万里飞蓬映天过,孤城树羽扬风直。(《复阴》)

① 本表所列数据举例说明:"万里"一词在杜诗中共使用 71 次,在杜诗所有用词中排名第 1 位。此外,还有使用了 27 次排列在第 34 位的"平生"、使用 23 次排列在 48 位的"万古"和同时使用 22 次排列在 57 位的"百年""悠悠"。

湖阔兼云雾，楼孤属晚晴。(《陪裴使君登岳阳楼》)

万象皆春气，孤槎自客星。(《宿白沙驿》)

乾坤万里内，莫见容身畔。(《逃难》)

以上抄录的诗句共11例，按大致的写作时间排列。有“孤”字的5例，其他没有“孤”字但有“独”“一”的4例，而《发秦州》和《逃难》没有这类字眼，但都是前句为大背景，后句落到自身，对比中写出了孤独感。上述各例都是杜甫到秦州以后的。在这个阶段，茫茫如黑洞般的天地宇宙，映衬一己的孤微、无力、无助、灰灭，显得格外突出。

让我们具体读一首杜甫离开巴蜀东下时所作的《旅夜书怀》吧，全诗如下：

细草微风岸，危樯独夜舟。星垂平野阔，月涌大江流。名岂文章著，官应老病休。飘飘何所似，天地一沙鸥。

系舟于微风轻拂的嫩草岸边，夜的漆黑沉寂中，只有那孤独的船桅高高耸立着。在诗人细腻的感触里，星空仿佛是低垂的，离自己很近，近得点亮了视线，让四围的原野变得开阔起来。同时，月影也在波浪的起伏中翻涌跳动，江流不断，无息无止。这很容易使人联想到宇宙的永恒无限，时间的静水长流。而在如此广阔的时空背景中，不单如“细草”“危樯”这些无知觉的事物显得那么微不足道，就连有情有性灵的人也是何其渺小微弱。由此，诗人不禁感叹：儒家积极倡导的人生“三不朽”中，立言、立功似乎都无缘实现了。对此，诗人不甘，但此刻自身处境已犹如天际轻忽的沙鸥，立言、立功的希望何在呢？

如果说在出蜀初期，杜甫心中立言、立功的念想还时时在回荡，那么到了荆湘时期，杜甫已届暮年，又老病无依，举目无亲，孤苦和灰灭的感觉变得格外突出了。且看：

孤舟乱春华，暮齿依蒲柳。(《上水遣怀》)

偷生长避地，适远更沾襟。(《南征》)

亲朋无一字，老病有孤舟。(《登岳阳楼》)

此身飘泊苦西东，右臂偏枯半耳聋。寂寂系舟双下泪，悠悠伏枕左书空。(《清明二首》其二)

"孤舟"是这位老人一家寄命的全部物质基础，耳聋、偏瘫和衰弱的身体，让他见到春天的蒲柳，却只会联想起"弱柳""蒲柳之姿"这些词。书空咄咄，频频落泪，就是行将落幕的生命留给人们的最后形象。至于"偷生"二字则在自嘲中写尽了诗人在不甘中的生命无奈，这个词虽然来源于《荀子·荣辱》①，但其思想的根子显然与《庄子》有很深刻的关联。

在中国传统哲学中，哲学思考基于个人生存处境中的孤微感的，应始于庄子。是他，"孤身一人辗转于下层民众和社会边缘人中间，以一个普通人的身份体会到普通人在这黑暗世道里的艰难与绝望"②。作为思想家，庄子没有居高临下地以政治家的方式来试图拯救底层苦难者，但却最深切也最直接地体验了卑微者号天无门的生存苦难。

庄子在《人间世》篇中痛彻地指出："方今之世，仅免刑焉。"又以栎社树托梦匠石的寓言，警告那些指望能得大用、自苦其生的人，难免不"自掊击于世俗"，并遭受"不终其天年而中道夭"的厄运。也就是说，所谓"有用"，实际不过徒取祸患而已；对个人来说，唯有"无用"才是"大用"。然而《山木》篇却有个反题式的寓言，这回不能鸣之雁竟也难逃被杀的命运。原来，"无用之用"的哲学也不可执着。《德充符》和《则阳》两篇的故事也是连"仅免刑"的期望也不能。前者写到申屠嘉被砍去一足，成为兀者。申屠嘉很清楚，世人的处境都是"游于羿之彀中"，因为"中央者，中地也"，成为兀者实在是太平常不过了。③ 后者写到齐国一个被砍头示众者。他的被杀实在是莫名其妙，不过是在"天下有大菑"时，无辜地替天下承担着这场必然要降临人间的祸难（"子独先离之"④）。就是说，无辜者根本不需要有坚实的理由便被送上死路。可见，在庄子生命感受的极处，个体生命是那么微不足道，就像浮萍一样随风飘荡、脆弱无根。面对着充满偶然性与随意性的、无边的黑色之命，无论是政治动物还是隐士，是成功者还是小人物，也不论是否有自保意识，灾难都随时可能降临到自己的头上。庄子的核心思想即起于这一生命感受。

诗人杜甫与思想家庄子并不是同一类人，然而杜甫很早开始在生命体验中就有与庄子上述感受相似之处。而越到晚年，他与庄子的共鸣便越强烈。不同的是，庄子的思想是在孤弱和灰灭中将它彻底化，并逐渐走向"体道"的方向，而杜甫则

---

① 《荀子·荣辱》："今夫偷生浅知之属，曾此而不知也。"见（清）王先谦：《荀子集解》，北京：中华书局1988年版，第68页。

② 颜世安：《庄子评传》，南京：南京大学出版社1999年版，第56页。

③ （清）王先谦：《庄子集解》，北京：中华书局1987年版，第49页。

④ （清）王先谦：《庄子集解》，北京：中华书局1987年版，第231页。

在孤微与灰灭的挤压下，一直顽强地坚守着，他的希望之火始终没有熄灭。下面这首作于大历四年(769)秋的《江汉》是特别值得回味的，诗云：

江汉思归客，乾坤一腐儒。片云天共远，永夜月同孤。落日心犹壮，秋风病欲苏。古来存老马，不必取长途。

诗的前半，诗人置身于广阔的两湖平原，仰望着天上的片云、孤月，心中倍感寂寥凄苦。然而在诗的后半，诗情陡转，当诗人长夜自扪，感觉壮心仍在，想起老马识途的故事，甚至连老病都为之稍苏。

这就是杜甫，他与庄子有着近似的孤微感的体验，但却没有走向“体道”的哲学沉思，而是以诗意的情思直面人世。杜甫孤微体验源自庄子，却在儒家文化的濡染中保持了对社会和自我未来永不放弃的信念。杜甫的心性有很浓厚的儒道互融的色彩。

（作者单位：浙江越秀外国语学院）

论苕溪词

涂序南

刘一止(1078—1160),字行简,号太简居士,湖州归安(今浙江湖州)人。宋徽宗宣和三年(1121)进士。监秀州都酒务,迁越州教授。高宗绍兴初召试,除秘书省校书郎,历监察御史、浙东路提点刑狱、中书舍人兼侍讲、给事中等职。刘一止因忤秦桧,两次奉祠,秦桧死后复召,力辞不起,以敷文阁直学士致仕。刘一止长期为官从政,直言谠论,不惧权贵,是一位极有抱负的政治家。他自幼敏悟,聪慧好学,博极群书,又是一位卓有成就的文学家,诗、文、词皆受到时人赞誉。韩元吉《阁学刘公行状》记载:"(刘一止)为文章推本经术,出入韩、柳,不效世俗纤巧刻琢,虽演迤宏博而关键严备","其为诗,高处陵轹鲍、谢,下者犹足奴视温、李,寄意深远,自成一家。吕舍人本中、陈参政与义,皆号能诗,得公诗,惊曰:'此语不是人间来也。'"[①]刘一止的词在当时声名更著,韩元吉《行状》云:"乐府亦尽其妙,京师市人鬻者,纸为之贵。"[②]谈钥《嘉泰吴兴志》卷十七亦云:"为制诰有体,诗典丽,乐府尤工。"[③]其中虽难免有些过誉之词,但刘一止在当时文坛上有相当地位和影响力应是无疑的。

刘一止著述颇丰,生前曾编有《非有斋类稿》五十卷,已佚,传世至今的有《苕溪集》五十五卷,其中卷五三为乐章,即词。刘一止的词,陈振孙《直斋书录解题》卷二十一歌词类著录有长沙本《刘行简词》一卷,不经见。《唐宋百家词》本、《宋元

---

① 转引自龚景兴,蔡一平点校:《刘一止集》,杭州:浙江古籍出版社2012年版,第570页。
② 转引自龚景兴,蔡一平点校:《刘一止集》,杭州:浙江古籍出版社2012年版,第571页。
③ 转引自吴熊和主编:《唐宋词汇评》,杭州:浙江教育出版社2004年版,第1243页。

名家词》本皆名《苕溪词》,不分卷。《彊村丛书》本名《苕溪乐章》,从善本书室藏钞《苕溪集》本辑出,《全宋词》据以收录,现存词四十二首。

一、题材内容

刘一止中年才中进士,因此,其词作的题材可以词人踏入仕途为界分为前后两期。前期词多抒羁旅行役、相思离别之感,后期则多写景咏怀、酬唱赠别、歌咏太平之作。

(一)前期词多羁旅行役和相思离别之作

中进士以前,刘一止为了功名前途,不得不抛家别子,背井离乡,饱尝漂泊异乡的人生况味。因此,其前期词多羁旅行役和相思离别之作,抒写旅途中的复杂苦闷的心情,如《洞仙歌》:

> 细风轻雾,锁山城清晓。冷蕊疏枝为谁好。对斜桥孤驿,流水溅溅,无限意,清影徘徊自照。何郎空立马,恼乱余香,绮思凭花更娟妙。肠断处,天涯路远音稀,行人怨、角声吹老。叹客里经春又三年,向月地云阶,负伊多少。

在一个春日山城的清晨,词人骑着马独立在斜桥孤驿之上,耳中传来呜呜咽咽的号角之声,面对溅溅的流水,映照着自己孤独的身影,不禁勾起了词人的久客异乡之叹,内心无比愧疚,辜负了伊人多少日日夜夜的翘首期盼。一个茕茕孑立的天涯游子的形象鲜明地浮现在我们眼前。令人恍然大悟的是,马致远的元曲名作《天净沙·秋思》的构思立意和这首词有惊人的相似,只不过季节不同,后者青出于蓝而胜于蓝罢了。又如《生查子》:

> 城头长短更,水调高低唱。别酒不盈斟,泪洒风烟上。明年二月时,更向城阴望。只有旧歌辞,传作风流样。

在一个春日的清晨,城头上传来阵阵的报更声,如怨如慕、如泣如诉的水调声高低起伏,词人和妻子不久就要分别了,面对此情此景,他们无心饮酒,洒泪而别。词的下阕设想明年的春日,妻子在城头凝望远方的丈夫,然而传来的只有旧日使人心生哀怨的水调曲。词人从对面着笔,更加深了离情别意。又如《清平乐》:

相望吴楚。远信无凭据。欲倩春风吹泪去。化作愁云恨雨。春应已到三吴。楚江日夜东徂。惟有溯流鱼上,不知尺素来无。

作者在一个初春时节,站立在日夜奔流不息的楚江边上,痴痴地凝望着远方的家乡,想象着能够收到妻子的来信。然而,这逆流而上的鱼儿真的能够带来书信吗?词人只好失望而归了。这首小令传神地摹写了一个久客在外,思念故乡,思念亲人,满怀愁绪的游子形象。

(二)后期词多记行咏怀、酬唱赠别之作

刘一止的后期词多写于入仕之后。这时,入仕前漂泊异乡的那种离情别绪减少了,更多的是文人墨客的诗酒情怀、寻幽览胜、企羡归隐。如《念奴娇》:

小舟漂兀,犯溪烟深入,无穷寒碧。路绕莲塘浑乱眼,千顷朱朱白白。闻说高情,寻盟鸥鹭,爱此风标客。掀髯一笑,顿忘身世形迹。我爱古邑风流,碧峰争秀峙,相持如掖。制锦才雄应未怕,百里文书堆积。吏散庭空,举觞邀月,饮兴何妨剧。却怜宣子,杖头才挂钱百。

作者在一个夏日官府公事之余,乘着小舟,一路游来。饱览山川胜迹的同时,渴望与鸥鹭为盟。以前是"酒力冲寒犹弱"(《喜迁莺·晓行》),现在却是"掀髯一笑""饮兴何妨剧"了,词人自负才高,一个诗酒风流的文人官员的形象宛在目前。又如《浣溪沙》:

午夜明蟾冷浸溪。姮娥应有辟寒犀。桂岩仍在曲栏西。撷蕊攀条情未已,经丘寻壑想招携。不应痴马惜障泥。

即使是在寒意逼人的午夜,面对良辰美景,也挡不住词人的游兴。词人"撷蕊攀条","经丘寻壑",不达目的不罢休。

宋代官员待遇优厚,公事之余常进行文人雅聚,刘一止仕途显达,他的不少词作记载了朋僚之间的燕集。如《鹧鸪天》:

岩下清阴引兴长。坐中初识令君香。揽将风月归诗薮,乞得溪山作醉乡。怜我老,与传觞。吴霜点鬓又何妨。只应银烛交红夜,羞对双歌发彩光。

在烛影摇红之下，歌女们翩翩起舞，众人一边觥筹交错，一边将大自然山川风月的美好尽摄诗底。其他如《柳梢青》（柳汀烟暮）、《鹊桥仙》（春风真个）等词也都是记载文人的酒兴诗情之作。

刘一止对文才非常自负，常引以为豪。漂泊异乡时，对家人的思念促成了他的文思如泉："何郎空立马，恼乱余香，绮思凭花更娟妙"（《洞仙歌》[细风轻雾]）。入仕后，朋僚之间燕集时常吟诗作赋互相致意："景物撩人，诗思不胜催。会有江山凄惋句，凭过雁，寄侬来"（《江城子》[秋香岩下]），"举觞仍气概，觅句更风流"（《临江仙》[柳外双旌]），"清影徘徊，端应坐有，风流能赋"（《雪月交光》[正五云飞仗]）。大自然的美好风物会使得词人诗兴勃发："台上风光浓欲滴，傍栏芳桂阴成。乱山相对长官青。琢诗能句好，举酒见心倾"（《临江仙》[台上风光]）。由此可见，刘一止确是一个"风流能赋"的文人。

刘一止的有些词作流露了朋友之间的真挚友情，如《点绛唇》：

岁月漂流，故人相望如箕斗。畔愁千首。诗骨能清瘦。白日鹍弦，同看春风手。君知否。袖痕别后。犹有临歧酒。

"人生不相见，动如参与商"，时空的距离阻隔不了词人和朋友之间的友情，他们通过诗歌互相倾诉思念的衷曲。其他如《临江仙》（台上风光）、《点绛唇》（山邑新凉）、《临江仙》（柳外双旌）等词也都表达了诗人和朋友之间的真挚情意。

刘一止的部分赠别之作表达了爱国之情，思想境界较高。如《望明河》（赠路侍郎使高丽）：

华旌耀日，报天上使星，初辞金阙。许国精忠，试此日傅岩，济川舟楫。向来鸡林外，况传咏、篇章雄绝。问人地、真是唐朝第一，未论勋业。鲸波霁云千迭。望仙驭缥缈，神山明灭。万里勤劳，也等是壮年，绣衣持节。丈夫功名事，未肯向、樽前轻伤别。看飞棹、归侍宸游，晏赏太平风月。

词人把路侍郎比作商代名相傅说，称赞他文采风流，勉励他克服路途遥远艰险的困难，精忠报国，不要以伤别为念。刘一止曾因被诬袒护李光而遭贬，《宋史》云，李光"忤秦桧意乞去，改提举洞霄宫，谪昌化军"[①]。刘一止与李光同怀报国之

① （元）脱脱等：《宋史》。

志,对秦桧等当权者的误国行径深怀不满,对李光的遭遇深表同情。在李光赴任路过严子陵钓台之时,刘一止前往送行,李光作《水调歌头·兵气暗吴楚》致意,刘一止旋作《水调歌头·和李泰发尚书泊舟严陵》回赠,“北望旄头天际,杀气遥昏楚甸,云树失青苍”,那种为国家命运处于危难之中而焦急的情绪一览无遗。然而,面对失意的好友,他又故作轻松地予以劝慰,“醉入无何境界,却笑昔人底事,远慕白云乡”,上下片强烈之反差,更显词人内心的愤懑之情。

刘一止也有一些歌咏盛世、粉饰太平的词。如“看一天星斗,移下蓬莱。是处歌谣,太平声入万年杯”(《望海潮》[东郊人报]),“玉扆眷深,金瓯望重,何人暗草黄麻。归路接堤沙。宴上林风月,紫阙烟霞。风检飞来,便将春色到朝家”(《望海潮》[垂杨深院])等。这些词主要为大宋王朝歌功颂德,虽然思想境界不高,但笔触细腻,描写生动,亦有可取之处。此外,刘一止还有些节令词,如《念奴娇》(和曾宏父九日见贻)、《念奴娇》(和陈元载中秋小集)、《醉蓬莱》(秀城元夕)等,将节令风物的描写和朋友之情的抒发结合起来,可以见出词人洒脱、豪放的个性。至于他的《踏莎行》(淡月精神)、《浣溪沙》(莫问新欢与旧愁)摹写美女神态,则可能是词人的访妓之作,这在宋代士大夫待遇优厚、享乐之风盛行的大时代背景之下亦不足为奇。

刘一止的词各体兼备,小令、中调与慢曲俱长。小令如《生查子》(城头长短更)、《清平乐》(相望吴楚)、《浣溪沙》(午夜明蟾)、《点绛唇》(洞户香凝)等都写得简练传神。中调如《江城子》(秋香岩下)、《水调歌头》(千古岩陵濑)、《念奴娇》(小舟漂兀)等写景抒情俱备,规格严整。长短句如《望海潮》(垂杨深院)、《醉蓬莱》(正官桥柳润)、《望明河》(华旌耀日)、《西河》(山驿晚)等融写景、叙事、抒情于一体,铺叙展衍,曲尽其长。

二、艺术特色

刘一止的词在艺术表现方面亦有其独到之处,有自己的艺术个性。他特别擅长写景,借景抒情,常能够做到情景交融,营造深远的意境。其词善于融合前人诗句,巧用典故而不显得晦涩,形成了既工致典雅又浅切明畅的语言风格。他还善于描摹人物心理,表现笔下人物的内心世界。其词风格婉约与雄放并存。

(一)情景交融,善于借景抒情

刘一止善于用白描的手法,抓住景物的典型特征,将景物简练传神地勾勒出来,借景抒情,且能做到情融于景,情景交融,如《喜迁莺·晓行》:

晓光催角。听宿鸟未惊，邻鸡先觉。迤逦烟村，马嘶人起，残月尚穿林薄。泪痕带霜微凝，酒力冲寒犹弱。叹倦客，悄不禁，重染风尘京洛。追念人别后，心事万重，难觅孤鸿托。翠幌娇深，曲屏香暖，争念岁寒漂泊。怨月恨花烦恼，不是不曾经著。这情味，望一成消减，新来还恶。

上半阕重在写景，作者用白描手法，抓住晓光、号角、宿鸟、邻鸡、烟村、嘶马、残月、树林等乡间秋冬之时的典型景物特征，将拂晓之际的景物描摹得生动真切，为送别的场面渲染了浓重的感伤情绪。在此背景下，下半阕自然地引向抒发离别之情。词人已厌倦了宦游，自从和妻子分别后，有万重的心事想要倾诉给对方，无奈路途遥远，衷曲无由寄达。然后词人从对面着笔，设想此刻家中的妻子一定也在想念着终年漂泊在外的丈夫。作者本指望已司空见惯的离愁别恨能够消减几分，可是反而加重了，真可谓“此情无计可消除，才下眉头，却上心头”。全词写景真切，抒情感人，景为情设，情因景生，情景结合得密合无间，达到了水乳交融的程度。这首词为刘一止赢得了巨大的声誉，宋人陈振孙《直斋书录解题》即云：“（刘一止）尝为‘晓行’词，盛传于京师，号‘刘晓行’。”因词而得名，可见写来非凡。清人许昂霄《词综偶评》亦云：“‘宿鸟’以下七句，字字真切，觉晓行情景，宛在目前，宜当时以此得名。”先著、程洪《词洁》云：“前半晓行景色在目，虽不及竹山之工，正是雅词。”又如《念奴娇》（中秋后一夕泊舟城外）：

水烟收尽，望汀蘋千顷，银光如幂。霜镜无痕清夜久，惟有惊鱼跳出。月在杯中，我疑天赐，欢饮仍如璧。姮娥应为，后期偿赛今夕。遥想当日同盟，山斋孤讽，有新诗相忆。聚散难常空怅望，萍梗飘流踪迹。明月明年，此身此夜，知与谁同惜。参横河侧，短篷清露时滴。

作者曾于中秋之夜与朋友陈元载燕集，并都作词纪念。此词作于中秋后一夜，即八月十六，作者泊舟城外，此时他们已然分别。词的上阕主要写景，十五的月亮十六圆，八月十六的晚上，水天澄澈，月光如镜般覆盖大地，只见汀蘋千顷，时有惊鱼跳出，写景动静结合，使夜显得愈发清静。词的下阕抒朋友聚散离合之情，叹人生如萍梗般漂流无定，末尾以景结情，愈见友情之珍贵。全词写月极明，写夜极清，以月明夜清之景，抒友朋间真挚纯洁之情，更见文人官员洒脱风雅之性情。此外《梦横塘》（浪痕经雨）、《雪月交光》（正五云飞仗）、《西河》（山驿晚）等词亦是情景交融的佳作。

(二)善于化用前人诗句入词,巧用典故

刘一止善于将前辈名家诗句熔铸在词作中,既增强了表达效果,又使词的语言显得工致典雅。他化用前人诗句的形式灵活多样,有将前人诗句稍作调整的,如"有心红烛,替人珠泪频滴"(《念奴娇·和陈元载中秋小集》)化用了唐人杜牧诗句"蜡烛有心还惜别,替人垂泪到天明"(《赠别》),表达了对朋友的依依惜别之情。"二水中分,三山半落"(《踏莎行·游凤凰台》)化用了李白诗句"三山半落青天外,二水中分白鹭洲"(《登金陵凤凰台》),描写金陵的地势雄胜和风云气象。"竹枝三唱,为君凄断,东日西边雨"(《青玉案》[小山遮断蓝桥路])化用了刘禹锡"东边日出西边雨,道是无晴却有晴"(《竹枝词》),表达了对往日某位歌女的追忆和思念。也有化用前人诗意的,如"我爱九日佳名,飘然归思,想当年丘谷"(《念奴娇·和曾宏父九日见贻》)用陶渊明《归园田居》"少无适俗韵,性本爱丘山"诗意表达词人对陶渊明隐逸情怀的追慕。"举觞邀月,饮兴何妨剧"(《念奴娇》[小舟漂兀])用李白《月下独酌》"举杯邀明月,对影成三人"之句意。"渭城柳色若为情,一尊松竹底,三唱和秋声"(《临江仙》[台上风光浓欲滴])化用王维《渭城曲》(又名《阳关三叠》)之诗意喻别情。至于小到用词化用前人作品的更比比皆是,如"流水溅溅"(《洞仙歌》[细风轻雾])化自《木兰诗》"但闻黄河流水鸣溅溅","慢舞尊前,看轻盈回雪"(《醉蓬莱·秀城元夕》)用曹植《洛神赋》"髣髴兮若轻云之蔽月,飘飖兮若流风之回雪"等等,不一而足。

巧用典故能使表情达意更委婉含蓄,增加表达的容量。刘一止的词用典颇多,如"援笔洪都,如君英妙,满座方倾属"(《念奴娇·和曾宏父九日见贻》),用王勃的事来表达对"曾宏父"文才的赞美之情。"三千牍就,看君归奏文石"(《念奴娇》),用东方朔的事来称颂曾宏父的文笔才华。"我辈情钟端未愧,昔日兰亭陈迹"(《念奴娇·和陈元载中秋小集》),用晋王羲之、谢安兄弟兰亭雅集的典故来称赞词人和朋友们的集会。"常记岸帻,风流张绪。酒兴诗情,而今移向,那边佳处"(《柳梢青》[柳汀烟暮]),用南朝齐时张绪的典故来形容文人风流儒雅、不受拘束的形态。词人虽然运用了不少典故,但由于多能和词的内容主题相契合,遂无滞涩难懂之弊,而有工致典雅之态,浅切明畅之意。

(三)善于刻画人的内心世界

刘一止还善于刻画人物微妙丰富的内心世界,如《青玉案》:

马头双鹊飞来喜。惜凝望、音书至。一掬离怀千万事。绿窗深夜,短笺封就，应也寻人寄。春风鬓畔疏梅蕊。映妆艳、清如洗。苦恨眼边常忆记。楚宫行路，倚桥攀驿，供尽梅花泪。

这首词设想女主人公偶然看见“马头双鹊飞来”而使她顿时心生喜悦之情，传说灵鹊飞来是有喜事的征兆，她长时间痴痴地凝望着远方，看有没有丈夫捎来的书信。她的内心久久不能平静，直到深夜，写好了一封情书想要托人寄给丈夫。春天到了，爱美的她自然也摘了几朵鲜艳的梅花来打扮一下。在河中照见了自己的花容月貌，然而没有心上人在身边，不免悲从中来，眼泪洒满了行路。此词善于摹写人的心理，从而将女主人公由喜到悲的心理变化活灵活现地展现了出来。

刘一止的词虽然在艺术表现方面有自己的特色，风格也比较多样，在当时词坛享有较高的声誉，但其词不外乎是闺情怨别、羁旅行役和文人间的诗酒酬唱等传统题材，显得有些狭窄。尤其是他身当两宋之交，且身为显宦，当时民族矛盾异常激烈，抗金斗争风起云涌，南渡词人如陈与义、张元幹、张孝祥等多能用词笔反映时代风云、爱国情怀，而这些在刘一止的词作中只是一鳞半爪。因此，从总体成就和对后世的影响来看，刘一止只能说是在当时词坛有一定影响力的词人，而不能入大家、名家之列。

（作者单位：浙江越秀外国语学院）

明清十二摄韵部格局形成的文化原因

曾 恺

明清时期涌现的音韵学著作中有个耐人寻味的现象:二十种韵书、韵图不谋而合地采用了十二个韵部的框架。在耿振生(1992)统计的官话方言区等韵音系中十二韵摄作品超过半数。具体如下:

书名	成书时间	作者	籍贯
《元韵谱》	1608	乔中和	河北内丘
《太律》	1618	葛中选	云南河西
《五方元音》	1654—1664	樊腾凤	河北隆尧
《谐声韵学》 《三教经书文字根本》 《大藏字母九音等韵》 《大藏字母切韵要法》 《字母切韵要法》	康熙年间	阿摩利谛	不详
《切韵考》	康熙年间	李邺	江苏扬州
《黄钟通韵》	1744	都四德	满洲
《本韵一得》	1750	龙为霖	重庆
《增补韵法直图》	1769	王曰恭	安徽临溪
《等韵精要》	1775	贾存仁	山西浮山
《等韵简明指掌图》	1815	张象津	山东桓台

（续表）

书名	成书时间	作者	籍贯
《音韵六书指南》	1835	崔鸿达	河南温县
《音韵逢源》	1840	裕恩	满洲
《韵籁》	1824—1854	华长卿	天津
《切韵指南》	1852—1899	徐桂馨	山东济宁
《等韵学》	同治、光绪年间	许惠	安徽桐城
《翻切指掌》	1901 年以前	不详	江西南丰

从表中我们可以看到时间和地域分布都非常广。这些韵书、韵图除了少数复古主义比较强烈之外，大部分反映的是官话区音系。

就官话语音内部而言，由于入声韵尾和闭口韵的消失，韵母系统与中古相比虽然有大规模的归并，但尚未真正精简到只有十二个韵部。所以说各家并未按照严格意义上的韵部定义来归摄。“韵部”的概念形成于“韵”之上，而“韵”是后人对上古以来诗歌押韵现象的归纳。“韵”要求主要元音、韵尾和声调都相同，“韵部”则不论声调。精确的定义是有了普通语言学之后的事情，传统音韵学家主要还是依靠听感来区分。服务于诗歌用韵的韵书常常会根据具体情况规定相近的韵可以通用，虽然十二摄韵著作者编撰动机各异，但从宽不从严的习俗在一定程度上也影响了他们对韵部的归纳。学者们需要将不同的韵部进行一些合并才能使音系纳入十二的框架，具体的合并方式因人而异。

既然韵分十二并不是一个非常严谨科学的归并结果，为何一时间有如此多的作品都采用十二摄的韵部格局呢？回答这个问题恐怕需要扩宽思路，从语音之外来考虑。

我们认为象数学中取数的思维方式对此影响甚大。根据对《周易》的不同研究方法，易学可以分为象数和义理两派。象、数并提最早出现在《左传·僖公十五年》：“龟，象也；筮，数也。物生而后有象，象生而后有滋益，滋而后有数。”这里象和数与龟筮相联系，分别指占卜时灼烧龟壳所得裂纹的形象和蓍草演算所得的数目，这是象、数的特定用法。而在普遍意义上，象、数指的是宇宙一切事物存在和运动中表现出的形象和量度。象，是有形事物的可见形象，事物不断滋长增多就产生了数的关系，象、数其实就是事物的外在表现。象、数、辞是《周易》经文的三大要素。前两者是符号系统，是象、数派的基础，后者是文字系统，是义理派的基础。象、数早于辞，其系统比辞稳定，而且辞也是依托于象、数的，所以把象、数视作整个易学的基础也不为过。

宋代是中国古代象数学研究的一个高潮。宋易的特点之一是分立了象与数，开始形成因象以明理、着眼于象的象学派和极数变通、着眼于数的数学派。数学派认为数为第一，象为第二。邵雍主张“数在象先”“象由数生”“数以定象”，并自觉地由数推导理。邵雍的“理”是天地之理，即天地万物变化的法则和原理。为了说明“理”，邵雍发明了各种“数”。用数来说明世界万物、时空的构成和变化的规律。刘牧、蔡沈则推河图洛书之数，认为两者相辅相成，构成天地万物生化的根本，万物之象都源于河洛之数。取数法取的“数”不纯粹表示数量，更多带有象的性质。通过“数”，卦爻、阴阳、五行等与天文、物候贯穿在一起，建构起一个有序、相生的理想宇宙图式。

音韵学常用取数的方法进行推演，相信“音有定位、音有定数”。十二摄韵著的作者便是把韵与以下内容联系了起来：

1. 时间

主要包括十二地支、十二月令和“一元十二会”。前两者内涵简明，我们不多做说明。比附十二支的有《元韵谱》：“佸十二，以象支”；《黄钟通韵》：“共十二字，即是十二支”。比附月令的有《等韵精要》：“分十二大韵，适如一岁之十二月”。

“一元十二会”是源自邵雍“元会运世”学说的观点。“元会运世”是其天人合一的易学思想的一部分。他有“先天”“后天”两组概念，前者意谓自然的原则，后者是人为的规定。邵雍之前，八卦体系并未区分。在《皇极经世》中他把八卦分成“先天八卦”和“后天八卦”。由一分为二而来的“天地定位”的八卦位图，邵雍称其为先天八卦，又名伏羲八卦，方向是乾南坤北，离东坎西，震东北兑东南，巽西南艮西北。第二种卦图的依据是《周易·说卦传》，曰：“帝出乎震，齐乎巽，相见乎离，致役乎坤，说言乎兑，战乎乾，劳乎坎，成言乎艮。”

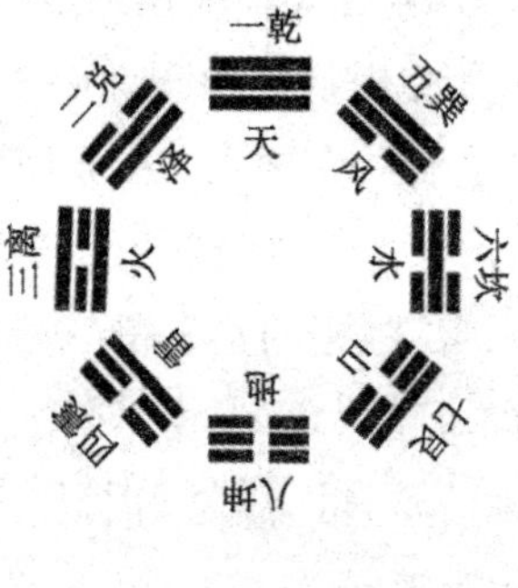

先天伏羲八卦图

后天文王八卦图

邵子把这一段谈的八卦称为后天八卦，又名文王八卦。卦位改为了乾西北，坤西南，离南坎北，震东兑西，巽东南艮东北。

他认为宇宙万物是按“先天象数”图式展开的，而“数”在其中起了主宰的作用。于是一反前人“有象而后有数”的观点，主张先有数后有象，而且天地万物皆有其数，“天地亦物也，亦有数焉”。为说明宇宙演化的规律，他在《皇极经世》中创立了“元、会、运、世”这样一组表示时间变化周期的概念。相互关系为：“元之元一，元之会十二，元之运三百六十，元之世四千三百二十”，具体公式如下：

1 元 = 12 会 = 360 运 = 4320 世 = 129600 年

1 元 = 12 会，1 会 = 30 运，1 运 = 12 世，1 世 = 30 年

“元、会、运、世”的思想源于《易传》。《彖传》载：“大哉乾元，万物资始，乃统天。”“元”是最大的时间单位，但一元之后世界并不结束，而是进入下一元，周而复始地循环下去。他认为世间万物都由“天地之变化交”“阴阳之感应合”，并用象数观念为指导创作了《皇极经世书·声音唱和图》，以说明汉字声韵与先天易理的关系。从元会运世的关系中可以看到十二是个重要的进制，乔中和说：“一元之数会十二，恰有十二韵而无遗无复，故名之。”樊腾凤的《五方元音》里亦有类似描述：“一元有十二会，一运有十二世，一岁有十二月，一日有十二时，日月一年有十二会，黄钟一年有十二律。韵亦十二，出于自然，增之不可，减之不可，谓非天地之元音亦不可。”

两位学者都用了“一元十二会”来支持自己的韵部系统。乔中和用“元”为自己的韵书命名，可见深受万物有数思想的影响，认为音亦有定数。

2. 乐律

十二律是最常用来与十二韵附会的乐律概念。十二律是用三分损益法①将一个八度分为十二个不完全相同半音的一种律制，原理是频率与长度成反比。各律从低到高依次为：黄钟、大吕、太簇、夹种、姑洗、仲吕、蕤宾、林钟、夷则、南吕、无射、应钟。十二律又分为阴阳两类，凡属奇数的六种律称阳律，属偶数的六种律称阴律。奇数各律称“律”，偶数各律称“吕”，故十二律又简称“律吕”。

十七种著作中，用十二律来对应十二韵的韵书有三种，具体如下：

---

① 三分损益法：取一根定音的竹管，长为 81 单位，定为“宫音”的音高；将其长去掉三分之一得到 54 单位，定为“徵音”；将徵音的竹管长度增加三分之一得到 72 单位，定为“商音”；将商音再去掉三分之一得 48 单位，为“羽音”；将羽音再增加三分之一得 64 单位，为“角音”。

	黄钟	大吕	太簇	夹钟	姑洗	仲吕	蕤宾	林钟	夷则	南吕	无射	应钟
《元韵谱》	骈	掤	奔	般	褒	帮	博	北	百	八	孛	卜
《黄钟通韵》	呷	唉	哦	喑	嘤	呕	呜	嗷	映	唵	啊	哀
《本韵一得》	公	孤	光	关	高	锅	瓜	规	乖	居	钩	昆

可以看到三家的具体对应各不相同,因为律名与韵部之间并无本质联系。

《太律》音系中也附会了十二律,不过是用在声母系统上。韵母是用“六气”来解释的,其实就是宫、商、角、徵、羽“五音”,加上葛中选新增的“华”音或“和”音,六气各分内外达十二之数。

3. 满文十二字头

满文自左而右直写,有元音、辅音和专门拼写外来音的字母。基本笔画有:字头、字牙、字圈、字点、字尾、两种不同方向的撇和连接字母的竖线等,其中假蒙古语音而来的字头有十二个。何为字头?就是满语辅音与元音相拼后形成的音节形式,包含满语固有词中的所有音节。

清朝独特的政治环境赋予了满文尊贵的社会地位,被奉为“国书”,汉族的音韵学者易生趋附之心。因为《三教经书文字根本》中作者将十二韵部的代表字叫作“十二字头韵首”,这个名称应该是从满文中借鉴来的。

值得注意的是,都四德与裕恩两位旗人的归摄和满文十二字头关系却并不密切。都四德坦承自己的构图受到了满文的影响:

> 谨遵清文十二声字,上溯黄帝制十二律,以听凤鸣之意,分为十二律,每律用字母二十二,每字有上下二等,每等有轻有重,按平上去入绘成《通韵》一帙,拜扬我朝声字之文简明详备,与上古圣人五音六律之制若合符契,先圣后圣其揆一也。

可见他在此主要还是颂扬满文十二字头的精妙,因为合于古圣人制律之数。在借用满文来说明韵部问题的时候,都四德并没有不加甄别生搬硬套,而只选取了第一、二、四、五、十共五个满文字头来对应十二摄。却因此招致四库馆臣的批评,《四库全书总目提要》评论道:

> 于国书十二字头独取第一、第二、第四、第五、第十章之字,而其余皆不之及。……殊不知我国书十二字头,整齐肃括,无音不备,无韵不该,非可偏举其五字头以为分配也。

这个说法是否中肯呢？我们要先初步了解一下满文十二字头：

第一字头	元音/辅音+元音	第七字头	第一字头 + s
第二字头	第一字头 + i	第八字头	第一字头 + t
第三字头	第一字头 + r	第九字头	第一字头 + b
第四字头	第一字头 + n	第十字头	第一字头 + o
第五字头	第一字头 + ng	第十一字头	第一字头 + l
第六字头	第一字头 + k	第十二字头	第一字头 + m

每个字头都是以元音为核心的一个音节，所以能用汉语进行类比。第一字头就像零韵尾的阴声韵，而剩下十一种字头则好似在第一字头的基础上添加了不同的“韵尾”。满文字头的“韵尾”显然远远超出汉语的结构，我们再来看看都四德具体是如何对应的：

《满文字头》	一（-🕐）				二（-i）		四（-n）		五（-ng）		十（-o）	
黄钟通韵	咿 i	呜 u	哦 ★	阿 a	唉 ei	哀 ai	暗 ★n	唵 an	嘤 ★☠	映 a☠	呕 ★u	嗷 au

从上表可以看到都四德对汉语音节的把握其实是非常精准的，而且他也认识到了满汉语言结构的差异。都四德因此受到《四库提要》的批评委实冤屈。我们猜测裕恩止步韵分十二，没有推进韵部与满文字头的附和，应该也是出于两相不匹的考虑。

按照上文的讨论结果，我们可以将大部分的十二摄韵著都囊括其中：

附会时间	《元韵谱》、《五方元音》(《切韵指南》)、《等韵精要》
附会乐律	《元韵谱》《本韵一得》《黄钟通韵》《太律》
附会满文字头	《谐声韵学》、《三教经书文字根本》、《大藏字母九音等韵》、《大藏字母切韵要法》、《字母切韵要法》(《等韵简明指掌图》《增补韵法直图》《翻切指掌》)

我们看到《元韵谱》同时占了时间和乐律两种，因为乔中和从不同的角度阐述韵部理据，所以并不矛盾。这些书当中有几部是承袭前人分韵的结果。《切韵指南》是徐桂馨仿照《五方元音》编写的。《等韵简明指掌图》《增补韵法直图》《翻切指掌》的韵部则明显是受到《康熙字典》前《字母切韵要法》的影响。在表中用括号以示区别。上表共有十五部书，另外的《音韵六书指南》《音韵逢源》《韵籁》和《等韵学》因为作者基本没有音论的部分，著作直接列出字表或者韵图，所以我们无法

判断学者是否有文化方面的考虑。而《切韵考》的十二韵数是受到《朱子谱》的启发,《朱子谱》也基本佚失,暂时不好评论。

中国音韵学是人文科学的一部分,若对韵著投以更加全面的观照,我们将会发现韵图其实是个多面体,在音系之外还能呈现出它丰富的人文内涵。传统音韵学家学识往往不囿于单一领域,他们知识通贯。在具有东方特色的易学思维影响下,明清韵著的一大特点就是通过韵图来探索语言乃至世界的规律,传达作者的哲学思想。我们若能跳出语音的层面,综合多学科横向研究,将韵图放置到当时的文化语境中就可以还原学者撰书的过程,重现立体的等韵学。

参考文献:

1. 耿振生. 明清等韵学通论[M]. 北京:语文出版社,1992 .

2. 张其成. 象数易学[M]. 北京:中国书店,2003.

3. 常秉义.《皇极经世》导读[M]. 北京:中央编译出版社,2009.

4. 爱新觉罗·瀛生. 满语杂识[M]. 北京:学苑出版社,2004.

(作者单位:浙江越秀外国语学院)

硕望耆臣，因以自任
——潘世恩《律赋正宗》论析

李贵连

潘世恩，字槐堂，号芝轩。生于乾隆三十四年（1769），卒于咸丰四年（1854），享年八十有六。诗人、书画家潘奕隽之侄。乾隆五十八年（1793），潘世恩中癸丑科状元，授职翰林院修撰。历任户部、工部、吏部、礼部尚书，体仁阁大学士，四库全书馆总裁，军机大臣，上书房总师傅诸职。卒谥文恭，特旨入祀贤良祠。

潘世恩出身吴中著名的科第、艺文、积善之家。吴中潘氏祖籍安徽，清初以业鹾迁徙至苏。经过数百年由儒贾立身到专力举业的晋身之阶取换，在乾隆时期崛起为吴中著名的书香之家。潘氏子弟兰茁其芽，秀彩竞发，中进士，入词林者指不胜屈。庙堂高处多家人，行政府州遍族众，对清代中后期政治、社会、文学、文化及学术影响深巨。作为潘氏芝兰玉树的潘世恩不仅政绩值得关注，其文学创作及辑录评点亦大有可观。据《江苏艺文志·苏州卷》所载，潘世恩之所作及辑录计有奉敕所撰《钦定续纂外藩蒙古回部王公表》十二卷、《熙朝宰辅录》二卷、《思补老人自订年谱》一卷、《使滇日记》一卷、《潘世恩日记》（不分卷）、《读史镜古编》三十二卷、《读史随笔》（不分卷）、《古史辑要》六卷、《正学编》八卷、《潘文恭公遗训》一卷、《思补斋笔记》八卷、《思补斋笔记续编》一卷、《消暑随笔》四卷、《有真意斋文集》二卷、《思补斋诗集》六卷、《感旧诗》一卷、《思补堂文钞诗稿附杂录》三卷、《有真意斋诗集》（不分卷）、《玉堂鸣盛集附补编》五卷、《兰陔絜养图咏》一卷、《家庆图咏》一卷、《岁朝赏菊诗》二卷、《重游泮水诗》一卷、《二十台诗》二卷、《藤花亭偶吟草》及《清颂堂丛书》七种五十三卷等。[①] 其不载之《钦定户部漕运全书》九十二卷、《律赋正宗》二卷等,亦世恩领纂与编辑。

一、《律赋正宗》辑选缘由及篇目

赋者,古诗之流也。草创发端于荀卿、宋玉。汉初词人,恢张其作,"陆贾扣其端,贾谊振其绪,枚马同其风,王扬骋其势,皋朔已下,品物毕图"(《文心雕龙·诠赋》)[②]。赋者,"《雅》之列,《颂》之俦;可以润色鸿业,可以发挥皇猷"(《赋赋》)[③],通过铺采摛文以体物写志,展示斯文之美。以其甚能查验作者之文采学识,是故每为人才遴选之重要手段。隋文帝时,科举考试杂文,即开始包括诗赋,然于赋之一体并无限韵。内蕴美与形式美的融合是文学自渊生以来就有的不变追求,所谓"一简之内,音韵尽殊;两句之中,轻重悉异。妙达此旨,始可言文"[④]。是以唐代进士科试诗赋,渐次对音韵做出限定,以因难而更见其巧。初唐王勃作有《寒梧栖凤赋》,题下注云以"孤清夜月为韵"[⑤],或即可视为律赋之滥觞。唐玄宗开元二年(714),王邱主持贡举,以"旗赋"为题,以"风日云浮,军国清肃"八字为韵。[⑥] 此后,试赋命题大致限意而兼之以限韵。限意大多从经、史、子、集出题,限韵则有二字至十七字韵脚,有以四声为韵及四声两周为韵等。后世因称限制立意及韵脚的命题赋为律赋。

中唐以后,士人多习律赋,颇有名家。白居易、白行简兄弟及王起等,皆称擅场。宋太宗太平兴国九年(984),诏令试进士律赋,以八字四平四仄依次为韵。其后虽不严格遵循,但律赋格律大体依此为准。宋代之取士命官,试赋较唐更为晋身之必备艺能。因此,宋人文集往往留存律赋甚多。如宋祁现存赋四十五篇,其中二十四篇为律赋。范仲淹现存赋三十八篇,律赋更多达三十五篇。元、明科举不试律赋,仅明之馆阁试赋,故所作遂少。八韵之作,衰微几近四百年。至清,"既以五经

---

① 南京师范大学古文献整理研究所编著:《江苏艺文志》,南京:江苏人民出版社 1996 年版,第 1144—1147 页。

② (清)黄叔琳注,李详补注:《增订文心雕龙校注》,北京:中华书局 2000 年版,第 96 页。

③ (唐)白居易著,丁如明、聂世美校点:《白居易全集》,上海:上海古籍出版社 1999 年版,第 596 页。

④ (宋)沈约:《宋书》,北京:中华书局 1974 年版,第 1779 页。

⑤ (清)陈元龙:《历代赋汇》,北京:国家图书馆出版社 1999 年版,第 187 页。

⑥ (宋)吴曾:《能改斋漫录》,台湾:"商务印书馆"1986 年版,第 519 页。

四子之书擢士于两闱，复以声律鸿丽之章拔才于寀署”[①]。两试之外，大招天下博学宏词之士。廷试之合于律者，擢而置之史馆，“《璇玑赋》《春雨诗》流传海内。士皆喁喁向风，习为诗赋以待辅轩之采”（蒋伊《文苑英华律赋选序》）[②]。潘世恩记嘉庆三年（1798）仁宗考试翰詹，试题之一亦为《拟徐阶井鲋赋》。清代律赋创作乘科试之东风，繁花再绽，李隆萼、吴锡麒、何栻、鲍桂星等律赋名家辈出。与此相承，诸如汤聘《律赋衡裁》、潘世恩《律赋正宗》、李元度《赋学正鹄》、潘遵祁《论赋集钞》等等赋作选本及赋学评点之作应运而生。较之前代赋学批评的失之零星，“从现存赋学文献来看，清代最为完备系统”[③]。

潘世恩作为“尚书年少文章贵，风采曾看动属僚”（《奉潘芝轩相国》）[④]的乾隆癸丑一甲一名，又数为学政，迭掌文衡，难免有文藻品鉴当仁不让之自许。其作于道光元年（1821）之《律赋正宗序》[⑤]云：

> 国家当熙洽之时，莫不有优游彬蔚之文，美形容而润金石。于是缀学之士操觚握椠，吐气含和，藻思妍辞，罔或自閟矣。诚欲溯源屈宋，希轨班张，窥著作之精，探生民之始，则鸿文无范，厥有攸归。若夫饫气求音，敛才就法，则循律审章，惟格是准。必以唐宋诸家为圭景焉。余始学为诗赋，辄就选择为家塾课本，凡唐赋四十八篇，宋赋六篇。又念六朝诸家以庾子山为大宗，为律赋之所自出，因附于后。虽所登颇隘而胜致略备。至其兴会标举，体裁明密，休文所称实有兼擅。自应童试，尝用究心。洎登馆职及奉命校士，教习庶常，所由商榷古今。而是经是程者，未尝不出于此。夫绳墨之陈，百工之所同肄也。津梁之利，非一人所得私也。爰付梓人，公诸同好。至于闳博瑰异，恢张而润色之，所谓尺泽之水必有演迤于无涯者，将以俟之印浦云尔。

律赋“规矩乎唐，而裁制于是乎尽。宋元迄明，代有作者。分袭诸体，各呈其

---

① （清）王修玉：《历朝赋楷》（《四库全书存目》丛书集部404册），济南：齐鲁书社1997年版，第2页。

② （清）钱陆灿：《文苑英华律赋选》（清康熙二十五年（1686），吹藜阁铜活字印本。

③ 许结：《论清代的赋学批评》，《文学评论》1996年第4期。

④ （清）张际亮著，王飚标点：《思伯子堂诗文集》，上海：上海古籍出版社2007年版，第373页。

⑤ （清）潘世恩：《律赋正宗》抄本。

材”(《赋格凡例》)[①],是以世恩序中言当“以唐宋诸家为圭景焉”。其中“清新流利,轻灵典切为宗”(《赋学正鹄序》)[②]的唐人律赋更是具有文体典范意义。“诗莫盛于唐,赋亦莫盛于唐”(《审体》)[③],宜乎“循律审章,惟格是准”。潘世恩《律赋正宗》所选唐人律赋四十八篇,分别为许敬宗《掖庭山赋》、王勃《九成宫东台山池赋》、骆宾王《萤火赋》、张说《奉和御制喜雨赋》、谢偃《观舞赋》、李程《日五色赋》、郑锡《日中有王字赋》、白居易《荷珠赋》《墨龙饮渭水赋》《动静交相养赋》《敢谏鼓赋》、元稹《郊天日五色祥云赋》《观兵部马射赋》、裴度《铸剑戟为农器赋》、韩愈《明水赋》、李远《题桥赋》《蝉蜕赋》、王损之《曙观秋河赋》《饮马投钱赋》《汗血马赋》、林滋《小雪赋》《阳冰赋》、张仲素《反舌无声赋》、白敏中《息夫人不言赋》、王起《墨池赋》《庭燎赋》《宣尼宅闻金石丝竹声赋》、蒋防《姮娥奔月赋》、宋言《斆鸡鸣度关赋》《渔父辞剑赋》、贾悚《太阿如秋水赋》《庄周梦为蝴蝶赋》《蜘蛛赋》、薛逢《天上种白榆赋》、陈章《风不鸣条赋》《腐草为萤赋》《水轮赋》《艾人赋》、黄滔《汉宫人诵洞箫赋》、浩虚舟《盆池赋》、樊铸《明光殿粉壁赋》、康僚《汉武帝重见李夫人赋》及王棨《沛父老留汉高祖赋》《江南春赋》《曲江池赋》《延州献白鹊赋》《珠尘赋》《一赋》。所选宋人律赋分别为王曾《有物混成赋》、范仲淹《用天下心为心赋》《金在镕赋》、苏轼《明君可与为忠言赋》、秦观《郭子仪单骑见虏赋》及李纲《折槛旌直臣赋》。虽则律赋须“以唐宋诸家为圭景”,然“宋赋多萧散”(秦观《郭子仪单骑见虏赋》评语)[④],是以所录宋人律赋较之唐人为少。附编所录为庾信《三月三日华林园马射赋》《小园赋》《哀江南赋》及《枯树赋》。

不同于钱陆灿《文苑英华律赋选》、陈元龙《历代赋汇》等选本以天象、岁时、地理等题材为划分,潘世恩《律赋正宗》大致以时代先后为序。又所选篇目亦不似钱陆灿之广博,应与其编选时“正宗”意识之奉行有关。“虽所登颇隘而胜致略备”,当是《律赋正宗》不以广博取胜,重在鸿文有范,有所攸归的宗旨所在。潘世恩所选律赋篇目最多的是“深于词赋,其体物讽调与相如、扬雄之流异代而同工”[⑤]的晚唐律赋三大家之首王棨,共计《沛父老留汉高祖赋》等六篇。其次是白居易及陈

---

① (明)陆棻:《历朝赋格》(《四库全书存目》丛书集部),济南:齐鲁书社1997年版,第276页。

② (清)李元度:《赋学正鹄》(清光绪十一年[1885]),文昌书局刻本。

③ (清)王芑孙:《读赋卮言》,北京:国家图书馆出版社2006年版,第311页。

④ (清)潘世恩:《律赋正宗》抄本。

⑤ (宋)姚铉:《唐文粹》(《四库全书》1344册),台湾:“商务印书馆”1986年版,第454—455页。

章,均为四篇。王棨之作除律赋题中之意的政治情怀外,更别开生面,抒发爱恨情愁,“缠绵悱恻,文情独绝”(王棨《沛父老留汉高祖赋》评语)[①],在律赋发展史上具有承前启后之意义。白居易《赋赋》[②]提出了“六义无遗”“文谐宫律”“美而有度”等创作理论,为陆机《文赋》之后的又一超迈之作。在创作实践上,白居易不仅有《动静交相养赋》之典正庄雅,更有《鸡距笔赋》之变化纵横,其如椽大笔,宜乎后世奉为典范。陈章之律赋典则精雅,体物入妙,为晚唐典雅派之翘楚。潘世恩以其《艾人赋》诸作“实足濬人巧思”[③],是故选录亦多。

此外,《律赋正宗》目录后尚录有《论赋十七则》[④]卷上,大抵摘录前人论赋之语,不尽为世恩自作,然由此亦可见其心可论同。兹举二则以见一斑:

汤稼堂曰:“唐太宗《小山赋》云:‘松新翠薄,桂小丹轻。才有力以胜蝶,本无心而引莺。半叶舒而岩暗,一花散而峰明。’《小池赋》云:‘牵狭镜兮数寻,泛芥舟而已沈。涌菱花于岸腹,劈莲影于波心。减微涓而已浅,足一滴而还深。’渲染小字工妙。”

又如:

四六太多,则转运不灵。唐人每段多不过两联,盖每段必有精神团结之处。前只淡淡着笔,越显出此处妙来,此亦疏密相间之法。至换韵处,务在点清作意,俱不用四六。至宋人间有用之者,以大气行之,固不觉其拖沓。然究当以唐人为法。

二、《律赋正宗》评点

据金胤秋《论清代赋话中经典赋作的确立》所言,“在现存可见的三十多部独立的清代赋话中,经常被提及的律赋作品有:唐代李程的《日五色赋》《破镜飞上天

① (清)潘世恩:《律赋正宗》抄本。

② (唐)白居易著,丁如明、聂世美校点:《白居易全集》,上海:上海古籍出版社 1999 年版,第 595 页。

③ (清)潘世恩:《律赋正宗》抄本。

④ (清)潘世恩:《律赋正宗》抄本。

赋》、王起的《庭燎赋》、白居易的《性习相近远赋》、柳宗元的《披沙拣金赋》、王棨的《芙蓉峰赋》、黄滔的《馆娃宫赋》,宋代陈元裕的《大椿八千岁为春秋赋》、郑獬的《环丘象天赋》等”[①]。潘世恩《律赋正宗》所选既有称赏于众人者,亦有别于他人之品衡。“览先哲之英华,游旧典之场圃。善愈远而斯应,德既昭而必溥”,许敬宗《掖庭山赋》后有世恩评语曰:“停匀庄雅,应制极则。”[②]“应制极则”之语本李调元《赋话》“应制之极则”而来,却无李氏其后之“其为人心术之倾险如此,乃知千古小人,未有不能作软语者。词章固不足以定人品”。[③] 时空阻隔,动辄君子小人之议,似乎并不足取。

顾炎武《日知录》卷十六《试文格式》有云:“经义之文,流俗谓之八股……发端二句或三四句谓之破题,大抵对句为多,此宋人相传之格(原注:本之唐人赋格)。下申其意,作四五句,谓之承题。然后提出夫子(原注:曾子、子思、孟子皆然)为何而发此言,谓之原起……篇末敷演圣人言毕,自摅所见,或数十字,或百余字,谓之大结。”[④]八股文绳尺严密,源于前代衡文之程式有规。特以因难见巧而藻鉴人才之律赋即始究研布局立意。白居易因“常见今之立身从事者,有失于动,有失于静,斯由动静俱不得其时与理也。因述其所以然,用自儆导,命曰《动静交相养赋》”[⑤]。卷上赋云:

> 天地有常道,万物有常性。道不可以终静,济之以动;性不可以终动,济之以静。养之则两全而交利,不养之则两伤而交病。故圣人取诸《震》以发身,受以《复》而知命……以此有以见人之生于世,出处相济,必有时而行,非匏瓜不可以长系。人之善其身,枉直相循,必有时而屈,故尺蠖不可以长伸。嗟夫!今之人,知动之可以成功,不知非其时,动必为凶;知静之可以立德,不知非其时,静亦为贼。大矣哉!动静之际,圣人其难之:先之则过时,后之则不及时,交养之间,不容毫厘。故老氏观妙,颜氏知几。噫!非二君子,吾谁与归,[⑥]

---

① 金胤秋:《论清代赋话中经典赋作的确立》,《南京大学学报》2008年第6期。

② (清)潘世恩:《律赋正宗》抄本。

③ 王冠:《赋话广聚》,北京:国家图书馆出版社2006年版,第15页。

④ (清)顾炎武:《日知录》(《四库全书》858册),台湾:“商务印书馆”1986年版,第763页。

⑤ (清)潘世恩:《律赋正宗》抄本。

⑥ (清)潘世恩:《律赋正宗》抄本。

赋下有评云:“局阵整齐,笔情疏畅。此调自乐天创为之,后来制义分比之法滥觞于此,选之以备一格。”[①]股者,对偶之名也。白居易此赋基本全篇排以对句,即“局阵整齐”之谓。秦观论赋以为“破题二句乃其眉,惟贵气貌有以动人。故先择事之至精至当者先用之,使观之便知妙用”[②]。“天地有常道,万物有常性。道不可以终静,济之以动;性不可以终动,济之以静”,白居易发端即扼题之旨,传题之神。后世八股破题即须将全篇意思说尽说透,否则大有一览即弃之险,《动静交相养赋》之破题堪可效法。又唐人律赋往往结之以颂扬或议论,如李程《日五色赋》之“故曰:惟天为大,吾君是则”[③]抑或《动静交相养赋》之“噫!非二君子,吾谁与归”,八股大结重发挥学识而显露品性才情,《动静交相养赋》之谁与之叹即具范式意义。从破题、偶对以及结语诸方面来看,确乎“后来制义分比之法滥觞于此”。自然,潘世恩《律赋正宗》评白居易此赋有本于李调元《赋话》之处,亦不当不予说明。[④] 不过,李调元《赋话》新话中,同于汤聘《律赋衡裁》的评语亦甚多。孙福轩《〈律赋衡裁〉与〈雨村赋话〉:乾嘉古律之争格局下的律体赋学》有云:“无论是赋史论,还是风格论、作家作品评点,凡涉及重大的赋学问题者,李调元无不摘引自《律赋衡裁》,摘引的形式也是多种多样,有的是全文录引,有的是增减内容,有的则是变换说法。”[⑤]非止《雨村赋话》之于《律赋衡裁》,抑或《律赋正宗》之于《赋话》,古代评点作品多有继承发展前人智识而忽略注明之处。此时代之风气与局限,若揆之以今日标准,难免或有过当。

唐制武举科试有马射之项,元稹有以“艺成而动,举必有功”为韵之《观兵部马射赋》。“初听《采蘋》之章,共调白羽;次逞穿杨之妙,忽纵青丝”,又“砉尔摧班,示偏工于小者;安然飞鞚,固无忧于殆而”[⑥],李调元以为“子山马射分叙,此则马射夹写,能使争先斗捷之态跃露纸上,精锐处殆欲突过前人”。[⑦]《律赋正宗》于元稹此

---

① (清)潘世恩:《律赋正宗》抄本。

② (宋)李廌:《师友谈记》(《四库全书》863 册),台湾:“商务印书馆”1986 年版,第 176 页。

③ 李昉:《文苑英华》(《四库全书》1333 册),台湾:“商务印书馆”1986 年版,第 129 页。

④ (清)李调元:《赋话》卷二谓:“且通篇局阵整齐,两两相比。此调自乐天创为之,后来制义之法实滥觞于此种。”引自王冠:《赋话广聚》第 3 册,北京:北京图书馆出版社 2006 年版,第 45 页。

⑤ 孙福轩:《〈律赋衡裁〉与〈雨村赋话〉:乾嘉古律之争格局下的律体赋学》,《中国诗歌研究》2009 年第 6 辑。

⑥ (清)潘世恩:《律赋正宗》抄本。

⑦ 王冠:《赋话广聚》,北京:国家图书馆出版社 2006 年版,第 60—61 页。

赋后则曰:“参以记序之体,弥觉古雅,然实出《长杨》《羽猎》而变化之。知此可悟避熟之法。”[①]《观兵部马射赋》发端于“大司马以驰射而选才,众君子皆注目而观艺。至张侯之所,乃执弓而誓,誓曰……射者皆曰:‘诺。虽吾善之习,庶一举而有成’”[②]。确为参以记序,使稳整之律赋兼而有流逸之气。

扬雄《长杨赋》《羽猎赋》同写天子畋猎。《羽猎赋》作于元延二年(公元前11年),首序:“孝成帝时羽猎,雄从。以为二帝三王,宫馆台榭,池沼园囿,林麓薮泽,财足以奉郊庙,御宾客,充庖厨而已。”[③]《长杨赋》续发端以“明年,上将大夸胡人以多禽兽。秋,命右扶风发民入南山,西自褒斜,东至弘农,南驱汉中,张罗罔罝罘,捕熊罴豪猪虎豹狖玃狐兔麋鹿,载以槛车,输长杨射熊馆”[④]。元稹《观兵部马射赋》承继《羽猎赋》《长杨赋》之启撰发端,是以“弥觉古雅”。篇中“于是马逸骙骙,士勇伾伾,蓄锐气,候歌诗”及“天子垂衣,俨鹓行于北阙,夏官司马,阅骑从于南宫”[⑤]之句式立意亦颇有效法《羽猎赋》“若夫壮士忼慨,殊乡别趣。东南西北,驰耆奔欲”[⑥]以及“天子乃以阳晁始出乎玄宫,撞鸿钟,建九旒,六白虎,载灵舆”[⑦]之处。世恩之评,洵可谓自具手眼。自然,“司马相如作赋,甚宏丽温雅,雄心壮之。每作赋,常拟之以为式”[⑧],《羽猎赋》《长杨赋》均大有规仿相如《子虚赋》《上林赋》而得其茂丽恢宏处。绳继前贤,斯文流美更兼之以自出机杼,因时创新,本是文学长河源源不息,百川汇海之不变法则。

《律赋正宗》之后,潘世恩尚有《玉堂鸣盛集》之辑。潘世恩《玉堂鸣盛集序》[⑨]谓:

> 原夫《礼》《智》《风》《钓》,萌芽厥体。枚马而后,下逮江左,以时追新。然皆铺陈华侈,发抒幽郁。裁以尺度,古今异宜。唐立制科,始重声律。怀铅握椠之士,咸敛才以就范,相质以披文。然犹匠氏之绳墨,非染人之纁练也。

① (清)潘世恩:《律赋正宗》抄本。

② (清)潘世恩:《律赋正宗》抄本。

③ (南朝梁)萧统编,(唐)李善注:《文选》,上海:上海古籍出版社1986年版,第387页。

④ (南朝梁)萧统编,(唐)李善注:《文选》,上海:上海古籍出版社1986年版,第403—404页。

⑤ (清)潘世恩:《律赋正宗》抄本。

⑥ (南朝梁)萧统编,(唐)李善注:《文选》,上海:上海古籍出版社1986年版,第393页。

⑦ (南朝梁)萧统编,(唐)李善注:《文选》,上海:上海古籍出版社1986年版,第392页。

⑧ 钱基博:《中国文学史》,上海:上海东方出版中心2008年版,第82页。

⑨ (清)潘世恩:《有真意斋文集》,上海:上海古籍出版社2010年版,第702页。

我国家设科取士，首崇文艺。而召试鸿博，大考翰詹，以及庶常散馆。一时进御之篇，均取能赋之义。欲使金锡之品，既陶铸乎理窟；凤鸾之采，复翱翔乎艺林。以故俊才云蒸，各发馨藻，以就体制。又况探秘策府，摛毫木天，和归昌之音，振上钧之响，猗欤盛矣。余未忘夙习，辄于陔余搜辑，都为四卷。五音十色，于兹略备。夫骈俪四六，咀含徵商。摘楚艳而韵流，宏汉京而词赡。求诸前轨，罕或兼长。曩刻《正宗》一编，譬涉水之有津梁，而是编之出，庶几泛珠河，游玉海矣。

《玉堂鸣盛集》共四卷，后更有补编一卷，有道光二年(1822)凤池园刻本。所收较《律赋正宗》广博，阅者"庶几泛珠河，游玉海矣"。然究其遴选之准则，寄予了潘世恩正统意识的《律赋正宗》又为其根本依归。

（作者单位：浙江越秀外国语学院。基金项目：2013 年度国家社科基金重大项目"清代文人事迹编年汇考"阶段性成果，项目编号：136ZD117；浙江省教育厅科研项目资助，项目编号：Y201431751。）

钱陆灿驳议吴乔《正钱录》之始末及其文坛价值

毛文鳌

一、小引

《列朝诗集》(以下简称《诗集》)是钱谦益编纂的一部明代诗歌总集,自顺治十一年(1654)正式刻讫流通后,文人学士好评如潮,争相宝爱,甚至远播东邻。① 而《诗集》所附的诗人小传则早在刻版之际,已久为艺林渴慕。牧斋尝谓:"羁楼半载,采诗之役,所得不赀,大率万历间名流,篇什可传而人间不知其氏名者不下二十余人,可谓富矣。此间望此集者真如渴饥,踵求者苦无以应。"②及《诗集》印行后,小传不胫而走,广为士林传抄。萧伯升(1620—1684)、周容(1619—1679)等人索性把小传抄录别行。萧氏"所抄当与今传世之钱陆灿本相同,皆不加删削,悉存牧斋之旧文者"③。周容对小传叹赏有加,虽手录时稍加删节,其《春酒堂诗话》记载钱谦益"作《历朝传》,随意写生,可诵者十之七。余尝于晋中,将列传稍为删节,手

① (清)钱谦益:《题丁菡生藏余尺牍小册》,《牧斋有学集》卷五十,上海:上海古籍出版社2003年版,第1638页。

② (清)钱谦益:《与毛子晋》,《牧斋杂著·钱牧斋先生尺牍》卷二,上海:上海古籍出版社2007年版,第313页。

③ 陈寅恪:《复明运动》,《柳如是别传》第五章,上海:上海古籍出版社1980年版,第988页。

录一过,信非近代人所办”[①]。此外,叶襄(1610?—1655,字圣野)、戚右朱也“手自缮写,勒成一集”[②]。直至康熙三十七年(1698),钱谦益族孙钱陆灿(1612—1698)方对小传全面“补苴是正”。黄氏诵芬堂随即将之剞劂,于是《小传》便脱离《诗集》而单行。

操持选政,自来易挑起争端,矧入清后钱谦益大节有亏,为士林不齿,以致《诗集》甫一杀青,旋即招致艺苑一片讨伐之声,而《小传》更是众矢之的。[③] 关于这一情况,钱谦益本人毫不讳言:

> 集中小传,略具评骘。平心虚己,不敢任臆雌雄,举手上下。……疏瀹源流,剪薙谬种,寸心得失,与古人质成于千载之上。声尘迢然,与一二时流何与,而反唇相向乎?[④]
>
> 丧乱之后,搜采遗忘,都为一集。间有评论,举所闻于先生长者之绪言,略为标目,以就正于君子。……而一二询厉者,又将吹毛刻肤,以为大谬。……余之评诗,与当世牴牾者,莫甚于二李及弇州。[⑤]

面对非议,钱谦益通达地表示:“爱我者,未必果我之得,而尤且谤者,亦未必果我之失。信彼是非,两行而已。”[⑥]然而由于钱谦益在《小传》中鞭挞的对象过宽,几乎贯穿前后七子直到公安派、竟陵派,这势必引起这些人的亲族后学,尤其是手握舆论权者的不平与反击,甚至连旧交后学黄宗羲(1610—1695)也颇有微词,指出钱

---

① (清)周容:《春酒堂诗话》,《丛书集成续编》第149册,上海:上海书店1994年版,第1139页。

② (清)钱谦益:《牧斋有学集》卷十五《爱琴馆评选〈诗慰〉序》,上海:上海古籍出版社2003年版,第713页。

③ 谢正光:《探论清初诗文对钱牧斋评价之转变》曰:“惟《列朝诗集》一书之体例是否得当,不独为一纯学术性之问题,与牧斋晚年之政治立场,自亦息息相关。”《清初诗文与士人交游考》,南京:南京大学出版社2001年版,第76页。

④ (清)钱谦益:《绛云楼题跋·丁菡生藏余尺牍小册》,上海:上海古籍出版社2005年版,第192—193页。

⑤ (清)钱谦益:《绛云楼题跋·徐季白诗卷》,上海:上海古籍出版社2005年版,第136—137页。

⑥ (清)钱谦益:《有学集》卷十五《爱琴馆评选〈诗慰〉序》,上海:上海古籍出版社2003年版,第713页。

谦益的辞章有“五病”,“至使人以为口实,掇拾为《正钱录》,亦有以取之也”①。黄梨洲口中的《正钱录》是专门纠驳《小传》的过失之作,并引起清初众多文士聚讼纷纭,乃至演变成清初文坛一桩波及范围广、历时持久的公案。可是长久以来,这一公案的真相已湮没无闻,而零星的讨论专文或附带论及的文字多苦于文献乏征,导致史实间杂错谬。有鉴于此,兹重新考辨其事,冀获一二真相,并求正于当世之方家。

二、《正钱录》的作年与起因及始末

《正钱录》的作者,据计东(1625—1676)与周亮工(1612—1672)信札知是太仓人吴乔(1611—1695)。计氏书函云:

> 飞涛自青州来归德,得悉先生近况为慰!蒙示尺牍尊选,并索东近作,东无以应,飞涛云:“何不即作致先生书?”东仓卒无所言。且先生方拥棨戟莅吾吴。东,吴民也,何敢言事?惟念前岁春间在都门,有娄东吴修龄作《正钱录》,攻摘虞山老人不遗余力。吾郡茗文、讱庵,复助其焰,吹毛索瘢,自喻得志。东徐语茗文曰:“仆自山东来,曾游泰山,登日观峰,神志方悚栗,忽欲小遗,甚急,下山且四十里不可忍,乃潜溺于峰之侧,恐得重罪,然竟无恙。何也?山至大且高,人溺焉者众,泰山不知也。”茗文跃起大骂。然昨闻吴梅村先生,盛称东言是也。……知与先生善,并乞言之。②

吴乔原名殳,字修龄,后以字行,明诸生,著有《围炉诗话》《西昆发微》《古宫词》等。那么,《正钱录》作于何时呢?王人恩谓写于康熙八年(1669)之前,郑滋斌根据钱陆灿《汇刻列朝诗集小传序》中“八十元老,无限童心”一语,却先后得出作于顺治

---

① (清)黄宗羲:《思旧录》,《黄宗羲全集》第一册,杭州:浙江古籍出版社1985年版,第377页。另,蒋寅曾梳理、归结历来对《诗集》的批评意见,共有六个方面,参见《清代诗学史(第一卷)》第二章《拨乱反正的钱谦益诗学》,北京:中国社会科学院出版社2012年版,第177—179页。按,清代攻驳《小传》的学者、诗人尚有阎若璩、唐孙华、朱庭珍、曾燠、程封等人。

② (清)计东:《与周栎园书》,《改亭诗文集》卷十,清乾隆十三年(1748)计瑸刻本。另,朱大可编《历代小简》题为《与陶庵》,并点评曰:“此文极刻薄之能事,但立意甚正,所见亦大。”上海:春明出版社1955年版,第81—82页。按,朱氏认为“明清之际号陶庵者,有黄淳耀、曹续祖,及张岱。此当是与张岱。”殊不知周亮工字亮工,号减斋,别号又有缄斋、陶庵、适园、栎园等等,故计东此信是寄给周亮工的。

十八年、康熙元年两种结论，蒋寅推测应在康熙十一年之前①。其实，仔细研读信函，我们还是可以考订出《正钱录》所作之年的。其一，计札谓周亮工时“方拥棨，莅吾吴”。考周氏仕履，知其于康熙二年春赴任青州海防道，至五年“以缉逃及额擢江南江安督粮道，……八月还江宁”，明年“正月部议下，大府趋视事，始受篆”②。其二，计札又谓丁澎（1622—1686）自周氏青州官署来至河南归德，向其出示周氏尺牍选，并遵嘱索取计氏新作以为续编之用。按，周亮工前后三选尺牍，其中《尺牍新钞》康熙元年即编成刊刻，《藏弆集》和《结邻集》则分别在康熙六年和九年编定付梓。可见，周氏彼时正为编辑《藏弆集》遍征文友函札。阖上以观，则计东书信书于康熙五年八月周氏卸任前后。其三，信中又称讱庵即叶方蔼（1629—1682）时亦在京，可是叶氏早在顺治十八年已因奏销案被黜归乡，两年后方返京。③ 此可证《正钱录》不可能早于康熙二年。再结合信中“惟念前岁春间在都门”一句推测，则《正钱录》约草撰于康熙三年春，时已迫近钱谦益的死期。

吴乔论诗宗法晚唐和李商隐，诗学实承自钱谦益弟子冯班（1604—1671）。那么，他缘何著《正钱录》以攻击师祖呢？吴乔本人曾给出答案：“曩殳以诗文谒牧斋公于虞山，不见答。不平之鸣，抨击过当。”④可见，吴乔指摘《小传》的动机是出于报复，因钱氏多年前冷落自己。又有论者指出，吴乔撰文纠摘钱文之瑕谬，实是明末清初文坛的攻讦之风使然⑤；就吴乔而言，史载其为人狷急，又以才学自负，“工于诋诃，与世龃龉”⑥，故其纠劾钱文本是不足为怪的。此外，邓之诚另立一说，“其（按，指归庄）杂著中《难壬》，谓吴修龄依倚徐乾学（1631—1694）兄弟，作《正钱录》以诋谦益”⑦。为征知其说，今眷录《难壬》于下：

---

① 参见王人恩：《从吴乔〈正钱录〉看明清之际的攻讦之风》，《西北大学学报》2006 年第 1 期。郑滋斌：《吴乔年谱新编》“清世祖顺治十八年”条谓：“吴乔撰《正钱录》，疑于是年。”见台湾《大陆杂志》第八十二卷第二期。其《吴乔与〈正钱录〉》又说：“吴乔之撰《正钱录》，当在清康熙元年。”见台湾《大陆杂志》第八十八卷第三期。蒋寅：《读吴乔诗论札记》脚注⑧即据郑文推定“《正钱录》应撰于康熙元年（1661）”，正文又谓“此事发生在吴梅村生前，应该是康熙十一年之前的事，时距牧斋下世不过几年间。”见《上海师范大学学报》2012 年第 2 期。

② （清）周亮工：《年谱》，《赖古堂集·附录》，上海：上海古籍文学出版社 1979 年版，第 917—918 页。

③ （清）叶方蔼：《叶文敏公集·读书斋记》清抄本。

④ （清）钱陆灿：《汇刻列朝诗集小传序》，（清）钱谦益：《列朝诗集小传》，上海：上海古籍出版社 2008 年版，第 3 页。

⑤ 王人恩：《从吴乔〈正钱录〉看明清之际的攻讦之风》，《西北大学学报》2006 年第 1 期。

⑥ （清）归庄：《梁逸》，《归庄集》卷一，北京：中华书局 1962 年版，第 30 页。

⑦ 邓之诚：《归庄》，《清诗纪事初编》卷一，上海：上海古籍出版社 2012 年版，第 8—9 页。

甲、乙、丙、丁、戊五人者,皆东南之士,以文章著称于时,而甲为之宗主。有壬者,倾险反覆无行之人也,而粗有文笔,少时挟其微能以干乙,乙恶其而绝之。壬大恨怒,遂诋毁乙,而上书数千言于甲,盛相推许,以为必得甲之欢心,因可借甲之名以抗乙矣。顾甲、乙同在词林,乙虽晚进而相善,语次及乙,乙不隐壬之为人,具言其所以见绝于士君子之由,以故甲亦不礼焉。壬于是以恨乙者恨甲,而加甚焉。丙于甲亦词林后辈,又乙之门人也。壬无衅可乘。会丁与戊后起有文名,而甲于出处之际,取讥君子。壬于是特撰一书专诋甲。丁、戊皆官京师,壬挟其书入都,献于丁、戊,如昔年之毁乙以媚甲者。丁、戊非不知己之文不及甲也,然好谀喜名,人之常情。暴人之短,以形己之长,亦文士之故习。于是颇然其言,遂留之长安邸中。丁之南归也,壬尝为门下客。丁居忧不茹荤,壬亦持斋焉。夫文章之事难言矣!……今壬日进其蚍蜉撼树之言于丁之前,余与丁交厚,恐其为所眩惑,轻于立论,致蹈文人相轻之习,此余所深虑者也。……壬之有憾于甲,余久已闻之,乃其始之见绝于乙而求媚于甲之事,近日丙向余言,始知之。[①]

据此,邓说乃由归文中“挟私憾,腾瞽说,毁前辈以媚时贵”一语抽绎而来。归庄(1613—1673)是钱谦益的及门,与吴乔亦属旧识,出于愤怒而著文相责。“难壬”取自《尚书》“难壬人”一语,昭示归庄憎恨厌薄之深,可鉴于当事各方多相识,行文时不能不有所顾忌,于是采用“假名甲乙”的手法[②]。尽管如此,此下两点是明确的。其一,与吴乔日后忏悔如出一口,即他讨伐钱氏纯粹出于泄私愤,诱因是往年“上书”而遭受“不礼”。其二,甲、乙、丙、丁、戊诸人身份皆可坐实。甲是钱谦益,壬是吴乔,几乎一看即知。至于余下之人,王人恩称丙、戊是徐乾学(1631—1694)兄弟,郑滋斌疑乙是张溥(1602—1641),丙是吴伟业(1609—1672),均值得商榷。我们寻绎文意,并参考相关文献,其实并不难推知乙、丙、丁、戊各是何人。前揭计东函曰:“昨闻吴梅村先生盛称东言是也”,吴梅村与计氏又有师生之谊[③],

① (清)归庄:《归庄集》卷十《杂著·难壬》,北京:中华书局1962年版,第503—504页。

② (清)顾炎武著,陈垣校注:《日知录校注》卷二十三,合肥:安徽大学出版社2007年版,第1308—1309页。

③ (清)计东:《改亭诗文集》卷十《上太仓吴祭酒书一》曰:“闰二月朔,前国子监率性堂恩拔贡监生计东谨再拜。旧冬东度岁江宁,于友人倪阁公家见老师新刻文集内有《复社纪事》一篇。”

且吴梅村与钱谦益的关系也符合归文"晚近而相善"的表述，何况叶方蔼正说过"娄水虞山相代兴"[①]呢！因此乙应是吴伟业，丙是计东。康熙十二年(1673)，钱陆灿设馆常州董文骥(1623—1685)家[②]，于其案头观读吴乔《正钱录》，始有所驳正。五年后，"始与君(按，指吴乔)会于东海尚书(按，指徐乾学)、相国(按，指徐元文)之家。易农(按，即董文骥)适亦以事至，置酒相欢也"[③]。吴乔与会盖不是巧合，而是"丁之南归也，壬尝为门下客"。康熙三十三年，徐乾学逝世，吴乔首作悼亡诗，一时和者云从。[④] 徐乾学《憺园集》内有《海盐同吴修龄、彭骏孙用前韵作》《赠云栖静居上人用前韵》等诗言及吴乔。归庄又自称"与丁交厚"，今检其遗著，内有《与徐原一、玄肃》一函；信中归庄告知徐乾学兄弟，自己时方谋梓先祖归有光文集，却苦于刻资匮乏，故向"两年翁"募金云云。其后，徐氏兄弟慨然助成斯役，乾学并赐《重刻归太仆文集序》，今见于《憺园集》卷十九。综上，丁应是徐乾学。

计东信笺又谓吴乔初草《正钱录》之际，汪琬(1624—1691)、叶方蔼二人从旁"吹毛索瘢"，左袒吴氏。关于汪、吴、叶三人的这段居京生活，叶氏后来追忆道："太仓吴君修龄，今之振奇人，来瀚京师，与予居处三年。君素事佛，尤好神仙，而独不喜儒者之言。……每与鄢陵梁君曰缉、长洲汪君苕文会饮一室，梁君蔬食奉佛，精禅理，汪君博学多通，欲无不知以成名。三人者相见，辄剧谈世外诙奇迂诞之事。"[⑤]可以想见，梁熙(1623—1693)当日或也赞同吴乔的意见，这可从汪琬《与梁侍御论吴氏〈正钱录〉书》中窥见端倪，而且这封信也是汪琬个人意见的集中表达，兹摘录于下：

> 别后再读吴氏《正钱录》，其例甚严，其词甚辨，诚有功斯文不小。……但盛气以相攻击，而商榷未安，则必有偏驳之病；考证未悉，则必有卤莽疏漏之病。……今此书非不例严而词辨，然而其中所列，尚有不合，殆有如前之所谓偏驳疏漏者，得毋盛气以相攻击，而未暇商榷考证欤？恐不可谓之定案也。……琬尝恨文章之道，为钱所败坏者，其患不减于弇州、大函，而钱氏门徒方盛，后生小子莫不附和而师承之，故举世不言其非，幸而有一吴氏不量气力以

① 《叶文敏公集·余抄〈独赏集〉竟，自题卷首十四绝句之三》。

② 参见拙博士论文《钱陆灿研究》附录二《钱湘灵先生年谱》"康熙十三年"条。

③ (清)钱谦益:《列朝诗集小传》，上海:上海古籍出版社2008年版，第1—2页。

④ 张云章:《尚书徐公薨，吴修龄前辈首为感伤之什，和者成卷，次韵题后》，《朴村诗集》卷六，清康熙华希闵等刻本。

⑤ 《叶文敏公集·送吴修龄序》。

与之争,而又不得其要领,岂不大可惜哉!故琬之言此,亦欲护持斯文,而助吴氏之不逮于万一也。然吴氏方用才学自负,而琬顾以空疏之智、迂阔无当之见,刺刺于其侧,不以为狂易,则以为轻薄耳。度彼所敬事者,惟先生一人,故不敢陈之于吴,而以私于执事,其说具在别纸,幸微引其端,使加改窜,是亦朋友之忠告也。如有未当,乞更疏示。①

梁御史即梁熙,号晳次,鄢陵人。康熙初,汪、梁二人皆官京师,往从甚密。如康熙二年除夕,汪琬邀梁熙宴饮。② 次年夏,宋荦(1634—1713)将出任湖广黄州府通判,梁熙、米汉雯于汪琬家设宴相送。③ 至八年夏,二人始分道扬镳,时梁熙将归鄢陵,汪琬则选榷江宁西新关仓,行将赴任,故汪琬此信寄出于八年夏之后。汪琬在信中立论不公,而是窃喜于吴氏之攻钱。当然,这也符合他一贯"讥刺"钱文"不遗余力"的态度。事实上,他只是不满于吴乔挟"盛气以相攻击",又"考证未悉",以致落下"偏驳之病""卤莽疏漏之病",方才对《正钱录》"反为异论",而试图为之纠偏的。那么,汪琬助吴"倒钱"目的何在呢?第一,正如归庄所说,汪氏与徐乾学一般无二,皆"好谀喜名",不惜"暴人之短,以形己之长"。第二,汪氏自我标榜是为了"护持斯文"。钱谦益、汪琬论文虽都主张本于六经、经经纬史,又都私淑归有光,但钱氏不屑于汪氏治学兼采宋明理学,汪氏不满于钱氏为文出入于儒、释、道,尤其对其訾謷宋儒更是怒不可遏,早有意于重树文坛旗帜,再立文章正轨。此番吴氏攻钱言而未尽,非但未能置钱于死地,反为士林所诟病,于是汪琬将"要领"录在"别纸",以供吴氏参考而"改窜"原录。对照《难壬》,我们殆可判定戊为汪琬。

康熙八年冬,钱陆灿于汪琬金陵户部署衙方读到《与梁侍御论吴氏〈正钱录〉书》一文,可能也是他初闻吴乔《正钱录》其事,时计东、黄虞稷(1629—1691)、倪灿(1627—1688)在座。四年后,钱陆灿终于阅竟《正钱录》,并开始驳正工作。又五年,驳正全文出炉④,于是《正钱录》风波终于在一边倒的斥责声中平息下来。

① (清)汪琬:《钝翁前后类稿》卷十八《与梁御史论吴氏〈正钱录〉书》,(清)汪琬著,李圣华笺校:《汪琬全集笺校》,北京:人民文学出版社 2010 年版,第 471 页。

② (清)梁熙:《癸卯除夕苕文招饮》,《晳次斋稿》卷二,清康熙刻本。

③ (清)汪琬:《钝翁前后类稿》卷十七《赠宋子牧仲序》,(清)汪琬著、李圣华笺校:《汪琬全集笺校》,北京:人民文学出版社 2010 年版,第 548 页。

④ (清)钱谦益:《列朝诗集小传》,上海:上海古籍出版社 2008 年版,第 1—3 页。

三、《正钱录》本论与钱驳辑录与辨析

因为《正钱录》久佚,论者又鲜语及[1],所以长久以来人们难睹其全貌,幸而钱陆灿《汇刻列朝诗集小传序》中曾引述六条言论;就此"六条"而言,则吴乔之所谓"正"者,多是挟嫌攻讦《小传》"字句疵累"处,却又"疑讹弘多",浅陋可笑。为识《正钱录》的庐山真面,实则更应注意钱陆灿《答许青屿侍御书》(以下简称《答书》),内含十多条《正钱录》佚文及陆灿的批驳意见。兹将这些佚文与驳正文字中有关于文坛风会与文章法式者迻抄于此,并逐条有所辨析,一以复原吴乔《正钱录》之面貌,一以审视钱陆灿辩驳之深意,借以一窥古人读书、作文之法,探析明清之际的文艺风气、古文理论,兼以淬厉当下之学风。

(一)正之序文曰:三十年前,艾天佣先生云云,至今艾氏之文与王、唐、归并列。牧斋钱宗伯远宗欧、苏,近主震川,天下之瞻依,殆等于天佣。而所著《初学集》,质之古人,合者一二,离者八九。至于六朝诗人传文,乃百无一合。末又曰:《正钱录》者,欲天下之求欧、苏者,求之于王、唐、归、艾四先生。

驳曰:艾孝廉千子有《天佣子集》,不闻其以天佣为号也,不闻有所谓天佣之名更盛于牧斋也。遵岩学曾,而吾厌其排叠;应德学苏,而未极其疏宕;熙甫醇乎其醇;乃若千子之论时文,如《文定》《文待》,则其传矣。其以古文著也,依效欧阳,较之近日学欧文者,全是帖括字句则差胜,而全袭欧公篇体字句甚多。今跻而祀于唐、归之下,无非尊艾以抑钱,不知艾与钱同时,若论学问文章,艾当在北面弟子之列审矣。

按:钱陆灿不满于吴氏抬高艾氏,贬抑钱谦益,这是基于两人对文坛的作用不同,故名望上钱高于艾,这一衡论的理由仍值得今天治清初文章史者参考。信尾,钱陆灿反唇其"推艾千子为王、唐、归、艾四先生之尤无识也",反对如此标举"四家"之目,即把艾氏与明代唐宋派相区别对待:

> 千子之主张欧、苏门户也,与牧斋异。牧斋所云俗学者,谓嘉靖四家之割

---

[1] 参见(清)蒋寅:《清诗话考·待访书目》"《正钱录》一卷"条,北京:中华书局2005年版,第135页。郑滋斌《吴乔与〈正钱录〉》则称:"当时事实,未能尽知,且《正钱录》似已佚亡,其中议论如何,不可具论。"王人恩《从吴乔〈正钱录〉看明清之际的攻讦之风》曰:"《正钱录》在清初似乎影响甚大,只因未流传至今,所以为人所少知。"

裂剽窃,优孟史汉,不若金华、茶陵、昆山诸家得史汉之神髓也。千子所谓俗学,则指云间诸子诵习六朝绮靡之文,谓不如熟读欧苏,亦非谓欧苏之外,虽左国班马俱可束之高阁,必不可用也。然则千子之议论亦正矣。至吾所谓全袭欧公篇体字句者,如《平远台杜艺序》《偶社序》《陈清襄行状》等篇,其文具在,可契勘而知也,恐遵严、应德之未肯与辈,而熙甫益远矣。

在钱陆灿看来,钱谦益学识文笔气象博通,"文章实天下之文章也,自胜国评之,定当署曰宋、唐、归、钱四家。其文俱在,故不敢党枯骨,护蠹简,以违天下万世之公"。当得起"宋、唐、归、钱四家"之品目,而艾氏虽也有不失平正之语,但他在当时的树敌(指认的"俗学")与救阵之法都失之飘忽,远不如钱谦益提供给文坛的策略深邃。

(二)正曰:句句须用古,无古不能行笔,元美大病,牧斋亦然。

驳曰:摘取古人字句之佳者,西京已然。即如《汉书》叙、传诸赞内,此类甚多。元美之大病,故不在此。推其说,不过尊欧、苏,谓其文中无古人字句也。据此以薄班、马,则《史》《汉》可以不读。而今之以帖括字句为欧、苏者,真欧、苏耶?

按:《正钱录》喜将王世贞、钱谦益并举,如谓"牧斋引用,多类元美,文理不通",又谓"空同换古句,元美遂换古字,……牧斋换字不少"。吴乔意在贬低钱谦益,却显得比拟不伦,毕竟钱、王两家论文势同水火。相对而言,钱陆灿的持论就平允通达得多。他进而戳破吴氏贬斥钱、王的动机乃在于以时文眼光专奉欧、苏而排挤班、马,并预言这股风气肆行的后果导致"假欧、苏","极其敝,不过于其不成其为欧、苏之文而止,终身无望于史、汉、韩、柳之文而止"。

(三)正曰:伯温诗两属,若以为例,则诗少者不可,独用于伯温则不成例。

驳曰:宋文宪潜溪诗,自属元朝,岂青田不可分耶?

按:吴氏识浅,未能洞察《诗集》的编纂体例与"蒙叟心志"。钱陆灿虽予驳斥,犹等于未驳。杨维桢、刘基、宋濂三家诗多作于元季,身又已入明,钱谦益原拟将三人诗各分属于甲前集与甲集。[①] 但排版时不知何故,仅将刘氏的《覆瓿》《犁眉》二集作此分载,却将杨诗选录于甲前集,宋诗则悉入甲集。遗民僧金堡尝披露牧斋心迹说:"《覆瓿》《犁眉》分为二集,即以青田分为二人。……一以为元之遗民,一以

---

① 《列朝诗集小传》"铁崖先生杨维桢"条曰:"铁崖之诗,多作于有元之季,而其人则已入本朝矣。辞召、应制之作,略见前篇,而他作此编尽之;若其文章,则两属焉。刘文成、宋文宪,亦同此例。"上海:上海古籍出版社 2008 年版,第 21 页。

为明之功臣，则凡为功臣者，皆不害为遗民。虞山其为今之后死者宽假欤？吾不得而知，而特知其意不在诗。”[1]陈寅恪认为“诸家评《列朝诗集》之言，唯澹归（按，即金堡）最能得其款要”[2]。换言之，钱谦益原欲自拟于刘基，效之而为清之功臣，又为明之遗民。然而陆灿当时亦未能体贴其用心，只勉强以宋濂诗歌“自属元朝”作解，故反驳不力。

（四）正曰：律诗宜称唐体、近体，若曰今体，则牧斋唐人也。又曰：长句即七言诗，见杜诗“近来海内为长句”注中。此七言长句四字叠用，牧斋不读杜诗耶？

驳曰：然则时人非古人，而亦作古体，何也？杜诗正赞太白七言古也。如以长句为律诗，太白有几首七言律耶？惟《元白长庆集》题以长句则七言尔。秦少游次子由《黄楼诗》云：“少公作长句，班马安得拟？”班马宁有七言律耶？

按：吴乔讥诮钱谦益简直是儿童之见，钱陆灿深于诗艺，谙于诗体流变[3]，遂指正道唐人律诗是与古体诗相对言的，与论者何时人无关，故可称今体。在《小传》中，钱谦益用“七言长句”来专指七言律诗，以区别于“长句”即七言古诗。吴乔既未解其用意，则所谓正，何正之有？陆灿驳语甚明快。

（五）正曰：“衣钵门生”，事既无谓，辞复不雅，牧斋酷爱而屡用之，何耶？欧、苏上不用西汉之晋、跳、枋、并，下不用后世之“衣钵门生”。

驳曰：审尔，欧公上不用古，下不用时，将自撰何等句耶？抑如今世之以帖括字句，之乎语助，空衔成文者耶？欧公云：“付子斯文。”所谓衣钵门生也。朱子曰：“深考程先生之言，其门人恐未有承当得此衣钵者。”此衣钵字，宋人故有之也。

按：吴乔失察，《小传》仅“邵尚书宝”条一用“衣钵门生”，何来屡用之说？矧该词原是袭自邵氏《是日检箧得公壬戌和宝哭征伯诗》诗中自注，而非钱谦益向壁虚构。钱陆灿据苏轼《祭兖国夫人文》、朱熹《答吴斗南》两文已用“衣钵”来驳斥吴氏，自是胜之一筹。至于吴氏说欧、苏不用“晋”“跳”“枋”“并”等字，而《小传》却频频袭用，陆灿则以子之矛攻子之盾，信中有谓：“曾子固，欧阳之门人也，其序鉴湖图曰：‘南并山，西并堤。’”至宋金华《星吉公碑》“跳走数千余里”，又“湖广地并江北”，“金华则其录中所谓国初景濂，犹守模范者”。也就是说，吴乔既尊奉欧、苏，

① （清）金堡：《列朝诗传序》，《偏行堂集》卷八，清乾隆五年（1740）刻本。

② 陈寅恪：《柳如是别传》，北京：生活·读书·新知三联书店，第988页。

③ 参见（清）钱良择《抚云集》卷七《寿族祖湘灵先生八十》赞叹道：“……高深浅学不能晓，所能晓者诗之工。先从汉魏立基础，继用唐律精磨砻。其健得之曹子建，其邃得之阮嗣宗。得李之豪陈之劲，得杜之大韩之雄。摇手不作齐梁语，而况嘉祐与元丰。哀梨入口醒睡眼，快剑出手屠乖龙。……”清雍正八年（1730）刻本。

而曾巩是欧公门人,宋濂又尊欧公,然用字却沿曾巩成语,则亦是剿袭前贤,吴氏何厚此薄彼、责此护彼?陆灿此驳甚是。

(六)正曰:《王留传》"文战"二字,可入传乎?古传有之乎?

驳曰:古传,何传也?必欧、苏以后乃谓古欤?杜诗"惜别到文场",元微之《会真记》:"文战不利。"王仁裕《贺王状元溥大拜》云:"一战文场拔赵旗,更调金鼎佐元龟。"此唐宋人"文战"二字之证也。

按:吴乔大抵是基于"文战"不见用于古文传记,于是诋诃钱谦益撰传用词不雅。《王留传》是指《小传》"王秀才留"条,云:"不得意于文战,肆力为歌诗。"此处"文战"是科考之义。"文战"虽鲜入传文,但后人何必故步自封?未尝不可创新遣用,赋以新义嘛[①]。陆灿不循是以斥吴氏之胶柱鼓瑟,转而掇取唐宋诗句以相质,所见诚不高,未必能掩吴氏口而服其心。

(七)正曰:古文、奇字者,孔壁《尚书》中两种篆字之名也。此云王逢年以"古文奇字为有司所黜",岂不以篆字写试卷乎?

驳曰:彼问奇字于扬雄者,单举古文《尚书》耶?如雄之《法言》《太玄》,俱篆字耶?

按:许慎《说文解字·叙》谓"新莽六书","一曰古文,孔子壁中书也。二曰奇字,即古文而异者也"。故欲探究古文、奇字,须先明孔壁书。据《汉书·艺文志》记载,除《古文尚书》外,孔壁尚有古文《礼记》《论语》与《孝经》。王国维曾指出,战国时字体流播为秦史籀大篆与关东六国字两大系统[②];孔壁书即用六国字书就。但是,后者因遭秦火与禁用,汉人几无能识,便将孔壁书误认为殷周古文,亦即新莽"古文",又说奇字就是其中的异字。直到北宋,黄伯思(1079—1118)以"三代鼎彝遗篆"及其"怪巧"者分别指称古文、奇字,这一误解才得到修正[③]。实际上,钱谦益古文、奇字两词连用通常有两层义项:一是专指书体意义上的"三代鼎彝遗篆"及

---

① 参见(清)周亮工:《印人传》卷一《聂际茂传》曰:"文战屡摈于主司",卷二《张庆焘传》曰:"所为文,孤高峻拔,不合时眼,文战每不利。"清光绪《翠琅玕馆丛书》本。

② 王国维:《战国时秦用籀文六国用古文说》,《观堂集林》卷第七,北京:中华书局1959年版,第306页。

③ 参见(宋)黄伯思:《东观余论·跋苏氏篆后》云:"古文高质而难遽造,若三代鼎彝遗篆是也;奇字怪巧而差易工,若汉刘棻从扬雄所学,及近世夏郑公集《四声韵》所载是也。今人往往不能辨之,遂尽以奇字为古文焉。"王伯敏主编:《书学集成》(汉—宋),石家庄:河北美术出版社2002年版,第441页。

其“怪巧”者[①]，一是指文体上言辞古奥，佶屈聱牙，而难以卒读[②]，而所取多后一义。可见，吴乔之正是无的放矢。遗憾的是，陆灿没能切中其弊，着重驳斥其谫陋狭隘，而所驳泛泛，不得要领。

结 语

钱陆灿批驳《正钱录》的意图大概在于以下三端：其一，康熙八年，钱陆灿于汪琬署邸初闻《正钱录》，遂“求其书观之”，因见之无甚高论，乃“一时走笔，代宾戏、客难，驳正如干条”。其二，在钱陆灿眼中，吴乔不过是“铨才小生，尽疆窘步，不复肯焦心思于翰墨之间”，“少所见则多所怪”，却又“不平之鸣，抨击过当”，以致《正钱录》舛错卑劣，故代为申辩，以为后学之炯戒。关于这一点，汪琬尝亦所见略同：“得毋盛气以相攻击，而未暇商榷考证欤？恐不可谓之定案也。”并申明学者读书、辩难的正途道：窃谓学者之读书也，不可以无和平之心、周详博大之识也，斯二者既具，而又为之往复曲折其中，然后作者之是非，可得而论定矣。[③] 钱陆灿老友董文骥亦曾议论道：“窃虞学者之择焉而不精，存吴氏之正，则读书家之心眼日细；又虞学者语焉而不详，存钱氏之驳，则著作家之风气日上。”[④]此话最为辩证平稳，庶几可作为《正钱录》公案的盖棺之论。

其三，钱陆灿驳议《正钱录》之目的更在于疏剔讹伪、疏浚古文传统，发露钱谦益的学术与文章光焰。一方面，明初宋濂为文主张“宗经”“师古”，取法唐宋，尚不失古文矩镬。然自嘉靖李、何、王、李四家始务“割裂剽窃，优孟史汉”，一时成风，从而招致归有光的不满，斥之为“蜉蝣撼大树”“庸妄巨子”，而提倡为文当返经溯

---

① 参见(清)钱谦益：《列朝诗集》甲集卷十六“王教读行”条引王氏《滕用亨诸篆体歌》，内谓滕氏诸篆体书法或是“维周大篆成史籀”，或似“李斯小篆类玉箸”，或如“有唐阳冰号高古”，王氏于是慨叹道：“古文奇字荡胸臆”云云。顺治九年(1652)毛氏汲古阁刻本。

② (清)钱谦益：《列朝诗集小传》“江佥事”条曰：“景孚为文，钩玄猎秘，杂以古文奇字，聱牙诘曲，令读者谬根眩霓，至莫能句。”上海：上海古籍出版社2008年版，第360页。又，《有学集》卷三十八《答杜苍略论文书》云：“杨子云诸赋，古文奇字，层见叠出，亦不过文从字顺而已矣。”又，陈继儒《陈眉公小品》谓遍观法书名画有五益，其一即是“多识古文奇字”，亦非专指篆书而言。北京：文化艺术出版社1996年版，第170页。

③ (清)汪琬：《钝翁前后类稿》，(清)汪琬著、李圣华笺校：《汪琬全集笺校》，北京：人民文学出版社2010年版，第471页。

④ (清)钱谦益：《列朝诗集小传》，上海：上海古籍出版社2008年版，第3页。

源,原本经史;惜乎其时名微位卑,未能形成影响。万历末,文坛祭酒钱谦益私淑归氏,继起倡言抨击前举"俗学",又整理编定《震川先生集》,高度评介归氏的学术思想、文学创作和批评。与此同时,时文名家艾南英亦相附和,尊崇归氏而排斥王、李。据《明史》艾氏本传称:"始王、李之学大行,天下谈古者悉宗之,后钟、谭出而一变。至是钱谦益负重名于词林,痛相纠驳。南英和之,排诋王、李不遗余力。"另一方面,艾南英訾诋前后七子,与王、唐、归、钱诸人虽略相似而毕竟不同,"他于攻击秦汉伪体之外,更攻击六朝之俪体与古文家中尚奇一派"①。这对于文坛发展而言,气局狭窄。此外,钱、艾二人虽都主张通经学古,崇尚欧、苏,但主张的门户却有异。钱陆灿《答书》称:

两家(按,指归有光、钱谦益)皆主张欧、苏门户,其意皆为初学者言也。盖文之有规矩准绳,起讫呼应,提纲挈目,错综参伍,俱归于文从字顺,此自太史公、班固,至于韩、柳、欧、苏,其道同也。韩、柳以上,大而化之而无其迹。欧,学史、学韩者也,力著其说于其文。而苏、曾以还,其说益著。

与之相对,在古文理论上,艾南英于汉代钦仰司马迁,于唐宋推崇八大家,尤推欧阳修,认为其文法最严整而又有风神,甚乃有多篇文字"全袭欧公篇体字句"。即便如此,钱陆灿仍以为其"议论亦正",因为在欧、苏之外,艾氏尚偶一取法于"左、国、班、马"。显然,相较而言,钱谦益更能突破模拟之习,给出对症的"解药",而发现归有光的意义。因而归庄赞叹道:"先太仆府君,当嘉靖横流之时,起而障之,回狂澜以就安流,……虞山钱牧斋先生,当万历芜秽之后,起而辟之,剪荆棘以成康庄,而嘉定之娄子柔、临川之艾千子,其同心扫除者也。顾府君晚达位卑,压于同时之有盛名者,不甚彰显,虞山极力推尊,以为三百年第一人,于是天下仰之如日月在天,后进缀文之士,不为歧途所惑,虞山之力为多。"②而这正是钱陆灿推钱谦益为宋、唐、归、钱四先生的理据所在,也是其驳议《正钱录》的文坛价值之所在。

钱陆灿致函的许侍御,名之渐(1613—1701),字仪吉,号青屿,武进人,两人为莫逆交。许氏读信后赞叹道:"闻先生论,如客得归,欧、苏重开生面,不被帖括埋没

---

① 参见郭绍虞:《中国文学批评史》第五章《明末之文学批评》,北京:商务印书馆2010年版,第313页。

② (清)归庄:《归庄集》卷三《吴梅村先生六十寿序》,北京:中华书局1962年版,第260页。

抹煞；洗发尚书公，学问源流，文章光焰，未易指摘如此。二事皆有功后学。至五六千言，包孕联络，界画井然，全是孟坚列传、纲目体制。亟属燕谷令侄句读流传之，俾问津此道者折衷焉。”陆灿另一老友黄永（1621—?）亦称赏不已道：“李杜文章，光焰万丈，不必言矣。其于文章中指别源流，疏剔讹伪，既为后学指南，而有功于吴君殁者尤不少也。至若浅学小生，妄凭胸臆，排击前辈，蚍蜉之撼大树，徒为识者所笑，宜切戒云。”[①]许、黄二人所称道的也是钱陆灿正吴的文学史价值。

（作者单位：浙江越秀外国语学院）

① （清）钱陆灿：《调运斋集》，清乾隆十五年（1750）刻本。

论王国维与金圣叹批评观的互通性

潘海军

金圣叹和王国维作为中国美学场域杰出的文艺批评家,其批评成就得到了学界公认。作为个案研究,似乎是一个很陈旧的研究话题,但是也并非被学界所穷尽。特别是比较研究,还需要继续深入下去。不言而喻,王国维和金圣叹的批评对象不尽相同,批评方法也有差异性,但是仔细推敲其艺术评点,不难发现内在的契合性和价值相通性。如何打捞两位批评大师的思想真言及批评精髓,无疑是相关研究的难点。笔者查阅学术研究史,探讨王国维和金圣叹批评观互通性的论文较少,故撰文求教于方家,以下详述之。

一、批评基点:悲苦性向

王国维与金圣叹所处时代不同,审美取向互有差异,但是没有读者会怀疑他们深湛的理论眼光。两位大师对中国古典名著的校勘评点,展现出了极富远见的理论思考。需要考究的是,王国维和金圣叹作为经典批评家的批评原点和思想发轫点究竟何在?这显然是见仁见智的话题,探讨起来也尤为复杂。我以为弄清这个问题,犹如拨云见日,能将两位大师拥有批评洞见的深层原因揭示出来。

金圣叹置身于明末清初之际,早年怀抱入世之志,但是桀骜个性注定了其与环境的巨大冲突。他不愿循规蹈矩,苟活于世,自叹"无奈许身太愚,为计太拙,直欲返唐虞,次躬稷契,老大无成"①。科举考试屡战屡败的经历,带给他苍凉的人生感

① (清)金圣叹:《金圣叹评点才子全集》第2卷,北京:光明日报出版社1997年版,第693页。

受:“始乃无端感触,忽地惊心;前此犹是童稚蓬心,后此便已衰白相逼;中间壮岁一段,竟全然失去不见;夫而后咄磋弥日,渐入忽忽不乐苦境。”这种“不乐苦境”的生命体验,遂成为他思考生命意义和人生价值的起点。金圣叹求取功名屡次失败后,开始质疑所谓“立功”背后“为”与“不为”的意义问题:“我比者亦尝欲有所作为,既而思之;且未论我之果得未与不得为,亦未论为之果得成与不得成;就使为之而果得为,乃至为之而果得成,是其所为与所成,则有不水逝云卷,风驰电掣而尽去耶?夫未为之而欲为,既为之而尽去,我甚矣,叹欲有所为之无益也。然则我殆无所欲为也?夫我诚无所欲为,则又何不疾作水逝云卷,风驰电掣,顷刻尽去,而又自以犹尚暂有为大幸甚也?……”金圣叹强烈意识到无论“为”或“不为”,都难逃“水逝云卷、风驰电掣、顷刻尽去”的悲剧结局。这显然是彻底的精神觉醒,彰显了主体自由与客观必然的矛盾冲突。

德国哲学家海德格尔认为,唯有直面死亡,才能摆脱日常性沉沦,也才能获得存在的敞开。存在敞开必然遭受虚无侵袭,有死性迫压,而呈现出焦虑、不安的精神性向。存在的被抛感、孤独感源于人生的拔根体验,在心灵深处产生尖锐对抗:“我”是什么?“非我”的客体世界又意味着什么?金圣叹在文中描述了“我”与“非我”的冲突:“夫天地真未尝生我,而生而适然是我,是则我亦听其生而已矣。天地生而适然是我,而天地终亦未尝生我,是则我亦听其水逝云卷,风驰电掣而去而已矣。……我固非我也,未生已前非我也,既去已后又非我。然则今犹尚暂在,实非我也。既已非我,我欲云何?抑既已非我,我何不云何?”“我”与“非我”的紧张对峙堪称人类最原初的心理冲突,也是古今圣哲心灵醒觉的必经之途,而悲剧体验则成为共同特质。金圣叹强烈感受到存在本身即悲剧,在字里行间流露出无根的忧戚感与悲怆感。这种体验无疑是一种宗教般的心理状态,隐含着对生活本身的整体认知。他深谙人类生存的本质事实:生命与死亡相联结,悲剧则是宇宙万物的构成要素。金圣叹像法国思想家帕斯卡尔一般,面对茫茫宇宙的沉默,他体悟到天地之不仁,并感到无比的痛苦与绝望:“此真不得不致憾于天地也!何其甚不仁也!既已生我,便应永在;脱不能尔,便应勿生。如之何本无有我,我又未尝哀然丐之曰:‘尔必生我’,而无端而忽然生我?无端而忽然生者,又正是我,无端而忽然生一正是之我,又不容之少住,无端而忽然生之又不容之少住者,又最能闻生感心,多有悲凉,嗟呼!嗟呼!我真不知何处为九原,云何起古人。如使真有九原,真起古人,岂不同此一副眼泪,同欲失声大哭乎哉!”[①]对生存意义的怀疑,对终极的忧虑,

---

① (清)金圣叹:《金圣叹评点才子全集》第2卷,北京:光明日报出版社1997年版,第1—2页。

导致了深刻的精神危机。在安时处顺的文化语境中,金圣叹对生命意义的思考,对人类命运的拷问,展露出深度的人性诉求。他在给友人嵇永仁的信中写道:"人生世间,乃如弱草,春落秋霜,宁有多日?脱遂奄然终殁,将细草犹复稍留根荄,而人顾反无存遗耶?用是不计荒鄙,意欲尽取狂臆所曾及者,辄将不复拣择,与天下之人,一作倾倒,此岂有所觊觎于其间,夫亦不甘便就湮没,因含泪而姑出于此也。"① 人的生命形同弱草,渺小而无助。生活的意义就在于能够意识到死亡,只有死亡才可能赋予生存以真正的依托。金圣叹认为"凡夫眼光短,故云'生死';圣人眼光长,故云'死生'。逃不脱死,只为逃不脱生"。在他看来,圣人皆恳切地面对自我的有死性。因为"大千本无有,更立不定",生命本身蕴含着死亡,人类生存的天地乃梦境也,而众生也无非一场梦魂也。正是从这个角度出发,他认为王实甫写《西厢记》源于了悟宇宙虚无的大悲之心:"有大悲生于其心,即有至理出乎其笔也。"大悲生于心,艺术灼见必然出自笔下。我以为金圣叹正是以"大悲之心"作为其艺术评点的思想根基,从而铸就了他独特的文化眼光和犀利的艺术洞察力。金圣叹如此,王国维也具有"大悲"的精神性向。

王国维出生于浙江海宁的一个普通家庭,他自言家贫不能供其游学。父亲乃誉公喜其嗜古籍,亲自教读,深夜不辍,以期通达要务以自立,"入闱"以博得功名。王国维几次参加科举考试,无奈其"不守时文绳墨,不肯入时流",四应乡试,均榜上无名。后到上海求学,入读"东文学社"后,遂接触西方哲学、艺术美学等书籍。特别是对叔本华哲学的研读,更加深了他对人生悲苦本质的思考。他本性悲郁,随着年岁增长,在心灵深处强烈地意识到生活不过是一场梦境。王国维忧伤万端,凄楚蕴结,在孤独绝望中审视着苍然的人生。他在《三十自序》中这样描述自己的心情:"体素羸弱,性复忧郁,人生之问题,日日往复于吾前。"②所谓"人生之问题",实指有死性境域下生存意义问题。特别是亲人接连去世,对敏感的王国维而言,更加深了他的悲凉体验。王国维四岁丧母,三十丧父,次年丧妻;三十四岁时,长女明珠夭亡;四十五岁时,四女通明离世;四十七岁时,五女端明殇;五十岁时,也即他自沉昆明湖那一年,最喜爱的长子潜明病卒。在经历了亲人离开人寰的打击下,王国维体悟到了人间生老病死的无尽悲苦。他痛感"尔从何处来,行将徂何处?"既然生命存在都无法逃脱最终死亡的结局,那么生之价值究竟何在?哀乐至深的金圣叹

---

① (清)金圣叹:《金圣叹评点才子全集》第2卷,北京:光明日报出版社1997年版,第310页。

② 林文光:《王国维文选》,成都:四川文艺出版社2009年版,第196页。

"恸哭古人"以"自悼"。而王国维同样哀泣存在的偶然与生命的虚空:"试看高峰窥皓月,偶开天眼觑红尘,可怜身是眼中人""人间地狱真无间,死后泥洹枉自豪""欢场袛自增萧瑟,人海何处慰寂寞"等等。王国维的词境"幽渺惝恍",以骚雅之笔,写忧生之嗟。在王国维的诗词中,融入了他对宇宙的哲学思考,蕴含着对生命悲剧的铭心感受。

王国维言及自己是"永抱悲观"之人。① 他喟叹"生灭原知色即空""伤心最是近高楼"。透过这些凄婉悲苦的词句,一颗究其人类终极困境的"世纪苦魂"跃然纸上。缪钺认为:"此种思想之构成,初或因静安先生本性即偏于悲观,而推波助澜,使其深信笃守,终身不移者,则叔本华哲学之力为多。"此言甚是。王国维透过叔本华哲学,真正体悟到所谓悲剧主角所赎的不是他个人的罪,而是"原罪",亦即生存本身的罪。每一个生存个体都无法逃避这种终极无根的孤独宿命。这种悲感维度也同样成为王国维透视艺术很重要的情感基石。由此看来,王国维和金圣叹对生存的悲苦体验一脉相通,他们向自己的真性情、真血性里掘发生命的真意义,以饱尝痛苦的内心感受,拓展并激活了中国古典作品中生发出来的悲剧意识,进而对艺术本质进行形而上思考。我以为正是这种绝望和忧郁的感受,使他们能够独具慧眼,在艺术中寻找真理性价值。质言之,两位大师文艺观的相通性首先体现在悲苦性上,在此基础上他们皆推崇想象真实,认同本真自由,从而在中国美学批评史上犀利地揭示出了"美"的本质。

二、艺术创思论:想象真实

在中国文学批评史上,王国维和金圣叹超越了"载道""传道""宗经"的审美传统,将艺术想象的重要性提升到了前所未有的高度。

金圣叹被誉为"狂生""怪杰",他反抗礼法枷锁,崇尚自我的独立性和殊异性,高度评价小说艺术的审美价值。金圣叹有关艺术创思论的思考,展露出殊为难得的真知灼见。他认为"许多事迹,须知都是作书人凭空造谎出来的","一部书皆从才子文心捏造而出,愚夫则以为真有其事"。真正的艺术不是对客观现实的原样照搬,也非子虚乌有的凭空捏造,而是对自然真实的创造性想象。金圣叹不仅肯定艺术的虚构性,还对虚构与真实的关系作了前所未有的探索。在他看来,唯有艺术真实才可能成就美学的绝唱。金圣叹提出"因文生事""以文运事"等主张,学界有诸

① 刘寅生:《王国维全集·书信》,北京:中华书局1984年版,第234—235页。

多探讨,因篇幅所限不再赘述,其本质关涉艺术想象与情感真实的问题。金圣叹认为:“设使古人昔者真有其事,是我今日之所决不与知;则今日我有其事,亦是昔者古人之决不与知者也。夫天下后事之读我书者,彼则深悟:君瑞非他,君瑞殆即著书之人焉是也;莺莺非他,莺莺殆即著书之人之心头之人焉是也;红娘、白马悉复非他,殆即为著书之人力作周旋之人焉是也。”艺术的本质即表现情感,传达情感,是艺术家“吞之不能,吐之不可,搔爬无极,醉梦恐漏”使然。金圣叹上述思想和托尔斯泰的艺术观具有一致性。托尔斯泰认为艺术本质乃虚构与想象,其背后关涉情感体验等问题。金圣叹提出了创造真实、描摹真实乃艺术的动机和目的。他认为“特无所附丽,则不能以空中抒写,故不得已旁托古人生死离合之事,借题作文”,“借世间杂事,抒满胸天机”,“《宣和遗事》是具载三十六人姓名,可见三十六人是实有。只是七十回中许多事迹,须知都是作书人凭空造谎出来”,“一百八人,七十卷书,都无实事”①。金圣叹认为作家可以充分发挥自己的想象,可以在作品中不受任何约束地自由创造。他还深入艺术想象的深处,思考艺术创作的本源,揭示其本质所在。金圣叹认为小说书写的“未必然之文”,但“必定然之事”,指出“文所本无,事所必有”②。金圣叹的上述思考和亚里士多德的诗学思想有异曲同工之妙。亚里士多德认为文艺对现实生活的模仿是以客观事物和现象为依据的,而诗人的职责不在描述已发生的事情,而是描述可能发生的事情。叶朗指出:“中国古典的小说美学,只是到了金圣叹,才算真正建立起来。这是金圣叹在中国美学史上划时代的贡献。”③正是对艺术想象的肯定,展露出了金圣叹独特的理论眼光,从而奠定了他在中国文学批评史上不可替代的地位。

王国维的观点与金圣叹的上述观点可谓一脉相承。《红楼梦评论》是王国维美学批评的集大成之作。佛雏、叶嘉莹、夏中义等前辈学者,认为其理论嫁接的印痕较重。这种批评是有道理的。但是,王国维提出《红楼梦》乃彻头彻尾的悲剧作品,无疑道出了古典巨著的价值真髓。他对主人公贾宝玉的分析,洞幽烛微,见解卓异。特别是《红楼梦》自诞生以来,一贯盛行实证式的解读方法。王国维对以考证态度解读《红楼梦》持批评态度。他认为“善于观物者,能就个人之事实,而发现人类全体之性质;今对人类之全体,而必规矩焉求个人以实之,人之知力相越,岂不

① (清)金圣叹:《金圣叹评点才子全集》第2卷,北京:光明日报出版社1997年版,第259页。

② (清)金圣叹:《金圣叹评点才子全集》第2卷,北京:光明日报出版社1997年版,第19页。

③ 叶朗:《中国小说美学》,北京:北京大学出版社1982年版,第118页。

远哉！故《红楼梦》之主人公，谓之贾宝玉可，谓之‘子虚’‘乌有’先生可，即谓之纳兰容若可，谓之曹雪芹亦无不可也。”王国维认为探讨《红楼梦》的主人公究竟是谁，并不重要，关键要从艺术形象中挖掘人类性内涵。他认为伟大作家摹写胸中之感想，大抵源于所见者真，所知者深。艺术形象的构塑，反映的不是一时一事，而是彰显人类之本质。艺术想象应该是人类命运的化生方式。他提出真正的诗人“对宇宙人生，须入乎其内，又须出乎其外。出乎其外，故能观之。入乎其内，故有生气”①。无论是入其内，还是出其外，都需要阅世深，性情真，擅想象。王国维提出的“造境”和“写境”，学界同仁屡多探讨，结论纷扰。王国维认为“有造境，有写境，此理想与写实二派之所由分。然二者颇难分别。因大诗人所造之境，必合乎自然，所写之境，亦必邻于理想故也”②。如果抛却理想与现实的价值纠缠，其深层问题触及的依然是艺术想象问题。艺术想象归根结底源于艺术心灵的敏锐感知，是生存论意义上的自由创造。《红楼梦》中“黛玉葬花”显然是曹雪芹“所造之境”，但是此境之“真实”显然毋庸置疑。由此看来，金圣叹和王国维的批评互通性集中体现在对艺术想象的推崇和价值肯定上。想象真实包含了艺术心灵对宇宙人生的深刻体验，关涉艺术存在论的价值，核心聚焦在于真理场域论及本真自由，这显然是艺术存在论的话题。

三、艺术存在论：本真自由

王国维和金圣叹是把严峻的人生法则当作艺术理想的卓越大师，他们审视艺术不仅看其是否具有人类共通的悲情体验，更推崇基于彻底虚无体验而衍生的艺术想象。他们认为真正的作家在虚无体验中感受创造的灵感、想象的自由。因此，两位大师的文艺批评，实际上和更大的文化问题和精神问题息息相关。他们推崇虚无体验与审美创造的内在关系，关注艺术创作所关涉的存在论问题，尤为肯定艺术纹理所绽出的真理性向及自由维度。

历史学者孟森认为：“当时毁圣叹者亦多，而崇拜圣叹者亦不少，身份正合。圣叹之于小说，犹路闰生之于八股，极意发挥奥窔，然圣叹见地自超，非路所及也。”③所谓“发挥奥窔”“见地自超”来源于金圣叹精神的傲然和智慧的激情，他勘破死

① 林文光：《王国维文选》，成都：四川文艺出版社 2009 年版，第 46 页。

② 林文光：《王国维文选》，成都：四川文艺出版社 2009 年版，第 33 页。

③ 孟森：《金圣叹考》，石家庄：河北教育出版社 2000 年版，第 478 页。

生,透悟宇宙,拥有非凡的艺术洞察力。在他看来艺术现象无疑是存在论现象,伟大艺术是通过“作家个人”摄入世界之“无”,从而彰显世界的本来面目。金圣叹认为艺术作品是对世界和人生的最高体认,凝结着作者存在论场域的思考。艺术创作的“根据”和“本源”在于主体的“无蔽”。金圣叹提出“而吾有以知其奇之所以奇,妙之所以妙,则固必在于所谓‘当其无’之处也矣。盖当其无,则是无峰无岭,无壁无溪,无平坡梁闲之地也。然而当其无,斯则真吾胸中一副别才之所翱翔,眉下一双别眼之后排荡也”。金圣叹这段话关涉“艺术形而上学”的隐秘本质:艺术创造与“虚无”体验的关系问题。他认为诗艺及高端创作的本质乃是“当其无”,这无疑是触及心灵的“元现象”。而“当其无”的背后彰显了主体的精神维度。唯有置身于“无”,才可能揭示美的“真相”。从这个角度出发,他认为《水浒传》无非是“无”的反映:“一部书一百八人,声施烂然,而为头是晁盖先说做一下梦。嗟呼!可以悟矣!夫罗列此一部书一百八人之事迹,岂不有哭有笑、有赞有骂、有让有夺、有成有败、有俯首受辱、有提刀报仇,然而为头先说是梦。则知无一而非梦也。”金圣叹认为《水浒传》尽管罗列了诸多事迹,但是万法归宗,无非是“梦”处境的坦露,从存在论视野指出了创作的本源性。关于自由创作与虚无感知的关系,俄罗斯思想家别尔嘉耶夫认为:“创造必须以虚无、非存在为前提。这个虚无就是人身上原初的、首要的、前世的、前存在的自由的秘密。创造的秘密就是自由的秘密。只有从无限的自由出发,创造才是可能的”①,美是本源之真的世界,在审美之中自由与真理是统一的。将真理摄入作品,创作主体必然经历存在论意义的负罪感,正是这种本真状态意味着主体自由的实现。换言之,天才皆是天命的揭示者,唯有在有死性的境域照亮“存在真实”,真理才得以显现自身。金圣叹认为揭示“无”之深渊,故能成就美学的高度:“大地梦国,古今梦影、荣辱梦事,众生梦魂,岂惟一部书一百八人而已,尽大千世界,无不同在一局。”“无”乃绽出的本真自由,将人类的整体本质揭示了出来。正是对艺术作品真理性向的推崇,成就了金圣叹文艺批评的思想高度。吴子林认为:“金圣叹以审美的态度,显示了人生的终极关怀,因为其中包含了明朗、纯洁的人格,高尚的道德感和对真理的挚爱。”

王国维同样在真理场域论文艺。他提出“夫哲学与美术之所志者,真理也。真理者,天下万世之真理,而非一时之真理也。”②他痛感中国文化场域道德哲学和政治哲学发达,而美术的独立价值与真理诉求殊难彰显,深层原因和乐感文化心理有

① [俄]别尔嘉耶夫:《论人的使命》,上海:上海人民出版社2007年版,第132页。

② 林文光:《王国维文选》,成都:四川文艺出版社2009年版,第118页。

很大关系。他认为:“吾国之文学,以挟乐天的精神,故往往说诗歌的正义,善人必令其终,而恶人必令其罚。此亦吾国戏曲、小说之特质也。”文艺葸然于众,遗忘其追求真理的独立属性。他认为唯有非常之人,才能够拒绝一时之势力诱惑,凭借其非常之知力,从事艺术创作,从而揭示宇宙人生之真理。曹雪芹是这样的著者。王国维认为《红楼梦》主旨“大背于吾国人之精神”,乃彻头彻尾的悲剧,彰显了宇宙永恒正义的统辖。王国维勾勒了宝玉“自犯罪,自加罚,自忏悔,自解脱”的心路历程,认为宝玉之痛苦乃人人之痛苦。贾宝玉感受到“赤条条来去无牵挂”的命运,他体悟死亡的必然性,对肉身存在的有限性有极为清醒的意识。所谓“自犯罪,自加罚”,正来源于宝玉将存在本质担荷起来,自我经受着有死性的迫压,故精神视野达到了存在人类学的高度。王国维赞叹李煜之词有境界,正来源于南唐后主对人类有死性的“罪感”担荷。故真理感知也即罪性担荷,对死亡的操心与焦虑,以虚无的非存在作为本真性显现的基石,本质上彰显了艺术心灵的自由维度。文学创作是自由心灵向无限世界的突破。王国维认为“文学者,不外知识与感情交代之结果而已。苟无敏锐之知识与深邃之感情者,不足与于文学之事”。唯有“特别之眼”,才可能获得观察人类存在的超越视野,赋予自身以本真自由。故洞察艺术的本质、美的本质,必然要和真理本质相关涉。真理性向的坦露在于存在无蔽,源于本真自我的自行显示。王国维极为推崇这种价值维度,认为伟大的文学心灵在人类整体范畴测度自身,从而彰显真理,绽出本真自由。

四、余论

总而言之,王国维和金圣叹的文艺评点之所以开后人无限眼界,深层原因来自生命体验的深度和宽度。所以欲把握其精锐批评的互通性,必须深切体悟两位大师形而上的孤独情绪。他们在进退维谷的境遇中激发的忧患意识,以及对人类终极困境的执着探求,使其具有非同一般的艺术洞察力。他们推崇艺术真实,看重文学作品绽出的真理性向和本真自由,在中国文学批评史上极为罕见,也由此带给了他们无法超越的理论高度。无论是从事文学创作,还是进行文学批评,王国维和金圣叹的文艺评点都有弥足珍贵的启示价值。

(作者单位:浙江越秀外国语学院)

孟子"浩然之气"与黄宗羲的"心即气"

王 英

黄宗羲既说过"盈天下皆心",又说过"盈天下皆气",因为在他看来"心即气"。于是如何贯通他的文本理解他的"气"成为解释他的学说及其哲学定位的关键。本文通过黄氏哲学中的理气关系、心性关系、气质之别梳理他的哲学问题,理解他的气与孟子"浩然之气"的关系,说明他的气具有道德、公道诉求,强调"流行中有主宰","有始终",如此,既抵制了虚无,又超拔出流俗。

一、理气关系

自侯外庐主编的《中国思想通史》开始运用马克思主义解释传统哲学以来,我国传统哲学中的气论,基本以唯物论视之,黄宗羲的气论也被这样解释。即便是挑战这一解释范式的学者,如牟宗三,在面对近当代被解释为唯物主义的学者张载、王夫之、黄宗羲时,基本上故意忽视其"气"而抬举其"心",从而仍认可他们在哲学史上的地位;于气本身,受近代科学、理性思维模式影响,认为气即物质、质料的,所以唯气即唯物。近年来,整个中国哲学界多重视回到文本脉络来解释传统思想家,然而黄宗羲文本既有"盈天下皆心",又有"盈天下皆气",两者之间如何连贯解释成了问题。2013年李训昌的博士学位论文《心即气——黄宗羲哲学思想研究》尝试在这方面做出突破,认为与王阳明心学一系以心释气不同,黄宗羲属于湛若水一系心学，是以气解心。①

这些回到文本的努力还可以再进一步，即回到黄宗羲文本对传统典籍的继承脉络中，回到黄宗羲的问题意识中加以贯通理解。

关于文本问题，黄宗羲文本中直接讨论“气”的部分，主要见于《孟子师说》《易学象数论》《宋元学案》《明儒学案》中对其他思想家“气论”的评点部分。这些文字都写作于黄氏后半生，即吴光认为的著书讲学时期。② 此时黄氏基本思想已较成熟，他的各个文本之间未见思想层次的转折性变化，各种不同文本对气的解释可视为一以贯之，相互之间呈现互文关系，可相互证成或补充解释。其中《孟子师说》是黄宗羲阐述其哲学思想最自成体系的文本，对它的理解应视为重点。关于“师说”的说法，这里取纪昀等人的说法：“其曰‘师说’者，仿赵汸述黄泽《春秋》之学题曰《春秋师说》例也。”③即，所谓“师说”，其实是借师为说，应视为独立创作。所以，这里视《孟子师说》为黄宗羲本人的思想，不按字面直接视为其师刘宗周的学说。

首先，黄宗羲通过由天而人的思路论述气、心，在破理气二元、心性二元的过程中建立理气一元、心性一元。见：

> 天地间只有一气充周，生人生物。人禀是气以生，心即气之灵处，所谓知气在上也。心体流行，其流行而有条理者，即性也。犹四时之气，和则为春，和盛而温则为夏，温衰而凉则为秋，凉盛而寒则为冬，寒衰则复为春。万古如是，若有界限于间，流行而不失其序，是即理也。理不可见，见之于气；性不可见，见之于心；心即气也。心失其养，则狂澜横溢，流行而失其序矣。养气即是养心，然言养心犹觉难把捉，言养气则动作威仪，旦昼呼吸，实可持循也。佛氏“明心见性”，以为无能生气，故必推原于生气之本，其所谓“本来面目”，“父母未生前”，“语言道断，心行路绝”，皆是也。至于参话头则壅遏其气，使不流行。离气以求心性，吾不知所明者何心，所见者何性也。④

---

① 参考李训昌：《心即气——黄宗羲哲学思想研究·导言》，天津：南开大学哲学学院博士学位论文，2013 年。

② 吴光：《清初启蒙思想家黄宗羲传》，收入《黄宗羲全集》（下文简称《全集》）第十二册，杭州：浙江古籍出版社 2012 年版，第 121 页。吴光把划分黄宗羲前后人生阶段的年份定为 1653 年，理由是这一年抗清复明的斗争已彻底无望，所以黄氏退而著书讲学。

③ （清）纪昀等：《四库全书总目所收黄宗羲著作提要》，《全集》第十二册，杭州：浙江古籍出版社 2012 年版，第 194 页。

④ （清）黄宗羲：《孟子师说卷二》，《全集》第一册，杭州：浙江古籍出版社 2012 年版，第 60—61 页。

注意这段文字是黄宗羲对《孟子》“浩然”章的注解，如此，则其中的“气”都是承接《孟子》“浩然之气”而谈的。在这段文字中，黄宗羲就天地主要说理气，就人主要说心性，天地与人之间的关系，黄氏承接宋明以来的讨论思路，即二者内在相关，人性即人禀之于天地者。就天地来说，为一气所充塞，黄宗羲也承接宋明以来的思路，称这气为天地浩然之气，或直接表述成“天地之气”。这样，这个气并非近代受科学理性思维影响后通常指气体、大气或空气的“气”。在《明儒学案》中黄氏点评胡敬斋的学说时说道：

盖大化流行，不舍昼夜，无有止息。此自其变者而观之，气也；消息盈虚，春之后必夏，秋之后必冬，人不转而为物，物不转而为人，草不移而为木，木不移而为草，万古如斯，此自其不变者而观之，理也。①

这段话中的“自其变者而观之……自其不变者而观之……”的表述方式借自苏轼《前赤壁赋》。黄氏以此说明，大化流行不会停息的是气，而就是此气之运行中有万古不变的因素，这种不变的因素即理。不过这里黄宗羲的表述对今日深受自然科学影响的人来说，极易被误解成理是事物所具有的规律性、秩序性，如此则一事有一理，即每一事有每一事的规律。正是这种误解，黄宗羲被解释成了唯物主义哲学家。其实黄宗羲自己在批评王廷相的思想时，已经对“一事有一理”的说法提出批评。这一批评之重要性见：

先生主张横渠之论理气，以为气外无性，此定论也。但因此而遂言性有善有不善，并不信孟子之性善，则先生仍未知性也。盖天地之气，有过有不及，而有愆阳伏阴，岂可遂疑天地之气有不善乎？夫其一时虽有过不及，而万古之中气自如也，此即理之不易者。②

从这段话可见，在黄宗羲这里，天地之气一定是善的，即有明确的道德倾向，绝

① （清）黄宗羲：《明儒学案卷二》，《全集》第七册，杭州：浙江古籍出版社 2012 年版，第 22 页。

② （清）黄宗羲：《明儒学案卷五十》，《全集》第八册，杭州：浙江古籍出版社 2012 年版，第 487 页。

非今日自然主义或唯物主义解释的气。他一方面肯定王廷相继承张载的“气外无性”,但另一方面批评王廷相走向自然主义解释理、气的思路。在黄宗羲自己这边,其实是一种中道的思想,而这种思想的理论资源主要还是孟子以来的性善论。黄宗羲认同张载、王廷相等人的观点,认为气外无理;不同于王廷相,他不认为这个气是可善可不善的,相反,被黄宗羲表述为“天地之气”的这个气,运行中虽有阴阳不调,有过有不及,然而“万古之中气自如”,这种“自如”即黄宗羲所理解的“自其不变者而观之”所得之“理”,具有道德倾向性。这种倾向性,也即黄宗羲多处表述的“流行之中有主宰”。例见:

> “其为气也”两段,后段释所以塞于天地之故,言此气自能有条理而不横溢,谓之“道义”,流行之中有主宰也。若无此主宰,便不流行,则馁而不与天地相似,岂能充塞哉!石渠言“若无义、道,虽欲行之,而气自馁矣”,是也。①

> 理也,气也,心也,歧而为三,不知天地间只有一气,其升降往来即理也。人得之以为心,亦气也。气若不能自主宰,何以春而必夏、必秋、必冬哉!草木之荣枯,寒暑之运行,地理之刚柔,象纬之顺逆,人物之生化,夫孰使之哉?皆气之自为主宰也。以其能主宰,故名之曰理。其间气之有过不及,亦是理之当然,无过不及,便不成气矣。气既能主宰而灵,则理亦有灵矣。若先生之言,气之善恶,无与于理,理从而善之恶之,理不特死物,且闲物矣。②

上引第一段文字是黄宗羲在解释《孟子》“浩然”章时展开说的,重点说的是气自有条理,气自能主宰,正是这种气本身所有的自有条理、自能主宰的性质,可以说明气本身是有“道义”的,如此,他的气不能作唯物主义解释。上引第二段话则直接点出:理正是对气本身这种自有条理、自能主宰之命名,所谓“名之曰理”。正因为气是主宰而灵的,所以“理亦有灵矣”。如此,他的气与理气二分者作对。这两段话都说明,黄宗羲的“气”非自然主义所能解释,它本身能自我主宰,自有条理,自有灵气,理只是对气本身所具有的这种因素的语言表述,只是名称。这种说法,

---

① (清)黄宗羲:《孟子师说》,《全集》第一册,杭州:浙江古籍出版社2012年版,第62页。

② (清)黄宗羲:《明儒学案卷三》,《全集》第七册,杭州:浙江古籍出版社2012年版,第41—42页。

还见“所谓理者，以气自有条理，故立此名耳”①。

综合以上的讨论，黄宗羲关于理气的讨论始终有两种针对：一是朱子哲学的理气二元论，即朱子认为理可以先于气、独立于气的思想；二是认为气可善可不善的观点，儒家内部主要以王廷相为代表，外部佛教、道教的气论也持类似主张。近代以来，尤其侯外庐等人的解释范式关注了前一点，即黄宗羲对理学的批评部分，而忽略了后一点。然而，宋明以来反佛教的主张，黄宗羲始终是坚持的。黄宗羲在上述两种观点之间持“执其两端，用其中而行”的思路，既反对理气二元论，也反对一气有一理，一事有一理，气有善有恶的观点。在他这里，气是有明确的道德倾向的，气的本然一定是善的，关于气本然为善，他也承接宋明以来的表述方式，称为天地之气，或有时称为天地浩然之气。

其实上述对气有善有恶的批评直接关系到黄宗羲的哲学问题：人能否成圣成贤？社会历史能否是有道义的？这一问题自朱陈之辩以来就是许多儒者萦绕于心的问题。而明末政治的黑暗，“窃钩者铢，窃国者诸侯”等现象的事实存在，也使得士人对这一问题关注热情提高。② 其实黄宗羲的父亲黄尊素（世称白安先生）就在批评“机械变诈”时对社会历史有无道义的问题有过较深的思考，见：

> 一贯不必说得玄远，浅言之，如世之机械变诈，亦有时节通行得去，便有时节不可通行得去，如何贯得？是故一贯者，其惟诚乎？③

在这里，黄尊素已思考到在历史现实中机械变诈是有可能行得通的，然而他正要通过其不能经常行得通说明社会历史还是有道义可言的，其一贯者不在权谋术数，而在“诚”。黄尊素的这种关怀也被黄宗羲所继承，事实上这种关怀贯穿他学术生涯的始终，从最早的《易学象数论》到最后岁月自己编定的文集，“以不忍人之心行不忍人之政”是否可能、如何可以这一问题，他都是念兹在兹的。例见：

> 天地之生万物，仁也。帝王之养万民，仁也。宇宙一团生气，聚于一人，故

---

① （清）黄宗羲：《明儒学案卷五十》，《全集》第八册，杭州：浙江古籍出版社 2012 年版，第 487 页。

② 参考王英：《黄宗羲立足心学对朱陈之辩的理论突破》，《社会科学论坛》2015 年第 10 期。

③ （明）黄尊素：《怀谢轩讲义》，转引自（清）黄宗羲：《明儒学案卷五十五》，《全集》第八册，杭州：浙江古籍出版社 2012 年版，第 866 页。

天下归之，此是常理。自三代以后，往往有以不仁得天下者，乃是气化流行，当其过不及处，如日食地震，而不仁者应之，久之而天运复常，不仁者自遭陨灭。“愿世世无生帝王家”，酷痛如此。班彪《王命论》，止以命言，犹未离于世俗。①

看得出来，黄宗羲操心的三代以后“往往有以不仁得天下者”，与前述黄尊素操心的机械诈变亦有时能行得通，是同一种关怀。与其父的解答一样，黄宗羲认为历史现实中的这种现象，并不是一种常态，如同天地运行有日食、地震，但最后复归于常一样，人世中的善恶之报从一个长时间来看，仍然存在。

天地为一气所塞，而此气之流行中自能主宰，正是这自我主宰的特点，被称为“理”，实际历史中表现为福善祸淫的“福报”性质。黄尊素在批评释氏时也强调：释氏关注到气之流行的特点；但不承认至变中之不变，即自我主宰的道德倾向性，“盖有见于流行，无见于主宰”②。子承父志，黄宗羲的学说也始终保留着批判这一类学说的层面。20世纪二三十年代开始兴起的工具理性解释模式所解释的黄宗羲理气观，适为黄宗羲本人所致力批判者。若对这一学术史作同情之理解，那么，一代学人有一代学人的主要使命，当时的知识者视传统为现代化的包袱，所以主要以传统文化的主流——理学——为靶子进行攻击批判，而黄宗羲、王夫之等人的气论作为对理学、理气二元论的批判，他们主气的文字便被析解出来为这一代学人所借重，而对黄宗羲努力护育的理为气之主宰的一面视而不见，也未曾从学术上下的承接中真正理解黄宗羲“气”的含义。

以上引到黄宗羲谈理气关系或天地之气的文字，其实每段讲完理气关系后，黄宗羲都会接着谈心性关系，对他来说，理气关系与心性关系是贯通为一的。如果天地之气运行能自我主宰，则人心也能自我主宰，因为人心之本然所充塞的也无非是天地浩然之气。就黄宗羲本人的文字来说，论天地接着论人性，未尝分割。以上特别论述他论天地之气的部分，只是因为近代以来对这一部分的解释已经习惯宇宙论、本体论的分殊，为辨别清楚，所以针对性地加以突出说明。下面专门讨论黄宗羲谈心性的部分，这种分解的思路只是为了辨别的需要。

① （清）黄宗羲：《孟子师说》，《全集》第一册，杭州：浙江古籍出版社2012年版，第90页。
② （明）黄尊素：《怀谢轩讲义》，转引自（清）黄宗羲：《明儒学案卷五十五》，《全集》第八册，杭州：浙江古籍出版社2012年版，第867页。

二、心性关系

在从理气到心性的讨论思路上,宋明以来的儒家总体上持从天理到“人之所禀”的思路,即两个问题是连贯的,黄宗羲也继承这种思路,并批判在这两个问题上不统一的人,如罗钦顺。见:

盖先生之论理气,最为精确,谓通天地,亘古今,无非一气而已。气本一也,而一动一静,一往一来,一阖一辟,一升一降,循环无已。积微而著,由著复微,为四时之温凉寒暑,为万物之生长收藏,为斯民之日用彝伦,为人事之成败得失,千条万绪,纷纷胶轕,而卒不克乱,莫知其所以然而然,是即所谓理也。初非别有一物,依于气而立,附于气以行也。或者因《易》有太极一言,乃疑阴阳之变易,类有一物主宰乎其间者,是不然矣。斯言也,即朱子所谓“理与气是二物,理弱气强”诸论,可以不辨而自明矣。第先生之论心性,颇与其论理气自相矛盾。夫在天为气者,在人为心,在天为理者,在人为性。理气如是,则心性亦如是,决无异也。人受天之气以生,祗有一心而已,而一动一静,喜怒哀乐,循环无已,当恻隐处自恻隐,当羞恶处自羞恶,当恭敬处自恭敬,当是非处自是非,千头万绪,胶轕纷纭,历然不能昧者,是即所谓性也。初非别有一物立于心之先,附于心之中也。先生以为天性正于受生之初,明觉发于既生之后,明觉是心而非性。信如斯言,则性体也,心用也;性是人生以上,静也,心是感物而动,动也;性是天地万物之理,公也,心是一己所有,私也。明明先立一性以为此心之主宰,与理能生气之说无异,于先生理气之论,无乃大悖乎?岂理气是理气,心性是心性,二者分,天人遂不可相通乎?虽然,心性之难明,不自先生始也。夫心祗有动静而已,寂然不动,感而遂通,动静之谓也。情贯于动静,性亦贯于动静,故喜怒哀乐,不论已发未发,皆情也,其中和则性也。今以喜怒哀乐未发之中为性,已发之和为情,势不得不先性而后心矣。性先心后,不得不有罅隙可寻矣。恻隐、羞恶、辞让、是非,心也。仁义礼智,指此心之即性也。非先有仁义礼智之性,而后发之为恻隐、羞恶、辞让、是非之心也。观此知李见罗道性编,亦一偏之论。凡人见孺子入井而怵惕,嘑蹴而不屑,此性之见于动者也。即当其静,而性之为怵惕不屑者,未尝不在也。凡动静者,皆心之所为也,是故性者心之性。舍明觉自然、自有条理之心,而别求所谓性,亦犹舍屈伸往来之气,而别求所谓理矣。朱子虽言心统性情,毕竟以未发属之性,已发属之心，即以言心性者言理气，故理气不能合一。先生之言理气不同于朱子，而言心性则于朱子同，故不能自一其说耳。①

这段话首先赞同罗钦顺的理气观，认为这种理气观视“理”为气之运行中莫知其然而然的条理性，它的对立面即朱子“理与气是二物，理弱气强”诸论。这里的讨论与上述黄宗羲的理气观刚好可以相互证成。不过重点是，黄宗羲虽同意罗钦顺的理气观，却并不同意他的心性论。在黄宗羲看来，罗钦顺对理气、心性的讨论不能自一其说，他虽然通过理是气之理、天地亘古本为一气等说法批判了朱子学说认为有可以先于气、不依于气的理而存在，但在心性问题上却持性先于心、性可独立于心的观点。而在黄宗羲看来，理为气之自我主宰、自成条理而名之曰理；同样，性为心之自我主宰、自我调节，性为心之性，并没有先于心的性，如此，虽理气论天，心性论人，然二者是贯通为一的，这里，黄宗羲继承了宋明儒学主流所坚持的天人相通的观点。他所直接批判的是罗钦顺的心性论，然而最后批判的仍是朱子的心性观，在他看来，朱子“以言心性者言理气”，而因为在心性问题上视性为未发，心为已发，所以在理气问题上也就不能合一。

以上说的是黄宗羲通过批判罗钦顺，一方面批评了理气、心性两个方面不能贯通的观点，坚持了宋明以来天人贯通的观点；另一方面重点批评了性在心先的观点，认为性是心之性，即心之自我调节、明觉自然、自有条理而即谓之性。

黄宗羲坚持的是理气、心性贯通的思路，这对理解他的思想体系或一些重要判断来说极其重要，而一些判断如果不顾及上下文，也极易因断章取义而被误解。

注意上面所引这段话中的“夫在天为气者，在人为心，在天为理者，在人为性”，结合前面所引“理不可见，见之于气；性不可见，见之于心；心即气也。心失其养，则狂澜横溢，流行而失其序矣”可知，其实“在天为气者，在人为心”才是黄宗羲“心即气”的正解，他说的“心即气”，是从由天人贯通的思路上来的。天地本为一气，“人受天之气以生，祇有一心而已。”既然人心所受为天之气，而如前面所论，这个天之气并非今日日常理解的大气、气体，而是一种精神气。与前面讲理气关系时的“气”一样，这个“气”非指各种各样的气，而指本然的气，即前述“一气”，或表述为“气之灵者”“灵气”“天地之气”“浩然之气”“生气”，黄宗羲也沿用张载的说法表述为与“散殊而可象”的“气”对举的“清通而不可象”的“神”。这些都可以说明

① （清）黄宗羲：《明儒学案卷四十七》，《全集》第八册，杭州：浙江古籍出版社2012年版，第408页。

“心即气”不可视为唯物论。

前引“心即气之灵处”,与“志即气之灵明者也”[①],“‘知’者,气之灵者也”[②],这些都是对“心即气”更为细致的表述,这些表述也都说明,只有“气之灵”才是心,而不是各种各样的气都可指之为心。不过,黄宗羲也强调各种气的本然无非是一气,“就其实,昏浊颓塌之气,总是一气”[③]。

问题是,既然心之所禀为天地浩然之气,如何后来又成“昏浊颓塌之气”?这里黄宗羲借用了程颢讨论人性时的思路,只不过程颢以水为喻,说明浊水本来是清水,而不是别处取了清水来换此浊水;黄宗羲说昏浊之气本来总是一气,只是为私欲隔碍了,全不成天地浩然之气了,但通过养气功夫,点铁成金,并不是别处拿了好气来换。[④]

心即气,气能自成条理、自我主宰,所以心也能自我调节、自我主宰,而即此可谓之性,所以心即性。

以上讨论中黄宗羲的主要对话者是朱子、罗钦顺,批评了他们视心性为二、性在心先的观点。然而,在心性问题上,尚有另一种倾向,这种倾向儒学内部当时影响力较大的有罗汝芳、王廷相,在黄宗羲的学侣中有陈确、潘平格(字用微),在儒学外部主要是佛教。他们虽各有殊性,但在黄宗羲的解读中,都视自然的人性为人性的本然,而失却对人性的理想要求。

针对罗汝芳,黄宗羲认同他重视气机之流行,但认为只讲流行,则尚在“阴阳边事”,仍有“一间未达”,流行中应有主宰、“画一”,有川流即有敦化,万殊中仍有个一本。[⑤] 针对王廷相,黄宗羲认同他主张气外无性,但不能认同由此言性有善有不善。人之气本善,所以即气名之为性。黄宗羲认为人心所禀之气本来为天地浩然之气,所以本来就是善的,人性本来是善的。[⑥] 针对陈确“人欲恰好处即天理”的观点,黄宗羲提出气质人心无二,所以可言义理之性即气质之本性;但人欲与气质不同,气质是公的,人欲是私的,若从人欲恰好处求天理,则终身所求只为改头换面的

---

① (清)黄宗羲:《孟子师说》,《全集》第一册,杭州:浙江古籍出版社 2012 年版,第 62 页。

② (清)黄宗羲:《孟子师说》,《全集》第一册,杭州:浙江古籍出版社 2012 年版,第 64 页。

③ (清)黄宗羲:《孟子师说》,《全集》第一册,杭州:浙江古籍出版社 2012 年版,第 65 页。

④ (清)黄宗羲:《孟子师说》,《全集》第一册,杭州:浙江古籍出版社 2012 年版,第 65 页。

⑤ 参(清)黄宗羲:《明儒学案卷三十四》,《全集》第八册,杭州:浙江古籍出版社 2012 年版,第 4 页。

⑥ 参(清)黄宗羲:《明儒学案卷五十》,《全集》第八册,杭州:浙江古籍出版社 2012 年版,第 486 页。

人欲。①

而黄宗羲对潘平格的批评尤能系统地显出他自己的学问旨趣。潘平格的主要观点是:浑然万物一体者为性;触物而浑然一体者为吾性之良知。所以在他看来,于齐家治国平天下中,才能致我一体之良知。黄宗羲认为他的学问蔽于大原,有三个问题:一灭气,二灭心,三灭体。“灭气”指潘平格性自性、气自气,气本非性的观点,黄宗羲认为离开气,天地万物无法实现一体,离气言性,则潘平格本来主张天地万物为一体的观点落于空洞。“灭心”指潘平格不以灵明知觉为心,而把灵明知觉归于“识神”,而以灵明知觉为心,“苟无欲,则此灵明知觉者,即真心矣”,这类观点一直为心学所主张,也为黄宗羲所坚持。“灭体”指潘平格合内于外,归体于用,而在黄宗羲看来,儒学经典如《大学》《中庸》有先后本末,但强调的是合外于内,孟子说的是“万物皆备于我”而非“我备于万物”。合外于内是心学基本立场,所以要点在于反身,而非事为;在于主敬涵养,而非汲汲治平。② 从黄宗羲对潘平格的批评来看,当代研究者认为黄氏主已发轻未发,主用轻体、主气轻理等观点恰为黄氏本人所努力批判者。注意前面所论的黄宗羲文脉中主气时那个气指“一气”,即本然的天地浩然之气,则即便他重视气,这个气也并非今日自然科学、日常用语中的气。

三、气、质之别

从前面讨论可见:黄宗羲哲学中有个中道。在理气关系上,一方面他反对理气二元论,主要是朱子及其后学;另一方面也反对在气论问题上低俗的或自然主义的解释,如王廷相。在心性问题上,一方面反对不把理气一元贯通到心性问题上来解释,如罗钦顺,从而根本上批评了心性二元论;另一方面也批评在此一问题上的自然主义或低俗解释,如罗汝芳、王廷相的自然主义人性论,如陈确误气为欲,如潘平格舍内求外,舍体求用,舍未发重已发。黄宗羲取其两端而用其中,而近当代研究对黄氏文本的解释各执一端,如盲人摸象,失却总体的真实。而误解的关键在于未曾理解他哲学中“气”的含义。

从他认可张载的气论,同时又批评王廷相的气论来看,须回到张载哲学来理解

① 参(清)黄宗羲:《与陈乾初论学书(丙辰)》,《南雷诗文集》,《全集》第十册,杭州:浙江古籍出版社 2012 年版,第 159 页。

② 参(清)黄宗羲《与友人论学书》,《南雷诗文集》,《全集》第十册,杭州:浙江古籍出版社 2012 年版,第 150—155 页。

张载的“气”,而笔者在学位论文中已通过多种不同层面的证据证明,张载哲学中的“气”有多种含义,而作为“一气”理解的,即贯通万事万物的那种意义上的气却并非种种客气,而是根源于《孟子》《易经》《中庸》的浩然之气、乾知之气或大德敦化者。① 而黄宗羲之所以能接受张载的气论却不能接受王廷相的气论,关键也在于黄氏这里的“气”,作为自能主宰、自我调理者,也是贯通各种各类气、物、质的那个“一气”,它本身不是万殊,而是可与万殊对举者,非种种具体的客气、物质、材料。黄宗羲在批评潘平格认金、木、水、火、土为气时,提出气与质的区别:

> 用微认金、木、水、火、土五行为气,以为性岂有五?故必离气以言性。不知自气而至五行,则质也,而非气也。气无始终,而质有始终;质不相通,而气无不通。先儒何尝以质言性,其言气质之性者,指其性之偏者耳,此孟子有命焉君子不谓性之性,又何尝竟指此为性乎?②

在这里,黄宗羲之所以不认“质”为根本,是因为在他看来,“质”有始终且不相通,而他理解的“气”正因为无始终、可相通,所以能“体天地万物而一之”。既“无始终”,则非客气,而是本原意义上的气,即天地浩然之气。而从他对“质”的理解来看,百年来视黄宗羲的气论为唯物论的解释者,正是他严肃批评的潘用微们。又,杨国荣在解释黄宗羲的心、气论时,曾指出黄氏是一种泛神论,说“这种以气为体的准泛神论在理论上扬弃了王阳明以心为体的唯心主义观点,从而将心物一体的准泛神论向唯物主义方向发展了”③。这是参考斯宾诺莎的哲学做出的对黄氏思想的哲学定位。不过,黄氏虽以气为体,而此气指浩然之气,人心禀于天地者也正是这种气,所以“心即气”,也正是这个心,能自我主宰、自我调节,所以才能指之为性。从他借重孟子性、命之别来看,参考斯宾诺莎并不恰当,因为一种对世界的自然主义的或泛神论的解释是不需要也无法进行政治哲学、制度的建构的;而黄氏念兹在兹的“以不忍人之心行不忍人之政”却需要一种对天、人的正道诉求,即使奸诈、权术、强力能得逞于一时,但那只是失常之时,天道之常却在于诚,在于浩然、乾知之气的运行,而人作为禀得此气者,唯有虚心养气诚之复之。

---

① 参考王英:《气与感——张载哲学研究》第三章,复旦大学哲学学院博士学位论文 2010 年。

② (清)黄宗羲:《与友人论学书》,《南雷诗文集》,《全集》第十册,杭州:浙江古籍出版社 2012 年版,第 153 页。

③ 杨国荣:《黄宗羲与王学》,《中州学刊》1987 年第 5 期,第 46 页。

黄宗羲强调气与质的分别，理由有二：气有始终而质无始终；气通而质不通。而有始终又通，这说明气已是黄宗羲哲学中根本性的概念，从这个意义上，李训昌说他化心为气，还是合乎黄的文本的，只不过须回到他文本的承接脉络上理解他的气是从浩然之气上而言的，非今日物质意义上的气。

而这两个理由也是宋明以来儒家中的杰出者一直在努力完成的两重任务：一是批判佛老二氏的虚无，有始终则不虚无；二是对抗社会流俗执着于权势物欲而不通，通则无执。强调“有始终”“通”是宋明理学的总体特征。而正是对这两重使命的有力坚持，黄宗羲自己也站在了儒家最杰出者之列。

（作者单位：浙江越秀外国语学院）

研究动态与会议信息

“大禹文化研究开发与美丽绍兴建设”高峰论坛会议综述

丁　新

2017 年 12 月 23 日，“大禹文化研究开发与美丽绍兴建设”高峰论坛在我校隆重举行。本次会议由浙江越秀外国语学院与绍兴市社会科学界联合会共同举办，浙江越秀外国语学院中文学院、绍兴市非物质文化遗产研究性传承基地大禹与中国传统文化研究中心、绍兴市哲学社会科学重点研究基地大禹与中国传统文化研究中心、绍兴市第四批重点创新团队大禹与中国传统文化研究团队具体承办了此次高峰论坛。

会议邀请了国家九五科技攻关项目“夏商周断代工程”首席科学家、我国著名考古学家、北京大学教授李伯谦先生出席。北京大学、中国社会科学院、浙江大学、浙江省社会科学院、江西省社会科学院、陕西师范大学、东北师范大学、浙江师范大学、浙江工商大学、宁波大学、河南省郑州市文史委员会等一批国内著名高校和科研机构的专家、学者和绍兴本地文化研究者出席了会议。中共绍兴市委宣传部黄伟英副部长、绍兴市社会科学界联合会叶红军副主席、绍兴市社科联张恬秘书长、绍兴市非物质文化保护中心王心愿主任、绍兴市柯桥区地方志办公室何雷鸣主任、嵊州市史志办金午江主任、绍兴市文旅公司总经理宣传中、绍兴市会稽山风景区宋亚娜主任等领导出席会议。安徽蚌埠大禹文化研究中心、安徽巢湖大禹研究会、四川北川羌族自治县禹羌文化研究中心等相关领导、研究机构或派代表出席或发来贺信。

浙江越秀外国语学院校长徐真华教授、党委书记费君清教授出席开幕式，副校长朱文斌教授主持开幕式，徐真华校长致欢迎辞。徐校长不仅代表浙江越秀外国语学院党政领导班子、全体师生员工向与会的嘉宾表示热烈的欢迎、崇高的敬意和衷心的感谢,而且深刻阐述了大禹研究的重要意义,尤其是与绍兴城市建设相结合的重要意义,呼吁与会专家学者对我校大禹文化研究与开发多提供意见和支持。

黄伟英副部长在开幕式上做了热情洋溢的重要讲话。她首先代表中共绍兴市委宣传部,向各位专家、学者和朋友们的到来,表示热烈的欢迎和衷心的感谢!她指出,绍兴的历史文化像绍兴的酒、绍兴的诗一样,是一代又一代贤人的荟萃,融贯古今,在岁月的长河中闪闪发光,让人永生难忘。而大禹是绍兴文化之魂,也是中华民族精神之魂,大禹文化是绍兴文化、绍兴精神的典型体现,研究大禹具有重要意义。她希望与会专家更加深入地发掘大禹精神,为绍兴的社会建设提供良策。

李伯谦教授做了题为《大禹是真实的历史人物》的重要发言。他高度肯定了本次大会主题的重要意义和绍兴地区研究大禹文化、传承大禹精神的重要意义。他指出并阐述了历史研究的三个学科系统,重点从考古学视角论述了夏文化是真实存在的,大禹自然也是真实的历史人物,并指出了绍兴地区研究大禹与夏文化的探索方向,也点明了研究大禹文化的现实意义。

随后,大会进行了大会发言和分组讨论,专家们从不同角度就大禹文化研究与绍兴城市建设提出了自己的见解和看法。刘家思教授主持了报告大会。中国社会科学院范子烨教授在《回归信仰的世界:禹典的编纂及其意义》一文中提出,大禹文化建设首先要重视和加强大禹文献的收集与整理工作,这是我们学术研究的起点和前提;北京大学商金林教授以《他山之玉,可以攻石——从日本的大禹信仰与大禹文化的研究开发谈起》为题发言,以广阔的国际视野论述了大禹研究要注意学习国外的经验,为研究大禹的域外传播提供了崭新视角;浙江大学吴秀明教授的发言《大禹文化定位与新时代的新阐释——基于文化资源开发利用的一种思考》,强调大禹研究要找准大禹文化的定位问题,要重视大禹文化资源的开发与利用,焕发出它在新时代的光芒;浙江社会科学界联合会俞伯灵教授在《大禹文化与文化绍兴建设》的发言中,提出大禹文化与绍兴文化的建设与发展密不可分,必须高度重视;江西社会科学院高平教授在《文化自信中传统美德弘扬——以大禹与夏文化、越文化优秀基因传承为视角》的发言中指出,研究大禹要有文化自信,充分挖掘和弘扬大禹精神,弘扬和传承中华民族的优秀传统美德;浙江师范大学王嘉良教授的《大禹文化的神话叙事与文学史意义思考》和邹贤尧教授的《大禹等神话资源的现代小说开发》两篇论文从文学研究的视角谈了大禹研究的方法和意义,具有重要的借鉴意义;中国社会科学杂志社俞武松编辑做了题为《美丽绍兴,建设中国——大禹文化探析》的报告,为大禹文化提供了新思路;东北师大的谢乃和教授做了《大禹文化研究的几个问题》的发言,指出了大禹研究中值得注意的几个问题,具有重要的指导意义；陕西师范大学袁盛勇教授以《重识鲁迅的大禹观》为题做了发言，对研究传播中的大禹富于启示性；浙江工商大学徐日辉教授以《绍兴为越文化之核心与主干略论》为题发言，论述了大禹文化在越文化中的源头地位及其研究的路向。常松木先生在《大禹与洛书》的发言中讲解了登封的大禹文化渊源，以及对大禹图腾进行的研究。随后，谢乃和教授在评议中概括了从不同角度对大禹文化、大禹精神进行研究的重要意义，认为大禹文化研究有着深厚的思想内涵和广阔的思想维度。

在分组讨论中，除了一部分专家积极发言之外，绍兴本地学者和我校教师也积极发言。柯桥区史志办主任何鸣雷先生希望把绍兴关于禹的地名集合成大数据，他认为大禹不应局限在文化中，应是五位一体；嵊州地方志办公室金午江主任做了题为《大禹治理剡溪的传说和对后世的影响》的报告；上虞虞舜文化研究会吴宝炎会长阐述了上虞与虞舜文化的关系、戏曲曲艺中大禹的形象；绍兴市柯桥区夏履镇地方志负责人周生法先生做了题为《大禹文化遗迹与美丽乡村建设》的报告；绍兴市水文化教育研究会徐智麟先生做了题为《建造大禹文化博物馆和开发大禹景区的必要性》的报告。我校一批研究者也积极发言。马克思主义学院副院长刘勇老师做了题为《大禹在绍事迹与绍兴魅力水乡建设》的报告，认为大禹葬于绍兴，恐怕是大禹自己有意的安排，富于启示性；中文学院院长刘家思教授在《关于绍兴筹建大禹纪念馆的思考》中阐述了绍兴地区建设大禹纪念馆的必要性和紧迫性，更说明了其现实意义和实用价值，具有很强的现实针对性；中文学院韩雷教授在《对灾难记忆的神圣叙事——以大禹治水和夸父逐日为例》的报告中以大禹治水和夸父逐日为例，探究了中国古代典籍中灾难记忆的神圣叙事，深化了远古灾难和神话研究。此外，江远胜博士的《论〈汉书〉中的大禹文化》、毛文鳌博士的《历代咏禹诗初探》、刘丽萍博士的《大禹神格先秦初定论》、赵红艳博士的《陆游诗歌中的大禹书写》、我校图书馆的《大众传媒视角下高校数字图书馆传播大禹文化的策略》等报告和东语学院吴镃萍博士提交的《融合——日本大禹文化交流对绍兴乡村旅游资源开发利用的借鉴意义》、中文学院丁新博士提交的《九州、五服与朝贡体系的产生》以及我校优秀毕业生朱娇的《浅析儿童读物中的大禹形象》，都显示了大家对大禹文化的新见解。同时，中文学院李贵连副教授以《文学世家姻亲视阈下的越中才媛——陶履坦及其相关问题研究》为题做了交流，对大会予以热情的支持。

本次论坛收到各方学术论文三十多篇。这些优秀的论文提供了新颖的研究视角、科学的研究方法，必将推动中国大禹文化研究进入更高的水平。

会议受到了新闻媒体的广泛关注，《今日绍兴》、网易新闻等多家媒体给予了即时报道。

2018 年中日大禹文化国际学术研讨会顺利召开

丁　新

2018 年 4 月 21 日下午，在 2018 年公祭大禹陵典礼余音绕梁之际，由绍兴市社会科学界联合会、浙江越秀外国语学院、绍兴市鉴湖研究会主办，浙江越秀外国语学院中国语言文化学院、绍兴市哲学社会科学重点研究基地大禹与中国传统文化研究中心、绍兴市非物质文化遗产研究性传承基地大禹文化研究所、绍兴市第四批重点创新团队大禹与中国传统文化研究团队承办的“2018 年中日大禹文化国际学术研讨会”在浙江越秀外国语学院镜湖校区成功举办。绍兴市社科联党组书记柳巨波、日本治水神 · 禹王研究会会长大胁良夫等中日学者参加会议。绍兴市社科联副主席叶红军主持会议。

浙江越秀外国语学院副校长朱文斌在致欢迎辞中说，从昨天的会稽山上祭禹，到今天的镜湖边来研究大禹文化，就像是在回溯大禹从夏履镇到会稽山的脚步，是对大禹精神更深层次的传承。柳巨波在主题发言中提出，在中国可能再也找不到哪个城市像绍兴这样在文化层面上与日本有着如此深的交往和联系。他列举了中国近代史上的志士仁人，他们生长在绍兴，对日本文化有着深刻的了解，与日本友人有着深厚的友谊。可以说，绍兴文化从根子上具有国际化视野。柳巨波介绍了绍兴市大禹文化研究的四支重要力量，尤其肯定了浙江越秀外国语学院大禹与中国传统文化研究中心所从事的基础性研究的重要意义。

日本学者主要介绍了日本的大禹研究情况。日本大禹文化研究始于 2003 年。当时神奈川县开成町的大胁良夫注意到该县有很多以大禹或者大禹的名字“文命”命名的山川或建筑。于是大胁良夫开始着手研究并得到了京都佛教大学植村善博教授等人的支持。他们很快对全日本的禹迹有了概括的调查，总共发现 130

余处与大禹有关的地名和古迹,随即在日本掀起了一股大禹研究热潮。他们说,在日本看到过很多祭祀大禹的图片资料,这次能有机会亲自参加祭禹典礼,内心十分激动。

浙江越秀外国语学院中国语言文化学院院长刘家思教授以“鲁迅与大禹研究”展开论述。他说,出生在绍兴的鲁迅自幼对大禹有很深的感情。年轻时的鲁迅不仅经常去探寻绍兴的大禹史迹,还多次带着他的学生一起探寻。鲁迅非常推崇大禹精神,同时非常反对对大禹历史和文化无谓地否定和篡改。

绍兴市鉴湖研究会会长邱志荣先生介绍了禹迹图发布的影响以及相关的思考。他倡导多学科、跨领域和国际化的大禹研究。绍兴市乡土文化研究会副会长何恩信先生谈了大禹精神与绍兴文化的影响。

浙江越秀外国语学院、日本治水神·禹王研究会、绍兴鉴湖研究会的其他学者分别从历史、文献、考古和文化交流等不同角度对大禹文化和大禹精神进行了深入探讨。

“2018 年中日大禹文化国际学术研讨会”以学术探讨的形式生动诠释了大禹精神强大的生命力和影响力,再次证明了大禹不仅是会稽山的大禹,不仅是中国的大禹,更是世界文明史上一颗璀璨的明星。

四川省社会科学重点研究基地“大禹研究中心”揭牌仪式暨学术座谈会召开

丁　新

2018年3月26日,四川省社会科学重点研究基地“大禹研究中心”和“诸葛亮研究中心”揭牌仪式暨学术座谈会在四川省社会科学院召开。我院大禹与中国传统文化研究中心刘家思教授、王慧开博士、丁新博士应邀出席了会议。

上午举行了揭牌仪式。四川省委宣传部副部长向宝云,四川省社科联规划评奖办主任黄兵,四川省社会科学院党委书记李后强教授,副院长郑泰安、胡学举出席了会议,会议由副院长姚乐野主持。两个研究中心的首席专家和学术委员以及协同单位代表等共100余人参加了本次会议。

在揭牌仪式上,李后强在致辞中说,两个历史名人研究中心的成立揭牌,是时代赋予我们的庄严历史责任,是传承巴蜀文化风骨与气度的重要载体。揭牌揭开了一个新任务,揭开了一个新“盖头”,揭开了一种新责任,揭开了一个新联合。牌子要立得稳、挂得长、亮得起,有漫长的路要走,有繁重的研究工作要完成,为此,在工作中要做到思想保障有力、组织保障有力、物质保障有力、人员保障有力、资金保障有力,努力把两个“中心”建成全国具有重大影响力和号召力的学术平台,成为构建具有国际学术话语体系的先遣军。四川省委宣传部副部长向宝云在讲话中指出,建立四川历史名人研究中心,是省委省政府实施四川历史名人文化传承创新工程的重点任务之一，充分肯定了省社科院在大禹和诸葛亮研究方面取得的成绩，希望两个“中心”在院党委的领导和首席专家的带领下，集中优势科研资源，打造基地品牌，为历史名人文化的传承发展做出新贡献。“大禹研究中心”首席专家谭继和、“诸葛亮研究中心”首席专家沈伯俊在发言中表示，将带领中心的专家团队潜心研究，多出成果，多出人才，把中心建成学术高地，推动历史名人文化传承发展。“大禹研究中心”学术委员会主任、四川大学历史文化学院教授彭邦本，“诸葛亮研究中心”学术委员会代表、中国社会科学院历史研究所研究员、中国魏晋南北朝史学会荣誉副会长梁满仓，“大禹研究中心”协同单位代表北川羌族自治县人民政府副县长谢普，“诸葛亮研究中心”协同单位代表成都武侯祠博物馆副馆长李加锋等对“中心”的成立致以热烈祝贺，表示将尽全力为“中心”建设发展献智出力。

下午，两个“中心”分别举办了专题学术研讨会，并聘请学术委员。刘家思教授被聘为四川省社会科学重点研究基地“大禹研究中心”学术委员，并在会上做了发言。

2017年中国登封国际大禹文化研讨会召开

丁 新

2017年8月31日—9月1日上午,2017年中国登封国际大禹文化研讨会在登封市嵩皇体育小镇举行。来自中、日、韩的大禹文化研究专家数十人以及社会有关人士和大禹后裔、乡贤等出席了会议。我中心主任刘家思教授,研究员刘丽萍博士、丁新博士出席大会并发言,刘家思代表大禹与中国传统文化研究中心向大会致贺词,并主持分会场研讨会。

大会围绕当地禹迹对大禹治水、大禹精神等进行探讨,再次体现了大禹文化“主题鲜明,百花齐放”的宗旨。大禹是中国的,而非某地的,以“文化”而非纯粹“历史”的视野观照大禹文化,体现了“允执厥中”的精神。

登封是中华文明的发源地,立国始祖、国之先圣大禹是中华民族的重要缔造者、人文初祖之一。大禹和登封的关系十分密切,登封大禹文化历史悠久,积淀深厚,脉络清晰,内涵深刻,经典多元,影响深远。

大禹一生最大的功业,一是治水,一是立国。治水,奠定了立国的根基;立国,巩固和发展了治水成果,使当时松散的部落联盟形成多民族统一的国家。大禹的杰出贡献,对中国历史的演进和发展影响深远。禹采用了筑堤堵水和疏通河道相结合的方法,把汹涌的洪水引入大海。禹是禅让制度下的最后一个部落联盟首领,他的势力不断扩大,直达江淮流域;禹是站在文明门槛上的一位伟人,他建立了九鼎,开创了王位世袭制。

“中国登封大禹文化研讨会”自2014年至今已连续召开四届，今年是第五届。研讨会由中国大禹文化研究中心、河南省社科院历史与考古研究所、河南省华夏历史文明传承创新基金会、郑州嵩山文明研究院、中日历史文化交流中心共同主办，旨在进一步推动华夏历史文明传承创新示范工程建设和世界历史文化旅游名城建设。

绍兴市举行大禹文化发展恳谈会暨浙江大禹文化发展基金会成立仪式

丁　新

2018年4月20日下午,大禹文化发展恳谈会暨浙江大禹文化发展基金会成立仪式在绍兴隆重举行。全国人大常委、浙江省人大常委会副主任姒建敏,浙江省人大常委会教科文卫工委副主任邵中,绍兴市人大常委会副主任阮坚勇参加了成立仪式。

浙江大禹文化发展基金会是由浙江华纳建设集团有限公司发起并设立的非公募基金会,将服务于大禹文化专业研究服务与大禹祭典等非物质文化遗产的保护、传承和发展,服务于大禹相关文化资源的发掘利用及大禹文化产业发展。经浙江省文化厅审批、浙江省民政厅注册,浙江大禹文化发展基金会正式挂牌成立,理事长为陈永林。

浙江大禹文化研究会有关专家学者、禹裔代表就发展、挖掘大禹文化,在会上做了交流发言。大禹与中国传统文化研究中心刘家思教授和丁新博士应邀出席会议,并发言。刘家思在发言中指出:“在传播中华优秀传统文化中,首先要传播大禹文化,因为它是中华文明的源头。基金会的成立使浙江大禹文化研究和开发走上新的征程。”他呼吁,在新时代的背景下,弘扬大禹文化要向青少年靠拢,建设大禹精神普及教育基地;同时,要加快建设大禹文化纪念馆,通过现代技术多维度展示历史文物,把浙江打造成弘扬大禹精神的“领头羊”。他的发言在与会领导和专家中引起了反响。

浙江大禹文化发展基金会设秘书处、财务处、项目策划处、公共关系处等机构，其办公地点在绍兴市越城区二环南路1991号D幢6楼，联系电话：0575—85208886。它的成立，将使大禹文化研究和大禹精神的传承再次获得实质性的推动力。

2018年"大禹精神"文艺创作作品分享会召开

赵红艳

2018年4月20日下午14:00—15:30,绍兴市委宣传部在绍兴咸亨大酒店百合厅举办2018年"大禹精神"文艺创作作品分享会。大禹与中国传统文化研究中心研究员赵红艳博士、江远胜博士应邀出席分享会。分享会先回放了祭禹的现场直播节目,播放了绍兴文艺创作史上一些关于大禹的经典文艺代表作片断,如大型歌剧《大禹颂》、学术散文《大禹世家》《禹裔寻踪》、绍剧《大禹治水》以及关于油画《大禹治水》及其创作过程的纪录片——《禹魂》等。会议以这样一种独特的方式来祭奠大禹,铭记大禹,弘扬大禹精神,传承大禹血脉,显得很有新意。

大禹与中国传统文化研究中心开展田野调查

刘丽萍

近日，大禹与中国传统文化研究中心围绕绍兴地区禹史迹在绍兴市内和周边开展了系统的学术考察。

作为绍兴市非物质文化遗产传承基地、绍兴市第四批重点创新团队和绍兴市哲学社会科学重点研究基地，大禹与中国传统文化研究中心长期致力于大禹文化研究，并努力将研究成果与绍兴地区经济社会发展与历史文化传承相结合。绍兴市内与大禹传说有关系的文化古迹和地名众多，并且自成体系，相互关联，构成了绍兴地区大禹文化的基础和文脉。为了将这些禹史迹系统地勾勒出来，让这一文明体系与脉络清晰地浮现在绍兴大地上，大禹与中国传统文化研究中心在进行深入和充分的文献研究基础上，制定了详细的实地考察计划。

2018 年 9 月 21 日，中心骨干成员一行七人在中文学院院长刘家思教授带队下，前往绍兴市西北的安昌镇西扆村、夏履镇展开调研。团队成员首先与西扆村党委副书记蒲传康进行了交流，西扆村领导对大禹研究团队来到西扆村考察表示欢迎，希望团队研究能够促进当地历史文化遗迹与当地社会经济发展的充分结合。蒲传康书记专程安排《西扆村志》主编、文化站站长李贤生先生为考察组讲解当地大禹文化遗迹的历史传承和现状。据李先生描述，安昌西扆山又名涂山，山上原有涂山庙一座，明代工部尚书何诏之子为葬其父，毁寺为茔。何诏墓亦毁于民国年间，至今山上还可以看到瓦砾残砖。山顶涂山庙被毁以后，当地民众又在村里择地重建了涂山庙。李先生专程带领团队前往察看。寺内同治年间重修的碑刻依旧保存，碑面文字几经凿洗，至今仍可见“同治年间重修”云云。涂山庙的变迁反映了当地民众坚定而执着的大禹文化信仰。这种信仰的力量来源何在，则是我们研究的目标。

在夏履镇政府，我们巧遇该镇长期致力于大禹文化研究的周生法先生。据周生法先生介绍，夏履镇一带与大禹有关的地名众多，不仅有夏履桥，还有禹溪，沿着禹溪可以走到刑塘，刑塘即是传说中大禹斩防风氏的地方。周生法先生说，一条禹溪贯穿安昌夏履诸镇，而沿着这条禹溪则大致可以把夏履镇周边十余处大禹文化地名贯穿起来。在周先生的带领下，团队全体成员察访了夏履桥遗迹，走访了正在兴建中的夏履镇大禹文化广场。周生法先生表示，盼望夏履镇的文化场所规划与建设能够得到充分的学术支持，而更显出文化的底蕴和历史的内涵。

经过此次考察，考察团队发现安昌、夏履一带大禹文化遗迹不仅密集存在，而且能够构成一个比较完整的体系。这一若隐若现的体系，既是整个团队未来研究的一个重要方向，同样也是大禹与中国传统文化研究中心将大禹研究与当地美丽乡村建设结合起来的重要载体。目前，这项研究已经引起了绍兴市文化主管部门的兴趣和高度重视。

大禹与中国传统文化研究中心还将继续对绍兴市内和周边的大禹文化遗迹展开进一步的考察调研，做好社会服务。

大禹与中国传统文化研究中心在市非遗基地星级考评中获得好评

丁　新

2018 年 10 月 19 日绍兴市非遗基地星级考评专家组莅临我校，开展绍兴市非物质文化遗产传承基地星级评定实地考评工作。我校副校长朱文斌代表浙江越秀外国语学院对考评专家组表示热烈欢迎，中文学院院长刘家思主持了考评汇报会，并向专家组做了汇报发言。副院长丁晓洋、基地执行主任韩雷教授等主要团队成员参加了汇报工作。

绍兴市非遗中心俞斌主任首先就考评目的、要求和重点项目做了简要介绍。随后，刘家思主任代表大禹与中国传统文化研究中心就本基地的发展、建设、培训和取得的成绩详细向专家组进行了汇报。

刘家思主任在汇报中说，本非遗基地的成长历程就是越秀人众志成城共圆大禹文化梦的历史。本基地的前身是 2006 年成立的会稽山文化研究所，后改名为大禹文化研究所，2012 年被评为绍兴市非物质文化遗产传承基地，2014 年更名为大禹与中国传统文化研究中心。几年来，本基地大力引进年轻人才和跨学科人才，目前形成了以资深专家为领头、以中青年学者为骨干的研究队伍，有成员 21 名，其中高级职称研究人员占团队数的 33%，博士（博士生）占团队数的 78%。本基地先后主办了 5 次重要学术会议，其中 3 次国际会议。2016 年 4 月主办的“大禹与中国传统文化”国际学术研讨在国内外大禹文化研究界产生了深远的影响。本基地取得了较为丰硕的科研成果，基地成员共计出版著作 10 部，主持各级各类项目 30 余项，包括国家社科基金项目 6 项、省部级重大和一般项目 16 项。其中大禹文化研究相关项目有 22 项、大禹研究相关论文 60 余篇，获得省市级优秀成果奖 3 项。基地成员从自己的专业知识角度出发，利用各种机会，轮流在基地内和校内外展开非遗知识培训多次,三年来培训人员1000人次以上;同时积极参与对外学术交流和开展学术考察,先后赴四川北川、河南登封等地参加学术会议,在绍兴市内会稽山、委婉山、西扆村、夏履镇以及周边的诸暨、上虞等地开展学术考察活动;并且积极参与多种社会服务,基地主要成员不仅主笔修订了《祀禹录》,而且参与"祭禹大典"宣传策划会、大型文化纪录片《大禹》筹拍专家研讨会等重要社会活动,同时基地正在筹划邀请绍兴古村落共谋绍兴美丽乡村建设。

专家组高度肯定了本基地的工作。俞斌主任认为本非遗基地工作踏实,准备周密,研究团队实力雄厚,取得的成绩令人赞叹。她高度肯定研究性非遗基地在绍兴市非物质文化遗产的传承和保护方面所具有的重要地位,盼望非遗中心能与研究性非遗基地开展密切的合作交流,相互取长补短。专家组特邀专家毛天尧总经理从大禹文化与饮食文化结合的角度对本基地工作进行了点评,朱国光馆长提出以大禹文化盘活绍兴旅游文化的宝贵建议。非遗中心肖梁副主任和王心愿副主任也分别从各自负责的领域对基地工作进行了高度的评价。其中,王心愿副主任说没有想到本基地工作做得如此扎实有效,他以"对基地所取得的成就感到惊讶,对考评所看到的发展态势感到喜悦"这两句话高度概括了考评专家组此次对大禹与中国传统文化中心考评工作的总体感受。

朱文斌副校长在总结发言中,对绍兴市非遗中心专家和领导对我校非遗基地的关心和指导表示衷心的感谢,对一段时期以来大禹与中国传统文化中心的工作表示高度肯定,对未来基地的发展尤其是如何在省市各相关部门的指导下进一步把研究工作与地方经济社会发展相结合提出了更高的要求和殷切的希望。朱文斌副校长最后代表学校表态,越秀外国语学院将全力支持大禹与中国传统文化研究中心的发展,在未来的非遗传承和传统文化研究中力争取得更突出的成绩。

成果信息与专家推介

爬罗剔抉，惟谨惟勤

——评李贵连《明末清初山阴祁氏家族女性文学研究》

曹 虹

文学世家曾在中国政治历史的演进以及文学文化的传承中起到重要作用。山阴（今浙江绍兴）祁氏家族是明代颇负盛名的簪缨仕宦、世代书香之家，有着深厚的文化积淀，不仅男性人才辈出，女性也有很高的文化艺术修养。明末清初之际祁氏家族的领军人物是祁彪佳、商景兰夫妇。祁彪佳写有著录和评论明代戏曲作家及作品的《远山堂曲品·剧品》，商景兰是诗词兼工的著名闺阁作家。在祁氏家族女性中，不仅商景兰的文学艺术修养很高，其二媳（张德蕙、朱德蓉）、四女（祁德渊、祁德玉、祁德琼、祁德茝）也都颇负诗才。另外商景兰之妹商景徽及景徽之女徐昭华也是有名的才女。祁氏家族女性文学群体在当时很有影响力，其文学创作也达到了相当高的水平。祁氏家族女性的生命绽放和绝妙风华，是明代女性文学史上值得书写的一页。

在文献整理方面，祁氏家族女性的相关记载零星散见于时人王思任所编纂的《祁忠敏公年谱》以及清道光杜煦、杜春生收集整理的《祁忠惠公遗集》等著述。关于其文学作品的研究阐发，则有谢爱珠的硕士论文和陈水云等人的若干专题讨论。而浙江越秀外国语学院李贵连副教授所著《明末清初山阴祁氏家族女性文学研究》（黄山书社，2017 年）则是一部系统、全面论述山阴祁氏家族女性生命轨迹和文学域场的力作。作者将其从 2008 年发表的论文《试论园林对中国古代女性文学的影响》，至 2017 年的论著结集整合为专著，持续将近十年之倾力，与生活在四百年前的祁氏家族女性的心灵光影相追攀，是一份难能可贵的新收获。

著作采取文学与史学相结合、文本阅读和理论阐释相结合的思路与方法，对论题进行了深入研究，尤其是在史实的澄清上做出了很大贡献。为查阅资料，作者先后去过国家图书馆、北大图书馆、浙江图书馆、诸暨图书馆、上海图书馆、天津图书馆、南京图书馆等地,在资料的搜罗、爬梳上尽了最大努力。著作澄清了关于商景兰的家世、卒年,祁德玉的婚姻生活以及女尼谷虚生平事迹等诸多问题。考订了商景兰卒于康熙十五年(1676),纠正了以往对商景兰卒年的错误说法。考订了祁德渊的生卒年及其婚姻、家庭情况。考订了商景兰次女名祁德玉,祁德玉生于崇祯三年(1630),卒于康熙五十六年(1717)。书中还根据可靠文献考订了祁德琼、祁德茝、张德蕙、朱德蓉等其他祁氏家族女性的基本史实。

专著在根植于扎实文献考证的基础上,深入全面地论述了明末清初祁氏家族女性文学的作品版本、思想特色、艺术特征等内容。著作还原了明末清初之际祁氏家族女性的生活状态,着重分析她们的遗民意识和坚韧心态;论析商景兰的写景、咏物诗所透露出的身世之感、家国之思;阐释阳明心学影响下商景兰诗作中所体现出的理性精神及自我意识的觉醒;探析商景兰散文中对女性才、命、德、色的思考以及诗工、德纯、色美理想形象的崇尚和构建;阐述祁德琼诗歌的闺人本色与林下之风,面对时代巨变所产生的离怀之思与家国之叹;详细论述了温文雅正的祁德渊诗、高自标持的祁德玉诗、清隽幽远的祁德茝诗、简秀流丽的张德蕙诗以及哀感顽艳的朱德蓉诗;考察了明清两代女性文学创作主体的家族化倾向以及这种家族化群体创作的特征,论析了产生这种现象的根本原因。

著作根据可靠文献对女尼谷虚及闺塾师黄媛介的生平及交游情况进行勾勒;阐释闺塾师黄媛介与祁氏家族女性的交游情况及其在中国古代女性文学史上的范式意义;根据可靠资料详尽记述了王静淑、王端淑、柳如是、叶小纨等人与祁氏家族女性的文学交游,从中管窥家族性文学群体向社交性文学群体转化的足迹与涵容。祁彪佳所营建的寓园为活动范围受礼教约束的祁氏家族女性提供了创作素材和文学交游的重要地点。以之为着眼点,著作考察了园林对中国古代女性文学发展演变的重要影响,拓宽了文学研究的范畴,具有一定的广度和深度。凡此均为中国女性文学史和中国古代文学史的研究提供了有益参考。

李贵连副教授为人敦厚笃实,为学勤奋敏悟、注重积累、不喜虚浮。在治学方法上,善于将研究建立在严谨的文献考据基础上,打通文史,保持了一贯的善于发现问题和解决问题的能力;在宏观开阔的学术视野下,能够驾驭纷繁复杂的材料,解读文化与文学的深刻内蕴。所著的《明末清初山阴祁氏家族女性文学研究》着眼于新意与难度,选择当今文史学界具有开拓前景的家族文化视野,历练其对于传统文化根干与奥义的识力。著作在史实考证及文学阐释等方面都取得了斐然成绩。全书笔致细腻,辞采优美,结构巧妙,论述详尽;不仅擅于剖析人物心灵深处的幽微,也长于世事人生的变迁把握;行文字底,处处可见作者的功力与精心。

揭示浙东文化及其文学叙事多面性的开拓之作

——评《浙东山区世界的审美表现——魏金枝小说创作研究》

钟小安

文化不仅被人类口耳相传着，也被历代文人书写着，其中文学作品就是书写和传扬文化的一种最重要的形式。从《诗经》到《楚辞》，从《水浒传》到《三国演义》，从《儒林外史》到《红楼梦》，从《梧桐雨》到《桃花扇》，从唐诗宋词到明清小品，都深刻地书写和传承了深厚的中华文化。即使是现当代文学，也总是书写着中华文化现代性的发展历程，如鲁迅、郭沫若、茅盾、巴金、老舍、曹禺、周作人、沈从文、刘大白、艾青、艾芜、沙汀、魏金枝、废名、师陀、赵树理、丁玲、柳青、周立波、余华、莫言等等，都对特定区域的文化展开了书写，展示了中华民族多姿多彩的文化，已经被越来越多的学术研究探讨过，但还有一些作家作品研究得不够，有很大的空间需要填补。《浙东山区世界的审美表现——魏金枝小说创作研究》就是一项填补空白的专著，它对魏金枝文学创作中关于浙东文化的小说叙事展开了系统的探讨，让读者看到了浙东山区文明如何从封建走向现代的文化心理历程和历史印记，具有重要的学术价值。

浙东文化历史悠久，积淀深厚，源远流长。浙东文化是以大禹文化为源头的。鲁迅在1912年写的《〈越铎〉出世辞》中追溯了浙东文化的渊源："其民复存大禹卓苦勤劳之风"，"力作治生，绰然足以自理"，揭示了大禹的基本精神及其对后人的影响。在大禹文化的影响下，浙东不仅形成了以镜湖流域为代表的水乡文化，在鉴湖流域留下许多大禹的遗迹和传说，同时也形成了以会稽山为代表的浙东山区文化。《史记·封禅书》载"禹封泰山，禅会稽"，《史记·夏本纪》载"十年帝禹东巡狩，至于会稽而崩"，《史记·夏本纪》载"禹会诸侯江南，计功而崩，因葬焉，命曰会稽"。会稽即会稽山，是浙东山区的主要山脉。《嘉泰会稽志》《剡录》则有大禹治水毕功了溪的记载："禹凿了溪，人方宅土。"了溪，后称剡溪，为今天曹娥江的上游，在浙东山区嵊县（今为嵊州市）。在浙东山区，还有许多大禹的遗迹。如在三界镇有嵊浦，在仙岩镇有禹山、渡王山、顾东山、百郎峰、缆船峰、大禹积砂崖，了溪旁有了山，又名禹余粮岭、禹余粮山等等，这些山都是浙东会稽山—四明山山脉的组成部分。可以说，大禹文化在这些山间地头传承着。浙东文明昌盛，历代的文人雅士都津津乐道。鲁迅的小说、许钦文的小说、周作人的散文、刘大白的诗文，都对鉴湖流域的城镇文化做了生动活泼的记载。魏金枝则主要以浙东山区文化为书写对象，集中表现的是四明山区文化的现代化演变历程，然而以往学术界对此缺乏研究，《浙东山区世界的审美表现——魏金枝小说创作研究》弥补了这一缺失。

魏金枝出生在嵊县黄泽镇白泥坎村，这是四明山山麓的一个千年古村。魏金枝出生在一个贫苦农民家庭，自幼在山间田头长大，熟悉四明山脉的山山水水，沐浴着具有浓郁乡土味的浙东山区文化，对这里的人情世态了如指掌，对民众悲苦的人生和复杂的精神世界十分通透。他在这里度过了 18 个春秋，整个青少年的记忆就是这一片天地及其风土人情和悲惨人生，这成为他文学创作宝贵的财富。纵观他的小说世界，就是一个浙东山区世界的世俗文化园区，形态多样，内涵丰富，风格特异，格调明朗，不仅迥异于现代文学史上其他区域的作家的文学世界，也与鲁迅等浙东区域作家不同。《浙东山区世界的审美表现——魏金枝小说创作研究》对魏金枝小说创作的这一风格特点进行了深入的研究，不仅论述充分，而且新见迭出，既对浙东山区文化进行了第一次比较系统而全面的探析，又开拓了现代文学研究的新领域，是对中国现代、当代文学研究的推进和深化。

全书主体部分为六章，不仅系统全面地论述了魏金枝小说的创作历程、思想内容、艺术成就，而且还深刻地探究了他小说创作的艺术渊源以及浙东文化的原型与底蕴。专著不仅论述了小说中显示的大禹精神性格对浙东民众的影响，而且论述了越王勾践卧薪尝胆文化原型的影响力。嵊县是大禹治水的所在地，大禹精神在这里代代相传。尤其是大禹那种敢于担当、为人民谋福祉、一心为公、勇于牺牲、大胆革新、不因循守旧的精神，以及忍辱负重、迎难而上、卓苦勤劳的性格文化原型，在浙东山区村镇得到了传承，在魏金枝的小说创作中得到置换变形。作者认为，魏金枝小说中的人物性格充分显示了越东山区民众刚健风骨的文化个性，显示了大禹的精神传统。自古以来，浙东山区就形成了一种励志图强、宁折不弯、求真务实、稳厚朴诚的主体文化性格，嵊县晚清以来风起云涌的革命活动就反映了这一点，也反映了越东山区乡村世界的民气心性承传着大禹的精神。《奶妈》中的奶妈为革命而牺牲、《七封书信的自传》中的彬哥为保住村小而反抗村长并招致命案入狱；

《跟着他走》中的庞大海当掉衣被、绑架舅舅以换来钱营救老李夫人等等，都显示了大禹一心为公、勇于自我牺牲的精神。当然，越王勾践作为大禹的后裔，继承和光大了大禹忍辱负重、力图奋发的精神。作者认为《白旗手》《将死的人》《前哨兵》等中的主人公都显示了这种特点。吴越争霸，越国战败，越王勾践侍吴三年，获得吴王夫差的信任，返回越国后卧薪尝胆，立志报仇复国，经过十年生聚，十年休养，获得了成熟的时机，最后击败吴国，终于报仇雪耻。这种文化原型，在越地影响深广，成为越文化精神的内核。作者认为《白旗手》显然受到了这种原型的影响，这主要表现在对乌狗这个形象的塑造上。卧薪尝胆的文化核心就是忍辱负重、吃苦耐劳、发奋图强、创造条件、抓住时机、全力一搏。这种文化原型的精义，在乌狗身上得到了集中的体现。乌狗就是越王勾践这一文化原型的重现，是一个能屈能伸的大丈夫形象。正是这样一种越文化原型的存在，使乌狗看似懦弱的灰色性格中，显示了一种耀眼的亮色，显得丰满，显得生动。应该说，作者这种见解十分新颖而深刻。

通读这本专著，作者不仅论述了浙东优秀文化与魏金枝小说创作的内在联系，而且也对浙东山区盛行的落后的迷信巫术文化在魏金枝小说创作中的书写展开了论述。如作者认为在《野火》中就描写了浙东广为流传的以扎人巫术来害人的文化现象，表现了炳生阿太老活尸心里的狠毒。老活尸到间壁王家逼债，曾以麦秆做人形，在其胸间攒簇七枚大针，施魇术害死王家的孩子。惠林虽不信这种“妖术”，但在儿子胸口痛得打滚之时，也幻见麦秆人心坎上扎着大针了。儿子死后，惠林独行郊野，见野火燃烧过的荒坡上又抽出针般的草芽，仰望长空，不能拂去死儿的印象。显然，作品反映了这种传说的巫术对人的影响力。在《做肚仙的人》中，作者不仅认为小说通过描写农民洪焕叔在遭遇虫灾后被迫走向装神弄鬼害人的歧途以致招来血案的悲剧，深刻地揭露了农民在天灾人祸的逼迫下铤而走险的悲惨命运，而且对浙东乡村浓厚的迷信风气做了深刻的反省，深入探讨了作品的艺术描写与浙东民间深厚的迷信神鬼的风气之间的密切联系，并又深入论述了小说所呈现的越东民间长期以来潜存的迷信与反迷信的冲突。这种分析论述，不仅非常有见地，而且拓展了魏金枝小说研究的路径。

魏金枝说，嵊县作为一个落后贫穷的边远山区，有两个重要的文化产品：一是越剧，二是土匪。在他的创作中，自然也离不开这两个文化元素。这本专著对魏金枝小说中这两个文化元素的书写展开了论述。嵊县是越剧的发祥地，越剧最初在浙东山区兴起，被称为“的笃戏”。魏金枝几乎与越剧同龄，深受越剧的影响。作者认为，这种民俗风情成为魏金枝小说创作的酵母，催化了他的艺术创造，他的许多小说作品都显示了这一特点。在他的小说中,对戏剧文化的描写与表现,不仅成为小说重要的情节,而且成为塑造小说人物的重要技巧。《义演》就是通过对越东民间社戏风俗的描写,以戏剧文化活动去弱化时代政治的强势,尽力坚守了小说创作的艺术取向,收到了较好的艺术效果。越剧是嵊县民俗风情艺术上的代表,它深深地影响着魏金枝的小说创作,显示了浙东山区的文化形态与精神特征。作者的这种论述,是非常到位的。至于土匪,则是魏金枝创作中的主要题材。作者论述《七封书信的自传》《跟着他走》《行路遇险记》《白旗手》《将死的人》《坟亲》《死灰》《竹节命》等一些小说时都涉及了土匪,充分显示了嵊县土匪文化原型在魏金枝创作中强烈的影响力,表现了土匪文化的复杂性。例如《竹节命》中的主人公汆来在土匪窝里待了很长时间,并被主子利用,过着杀人越货、打家劫舍的土匪生活;而乡保安团又为非作歹,与土匪勾结在一起,进行绑票和抢劫。汆来则是保安团里最有血性、不怕死的人,他还是一个十多岁的少年时就跟土匪拼命救母。当时,土匪到他家里来歇脚,却企图强奸他的母亲。他虽然被父亲拉住了,但还是冲出灶间,乱咬他所看见的土匪,就算用枪顶着他的脖子也不害怕。结果他镇住了土匪,救了母亲,但自己被土匪带走了,从此在土匪队伍里过了十多年。作者认为,魏金枝这种描写是以他出身浙东山村的生活为基础的,自然是比较客观公允的。

这是一本学术价值很高、创新性极强的专著,不仅可以作为一本小说艺术论来读,还可以作为一本浙东文化的专论来读。作者通过论述魏金枝的小说创作与浙东文化的关系,比较全面地论及了浙东先进和落后的文化。除了上面论述的以外,还有年节文化、典妻等婚姻文化、剑侠文化等,既有先进的,也有落后的。显然,这本专著揭示了浙东文化与魏金枝小说叙事的多面性,揭示了浙东山区文化缓慢的现代化历史进程,是一部不可多得的厚重的佳作。

农民作家的不平凡书写

——评《魏金枝传》

周宜楠

中国社会科学出版社2016年5月出版的《魏金枝传》是一部填补空白的学术著作，这是刘桂萍、刘家思、周桂华合作完成的学术成果。作为浙江省2014年度哲学社会科学规划后期资助项目成果，先前还获得浙江省教育厅2012年度人文社科项目“浙籍左翼作家魏金枝研究”和浙江省哲学社会科学规划2009年重大项目子项目“越中现代著名作家系列研究”子课题立项，显示很强的创新性，具有重要的叙述意义。

魏金枝出生于浙江省嵊县山区黄泽镇白泥坎村的一个贫农家庭，自小饱经人生的忧患，目睹着贫苦农民的人生悲苦，感受着阶级的压迫、社会的不平等。1917年秋天，魏金枝进浙江省立第一师范学校读书，接受了无政府共产主义的影响，并在刘大白、陈望道、施存统、宣中华等师生的影响下，成为一个思想激进勇猛的战士。1922年夏天，魏金枝从浙江一师毕业后走向革命道路。他参加刘大白组织的革命组织任社和应修人组织的湖畔诗社以及共进会，接受并传播马克思主义，进行思想启蒙，并和徐梅坤编辑《曲江工潮》，后又由徐梅坤介绍加入中国共产党，早年创作白话诗文和乡土小说，获得好评。1929年开始，魏金枝从事无产阶级文艺运动，得到鲁迅的指教和柔石的帮助。日寇入侵后，魏金枝积极宣传抗日，努力开展救亡工作。抗战后，魏金枝反对内战，呼唤和平，要求民主，成为一个民主战士。新中国成立，翻身的魏金枝焕发了主人翁的精神，积极为新中国文艺事业做贡献。1952年10月，魏金枝调到华东文联工作，先后担任上海市作协副主席，中国作协理事，上海市人大代表、政协委员、人民委员会委员。1959年开始，相继编辑《上海文学》与《收获》，任副主编，并兼任上海师范学院中文系主任。1966年，“文革”动乱爆发,魏金枝受到迫害,但他始终相信党相信毛主席,盼望平反,直到1972年被害致死。

《魏金枝传》全书分引言和主体两部分,对魏金枝展开了比较深入而系统的探讨,在充分发掘和占有第一手资料的基础上,提出了一系列的新观点,纠正了以往认识上的一些偏失和错误,比较全面地评价了他的人生成就、社会贡献及其历史地位。引言是主要研究内容的总论。这是对魏金枝的基本认识和评价,概括了他在现代中国的革命、文学、教育、文化思想等方面做出的主要贡献。主体部分则是全面具体的研究和评述。它将魏金枝复杂而曲折的人生旅程划分为十个阶段,分别为《白泥坎的孩子》《浙江一师的弄潮儿》《辗转沪杭的革命者》《左翼文艺的追求者》《抗日救亡的坚定者》《麦伦中学的民主战士》《教育局的业余作家》《文联机关的好编辑》《专兼职的多能作家》《"文革"动乱的受害者》共10章,展开了深入而具体的探讨。作者运用系统论观念,突出文化视角,融社会批评与主体剖析于一体,理清了魏金枝作为"五四"新文化运动的先锋队员和"五四"第一代作家的生命旅程及思想发展脉络,全面地展现其悲喜沉浮的一生,揭示他从晚清时期的贫困子弟向著名的现代作家、文学理论家、坚定的革命追随者、优秀的教育家和杰出的文学编辑家迈进的心路历程,全面评价他的人生成就、社会贡献及其历史地位。

魏金枝毕生期待着中华民族的伟大复兴,并为实现这个伟大的梦想而做出了不懈的努力。他坚定不移地反帝反封建,始终追求革命,向往光明社会。虽然他不是什么盖世伟人和英雄,没有做出惊天动地的业绩,没有取得卓著的功勋,但在中华民族20世纪的革命和建设历程中,留下了他奋斗的身影,刻印着他不断追求的足迹,取得了合于时代、有益于社会和无愧于人民的成就,对中国现代文学、现代教育、思想文化、出版事业以及社会革命、民族解放和国家建设都做出了重要贡献。该书不仅考察了魏金枝的家庭出身,审视了他的成才经历,考证了他的爱情婚姻生活,而且梳理了魏金枝的思想发展脉络,把握了他的主体性格和精神,评述了他传播新思想、新文化的贡献,考察了魏金枝的革命活动,展现了他追赶时代潮流的人生追求,揭示了他为民主革命和民族复兴做出的贡献;还探讨了魏金枝的教学生涯,展示了他为中国教育事业的发展和人才培养做出的努力和贡献,并系统地研究了魏金枝的文学创作历程,全面评述了他的文学成就,展示了他的文学史地位,论述了魏金枝的文学批评和文学编辑活动,显示了他的文学理论成就,揭示了他为中国现当代文学健康发展做出的贡献。纵观全书,不仅谱写了旧社会的农民子弟突破自身的狭隘,积极融入时代,与时俱进,推动社会进步的主题曲,而且显示了中国最大多数的农民儿女在搏击人生时敢于挑战、不断追求、永不退缩、决不放弃的正能量，显示了他作为一个先进的知识分子坚贞的精神品格，也反映了中华民族追求复兴之梦的艰难进程及其所经受的不少阵痛。因此，这部专著内容丰富，思想深厚，具有很强的学术价值与现实指导意义。

全书具有鲜明的研究特色，创新性突出。首先是原创性研究特色。以往对魏金枝的诗文缺乏全面的发掘整理，张惠达的《魏金枝文学活动年谱》和魏德平编的《魏金枝选集》中，文章目录有很多遗漏，本课题组赴30余家单位，充分发掘了原始资料，发现了魏金枝散落的诗文539篇。这些新材料的发现，夯实了创新的基础。其次是全面系统的研究特色。以往研究者只关注魏金枝的少数诗歌与小说，而且往往受庸俗社会学和政治学主导，先入为主地只评论他的五四时期的诗歌和几篇左翼时期的革命小说。本成果打破了这种局限，不仅调整了研究视角和方法，对魏金枝一生的业绩予以全面探讨，凸显立体感，还原魏金枝；而且采取系统论的观念和多学科方法展开研究，将魏金枝放在社会转型的大背景下进行整体审视和客观评价，避免了以往割裂式研究中以偏概全、人为设定的局限。第三是内容新颖，见解独到。全书由以往的诗歌简述和左翼小说研究拓展到对魏金枝整个生命发展历程的研究，许多问题和内容都是崭新的，而且纠正了以往的误读和偏见。

总之，《魏金枝传》填补了系统研究魏金枝的空白，为解读20世纪中国知识分子现代化的心路历程与作家成长的曲折道路提供了参考，进一步认识和把握现代知识分子为社会革命和民族复兴而奋斗的矢志不移的价值取向与人格精神，为现实人生提供启示；为进一步理解20世纪前70年中国社会历史文化的形态与特征，认识中华民族复兴之路和心理演进的现代轨迹，把握区域文化向现代转型的过程，提供了鲜活的个案，具有重要的学术价值。

一部具有重要学术价值的浙江民居文化研究专著

——《双重视域下的中国传统民居空间认同研究》出版

岩　泉

韩雷教授的《双重视域下中国传统民居空间认同研究——以浙江温州楠溪江古村落为例》，是一部具有重要学术价值的民俗学专著。该书于2018年5月由浙江大学出版社出版，对于浙江民居研究具有重要的借鉴意义。

全书主体部分为五章。第一章从器物、制度及文化三个层面，对中国传统民居空间认同史进行梳理，试图还原中国传统民居空间认同的真实历史图景，并为当下中国乡村民居空间的重构或保护提供有效参照。第二章主要探讨基于血缘关系的宗族文化变迁对古村落民众居住空间认同产生的影响。从作为宗族文化展演空间的李氏大宗祠的功能变迁与家庭内部由“家长制”到“逆家长制”的转变两方面入手，考察宗族文化变迁作用于民居空间认同的具体情况。第三章主要探讨基于地缘关系的村落生活文化变迁对古村落民众居住空间认同产生的影响，本书认为村落文化理想、村落社群意识和村落精神信仰的现代变迁使民众的民居空间认同发生了偏移。第四章将村民的居住空间认同置于城镇化的视域下，分析考量民众对民居空间认同的现实表述，包括对村落历史感的认同和对现代化生活方式的认同，并从苍坡村和芙蓉村的现实状况透视城镇化对民众居住空间认同的影响。第五章从民间信仰与传统民居文化遗产保护的关系切入问题，主要从古村落中的民间信仰载体和精神空间两个层面展开论述，试图为传统民居文化遗产保护解决“如何为”的问题。本书结论部分再次强调，城镇化进程和新农村建设这一双重视域对于中国传统民居空间研

究至为重要,传统民居空间认同实则关涉当代中国乡村民居空间的继往开来,村落聚居主体的存在感,以及传统民居文化遗产的保护等问题。

全书既有个案考察和典型剖析,又有深入的理论探讨与概括,方法科学,见解新颖,无论是对于非物质文化遗产保护,还是促进新农村建设都具有重要的学术价值。

编 后 记

《大禹与中国传统文化》(第二辑)现已编辑完成,不久将与读者见面。作为绍兴市哲学社会科学研究重点基地"大禹与中国传统文化研究中心"、绍兴市重点创新团队"大禹与中国传统文化研究创新团队"、绍兴市非物质文化遗产研究性传承基地"大禹与中国传统文化研究中心"创办的读物,本书旨在推进大禹与传统文化研究,弘扬大禹精神,传承中华文明,坚持展示文化自信、释放文化正能量的原则,进而在推进社会进步,实现中国梦的进程中奉献微薄的力量。

大禹是中华文明的始祖,是人类战天斗地、改换山河、开创幸福生活的伟大英雄,他不仅是治水英雄,也是最初构建人类命运共同体的领袖,是国家政治体制的创立者。大禹的丰功伟绩彪炳千秋,大禹的伟大精神光耀万代,泽被环宇。大禹集中显示了中华民族精神的精髓,这是中华文明重要的基石。因此,本辑论文还是以传播大禹文化,弘扬大禹精神,探讨优秀的中华传统文化艺术,促进社会发展为重点。为体现这种意图,我们分别设置了《大禹书写与历史流变》《大禹精神及文化传承》《治水遗迹及产业开发》《域外禹学与大禹广场》4 个栏目,选编的文章,既有考据和释疑,又有阐释与建议,不仅有本体意义的把握,还有发展源流的考辨,既包括对大禹思想精神的提炼和传承,又包括对大禹文化的开发和利用。同时,本辑还新设置了《中国文学与中华艺术》《研究动态与会议信息》《成果信息与专家推介》3 个栏目。因为文学艺术是传承民族文化的基本形态,是民族精神的艺术表现与反映,与大禹研究是密不可分的,也是本中心研究的一个重要内容,因而设置了《中国文学与中华艺术》栏目。至于《研究动态与会议信息》,是为了把握本学科研究走向,丰富本刊信息量而专门设立的。而《成果信息与专家推介》收录的是我院近年来创作的与浙东文化密切相关的3部学术专著的书评,有利于作者继续提高学术水平,促进本中心的科学研究工作。

本辑刊发的论文,主要是从2017年“大禹文化研究开发与美丽绍兴建设高峰论坛”和“2018年中日大禹文化国际学术研讨会”两次会议中精选出来的,还有几篇是“大禹与中国传统文化国际学术研讨会”的参会论文,这些论文都有自己的独立思考,有的还非常有新意,再次对各位作者致以诚挚的谢意。当然,仁者见仁,智者见智,不同的作者对问题的认识程度不一样,因此其优劣短长也就必然存在,尤其是在注释与引证材料的使用和交代上也不一致,我们本着文责自负的原则,尊重作者原文的处理方式,还请读者谅解。

这里推出了日本治水神·禹王研究会会长大胁良夫先生的《连接京都鸭川和中国黄河的文化桥梁——酒匂川治水神考》和日本治水神·禹王研究会副会长、佛教大学名誉教授植村善博先生的《禹王遗迹研究现状与富士川水系》两篇大作。两位先生听说会议论文要出版,进行了反复修改,图文并茂,使我们对大禹文化在日本的流传状况有了具体生动的认识。遗憾的是,我们出版时可能没有将原作的图文一一准确地印刷出来,自然要表示歉意,也欢迎两位先生今后不吝赐稿。这里还要感谢吴鑑萍、钱海英、董天妍三位先生,他们精准的翻译,在中日大禹文化传播交流中起了重要的作用。特别是吴鑑萍先生,从联系、约稿,到全文翻译把关,琐碎繁难,付出很多心血,再次致以衷心的感谢!

我们尤其要感谢的是著名学者李伯谦教授,他欣然同意将大作发表于本刊。2017年12月22日—24日,我中心举办“大禹文化研究开发与美丽绍兴建设高峰论坛”,邀请李先生莅临指导,他欣然答应,并在大会上做了《夏文化与大禹精神崇拜》的主题报告,从历史叙述的三种话语系统入手,论述了大禹的历史真实性,可视为大禹研究的里程碑式的成果,解决了大禹是人还是神的关键问题。后来李教授还在河南省博物馆等地做学术报告。报告文本发表于《光明日报》,题为《在考古发现中寻找大禹》。本辑大部分论文都选自“大禹文化研究开发与美丽绍兴建设高峰论坛”上的报告,为了维护该论坛学术现场的真实性,还是沿用李教授当初的文题《夏文化与大禹精神崇拜》。因为报告内容一致,我们遵照李先生的嘱咐,特地请郑州市政协文史委员会大禹研究专家、中国大禹文化研究会秘书长常松木先生代向河南省博物馆征询意见,征得了河南省博物馆的同意。在此,我们对李先生,对常松木先生,对河南省博物馆致以诚挚的谢意。

本书是由刘家思编辑定稿的。起初,丁新博士做了一些编辑工作,后来因回南京大学攻读博士后,一度停止了。暑假中,刘家思对论文的精选编排、栏目的设置进行了统筹,完成了最后工作。在此,要对丁新致以诚挚的谢意!值得说明的是,两次会议的论文还有很多没有收进来,其原因有二:一是作者对自己的论文还要进一步修改,至今没有完成;二是有些论文限于栏目和篇幅的限制,一时忍痛割爱,没有收录。如此遗珠之憾,还请各位作者见谅。好在本书还将持续出版,今后会陆续精选优秀论文,以飨读者,敬请各位继续关注!

借此机会,我们感谢中共绍兴市委人才工作领导小组,绍兴市委组织部、宣传部,绍兴市社会科学界联合会,绍兴市社会科学研究院,绍兴市文化广播新闻出版局及其非遗处一直以来的厚爱与支持,感谢全国各地大禹研究团体和学者对我们的支持,感谢学校领导的大力支持。

最后,我们要感谢的是安徽文艺出版社,他们精心地编辑、校正,不仅使本书能顺利出版,而且确保了质量。

由于我们水平有限,加上时间紧迫,编辑中存在不少粗疏与不足,恳请各位专家学者批评指正!也欢迎大家继续赐稿!

《大禹与中国传统文化研究》(第二辑)编委会